交通时空大数据
分析、挖掘与可视化
（Python版）

余 庆 李玮峰 编著

清华大学出版社

北 京

内容简介

大数据时代已经到来，随着数据的逐步开放，交通领域的研究课题或多或少都要接触、使用时空大数据。交通领域的从业者迫切需要强有力的工具和技术应对日益纷杂的交通数据。交通是一个交叉学科，交通数据分析人才的知识体系需要与数据处理、网络爬虫、数据可视化、地理信息、复杂网络、数据挖掘、机器学习等多学科知识深度融合，这也为交通领域的人才培养带来巨大挑战。

在此背景下，本书针对不同的学习阶段与业务需求设计了三篇共 15 章内容。基础篇（第 1～5 章）梳理 Python 数据分析、网络爬虫、数据可视化、地理信息等基础知识；应用篇（第 6～10 章）介绍出租车 GPS 数据、地铁 IC 刷卡数据、共享单车订单数据、公交 GPS 数据等各类时空大数据的实际案例应用；方法篇（第 11～15 章）融汇数据挖掘、空间统计、复杂网络学科等交叉学科方法，与交通领域的大量实际案例分析结合，全面梳理总结交通时空大数据所需跨学科技能。

本书由浅入深，学科交叉，强调实践。对读者不同的学习阶段与业务需求设计相应内容，全面梳理总结交通大数据科研所需技能，并与交通领域的大量实际案例分析结合。本书可作为教材也可作为参考工具书，基础篇定位交通数据领域新手入门，应用篇定位有数据分析需求的高校学生或社会人士，方法篇定位高校学术科研人员。

图书在版编目(CIP)数据

交通时空大数据分析、挖掘与可视化：Python 版 / 余庆，李玮峰编著 . —北京：清华大学出版社，2022.8（2022.10重印）

ISBN 978-7-302-61196-7

Ⅰ.①交⋯　Ⅱ.①余⋯②李⋯　Ⅲ.①交通运输管理－数据处理－研究　Ⅳ.① U495

中国版本图书馆 CIP 数据核字 (2022) 第 117033 号

责任编辑： 杨迪娜　薛　阳
封面设计： 徐　超
责任校对： 徐俊伟
责任印制： 刘海龙

出版发行： 清华大学出版社
　　　　网　　址：http://www.tup.com.cn，http://www.wqbook.com
　　　　地　　址：北京清华大学学研大厦 A 座　　　　　　邮　编：100084
　　　　社 总 机：010-83470000　　　　　　　　　　　　邮　购：010-62786544
　　　　投稿与读者服务：010-62776969，c-service@tup.tsinghua.edu.cn
　　　　质 量 反 馈：010-62772015，zhiliang@tup.tsinghua.edu.cn
印 装 者： 北京博海升彩色印刷有限公司
经　销： 全国新华书店
开　本： 188mm×260mm　　　　　　**印　张：** 29　　　　　**字　数：** 652 千字
版　次： 2022 年 9 月第 1 版　　　　**印　次：** 2022 年 10 月第 2 次印刷
定　价： 169.00 元

───

产品编号：093890-01

序 1

很欣喜地读完余庆和李玮峰两位青年学者所撰写的图书《交通时空大数据分析、挖掘与可视化（Python版）》，他们都是我们课题组中具体完成大数据分析工作的技术骨干，在整个交通大数据研究中承担着承上启下的中坚任务。本书的内容都是他们实际经验的思考、梳理与总结，具有系统性和实操性的特点。相信这本书能够对关注这一研究领域的技术人员、大学生和研究生提供极大的帮助。

城市交通是涉及物理、信息、社会三元空间的复杂适应系统。也正是因为如此，城市交通大数据分析这一领域才能够充分体现大数据的技术价值，将大数据资源转化为决策能力，进而提升行动效果，是城市交通大数据分析研究的目标。

同时，交通时空大数据分析与商业大数据分析相比存在显著差异，由于前者所涉及的决策问题具有很大的社会影响和后效性，分析任务往往是针对前景性问题而展开，因而对分析工作要求更加强调循证、严谨。正因为如此，交通时空大数据分析师需要善于有针对性地灵活使用多种分析方法，从并不完美的海量数据中寻找线索，实现信息"拼图"，凝练证据，提取证据链，通过卓越的"情报决策"支持交通领域的行为决策。

可以说，交通时空大数据分析师是大数据海洋中的"福尔摩斯"，沉浸在大数据的海洋之中，使用多种分析手段与方法探寻并处理相关的数据，要求分析师具有很强的技术工具使用能力，以及大数据分析逻辑把握能力。本书中针对多种数据资源的技术处理能力，通过聚类、降维、空间统计、复杂网络分析等多种技术手段揭示数据背后信息的方法，都是交通时空大数据分析师必备的技能。将这些内容有机结合并加以融会贯通，是本书最为可贵之处。

交通时空大数据技术发展方兴未艾，在城市交通决策支持、智能车路协同系统、交通控制与诱导等体系中占据了重要的技术地位，呼唤更多的有志者一起加入。万里之行始于足下，不掌握基本的大数据分析技术，不在大数据的海洋中冲破迷雾和障碍，很难胜任未来技术中重要的任务。

期盼更多的学子和技术人员，投身于交通时空大数据分析领域的工作中，期盼长江后浪更好、更快地超越前浪。

同济大学交通运输工程学院教授、博士生导师
杨东援
2022年9月

序 2

在当今世界信息化发展的大趋势下,传统的城市交通管理和调度手段已经不适合现代社会发展的需要,基于大数据和人工智能的新一代智能交通技术是未来城市信息化、数字化和智能化的重要发展方向。在这其中,交通时空大数据的分析、挖掘和可视化是实现这一目标的关键技术之一。

这本书由浅入深,从实战的角度系统地介绍了交通时空大数据的基本概念、核心数据结构、关键数据分析和挖掘方法,以及代表性的应用案例。这本书可以帮助刚刚接触交通时空大数据的本科生、研究生和技术开发人员快速入门,短时间内掌握交通时空大数据处理的基本技术方法和编程技巧,是一本非常优秀的教材。

南方科技大学计算机科学与工程系研究员(博士生导师)

南方科技大学-东京大学超智慧城市联合研究中心执行主任

国家重点研发计划首席科学家

国家级青年人才计划入选者

日本国家卓越研究员

宋轩

前　言

大数据时代已经到来，随着数据的逐步开放，交通领域的研究课题或多或少都要接触、使用时空大数据。交通领域中大数据的实际应用需求增加，也促使交通数据分析师、交通数据科学家的职业诞生。交通领域的从业者迫切需要强有力的工具和技术应对日益纷杂的交通数据。

交通领域目前需要处理的数据通常规模巨大、种类繁多，数据通常涉及个体级别连续追踪的时空数据。其中，数据所包含的最重要的信息包括：谁？什么时候？在哪里？

数据通常有多种来源，各种类型的数据格式不同、数据特征不同、数据质量不同，则要求我们的处理技术能够灵活多变，针对不同数据情况有不同的处理方法。在时间层面的连续追踪，相比传统的数据库检索处理，在处理过程中则更加强调连续数据之间时间序列前后的逻辑，我们关注的不再只是单一的某条数据，而是时间上连续的几条、几十条记录；在空间层面的GPS定位数据，在处理过程中则要求我们能够将经纬度转换、距离计算、空间位置关系判断、空间聚合集计等地理空间数据处理技术紧密、高效、无缝地与整个数据处理流程相衔接。如何应对多源时空大数据？前面提到的众多要求对我们所需掌握的数据处理技术带来了巨大挑战。

在获取交通时空数据后，我们马上就会面临着以下工作：如何处理数据？如何处理GPS定位数据的经纬度信息？如何可视化数据？如何获取其他辅助的数据（如路网、公交和地铁线路等）？同时，我们还要关注：各类数据有什么特征？怎么样处理这些数据才更合适、更高效？

然而，这其中所遇到的很多问题都是传统的交通学科所学课程内容无法囊括与解答的。交通学子可能需要在没有接触过编程的时候就需要写出足以处理大规模数据的代码，在没有学习了解地理坐标系与投影坐标系的情况下就要处理经纬度数据，在没有学习过数据可视化的基本原则时就需要绘制图表并展示数据。这样的工作很可能是低效的，数据处理所产生的结果也可能是有偏差或错误的。

因此，交通领域需要有一本教材能够系统地梳理交通时空数据处理中所涉及的各种基础知识，总结数据处理过程中的各类解决方案，介绍如何用跨学科的方法从数据中挖掘出有价值的信息。

本书，就是为这一目的而生。

本书的内容安排

本书旨在教会读者如何快速高效地实现交通时空大数据处理、分析与可视化。本书与已有的交通时空大数据书籍最大的不同在于，本书的内容更关注于"能做什么，思路是什么，怎么实现"。在本书中，每个案例都提供了详细的分析思路与实现代码。

学好交通时空大数据需要什么技术？怎样才能学好交通时空大数据？怎样才能做好交通时空大数据领域相关的研究？

如果将交通时空大数据的研究比作制作一道菜，我们是厨师，数据是食材，那么，如何做好一道菜呢？

首先，要会使用各类厨具，会用刀切菜，会用炉子，会用烤箱；其次，需要了解食材，知道什么食材用什么方法烹饪最合适；最后，还需要有菜谱，有思路、有方法，了解每一步需要做什么才能让食材发挥出美味。

而本书也一样，为了"做好"交通时空大数据这道"菜"，本书也分为三部分（基础篇、应用篇与方法篇）来介绍。

基础篇介绍"各类厨具"的基础知识。基础篇系统地梳理交通时空大数据处理过程中所需要的数据分析、数据可视化、地理信息、网络爬虫等基础知识。

应用篇介绍"各种食材"的特征，用"厨具"怎么对"食材"进行"烹饪"。针对出租车GPS数据、地铁IC刷卡数据、共享单车订单数据、公交GPS数据等各类时空大数据，分别以单独的章节介绍它们各自的处理和分析思路。在应用篇的最后，也介绍了由笔者独立开发的Python交通时空大数据开源库TransBigData工具，将本书中介绍的方法打包集成为工具。

方法篇介绍各类菜系的菜谱。更进一步，将前面所介绍的技术与聚类、分类、降维、矩阵分解、空间统计、复杂网络等数据挖掘方法结合，介绍交通时空数据领域工业界与学术界中都较为常用的分析方法及应用思路。

本书定位

本书定位人群是交通、城市规划、地理信息等相关专业学士学位以上人员。本书可作为教材，也可作为参考工具书，基础篇定位新手，应用篇定位有数据分析需求的高校学生或社会人士，方法篇定位高校学术科研人员。

有关本书的重要信息

（1）本书针对各类常见数据的独有特征，提供分析处理思路与案例分析，强调实践应用。

（2）本书将交叉学科知识融合应用，包含各类数据处理技术、数据可视化、地理空间数据处理、爬虫技术、数据挖掘技术、空间统计等交通时空大数据处理中所需技能，形成知识体系。

（3）本书内容难度安排由浅入深，从Python基础知识，到数据处理，再到方法应用，新手读者可从第1页开始系统学习，不同水平与需求的人群均可从本书中获益。

关键词

交通时空大数据；数据处理；数据分析；数据挖掘；数据可视化。

本书的技术体系

在Python出现之前，进行交通时空大数据的研究通常需要多个软件之间搭配使用。在数据处理分析流程中，需要使用SQL数据库处理数据，导出到Excel绘制图表，再导出到ArcGIS出图，一套流程需要涉及多个软件来回切换，工作效率极低。

在本书中，Python的数据处理体系贯穿全书，我们运用Python实现所有的技术与方法，只用单一的Python即可实现上述多个软件的工作。在数据处理方面，以数据处理库pandas取代SQL数据库，它能够更灵活地对数据表进行运算、合并、连接、聚合与遍历；地理信息处理方面，使用建立在pandas之上的GeoPandas取代GIS软件，它能够与整个数据处理体系无缝衔接，在空间数据处理方面具有得天独厚的优势；数据可视化方面，使用Matplotlib和seaborn取代Excel的图表绘制功能。此外，Python还具有很强的扩展性，现有的大部分数据挖掘、空间统计、复杂网络、机器学习的方法都在Python中有相应的工具。简而言之，目前来说，Python就是交通时空大数据领域所不能替代的效率神器。

本书是笔者在博士阶段技术的凝练总结，为读者介绍以Python为基础的交通时空大数据处理体系。希望不了解交通时空大数据的读者能够通过本书对交通时空大数据的处理分析所需要的知识与技术有一个系统而详尽的认识，而对交通时空大数据有一定了解的读者则可以从本书的大量案例与技术体系中获得新的思路与启发。

受限于作者水平，本书内容出现疏漏与不足在所难免。如果读者发现本书中内容有任何问题，还请不吝指正。如果对本书的内容有任何疑问，也欢迎通过出版社联系我们。我们将十分感谢读者的反馈，并会及时对本书内容做出勘误和修改。

感谢我的导师杨东援教授在我硕士与博士阶段的谆谆教诲。感谢清华大学出版社杨迪娜老师在本书出版过程中的大量建议与审阅工作。感谢李艺、何凌晖、杨闯、李沛然同学在本书写作过程中的帮助，感谢我的家人、课题组的师兄师姐师弟师妹们对我工作的支持与对本书的高度期待，因为有你们的支持、陪伴与希冀，才让本书得以快速完成。

余庆

2022年9月于南方科技大学

目 录

基 础 篇

应 用 篇

方 法 篇

基础篇

第1章
绪　　论

近年来，随着智能移动设备的普及和硬件功能逐渐强大，越来越多的智能移动设备被用来采集和处理数据，用户个体产生的数据开始呈现爆炸式增长。新型数据的产生和收集，在数据驱动的交通领域研究中有着巨大的应用潜力。交通领域的研究者们或多或少都要接触、使用、处理时空大数据。

新的数据环境形成，对交通领域的研究课题来说既是机遇又是挑战。人们接触到的数据通常具有多种来源，各种类型的数据格式不同、数据特征不同、数据质量不同。这也就要求数据处理技术能够灵活多变，针对不同数据情况有不同的处理方法。

我们将面对的是什么？交通领域中遇到的数据与其他领域的数据有什么区别？对这些类型的数据进行分析、处理、挖掘与可视化的难点在哪里？为什么要采用以Python为核心的技术体系？为了回答这些问题，本章中将概略性地介绍全新数据环境的多源交通时空大数据的构成以及在新的数据环境下的交通数据处理技术。

1.1　多源交通时空大数据简介

传统数据与新出现的数据一起构建了多源交通时空大数据的数据观测体系（图1-1），包括：传统集计统计数据、个体连续追踪数据与地理空间信息数据。在这其中，个体连续追踪数据是最主要的讨论对象。这一节中，将对这三类数据进行简要介绍。

图1-1　多源交通时空大数据观测体系

1.1.1 传统集计统计数据

传统集计统计数据包括两大类，一类是通过随机采样手段获取的调查数据，另一类是通过自动化手段采集的不包含个体身份标识的集计数据。

传统的"四阶段"模型需要较为完备的数据基础，其分析能力受限于基础数据的采集能力。在传统的交通调查中，由于缺乏获取全体样本的手段，常常采用"随机调研数据"方法进行调查抽样。理论上来说，抽取样本越随机，就越能代表样本整体。然而，随机调研过于耗时耗力（表1-1），一个城市大规模交通调查一般只能5~10年进行一次，这样的数据更新频率远不能适应快速城镇化和机动化带来的巨大变化。

表1-1 上海市第四次综合交通调查主要调查项目及实施规模

序号	调查分项	实施规模
1	人口和就业岗位调查	人口、就业岗位全样调查
2	居民出行调查	6万户约15万人，抽样率0.75%
3	流动人口出行调查	居住在居民家中1.5万人，宾（旅）馆4000人，枢纽点流量人口3300人
4	对外客运枢纽交通调查	9个点，共1.1万个样本
5	吸引点交通调查	317个样本，约2万份问卷
6	出行方式链调查	40个轨道站点，1万份问卷
7	小汽车方式出行调查	私人客车近1.6万辆，单位客车0.8万辆
8	居民出行意愿调查	5个典型区域，5000份问卷
9	世博园游客交通意愿调查	居民2万人，宾（旅）馆游客0.4万人，枢纽点游客1.1万人
10	机动车拥有量和停车设施分布调查	全样调查，覆盖全市0.9万个居住小区，2004年后竣工的所有非居住建筑
11	出租汽车出行特征调查	GPS数据分析样本共1.7万辆车，载客人次调查样本共4000辆车
12	货运交通调查	实施了1.7万辆营运性货车出行情况调查，另对约7000辆集卡GPS数据进行了分析
13	对外道口车辆调查	11个典型道口，共2.4万份问卷
14	典型停放车设施特征调查	全市24个重点区域共63个停车场（库）
15	公共交通客流特征分布调查	90条线路跟车调查，97个校核线调查，98个客流走廊连续12h公交车载客情况观测
16	道路交通流量调查	中心城110个断面、52个路口流量人工观测，并收集快速干道、公路道口和主要路段流量采集数据
17	道路车速调查	覆盖市域范围各等级道路
18	交通基础设施调查	各交通系统全样调查

另一大类集计数据则包括自动化采集的单次计量观测数据，包括道路断面流量监测数据、出租车运营数据中所记录的乘客上下车地点信息、轨道交通票务数据中所记录的乘客进出站信息等，其仅可以说明单次交通行为的数量、位置等，但不能够对交通行为主体进行一段时间内空间上的连续追踪，经过集计后可以反映车流、客流等集计信息。这类数据与后续介绍的个体连续追踪数据、空间地理信息数据将一同构成一个庞大、多元的新数据环境。

1.1.2 个体连续追踪数据

个体连续追踪数据又被称为"时空大数据"或"轨迹数据"（Track & Trace Data），它们通常需要包含三个层次的信息：

谁？什么时候？在哪里？

这三个层次的信息也对应着三个维度：个体、时间与空间。个体连续追踪数据的出现对我们所需掌握的数据处理技术带来了巨大挑战，具体如下。

1. 个体

在个体层面，需要处理的数据涉及个体级别连续追踪的时空数据。不同个体数据通常会存放在单一的数据表中。在处理多个个体数据时，有些人可能会将每个个体的数据进行拆分，把每个个体的数据存放在一个单独的表里运算，这种方式显然是极其低效的。最理想的方案应该是将不同个体的数据统一进行处理、批量运算，这也就对我们数据处理的思路与方法提出了较高的要求。

2. 时间

在时间层面，数据是连续追踪的轨迹，具有前后时间顺序。相比传统的数据库检索处理，在数据的处理过程中会更加强调连续数据之间时间序列前后的关系。我们关注的不再只是单一的某条数据，而可能是时间上连续的几条、几十条记录。

3. 空间

在空间层面，要面对的是在空间层面的位置信息（GPS定位数据），在数据的处理过程中则要求我们需要能够将经纬度转换、距离计算、空间位置关系判断、空间聚合集计等地理空间数据处理技术紧密、高效、无缝地与整个数据处理流程相衔接。

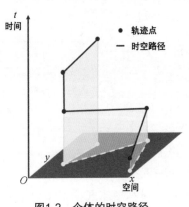

图1-2　个体的时空路径

在探讨个体连续追踪数据时，经常会在二维空间平面上增加第三个维度表示时间，将个体的时空数据表示为时空路径，如图1-2所示。时空路径将个体在时空中的移动轨迹表示为一条定义在（x,y,t）空间中的三维轨迹，一般由轨迹点和轨迹片段构成。轨迹点是指个体被测量时所处的时空位置，轨迹片段表示个体在相邻两个轨迹点之间的移动情况。时空路径开始于出发点，结束于终止点，形成不间断的轨迹，由于个体不能在同一时间内存在于两个空间中，所以路径总是形成不间断的轨迹。当个体在空间上处于静止状态时，时空路径表示为垂直于地表的竖线，而当个体发生移动时则表现为一条斜线。

常见的个体连续追踪数据包括手机数据、IC刷卡数据、出租车GPS数据、共享单车订单数据等。这些交通时空大数据具有数据质量高、收集范围大、精细记录时空信息的特征，它们能够在时间和空间维度上充分捕捉城市中每个人的日常活动和出行。这种时空大数据的出现也为交通领域的潜在需求分析与出行机理理解提供了新的途径和契机。

与传统的数据类型相比，个体连续追踪数据的优势明显：新的数据源可以以低成本获得高采样率的样本，数据集能在更大、更全面的时间和空间范围内完整地捕捉个体的出行信息。同时，多源数据融合也可全面观测个体的移动性，为个体时空路径建模与其机理分析提供有力的数据支持。

不过，个体连续追踪数据也存在一定的缺点。

（1）获取高质量的大规模多源数据是交通大数据领域的一大障碍。要对个体出行进行全面细致的分析，理想的情况是研究者拥有同一观测时间内多种交通方式的个体级轨迹数据，而达到这一数据条件极其困难。虽然网络上已有大量开源数据，但它们通常局限于一定时期内的某个区域。大多数个人轨迹数据的访问受到政府隐私政策或运营公司商业机密的限制。

（2）新数据源大多为被动采集，即数据并非用户自主产生，而是由服务供应商、数据提供商采集用户信息。数据的信息记录往往较为片面，新数据对用户移动性的捕捉往往集中在时间和空间上。数据的产生初衷并非针对学术科研，个体出行的数据无法捕捉旅游行为的原因和目的。数据只包含数据提供者的用户群体，难以保证数据采样的均匀性，计算结果可能导致偏差，需要与传统数据进行核对和验证。

1.1.3 地理空间信息数据

近年来，基于互联网的位置信息服务（Location-Based Services，LBS）产生了新的地理空间信息数据来源，也成为多源大数据中重要的一环。LBS将地理位置信息与互联网服务相结合，这类应用主要由谷歌地图、苹果地图、百度地图等提供。这些地理信息数据分为四类：交通网络数据、矢量数据、兴趣点数据和导航数据。

1. 交通网络数据

交通网络数据是从现实交通系统中抽象出来的一种网络模型，包括道路网络、地铁网络、公交网络等。交通网络的基本结构由点（交叉口、车站、枢纽等）和边（路段、公交线路、地铁线路等）组成。交通网络数据具有相应的属性和元素之间的联系，可以显示交通系统的详细拓扑结构和连通性。

2. 矢量数据

矢量数据是研究地理区域最常用的数据类型。这些数据通常通过卫星遥感获得的遥感图像进行收集和测量。地理矢量数据提供了土地覆盖的信息，包括城市区域、森林、山脉、水系、行政区划、交通小区（Traffic Analysis Zone，TAZ）等。

3. 兴趣点数据

兴趣点（Point of Interest，ROI）是指互联网地图服务中的点数据，通常包括名称、地址、坐标和类别四个属性。在这类数据中，为了便于分析，将现实世界中的城市设施抽象为点元素。然而在将三维物体抽象为数据点的过程中，POI数据不可避免地会丢失一些空间信息。为了解决POI的弱点，还引入了兴趣区域数据（Region of Interest，ROI或Area of Interest，AOI）数据，即具有空间多边形几何信息的POI数据。

4. 导航数据

导航数据也是LBS提供的一种数据类型，它建立在地图供应商的交通网络上。用户提交出发地、目的地、交通方式等相关信息，LBS会返回相应的导航路径规划信息，通常包括：出行路径的地理坐标、出行时间、出行成本等。有些LBS还提供"等时圈"，也称为到达圈数据。"等时圈"工具提供多边形或线特征，显示在指定时间内可从给定位置到达的区域。

在时空大数据研究中，个体连续追踪数据最重要的元素是空间信息。数据中的空间信息与地理空间信息数据的融合，可以提供更为详细的人类活动信息。

1.2　为什么要用 Python 处理交通大数据

1.2.1　常用数据处理技术

为什么要选择用Python来处理交通大数据呢？为了理解这个问题，首先需要知道的是，处理大数据有哪些工具？

1. 数据表格处理工具

第一类数据处理工具是数据表格处理工具，如Excel、SPSS等。这一类型的工具有直观的人机交互UI界面，我们可以用鼠标直接操作数据，不需要进行编程就可以导入数据并用其中内置的方法处理数据，并绘制输出图表或数据报表。

其中，最常用的是Excel。Excel是Microsoft开发的一款电子表格软件，它有直观的界面、出色的计算功能和图表工具。通过Excel可以很方便地对小规模数据进行计算绘图，与软件交互调整数据与图表格式。常用的Excel版本最大支持104万行数据，如果读取数据超出104万行，超出部分的数据会自动删除丢失，不适用于大规模的数据处理。

2. 数据库工具

数据库是存放数据的仓库，它以行和列的表格形式存储数据。从存储方式看，现有的数据库分为集中式和分布式两类。

（1）集中式数据库将数据存储与数据处理集中在单个服务器节点上，也因此带来高昂的成本与处理能力限制，常用的集中式数据库包括MySQL、SQL Server、Access、Oracle等。

（2）分布式数据库则是指利用高速计算机网络将物理上分散的多个数据存储单元连接起来组成一个逻辑上统一的数据库。基本思想是将原来集中式数据库中的数据分散存储到多个通过网络连接的数据存储节点上，以获取更大的存储容量和更高的并发访问量，分布式数据库最常用的是Hadoop。

在数据库中运行的是结构化查询语言（Structured Query Language，SQL），主要用于访问和处理数据库系统中的数据表。SQL主要是为数据检索而生，它的核心是SELECT语句，即将数据表中符合某些条件的数据筛选出来。如果用SQL处理数据，绝大部分处理操作都需要分解为数个SELECT语句筛选操作。

3. 编程语言

上面的两种数据处理工具是由编程语言写成数据处理工具或数据库软件，然后在软件中操作数据。除了以上两种方式外，还可以直接用编程语言对数据进行处理。擅长数据处理的编程语言主要有Python、MATLAB、R语言等，它们综合性较强，可扩展性强，操作起来也更加灵活高效。

本书中的数据处理操作都由Python完成。在Python中，数据处理功能的实现主要依靠的是pandas包。它的数据处理基于数据表（DataFrame），在数据处理方面，pandas除了可以提供Excel和SQL中能够实现的一切数据处理功能外，还提供了更多能快速便捷处理数据的新方法。pandas的存在也是Python成为强大而高效的数据分析环境的最重要原因。

从适合处理的数据规模上看，图1-3给出了各种常用的数据处理工具的适用性。

（1）数据表格处理工具处理的数据量不宜过大，适用于100MB以内的数据集。处理100MB以上规模的数据时就已经比较吃力，打开数据就需要很长时间。

（2）Python的pandas一般适用于10GB以内的数据处理。在处理数据时，pandas需要将数据读入内存中进行计算，可处理的数据大小受限于计算机内存容量。以目前家用计算机的性能配置看，pandas最适合用于运算数百兆字节以内的中小型数据。涉及更大规模的数据时，pandas虽然能够提供数据分块读取与处理的功能，但由于无法将数据作为一个单独的整体考虑，其代码灵活性已经受到很大限制。

（3）集中式与分布式数据库能够处理的数据规模更大，但如果用来处理中小规模的数据就有点像杀鸡用牛刀了。数据库在处理时，会更多考虑数据的安全性与鲁棒性，数据的导入导出操作过程相对比较烦琐，处理效率远比不上pandas。

在交通大数据领域，我们经常接触到的单个数据文件大多在GB级别以内，pandas相比其他处理工具能够更高效更灵活地实现这一规模数据的处理。

数据规模	小型			中型			大型	超大型
数据量	1MB	10MB	100MB	1GB	10GB	100GB	1TB	10TB以上
数据表格处理工具 Excel	3	2	1	0	0	0	0	0
编程语言 Python pandas	3	3	3	3	2	0	0	0
集中式数据库 SQL Server	1	2	2	3	3	2	1	1
分布式数据库 Hadoop+Spark	1	1	2	2	3	3	3	3

3 非常适合处理	2 适合处理，但有别的工具更好	1 可以处理，但效率很低	0 不能处理

图1-3　各类数据处理工具的适用性

1.2.2　Python在交通大数据领域中的优势

Python相比其他的数据处理工具有什么独特的优势呢？相比其他数据处理工具，Python在交通大数据领域的应用具有至少以下两方面的优势。

（1）灵活高效：Python是一门灵活高效的编程语言，Python对数据的处理更加灵活。数据处理过程中，重复性的劳动可以用循环批量地完成。Python语言面向工程师而设计，语法也相对简单，适合初学者学习。

（2）扩展性强：Python有丰富的第三方拓展库，很多方法有现成的库可以调用。图1-4展示的是Python在各个子领域相应的扩展包，它们共同构成了Python的数据分析生态。只用单一的Python就可以实现交通大数据领域中多个常用软件的功能，不需要在多个软件之间切换导入导出数据。从简单的数据处理到复杂的数据挖掘、机器学习等技术，都可以用Python实现。

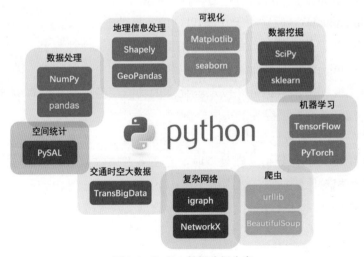

图1-4　Python数据分析生态

目前，Python就是在交通大数据领域所不能替代的效率神器，在未来较长的一段时间内都很难找到其他替代技术体系能够超越Python。

1.2.3 Python 与 SQL 的比较

在Python的pandas包还没有流行之前，处理数据一般是用数据库的SQL。那么pandas跟数据库的SQL之间的差异在哪里呢？为什么pandas更有优势呢？学习Python以后是不是就不需要SQL了呢？

虽然二者的语法、原理可能有很大差别，但在实现的功能上，它们有很多相通的地方。两者最大的差异就是：SQL为数据查询而生，Python为数据处理而生，如图1-5所示。

SQL
为数据查询而生
- TXT/CSV文件需要导入数据库
- 用查询语句处理数据姿势不对
- 遍历数据比较难
- 导出结果才能进行可视化
- 处理过程中产生很多中间表

Python pandas包
为数据处理而生
- 能直接读取TXT/CSV文件
- 能够实现SQL能实现的所有功能
- 轻松遍历数据
- 一行代码可视化
- 中间结果保存在内存中，直接出结果

图1-5　SQL与Python的比较

SQL更多是为数据查询考虑，它的基本逻辑是给出某个条件，查询出符合条件的数据。这种处理思路也导致了它适用于不强调每条数据之间关联的数据处理。在交通时空大数据中，很多时候一个用户在数据中有多条记录，用来记录用户连续的轨迹。在处理过程中，更加强调同一用户的多条数据之间前后的关系，因此也更需要进行遍历循环操作，使用Python进行处理则更为灵活。

Python和SQL并不冲突，数据科学家需要两者都掌握。就作者个人来说，一开始学习数据处理时用的是SQL，但是后来接触了Python的pandas后逐步替代了SQL的工作，大部分的数据处理工作都改为用pandas来解决。在作者平常的工作中SQL与Python都有其用武之地，SQL用于从超大规模的数据集（数据规模太大只能存放在分布式数据库中）中计算提取出中小规模数据，再用Python进行更精细更复杂的处理计算。在交通大数据处理学习过程中，建议优先学习Python，已经足够满足大部分数据处理的场景，如果实际业务需要再学习SQL。

1.3 大规模数据处理的解决方案

1.3.1 决定大数据处理性能的三个硬件要素

如果想要处理更大规模的数据，应该使用配置更好的计算机或者服务器。那么，什么要素决定数据处理性能的高低呢？如果要买一台计算机或者一台服务器用于数据处理，应该更关心它的哪些方面呢？

大数据处理性能取决于三个要素：硬盘、内存与处理器。如果要提升一台计算机的数据处理性能，这三者缺一不可。如果把数据处理的过程比喻成"人吃饭"的过程，那么处理器是"人"，数据是存储在硬盘里的"饭"，而内存则是"餐桌"，如图1-6所示。

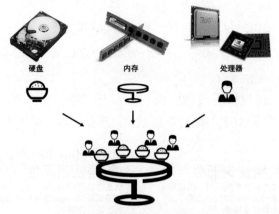

图1-6　大数据处理性能的硬件三要素

1. 硬盘

要吃饭，首先得有家里有饭才行，也就是得有足够大的硬盘能够存放得下要处理的数据。不过，就算硬盘可以放下数据了，剩余的存储空间也不能太小，数据处理的时候不可避免地要产生一些中间结果。一套数据处理流程下来，处理过程中可能也会产生数倍于原始数据的中间表。

2. 内存

处理器在吃饭时比较挑剔，一定要把饭菜端到餐桌上才能吃。内存这个餐桌其实也是存放数据的地方，但它距离处理器比硬盘近，读取与写入的速度更快。如果吃饭的地方太小了，空间不够处理器施展拳脚，数据处理效率就会降低，有些程序可能还会内存溢出直接报错。但另一方面，如果给处理器的内存远大于数据处理时需要的大小，则会造成资源的浪费。因此，内存的选择需要与处理器能够搭配，处理器的每个线程都能够分配到合适大小的内存时，才能够发挥出计算能力。

3. 处理器

处理器就是负责计算处理数据的人了，它决定处理数据的时候的计算效率。不过准确来说，处理器是一个团队，同时有多个人一起吃饭，即多线程。从大类上区分，处理器主要分为中央处理器（Central Processing Unit，CPU）和图形处理器（Graphics Processing Unit，GPU）两种，分别擅长不同的任务。GPU的核心数和线程数远超CPU，也就是GPU团队里人数远比CPU多。但如果论每个人的吃饭能力，CPU团队里的人则远比GPU里的强。也因此，CPU擅长处理具有复杂计算步骤和复杂数据依赖的计算任务，而GPU则擅长简单但计算量大的任务。我们的数据处理任务一般比较复杂，主要靠的还是CPU，而在神经网络深度学习训练模型时则GPU更占优势。

如上面所说，硬盘、内存与处理器三者共同决定了一台计算机的大数据处理性能。而纵观计算机技术的发展，这三者的性能与相关技术也在不断提升。目前，中小规模（GB

级别）的数据已经可以在个人计算机上高效处理。随着计算机硬件性能的逐年提升，以Python生态环境下的大数据处理体系将能够更高效地处理更大规模的数据。

1.3.2　分布式数据处理架构

做大数据相关研究的时候，可能会遇到一个比较头痛的问题：超大规模（上百GB或者TB级别）的数据怎么处理？

如果平时的业务不涉及大数据的话，很多数据都可以用Excel解决（Excel 2016支持最大104万行的数据量）。再大一点百万级别到千万级别的数据，计算机上装个SQL Server，写写SQL查询语句是比较好的处理方式。

但是，这些都是小数据，如果遇到了亿级的数据，上面的方法就都用不了。例如，上海移动手机信令数据，1天就有10亿条数据，30天就有300亿条数据，1天的数据大小为130GB，30天的数据大小为4TB。想要存储这些数据，计算机的硬盘就不够用了，就算打开其中一个数据文件看一看数据长什么样，计算机都会卡几分钟，更别提怎么去处理它了，这时候该怎么办？

显然，在这么大的数据量面前，Excel是束手无策的。面向大规模时空数据的处理需要突破单个节点的内存和计算能力限制，此时就要轮到分布式数据库和分布式数据处理出场了。

1. 分布式数据库Hadoop

此时，聪明的计算机程序员举手了：买20台存储容量1TB的廉价计算机，全部连到局域网里面构建成集群，然后把数据切成很多块，每台计算机存几块，这样不就行了嘛。这种思路就是分布式存储，如图1-7所示。

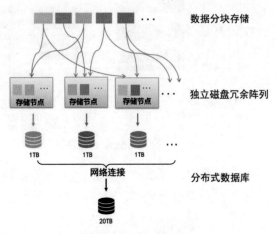

图1-7　分布式存储思路

Hadoop就是最常用的一种分布式数据库，它是由Apache基金会所开发的分布式系统的存储架构。用户可以在不了解分布式底层细节的情况下开发分布式程序，充分利用集群的威力进行高速运算和存储。Hadoop实现了分布式文件系统（Hadoop Distributed File

System，HDFS）。HDFS有高容错性的特点，它可以用来部署在低廉的硬件上；而且它提供高吞吐量来访问应用程序的数据，适合那些有着超大数据集的计算任务。

分布式存储可以解决一台计算机存储容量不够的问题，但随之又会出现一个问题，如果集群中的一台计算机出故障了，数据不就丢失了吗？这个问题程序员也考虑到了，解决的思路也挺简单，就是把切分的小数据块冗余存储，每个数据块可以多存放几份在不同的计算机或者一台计算机的不同硬盘里，那么如果某一台计算机或者某一个硬盘崩溃了，数据还是能够保证完整的。这种思路被称为独立磁盘冗余阵列（Redundant Array of Independent Disk，RAID）。

RAID技术一方面能够用分块备份冗余的手段确保数据安全性，另一方面还能够加快数据的存取速度。数据存放在多块磁盘上，服务器读取同一份数据时要动用多块磁盘同时进行读取，读取速度就叠加了。

2. 分布式数据处理逻辑MapReduce

可是，如果用这种方式存放数据，数据都不在一起，那应该怎么处理数据呢？计算机程序员又发明了一种叫MapReduce的编程逻辑，大概原理就是：把数据处理的任务分为多个任务分配给各个计算机，这个过程叫做映射（Map），让每个计算机都对自己存的那些数据块进行计算。全部算好的东西都发给我，我再统计汇总一下大家算的结果，这个过程则叫做归约（Reduce）。这种数据处理方式就是分布式数据处理，它能够调动集群中所有的服务器同时对同一个任务进行计算，如图1-8所示。

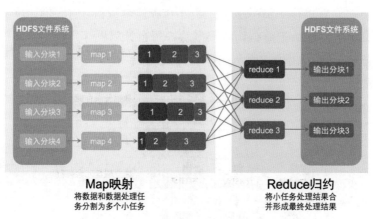

图1-8　MapReduce的编程逻辑

以最简单的文本单词计数任务为例，假设手上有一篇英文文章，想要统计文章里每个单词出现的次数。而这篇文章则分成四个段落，分别存储在四个服务器上。MapReduce的数据处理逻辑如下。

（1）Map（映射）：每个服务器分别对自己存储的那个段落进行单词计数。

（2）Reduce（归约）：每个服务器统计的结果汇总，按单词归约到一起，再求和。例如，"and"这个单词在4台服务器上的统计结果分别是出现了2次、3次、4次、6次，则归约阶段则把这4个值加起来，得到"and"总共出现了15次。

3. 分布式计算引擎Spark

听到程序员的话，大家都满意地点点头。但是这时候，工程师不高兴了，那么复杂，切来合去的太麻烦了，如果不理解底层的逻辑，就很难写好MapReduce的程序。用SQL语句一行代码的事情，用MapReduce可能就要上百行代码。

有没有办法让工程师直接写SQL语句，后台直接自动转换为MapReduce实现呢？这时候就需要分布式数据处理引擎了，Hive就是基于Hadoop的一个数据处理引擎，Hive在MapReduce上做了一层封装并可以提供SQL查询功能，能将SQL语句转变成MapReduce任务来执行。但是，Hive的计算速度非常慢，效率很低，也不够智能化。

为了更高效地处理数据，Apache基金会在Hadoop的基础上开发了速度更快的Spark和Flink计算引擎。这两个开源项目的功能很像，差异主要在功能实现的方法细节上，在这一节里主要介绍Spark。

像Hive一样，在Spark里，用户和开发者可以不用再考虑MapReduce中复杂的逻辑关系。Spark本质上是对MapReduce模型的改进优化，使得Map和Reduce的界限划分不再那么清楚，方便数据交换和磁盘读写，进一步扩展数据处理量。只要工程师提出具体的计算要求，Spark就会自动把计算任务转换为MapReduce过程在背后实现。

Spark的运行原理如图1-9所示，分为调度端和执行端。调度端包括主控程序Driver和集群管理器Cluster Manager，执行端则为集群中负责计算数据的工作节点，每个工作节点中会有多个执行器Executor。

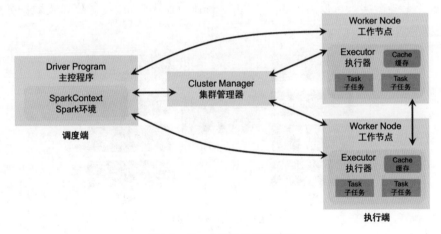

图1-9　Spark集群的运行原理

这三者的分工职责如下。

（1）Spark应用程序在集群上作为独立的进程集运行，由Driver中的SparkContext对象协调。

（2）Cluster Manager在应用程序之间分配资源。

（3）Executor运行计算并为应用程序存储数据的进程。

Spark在执行计算任务时的过程如下：Driver程序会在集群中的节点上获取Executor，将子任务代码发送给Executor执行运算处理。Executor全部算好数据，再发回给Driver，计算就完成了。

Spark的计算速度为什么快呢？前面提到过，内存的读写速度远比硬盘快，因此，Spark为了加快计算速度，在数据处理过程中会将数据变为弹性分布式数据集（Resilient Distributed Datasets，RDD）的形式在计算机内存中进行计算，从而不再需要读写硬盘中的HDFS。RDD具有弹性的特性，在计算机内存不够时可以与磁盘进行交换。在大规模数据处理中，大批量的数据无法完全放入内存中进行处理，弹性存储的功能就是避免吃饭时桌子不够大而导致内存溢出。RDD是Spark的核心内容，也是Spark取得高计算速度的关键原因。RDD可以在内存中做运算，还能通过网络传给各个计算机，就不用每次数据都要从Hadoop的文件系统里面读写计算了。结果就是，用Spark算数据比Hive快了10～100倍。

Spark能做什么呢？除了能实现数据处理，Spark还能做很多其他事情。里面自带了很多工具，主要来说有四个库：Spark SQL、Spark Streaming、MLlib和GraphX。Spark SQL提供Hive提供的SQL查询语言与Spark进行交互的API。每个数据表被当作一个RDD，SQL查询被转换为Spark操作；Spark Streaming能够对实时数据流进行处理和控制，程序能够像普通RDD一样处理实时数据；MLlib则是一个常用机器学习算法库，将分类、回归等需要对大量数据集进行迭代的操作转变为Spark中对RDD的操作；GraphX则集合了图论中常用的工具和算法，能够实现创建图、创建子图、访问路径顶点的操作。

怎么用Spark呢？Spark由Scala编程语言编写，同时也支持Java、Python和R的API，如图1-10所示。在Python的时空大数据处理体系下，在遇到大规模数据处理需求时，Python可以与Spark无缝衔接。可以用Python中的pyspark库调用Spark进行分布式数据处理，实现大规模数据的运算。

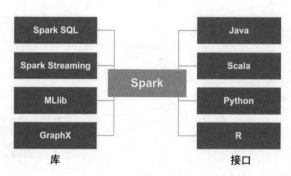

图1-10　Spark生态

1.4　本章习题

1. 多源交通时空大数据包括哪些？

2. 为什么要用Python处理交通时空大数据？

3. 决定大数据处理性能的因素有哪些？

第2章
Python数据处理基础

在本书中，绝大部分操作都由Python完成，Python是贯穿全书的工具。Python的强大之处在于它的应用领域范围之广，遍及人工智能、科学计算、Web开发、系统运维、大数据及云计算、金融、游戏开发等。实现其强大功能的前提，就是Python具有数量庞大且功能相对完善的标准库和第三方库。

在本章中，将简要介绍Python的数据处理基础，本章的内容将从基础的环境配置、基本语法与常用的数据格式等开始介绍，方便初学者入门。同时，编程也可随时在本章找到对应内容进行查阅。

2.1 Python 的环境配置

2.1.1 Python 的集成开发环境

Python是一种解释型、面向对象、动态数据类型的高级程序设计语言。在Python的官方网站，可以直接下载到Python的最新源码进行安装。然而，以这种方式安装Python时，得到的只是Python原生自带的开发环境，只有简单的编辑和调试功能，操作起来较为麻烦。

对Python来说，使用第三方的Python集成开发环境（Integrated Development Environment，IDE）进行程序编写调试则更为方便。IDE是用于提供程序开发环境的应用程序，一般包括代码编辑器、编译器、调试器和图形用户界面等工具。高效的代码编辑器或者IDE会提供各类插件与工具等，能帮助开发者提高Python程序编写的效率。

Python语言目前最主流的IDE有PyCharm和Jupyter Notebook。其中，PyCharm是针对项目开发的IDE工具，易于调试，适合开发大型、复杂的Python项目；而Jupyter Notebook则是针对科学计算、编程学习的IDE工具，它在网页中运行，同时也支持轻量级标记语言Markdown，代码编写过程中可在同一个页面中直接编写说明和解释，易于代码分享。本书代码运行环境为Jupyter Notebook，也强烈建议各位读者使用。

2.1.2　Anaconda 的安装

如何安装Python和Jupyter Notebook呢？这里推荐使用Anaconda。

Anaconda是一个开源的Python发行版本，包含 conda、Python在内的超过180个科学包及其依赖项。同时，通过Anaconda可以便捷获取、统一管理Python的第三方库（包）。简要来说，只要安装好Anaconda，里面就自带了Python，Jupyter Notebook以及大量第三方库、安装与管理包的工具，省去了大量手动安装的时间。

Anaconda对Windows、MacOS、Linux系统均提供支持，安装方法非常简单，在其官方网站下载对应系统版本的安装包后运行安装即可。这里需要注意的是，下载时需要选择64位版本的安装程序，避免后续的第三方包安装出现兼容性问题。

在Windows版本的Anaconda安装过程中，安装程序会提示询问是否将Anaconda添加至系统的环境变量PATH中（图2-1）。如果选中该项，则可以在系统的命令提示符CMD中运行Python和Anaconda的包管理等相关命令，反之如果没有选中，则需要在安装完成后程序所自带的Anaconda prompt环境中运行。

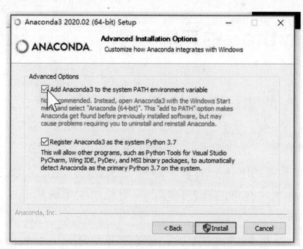

图2-1　Anaconda安装过程中的环境变量选项

2.1.3　Jupyter Notebook 的使用

本书中的Python编程环境是用Jupyter Notebook，使用的Python版本是Python 3.8，在实际使用时也建议读者使用Python 3.6～3.8版本，过新的版本可能存在部分包的兼容性问题。

Jupyter Notebook是基于网页的用于交互计算的应用程序，Jupyter Notebook是以网页的形式打开，在网页中直接编写Python代码和运行代码，代码的运行结果也会直接在代码块下显示。虽然是用网页浏览器打开网页进行代码编写，但Jupyter Notebook的使用并不需要计算机连接互联网，它的原理是在本地开启一个网页的服务器，利用网页浏览器这一媒介进行代码编写。

1. 运行Jupyter Notebook

在上述Anaconda程序安装完成后，Jupyter Notebook就已经成功安装到计算机中。安装好Anaconda后，只需要在CMD命令提示符（Windows系统中）或终端（mac OS系统中）运行以下代码，即可打开Jupyter Notebook代码编辑器。

```
1. jupyter notebook
```

2. Jupyter Notebook根目录修改

使用Jupyter Notebook时，也可以更改其默认的运行路径。在命令提示符中运行以下代码，可以让Jupyter程序生成设置文件。

```
1. jupyter notebook  --generate-config
```

打开生成的配置文件jupyter_notebook_config.py，在其中加入以下代码。

```
1. c.NotebookApp.notebook_dir = r'根目录的路径'
```

保存后重启Jupyter Notebook，即可改变其默认运行路径。

3. Jupyter Notebook的代码运行

成功打开Jupyter Notebook界面后，单击界面右上角的"新建"选项，选择Python 3即可创建代码的.ipynb文件，在其中即可运行Python代码，如图2-2所示。

图2-2 创建Python的.ipynb文件

打开创建的.ipynb文件后，随即显示代码运行界面。Jupyter Notebook的代码运行界面以代码框作为单位，在代码框中编写代码，然后运行每一个代码框中的代码，如图2-3所示。

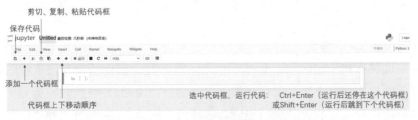

图2-3 Jupyter Notebook的代码编辑界面

4. Jupyter Notebook的插件

除了正常编程使用以外，Jupyter Notebook还有一些扩展插件，在命令提示符下运行以下代码即可安装插件管理器。

```
1. pip install jupyter_contrib_nbextensions
2. jupyter contrib nbextension install --user
```

安装完成后，在Jupyter Notebook界面的左上角单击Nbextensions标签，勾选所需的插件即可使用，如图2-4所示。

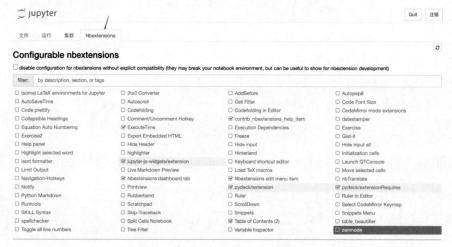

图2-4　Jupyter Notebook的扩展插件

2.1.4　Python 第三方库的安装

1. 通过pip与conda安装

Python具有数量庞大的第三方库，也是实际编程过程中必不可少的。在安装了Anaconda以后，本书所要用到的大部分第三方库就已经装好了，只有少数的包还需要另外安装，如GeoPandas包。

安装Python第三方库通常有两种方式：pip和conda。pip为Python原生自带的包安装功能，而conda则为Anaconda提供的包管理功能。这两种方式的包安装方法分别是在命令提示符中运行以下代码。

```
1. pip install 包名称
2. conda install 包名称
```

这两者的安装存在一定区别：pip安装包时，不一定会展示所需其他依赖包，安装包时或许会直接忽略依赖项而安装，仅在结果中提示错误；conda安装包时，会分析自身环境，列出所需其他依赖包，安装包时自动安装其依赖项。同时，conda可以便捷地在包的不同版本中自由切换。

经过实际测试，对部分包来说，使用conda安装过程中，在检查环境这一项可能会消耗较长时间，原因是conda安装需要从国外服务器获取资源。遇到这种情况时，通过更换国内镜像源可以解决部分问题。在Python运行过程中，如果提示缺少相关包，可以优先用pip安装，实在不行再使用conda安装。

2. 通过Wheel文件安装

由于各种原因，某些包使用pip和conda安装方式可能无法成功安装，这时候则可以考虑使用Wheel文件进行安装，这种方式的成功率较高。

Wheel是Python官方指定的一种ZIP格式的存档文件，它具有特殊格式的文件名和.whl扩展名。每个Wheel文件包含一个包的一个发行版本，将对应系统所支持的Wheel文件下载到本地，使用pip安装即可安装包，例如：

```
1. pip install Fiona-1.8.6-cp37-cp37m-win_amd64.whl
```

上面的命令安装了1.8.6版本的Fiona包，环境为Windows系统下Python 3.7的64位版本。在非Python官方的Wheel文件发布网站上可找到适用于各环境下的各版本Wheel文件下载。这里需要注意Wheel文件必须区分系统（Windows、Mac OS、Linux）和Python版本（3.7、3.8、3.9等），找到正确版本的.whl文件才可安装成功。

2.2 Python 基本语法

在这一节中，将介绍Python的基本语法，这一节的目的并不是对Python全面彻底地进行介绍，而只展示各部分中最常用的方法与需要注意的事项，不会讨论太过细节、琐碎的内容。如果是Python初学者，不建议花费大量时间研究基础代码，建议快速过完本节内容，在后续章节中加强代码练习，在实际使用中逐步熟练。

2.2.1 对象与变量

对象（Object）与变量（Variable）是在Python中最基础的概念，Python使用对象来存储一切东西，而变量则可以理解为对Python中对象的引用（可以理解为变量就是给对象一个名字）。所有的编程语句都在使用变量，对变量进行一定的操作。变量在定义后，会存储于内存中。在关闭Python时，Python中所有的变量会从内存中清空，在下次打开Python时需要重新定义。

在Python中定义变量时用等号"="给变量赋值，且不需要声明变量的类型，例如：

```
1. In [2-1]:
2. a = 1
3. b = 'abc'
```

以上代码中，数值1和字符串'abc'是对象，而a和b则是变量，指向了这两个对象。

Python也允许同时为多个变量赋值，例如：

```
1. In [2-2]:
2. a = b = 'abc'
```

在Jupyter Notebook中，如果代码块的最后一行是一个变量，则运行该代码块会直接输出该变量的内容。对本书后面pandas包中DataFrame类型的变量，如果直接以运行代码块的形式输出，则可以看到以网页HTML表格形式显示的数据表，而用输出函数print()输出结果则反而会丢失其表格属性。因此，在本书后续内容的学习中，推荐使用这一功能取代输出函数print()。

2.2.2 运算符

在Python中，运算符用于执行程序的代码运算，主要包括算术运算符、比较运算符、赋值运算符、逻辑运算符等，如表2-1所示。

表2-1　Python常用运算符举例

种　　类	运　算　符	含　　义
算术运算符	+, -, *, 、, %, **, //	加，减，乘，除，取模，幂，整除
比较运算符	==, !=, >, <, >=, <=	相等，不等，大于，小于，大于等于，小于等于
赋值运算符	=, +=, -=, *=, /=, %=, **=, //=	为变量执行等号前的操作，并赋值回去
逻辑运算符	and或&, or或|, not	与，或，非

2.2.3 内置数据类型

Python中有6种内置的数据类型，分别为：Number（数字）、String（字符串）、List（列表）、Tuple（元组）、Set（集合）、Dictionary（字典）。下面分别简要介绍这6种数据类型。

1. 数字

数字数据类型用于存储数值。数字类型主要包括四种：int（整型）、float（浮点型）、complex（复数）、bool（布尔型），例如：

```
1. In [2-3]:
2. 1,2,3        #整型
3. 1.23,2E-2    #浮点型
4. True,False   #布尔型
5. 1+2j         #复数
```

数字类型对象可进行数值运算（算术运算），包括：加减乘除、取余、取次幂、取整数等。也可以进行值的比较，其运算符号包括：等于（==）、不等于（!=）、大于（>）、小于（<）、大于或等于（>=）、小于或等于（<=），返回的结果是布尔型，即True与False。另外，如果对布尔型进行数学运算，则True表示1，False表示0。

在代码的编写过程中，经常需要进行整型与浮点型之间的互相转换，可以使用Python内置的函数来进行数字的类型转换，例如：

```
1. In [2-4]:
2. a = 1          #此时a为整型
3. a = float(a)   #转换为浮点型
4. a = int(a)     #转换为整型
```

2. 字符串

字符串是由数字、字母、下画线组成的一串字符，用来存储和表现基于文本的信息，如城市的名称、一个地址信息等。Python字符串用单引号（'）、双引号（"）、三引号（'''）括起来，且必须配对使用。

当字符串中存在反斜杠（\）时，字符串后面的内容会被识别为转义字符，在字符串的左边加一个r，可以避免这种转义的发生。在字符串中定义文件路径时需要特别注意，在路径中经常会出现反斜杠，应加r避免转义，例如：

```
1. In [2-5]:
2. path = r'\data\taxidata.csv'
```

字符串中的索引可以使用中括号（[]）来选择。字符串有两种索引顺序，如图2-5所示，从左到右索引默认从0开始，从右到左索引默认从-1开始。通过[头下标:尾下标]的索引方式，可以从字符串中获取一段子字符串，即切片，例如：

```
1. In [2-6]:
2. a = 'BIGDATA'
3. a[0]          #索引字符串的第一位
4. Out [2-6]:
5. 'B'
6.
7. In [2-7]:
8. a[2:-2]       #索引字符串的第三位至倒数第三位的切片，这里索引末尾到-2，但出来的结果是到
                 #-3位截止
9. Out [2-7]:
10. 'GDA'
```

BIGDATA
0 1 2 3 4 5 6
-7 -6 -5 -4 -3 -2 -1

图2-5　字符串索引方式

字符串也支持运算符的使用，可以通过加号（+）连接字符串，也可以通过星号（*）重复字符串，例如：

```
1. In [2-8]:
2. a = 'BIG'+'D'+'ATA'
3. a
4. Out [2-8]:
5. 'BIGDATA'
6.
7. In [2-9]:
```

```
8. a = 'BIG'*3
9. a
10. Out [2-9]:
11. 'BIGBIGBIG'
```

字符串也存在如表2-2所示的常用方法，在实际的编程操作中会经常使用到。

表2-2　字符串的常用方法

方法（[]代表可选参数）	描　　述
str(obj)	将对象obj转换为字符串
str.join(seq)	seq为list，其中每个元素为字符串，将seq中的元素以str作为分隔符进行连接
str.replace(str1,str2)	将str中出现str1的地方全部用str2替换
str.lstrip([chars])	删除字符串前端参数chars指定的字符集，如果参数省略，则删除空白字符
str.rstrip([chars])	删除字符串后端参数chars指定的字符集，如果参数省略，则删除空白字符
str.strip([chars])	删除字符串前端和后端参数chars指定的字符集，如果参数省略，则删除空白字符
str.find(str1[,start[,end]])	返回字符串中首次出现的子字符串str1的位置
str.split(str1)	对字符串str中的内容以子字符串str1切分

3. 列表（List）

列表是Python内置数据里最重要的数据类型。列表的创建方法非常简单，使用中括号（[]）来创建，把需要的对象放到中括号里即可，例如：

```
1. In [2-10]:
2. shanghai = ['yangpu','hongkou',1]
```

上述代码创建一个变量名为shanghai的列表，列表里面有3个元素，分别是字符串yangpu、hongkou和数值1。

和字符串类型一样，列表类型也可以通过索引或者切片操作来访问某一个或者某一块连续的元素。与字符串所不同的是，字符串只能由字符组成，而列表则能包含任何对象，是一个灵活的容器。

列表支持元素的删除、更改、添加等操作，可以帮助实现很多数据处理需求，列表所支持的常用方法如表2-3所示。

表2-3　列表的常用方法

方　　法	描　　述
len(list)	返回列表的长度
list(seq)	将seq中的内容转换为列表
max(list)	返回列表中元素最大值
min(list)	返回列表中元素最小值
list.append(obj)	在列表末尾添加对象obj
list.remove(obj)	移除列表中某个对象obj的第一个匹配项
list.reverse()	将列表中元素反向排列
list.insert(index,obj)	在列表中索引为index的位置插入对象obj

4. 元组（Tuple）

元组是跟列表非常相近的另一种容器类型。与列表的不同点是，元组的构建用的是小括号（()），例如：

```
1. In [2-11]:
2. shanghai = ('yangpu','hongkou',1)
```

元组中元素的访问方法与字符串和列表的访问方法一样，可以通过索引与切片来获取其中的内容。在功能上，元组和列表相比有一个很重要的区别：元组是不可变类型，而列表是可变类型，元组里面的元素不可以增、删、改。元组所支持的常用方法相对而言少了很多，如表2-4所示。

表2-4　元组的常用方法

方　　法	描　　述
len(tuple)	返回元组的长度
tuple(seq)	将seq中的内容转换为元组
max(tuple)	返回元组中元素最大值
min(tuple)	返回元组中元素最小值

5. 字典（Dict）

字典是Python中非常灵活的内置数据类型，由"键值对"构成，每个键值对由键（key）与值（value）对应构成，且键必须唯一，字典中的键值对也不存在顺序。键值对中的键必须是字符串、数字或元组，但大多数情况为字符串或数字，键值对中的值则可以是任何数据类型。字典使用大括号（{}）来创建，字典需要用（[键]）的形式来取得对应键值对的值，例如：

```
1. In [2-12]:
2. dict1 = {'type': 'car', 0: 7, 'brand': 'bmw'}
3. dict1['type']
4. Out [2-12]:
5. 'car'
```

上述代码创建了一个字典，包含三个键值对，它们的键分别为'type'、0和'brand'，值分别为'car'、7和'bmw'。字典的常用方法如表2-5所示。

表2-5　字典的常用方法

方　　法	描　　述
len(dict)	返回字典中元素的个数
dict.keys()	以列表形式返回所有键
dict.items()	以列表形式返回所有键值对
dict.values()	以列表形式返回所有值

6. 集合（Set）

Python中，集合是一个无序的不重复元素序列。集合中的元素不重复，因此可以将有重复的对象放入集合中，此时重复的数据会仅保留一个，自动实现去重的效果。集合的创建可以使用大括号（{}）或set()函数。但需要注意的是，创建一个空集合必须用set()而不是{}，因为{}会创建一个空字典。

与数学中集合的概念相似，可以对两个集合取并集、交集与差集，例如：

```
1. In [2-13]:
2. x = {'spam','h'}
3. y = set(['h','a','m','a'])
4. x & y             #交集
5. Out [2-13]:
6. {'h'}
7.
8. In [2-14]:
9. x | y             #并集
10. Out [2-14]:
11. {'a', 'h', 'm', 'spam'}
12.
13. In [2-15]:
14. x - y            #差集
15. Out [2-15]:
16. {'spam'}
```

集合的常用方法如表2-6所示。

表2-6　集合的常用方法

方　　法	描　　述
set(seq)	将seq中的内容转换为集合
set.add(obj)	在集合中添加对象obj
set.remove(obj)	移除集合中的对象obj

2.2.4　语句

1. 行与缩进

和其他程序设计语言（如 Java、C语言等）采用大括号（{}）分隔代码块不同，Python采用代码缩进和冒号（:）来区分代码块之间的层次。正因为如此，网上流传着一句话"学习Python时要随身带着一把游标卡尺，精确测量代码的缩进位置"。这句话当然是调侃，但也说明了Python语言对缩进有着严格的要求，在缩进位置错误时代码则会报错。

Python的缩进方式为按Tab键输入制表符或4个空格，大多数情况下为Tab键缩进。对大多数编辑器，当选中一大段包含多行的代码时，按Tab键可以全部增加一个缩进，而按Ctrl+Tab组合键则可以全部减少一个缩进。

2. 条件语句

Python中的条件语句与其他大多数语言一样，通过给定if条件，依据执行结果为True或False来决定执行的代码。在其中，执行语句需要进行缩进，基本形式为：

```
1. if 判断条件：
2.     执行语句
3. else：
4.     执行语句
```

如果有多个判断条件，则可以用如下形式。

```
1. if 判断条件1：
2.     执行语句1
3. elif 判断条件2：
4.     执行语句2
5. elif 判断条件3：
6.     执行语句3
7. else:
8.     执行语句4
```

3. 循环语句

Python中的循环语句有两种形式：for和while。for循环可以理解为，对某个集合中的每一个元素，执行相应语句；而while循环可理解为，当符合某个条件时，执行相应语句，直到不符合条件为止。

下面的代码使用了for语句进行了10次循环。

```
1. In [2-16]:
2. results = []                     # 创建一个空的列表
3. for i in [0,1,2,3,4,5,6,7,8,9]:
4.     result = i                   # 每次循环中进行一定的操作，得到结果
5.     results.append(result)       # 往列表中添加结果
6. results
7. Out [2-16]:
8. [0, 1, 2, 3, 4, 5, 6, 7, 8, 9]
```

每次循环中，依次从后续列表中取出元素赋值给变量i，然后执行缩进代码块的操作。这里，首先在循环开始前定义了一个空的列表results，在每次循环汇总执行得到结果result后往results中添加，这种代码逻辑在遍历运算数据的时候会经常使用。

下面的代码则使用while语句进行循环，同样实现上述操作。

```
1. In [2-17]:
2. results = []                     # 创建一个空的列表
3. i = 0                           # 定义i的初始值
4. while i <10:
5.     result = i                   # 每次循环中进行一定的操作，得到结果
6.     results.append(result)       # 往列表中添加结果
7.     i +=1
8. results
9. Out[17]:
10. [0, 1, 2, 3, 4, 5, 6, 7, 8, 9]
```

但相比for循环，它还需要先定义变量i的初始值，每次循环时在最后还需要让i增加1，实现遍历运算数据的过程就没有for循环那么方便了。

另外，在循环中还可以加入三种循环控制语句，如表2-7所示。

表2-7　循环控制语句

控 制 语 句	说　　　明
break	终止并跳出整个循环
continue	停止当前循环，执行下一个循环
pass	空语句，为保持程序完整而存在

2.2.5　函数

1. 函数的定义与调用

函数是自定义好的可以重复使用的代码段。Python中的函数代码块以 def 关键词开头，后接函数名称和圆括号()，并将传入参数和自变量放在圆括号内。最后以return [表达式] 结束函数作为函数的输出结果，例如：

```
1. In [2-18]:
2. def myfunc(a,b):
3.     a += b
4.     return a
5. myfunc(10,2)
6. Out[18]:
7. 12
```

上面的代码定义了一个名为myfunc的函数，需要传入a和b两个参数才可以执行，最后输出结果是变量a。

需要注意的是，在函数内部定义的变量为局部变量，只能在函数内使用。而定义在函数外的变量则为全局变量，在函数内与函数外均可使用。

2. 匿名函数

Python中可以使用lambda来创建匿名函数，它的功能与前面所讲的函数定义很相似，它用一个表达式来定义函数，语句如下。

```
1. lambda [arg1 [,arg2,... ,argn]]:expression
```

其中，arg1～argn为函数传入的参数，而expression则为函数的主体部分，函数会将expression运行的结果输出。通过lambda函数，可以实现myfunc()中的函数功能，如下。

```
1. In [2-19]:
2. myfunc = lambda a,b:a+b
3. myfunc(10,2)
```

```
4. Out[19]:
5. 12
```

通过上面的代码，定义了myfunc()函数。但lambda中定义的函数主体是一个表达式，而不是一个代码块，因此仅能在lambda表达式中封装有限的代码进去。正由于lambda函数可以快速、简洁地定义函数，在后续的pandas数据处理中搭配数据表的apply遍历函数，可以用少量代码实现复杂而灵活的操作。

3. 内置函数

Python中也原生自带了很多内置的函数，可以在Python代码中随时使用，部分常用的内置函数如表2-8所示。Python内置函数的函数名都为Python的保留字，在写代码时需要注意自定义的变量名不能与这些函数名重复，否则会覆盖这些内置方法，需要重启Python才能恢复。

表2-8　部分常用的内置函数

内 置 函 数	说　　明
print(obj)	将对象打印到控制台
help(obj)	打开obj对象的帮助
type(obj)	返回obj对象的类型
min(seq)	返回可迭代对象seq中的最小值
max(seq)	返回可迭代对象seq中的最大值
abs(x)	返回x的绝对值
divmod(a,b)	返回一对商和余数(a//b, a%b)
eval(expression)	以字符串形式将Python代码传入并执行
exec(expression)	以字符串或对象形式将Python代码传入并执行
open(file)	打开file文件
len(s)	返回对象s的长度
round(num[,ndigits])	将num四舍五入到ndigits的位数
range(stop) range(start,stop[,step])	生成一个range可迭代的序列对象，如果输入stop参数，则序列中的值从0开始到stop-1结束。如果输入start、stop、step参数，则序列中的值以step为步长从start开始到stop结束
sum(seq)	将可迭代对象seq中的值求和
sorted(seq)	将seq中的对象进行排序后返回
map(function,seq)	对seq中的对象遍历，依次输入function中执行

2.2.6　包的使用

在Python语言的库中，分为Python标准库和第三方库。Python的标准库是随着Python安装的时候默认自带的库，第三方库则需要下载后安装，不同的第三方库安装及使用方法不同。在使用上，它们都需要用import语句导入，例如：

```
1. import json
```

```
2. json.dump(data,f)
```

以这种形式导入包，包中的所有功能都会一起导入。另外，也可以使用from xxx import xxx语句调用，例如：

```
1. from json import dump
2. dump(data,f)
```

以这种方式导入包，则只会导入指定部分的功能。两种导入方式下，包中所带方法的使用方式不同，需要注意。另外，也可以在导入包时加上as，将包名重命名，例如：

```
1. import pandas as pd
```

上面代码将pandas包导入后，命名为pd变量。

2.2.7 数据分析常用第三方库简介

在本节中，将列出本书中使用的核心的Python第三方库，并简要介绍。在大多数情况下，这些库之间的对象是互相兼容的，在一个库中生成的对象，可以在其他的库中使用。

1. NumPy与pandas——矩阵运算与数据处理

NumPy与pandas是本书的数据处理中最核心最基础的第三方库。

NumPy是Python的一种数值计算扩展，主要的特点是它可用来存储和处理大型矩阵。在Python代码中，常使用嵌套列表的结构代表矩阵（一个大列表中存放多个子列表），NumPy则能够将这种存储形式转换为np.array形式以代表矩阵，并自带高效的矩阵运算方法，支持多维度数组，也针对数组运算提供大量的数学函数库。

pandas则是建立在NumPy基础上的用于数据分析的库，它相当于是在np.array上加了一层壳，并在此基础上提供大量数据处理的方法。pandas 可以从各种文件格式如CSV、JSON、SQL、XLS导入数据，将二维表数据读取成为pd.DataFrame形式的变量，提供高性能、易于使用的数据结构和数据分析工具。

2. Matplotlib与seaborn——数据可视化

Matplotlib是一个用于在Python中创建静态、动画可视化的库。它内置了很多常用的数据图表的绘制方法，通过传入数据并做相应设置就能够做出各种有吸引力的统计图表。

seaborn是在Matplotlib的基础上进行了更高级的API封装，从而使得作图更加容易。seaborn提供了更多的图表绘制方法，同时也将部分数据处理的操作融合进图表绘制方法中。seaborn是Matplotlib中绘图功能的补充，它们都能高度兼容NumPy与pandas数据结构以及SciPy与sklearn等科学统计包。

3. SciPy与sklearn——科学计算

SciPy库构建于NumPy之上，提供了一个用于在Python中进行科学计算的工具集，通过内置函数方法的形式提供了统计、优化、线性代数、傅里叶变换、信号和图像处理等功能。

sklearn（scikit-learn）则是一个Python第三方机器学习库，它建立在 NumPy、SciPy和Matplotlib上，包含从数据预处理到训练模型的各个方面，主要功能包括聚类、分类、回归、降维、模型选择、数据预处理六大块，是简单高效的数据挖掘和数据分析工具。

4. Shapely与GeoPandas——空间数据处理

Shapely是用于几何地理数据处理的包，其中提供了对点、线、面矢量数据的支持，同时也自带了很多几何图形处理的内置方法。

GeoPandas则可以理解为将Shapely与pandas结合，在pd.DataFrame的数据表类型上结合Shapely所提供的几何图形处理功能，将其变成gpd.GeoDataFrame的数据表形式，使得Python能够以数据表的形式对地理空间数据进行批量操作。

5. NetworkX和igraph——网络分析

NetworkX与igraph功能类似，都是用于创建、操作和研究复杂网络的结构、动态和功能的包。利用NetworkX与igraph，可以加载和存储网络，生成多种类型的随机和经典网络，分析网络结构，构建网络模型，设计网络算法，绘制网络等。同时，这两个包中也提供了各类网络分析的方法，包括网络的度中心性、介数、最短路径、社区发现等，能够轻松处理大型非标准数据集。

6. PySAL——空间统计

PySAL是一个面向地理空间数据科学的库，它支持空间分析高级应用程序的开发，例如，空间簇与异常点的检测、空间自相关与热点分析、地理空间回归与统计建模、空间计量经济学、探索性时空数据分析等。

7. TransBigData——时空数据处理工具

TransBigData是一个为交通时空大数据处理、分析和可视化而开发的Python包，由作者独立开发。TransBigData为处理常见的交通时空大数据（如出租车GPS数据、共享单车数据和公交车GPS数据）提供了快速而简洁的方法。TransBigData为交通时空大数据分析的各个阶段提供了多种处理方法，代码简洁、高效、灵活、易用，可以用简洁的代码实现复杂的数据任务。

2.3 pandas 数据处理基础

Python中，处理数据时常用的包是pandas，它能够以非常简洁的语法实现以往SQL数据库数据处理的一切功能。本节中正式开始pandas数据处理的学习，这一节中所介绍的内容非常重要，在数据处理的代码实践中会经常用到。

2.3.1 数据文件的编码格式与存储形式

在数据的处理中，拿到数据首先应该确认数据的编码格式与存储形式，如果数据读取时这两者设置错误，则数据可能无法正常读取或出现乱码错误。因此，这一节中将介绍数据常用的编码格式、存储形式以及处理与读取数据时的一些注意事项。

1. 数据文件的编码格式

在计算机的最底层中，数据以0和1来代表，但实际使用中并不会接触到这样的数据，这是因为底层的0/1数据已经在计算机系统中通过编码的形式转换为文字、数字或其他对象。

编码指的是用预先规定的方法，将数据编码（Encode）为编码字符，又可解码（Decode）成原来的数据形式。编码规定了每个字符分别用一个字节还是多个字节存储，用哪些字节来存储。常见的编码格式有ASCII、ANSI、GBK、GB2312、UTF-8等。我国比较常用的是GB2312和GBK两种，其中，GB2312是GBK的一个子集。

在所有字符集中，ASCII是最知名的一种，它的全称是美国标准信息交换代码（American Standard Code for Information Interchange），为美国英语通信所设计。但由于它是针对英语设计的，当处理带有音调标号（形如汉语的拼音）的亚洲文字时就会出现问题，各个国家和地区也制定了不同 ANSI 编码标准，而各自都只规定了各自语言所需的字符。

为了满足跨语言、跨平台进行文本转换的要求，Unicode出现了。Unicode标准为世界上每种语言中的每个字符设定了统一并且唯一的码位。UTF-8则是针对Unicode规则的一种编码格式，任何语言都可以同时使用UTF-8，因此它也逐渐成为计算机和互联网技术的下一代标准。

人们平时接触到的数据多数为UTF-8编码或GBK编码，少数为ASCII编码。pandas中默认读取文件的编码格式为UTF-8，只有对数据选择对应的编码格式，才能正确地读取数据，避免出现乱码。

需要注意的是，对UTF-8编码的数据文件，在文件的头部会有一个叫BOM（Byte Order Mark）的隐藏字符，它的作用是标识文件是Unicode编码标准中哪种格式的编码。利用Python中的pandas保存数据文件时，如果存储的编码格式为UTF-8，则默认输出的数据文件是不带BOM的，如果用Excel打开，则会发现内容为乱码，Excel无法识别这种编码。解决方案是在DataFrame存储到本地文件时，将编码格式设置为UTF-8_sig，输出的文件带BOM，Excel中才可正常打开，例如：

```
1. In [2-20]:
2. import pandas as pd
3. df = pd.DataFrame({'name':[1,2,3]})
4. df.to_csv(r'data.csv',encoding = 'utf-8')      #数据不带BOM，Excel打开有乱码
5. df.to_csv(r'data.csv',encoding = 'utf-8_sig')  #数据带BOM，可用Excel打开
```

2. 数据文件的存储形式与读写方法

1）CSV与TSV数据格式

CSV（Comma-Separated Values，逗号分隔值）文件是一种通用的、相对简单的文件格式，它也是人们最常遇到的数据格式，Excel、Python中均对CSV格式文件提供支持。

CSV最典型的特征就是，数据中的字段、记录等均为英文逗号分隔（,），整个数据文件由记录组成，每行一条记录，每条记录都有同样数量的字段。而TSV（Tab-Separated Values，制表符分隔值）文件也与CSV文件类似，唯一区别是TSV使用制表符（Tab，\t）分隔数据值。CSV是一种纯文本格式，如果将.csv文件的后缀名改为.txt，效果就跟普通的TXT文本文档内容一样了。

需要注意的是，CSV文件是用英文逗号分隔，而有些数据字段的内容存在英文逗号，此时存储数据则可能会使得文件的下一次读写存储变得很困难，在存储时应改用竖线（|）作为分隔符，例如：

```
1. In [2-21]:
2. df.to_csv(r'data.csv')                #以逗号为分隔符存储数据
3. pd.read_csv(r'data.csv')              #以逗号为分隔符读取数据
4. df.to_csv(r'data.csv',sep = '|')      #以竖线为分隔符存储数据
5. pd.read_csv(r'data.csv',sep = '|')    #以竖线为分隔符读取数据
```

2）JSON数据格式

在Python中，经常会使用到数值、字符串、列表、字典的数据类型，这些数据类型在大部分的编程语言中都有。那么我们很自然就会想到，能不能有一种数据格式，可以自由地把各种数据类型存储在一起，不同的语言读取这种数据格式时也能够正确地识别呢？

JSON就是这样一种格式，JSON指的是JavaScript对象表示法（JavaScript Object Notation），是一种轻量级的数据交换格式。

它由数值、字符串、列表、字典等数据类型自由地嵌套在一起构成，简洁和清晰的层次结构使得JSON成为理想的数据交换语言，易于人阅读和编写，同时也易于机器解析和生成，并有效地提升网络传输效率。JSON可以保存成.json后缀的文件，它是纯文本格式，可以用记事本当成TXT文档打开看到里面的内容。下面的代码列举了几个JSON示例，通过在列表里放一个字典，在字典里再放一个列表，通过这样无限嵌套下去，可以实现树状存储。

```
1. In [2-22]:
2. #一些合法的 JSON 示例
3. {"a": 1, "b": [1, 2, 3]}
4. [1, 2, "3", {"a": 4}]
5. 3.14
6. "plain_text"
```

通过Python自带的json包，可以实现JSON文件的写入。

```
1. In [2-23]:
2. import json
3. data = {'name':[1,2,3]}              #需要存储的json变量
4. f = open('data.json',mode = 'w')     #创建data.json文件,且为写入模式
5. json.dump(data,f)                    #存储
6. f.close()                            #关闭文件,才能保存
```

同时也能实现JSON文件的读取。

```
1. In [2-24]:
2. f = open('data.json')               #打开data.json文件
3. data = json.load(f)                 #读取
4. f.close()                           #关闭文件
5. data
6. Out[24]:
7. {'name': [1, 2, 3]}
```

3）Pickle数据格式

前面提到，Python中的对象、变量都存储在内存中，如果关闭Python则会清空。而Python中也提供了一种方法，能够将这些对象都以本地文件的形式存储，它就是Pickle。

Pickle是Python中的一种数据格式，它对Python对象提供了持久化功能，将对象以文件的形式存储在本地文件中。存储下来的文件后缀名为.pkl，但Pickle文件并非纯文本，将文件用文本编辑器打开则是乱码。以Pickle形式存储的数据读写的效率相比CSV文件更高，但数据量较小时二者的差距不是很明显。另外，不同版本的Python所保存的Pickle文件跨版本直接调用时可能会报错。Python中几乎所有的数据类型（列表、字典、集合等）都可以用Pickle来序列化，例如：

```
1. In [2-25]:
2. import pickle
3. data = {'name':[1,2,3]}              #需要存储的变量
4. f = open('data.pkl',mode = 'wb')     #创建data.pkl文件,且为写入模式
5. pickle.dump(data,f)                  #存储
6. f.close()                            #关闭文件,才能保存
```

同时也能实现Pickle文件的读取。

```
1. In [2-26]:
2. f = open('data.pkl','rb')           #打开data.pkl文件
3. data = pickle.load(f)               #读取
4. f.close()                           #关闭文件
5. data
6. Out[26]:
7. {'name': [1, 2, 3]}
```

注意，上述读写要求模式分别为wb和rb，即读写二进制文件。pandas也支持将数据表存储为Pickle文件。

```
1. In [2-27]:
2. df.to_pickle(r'data.pkl')          #存储为 Pickle 文件
3. df = pd.read_pickle(r'data.pkl')  #读取 Pickle 文件
```

2.3.2 数据表的行列处理

1.数据表的生成

前面介绍的是pandas从本地文件中读取数据表。pandas也可以直接在代码中直接生成数据表，生成数据表有以下三种方式。

第一种，传入一个双层列表（list）。

```
1. In [2-28]:
2. pd.DataFrame([['aa',1],
3.              ['bb',2],
4.              ['cc',3]],columns = ['name','type'])
```

第二种，传入一个列表中包含多个字典。

```
1. In [2-29]:
2. pd.DataFrame([{'name':'aa','type':1},
3.              {'name':'bb','type':2},
4.              {'name':'cc','type':3}])
```

第三种，传入一个字典，键值对中的值为列表。

```
1. In [2-30]:
2. pd.DataFrame({'name':['aa','bb','cc'],
3.              'type':[1,2,3]})
```

这三种生成数据表的方式需要熟练使用。在用Python爬虫爬取数据时，数据的存储形式大部分情况下为JSON，如果它们的存储形式与这三种生成数据表的方式所需的数据格式相同，则可以直接转换为数据表。

2.数据表的存储形式

pandas中所处理数据表的数据类型为DataFrame，以某出租车GPS数据为例，可以用type()函数来查看数据类型。

```
1. In [2-31]:
2. #查看数据类型，data 为已读取的出租车 GPS 数据
3. type(data)
4. Out [2-31]:
5. pandas.core.frame.DataFrame
```

DataFrame是pandas里提供的一种特殊的数据表存储形式，表中的每一行和每一列则是以Series的形式存储，如图2-6所示。

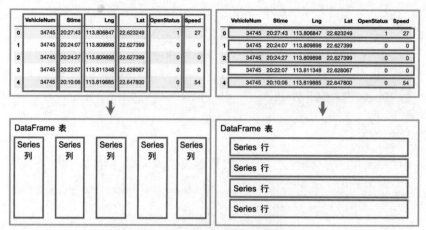

DataFrame中的行与列均为Series

图2-6　DataFrame中行与列的存储形式

DataFrame中的行与列都有各自的名称，分别为列名（columns）和行号（index），如图2-7所示。当读取数据时如果没有指定行号是哪一列，pandas会自动从0开始进行编号作为行号（行号也可以是字符串）。

列名：data.columns

	VehicleNum	Stime	Lng	Lat	OpenStatus	Speed
0	34745	20:27:43	113.806847	22.623249	1	27
1	34745	20:24:07	113.809898	22.627399	0	0
2	34745	20:24:27	113.809898	22.627399	0	0
3	34745	20:22:07	113.811348	22.628067	0	0
4	34745	20:10:06	113.819885	22.647800	0	54

行号：data.index

图2-7　DataFrame的列名与行号

可以通过DataFrame的T方法将数据表转置，将行号与列名互换。

```
1. In [2-32]:
2. #通过T方法将数据表的前5行转置，行号与列名互换
3. data.head(5).T
```

输出结果如图2-8所示，取出数据的前几行然后转置显示的这个技巧在遇到列数特别多的数据表时可以使用，方便查看。

	0	1	2	3	4
VehicleNum	34745	34745	34745	34745	34745
Stime	20:27:43	20:24:07	20:24:27	20:22:07	20:10:06
Lng	113.807	113.81	113.81	113.811	113.82
Lat	22.6232	22.6274	22.6274	22.6281	22.6478
OpenStatus	1	0	0	0	0
Speed	27	0	0	0	54

图2-8　转置后的数据表

3. 数据表的列索引

DataFrame中，通过列名可以索引取出数据表中的列。在data中取出VehicleNum列：

```
1. In [2-33]:
2. data['VehicleNum']
```

输出结果如图2-9所示。

```
0           34745
1           34745
2           34745
3           34745
4           34745
          ...
544994      28265
544995      28265
544996      28265
544997      28265
544998      28265
Name: VehicleNum, Length: 544999, dtype: int64
```

图2-9　取表中的一列

结果的最下方文字介绍了读取列的列名是VehicleNum（Series的name属性），列的长度是544999，类型dtype则是int64。在Jupyter Notebook的编辑器中，以图2-9这种形式显示的对象类型就是Series，可以查看它的数据类型：

```
1. In [2-34]:
2. #data 其中一列的数据类型
3. type(data['VehicleNum'])
4. Out [2-34]: pandas.core.series.Series
```

如果只想取DataFrame中的一列，并想让它保持DataFrame的数据类型，则可以用下面的代码。

```
1. In [2-35]:
2. #以 DataFrame 的数据格式获取表中的一列
3. type(data[['VehicleNum']])
4. Out [2-35]: pandas.core.frame.DataFrame
```

上面的列索引形式其实可以看成如下形式。

```
1. data[col] #col 传入的是一个列表，包含想取出的列名
```

如果想取多列，就在上面的col处传入一个包含多个列名的列表。例如，通过以下代码可以取得经度和纬度两列。

```
1. In [2-36]:
2. #取 data 的其中两列，显示前 5 行
3. data[['Lng','Lat']].head(5)
```

输出结果见图2-10，结果是DataFrame的表格形式。

	Lng	Lat
0	113.806847	22.623249
1	113.809898	22.627399
2	113.809898	22.627399
3	113.811348	22.628067
4	113.819885	22.647800

图2-10　取DataFrame的两列

小结一下上面提到的几种数据列索引的形式，图2-11中显示的是取出DataFrame数据表中列的四种代码尝试。其中可以看到，在数据表的变量后面用一层中括号索引时（data['列1']）的结果输出为Series，即数据的一列。而如果用两层中括号索引（data[['列1']]或data[['列1','列2']]），输出的结果则为包含指定列的数据表。

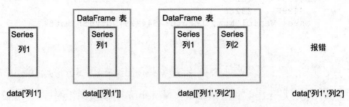

图2-11　取出DataFrame数据表中的列

4. 数据表的行索引

DataFrame中，通过指定行名（loc方法）或指定从上到下第几行（iloc方法），可以索引取出数据表中的行，也可以通过与字符串切片索引类似的方法取出多行，取出的结果也是Series。在对行索引时，有loc和iloc两种方法，loc为通过行名（index）索引取出行：

```
1. In [2-37]:
2. #取出表中行名为0的行
3. data.loc[0]
```

输出结果如图2-12所示。

```
VehicleNum      34745
Stime        20:27:43
Lng           113.807
Lat           22.6232
OpenStatus          1
Speed              27
Name: 0, dtype: object
```

图2-12　取出DataFrame中的一行

也可通过切片索引取出表中的几行：

```
1. In [2-38]:
2. #取出表中行名为1 ~ 5的行
3. data.loc[1:5]
```

输出结果如图2-13所示。

	VehicleNum	Stime	Lng	Lat	OpenStatus	Speed
1	34745	20:24:07	113.809898	22.627399	0	0
2	34745	20:24:27	113.809898	22.627399	0	0
3	34745	20:22:07	113.811348	22.628067	0	0
4	34745	20:10:06	113.819885	22.647800	0	54
5	34745	19:59:48	113.820213	22.674967	0	23

图2-13　DataFrame中对行的切片索引

另一种方式为通过iloc进行索引，由数据表中从上到下数第几行来索引：

```
1. In [2-39]:
2. #取出表中从上往下数第一行
3. data.iloc[0]
```

输出结果与图2-12相同。但如果考虑图2-13的表，切片索引后第一行的行号已经从0变成了1，此时使用loc和iloc就会存在差异了。

```
1. In [2-40]:
2. data.loc[1:5].loc[0]    #报错，因为里面没有行号为0的行
3. Out [2-40]:
4. KeyError: 0
5.
6. In [2-41]:
7. data.loc[1:5].iloc[0]   #切片索引后，取出其中的第一行
```

输出结果如图2-14所示。

```
VehicleNum        34745
Stime          20:24:07
Lng              113.81
Lat             22.6274
OpenStatus            0
Speed                 0
Name: 1, dtype: object
```

图2-14　切片索引后取出其中的第一行

在行号为从0开始，按顺序往下排序时，使用loc与iloc的结果是相同的，因为行号代表的就是该行是数据表中从上到下数第几行。但在平时的数据处理中，经常会使用各种排序、切片、索引操作，经过这些处理操作后行号的值并不能代表行所在的位置。在数据处理中，大多数情况下更关心的是数据行所在的位置，而不是数据的行号。因此，在行的索引中，iloc方法更加常用。

5. 数据表的列运算

pandas中DataFrame的列运算支持Python运算符，且为矢量运算，计算速度会比遍历逐行运算快很多。但需要注意的是，列运算时运算结果不会改变原有列，需要赋值回去才能改变。

```
1. In [2-42]:
```

```
2. #数据列进行运算（没有赋值回去，不会改变列原本的内容）
3. data['列']*2
4. #数据列进行运算（赋值回去改变列原本的内容）
5. data['列'] = data['列']*2
```

6. 数据列的类型转换

在读取数据时，DataFrame中的每一列都会自动识别数据类型，采用astype方法则可以改变数据表整列的数据类型。

```
1. In [2-43]:
2. #将列中的数据类型转换为文本形式
3. data['列'].astype(str)
```

另外，如果表中存在某一列为时间字符串，则可以用以下方式将列转换为时间格式。

```
1. In [2-44]:
2. #将列中的数据类型转换为时间形式
3. pd.to_datetime(data['列'])
```

注意，在对数据列进行类型转换时，转换结果也不会改变原有的列，需要将转换结果重新赋值给原有列才能改变表中的内容。

7. 数据表的排序

数据表的排序则可以使用sort_values函数，用by参数指定排序的列，ascending参数指定排序列的升序降序，代码如下。

```
1. In [2-45]:
2. #数据表依据列进行升序排序（没有赋值回去，不会改变表格原本的内容）
3. data.sort_values(by = '列1')
4. #数据表依据多个列以升序降序进行排序（赋值回去，改变表格原本的内容）
5. data = data.sort_values(by = ['列1','列2'],ascending = [True,False])
```

在不给定ascending参数的情况下，默认为升序排序。

8. 数据表的条件筛选

在DataFrame中以一定条件筛选数据是数据处理中最常用的操作。在代码中常用以下方法进行筛选：

```
1. #条件判断筛选
2. data[条件]    #筛选出满足条件的行
3. data[-(条件)] #剔除满足条件的行
```

其中的"条件"则指的是以布尔值存储的Series列。举例来说，如果想筛选出租车GPS数据（data变量）中车牌号为34745的数据，如何把"车牌号等于34745"这一想法表达成代码？首先应该对data的VehicleNum列进行判断：

```
1. In [2-46]:
2. data['VehicleNum'] == 34745  #判断该列中每一行的值是否等于34745
```

输出结果如图2-15所示，此时得到的是Series的数据结构，数据的类型dtype是bool布尔类型，内容是符合条件的行的bool值（若该行符合条件则为True，反之为False）和对应的行索引。

```
0          True
1          True
2          True
3          True
4          True
          ...
544994     False
544995     False
544996     False
544997     False
544998     False
Name: VehicleNum, Length: 544999, dtype: bool
```

图2-15　条件判断得到布尔值存储的Series列

将上面的Series作为条件对data进行索引，就可以提取出data中满足条件的行：

```
1. In [2-47]:
2. data[data['VehicleNum'] == 34745]
```

输出结果如图2-16所示。

	VehicleNum	Stime	Lng	Lat	OpenStatus	Speed
0	34745	20:27:43	113.806847	22.623249	1	27
1	34745	20:24:07	113.809898	22.627399	0	0
2	34745	20:24:27	113.809898	22.627399	0	0
3	34745	20:22:07	113.811348	22.628067	0	0
4	34745	20:10:06	113.819885	22.647800	0	54
...	...	...	...	...	...	...
4044	34745	04:55:31	114.172081	22.606783	0	0
4045	34745	04:55:51	114.172081	22.606783	0	0
4046	34745	05:55:12	114.172081	22.606783	0	0
4047	34745	05:57:32	114.172081	22.606783	0	0
4048	34745	05:57:52	114.172081	22.606783	0	0

4049 rows × 6 columns

图2-16　筛选出符合条件的数据

如果反过来，要筛选出"车牌号不等于34745"的数据，应该怎么办？除了在条件中用（!=）比较运算符，还可以在条件前加上减号（-）进行数据的反向选择，例如：

```
1. In [2-48]:
2. data[data['VehicleNum'] != 34745]       #使用 !=比较运算符判断
3. data[-(data['VehicleNum'] == 34745)]    #将条件进行反向选择
```

输出结果如图2-17 所示。

	VehicleNum	Stime	Lng	Lat	OpenStatus	Speed
4049	27368	09:18:53	113.811714	22.628016	0	0
4050	27368	09:05:23	113.813194	22.619576	1	76
4051	27368	08:14:23	113.820915	22.802643	1	41
4052	27368	07:58:53	113.829010	22.905766	1	7
4053	27368	09:03:23	113.830544	22.617573	1	71
...	...	...	...	...	...	...
544994	28265	21:35:13	114.321503	22.709499	0	18
544995	28265	09:08:02	114.322701	22.681700	0	0
544996	28265	09:14:31	114.336700	22.690100	0	0
544997	28265	21:19:12	114.352600	22.728399	0	0
544998	28265	19:08:06	114.137703	22.621700	0	0

540950 rows × 6 columns

图2-17 剔除符合条件的数据

但在使用负号进行反向选择时，要注意负号的位置，例如，以下代码将返回错误的数据。

```
1. In [2-49]:
2. data[-data['VehicleNum'] == 34745]    #错误，-data['VehicleNum']会被优先运算后
                                          #才进行判断
```

上面的条件筛选方式同时也支持逻辑运算符的和（&）与或（|）将多个条件一起进行判断，例如：

```
1. #多条件筛选
2. data[(条件1)&(条件2)]                   #筛选出同时满足条件1与条件2的行
3. data[-((条件1)|(条件2))]                #剔除满足条件1或条件2的行
```

需要注意的是，条件必须用小括号（()）括起来，否则运算符的优先级顺序可能导致多条件运算错乱。

还是以出租车GPS数据为例，如果想要保留车牌号是34745或者是27368的数据，则代码如下。

```
1. In [2-50]:
2. data[(data['VehicleNum'] == 34745)|(data['VehicleNum'] == 27368)]
```

输出结果如图2-18所示。

	VehicleNum	Stime	Lng	Lat	OpenStatus	Speed
0	34745	20:27:43	113.806847	22.623249	1	27
1	34745	20:24:07	113.809898	22.627399	0	0
2	34745	20:24:27	113.809898	22.627399	0	0
3	34745	20:22:07	113.811348	22.628067	0	0
4	34745	20:10:06	113.819885	22.647800	0	54
...	...	...	...	...	...	...
7196	27368	07:10:53	113.916039	22.655222	1	36
7197	27368	11:01:52	113.924728	22.686003	1	0
7198	27368	10:58:52	113.924774	22.685972	1	0
7199	27368	10:29:22	113.926979	22.685106	1	24
7200	27368	07:06:53	113.927124	22.637270	1	19

7201 rows × 6 columns

图2-18 多条件数据筛选

9. 更改符合条件的数据

在数据处理时，经常也会遇到需要改变数据表中符合某条件的数据内容，且保持不符

合条件的其他数据不发生改变。可以使用如下形式实现这种操作。

```
1. data.loc[条件,列] = 值
```

上面的代码可以改变符合"条件"的"列"的"值"，其中的"值"可以是一个对象，也可以是一列。

```
1. #值是对象
2. data.loc[条件,列] = 1
3. #值是列
4. data.loc[条件,列] = data.loc[条件,列2]+1
```

例如，将出租车数据中车辆编号为22221的记录的车辆编号改为22223，则应该这么写：

```
1. In [2-51]:
2. data.loc[data['VehicleNum']==22221,'VehicleNum'] = 22223
```

2.3.3　数据的表格运算

pandas除了能对表格中的数据进行行列处理外，还能够对表格整体进行处理，对多个表格进行一定的合并连接的运算。这一节中继续介绍一些更高级一点的数据表操作，包括pandas数据表的合并、连接、聚合集计与遍历。也是它们的存在使得pandas的数据处理效率能够实现质的飞跃！

1. 数据表的合并

pandas中，多个数据表的合并只需要将表格放在一个列表里面然后用pd.concat即可。

```
1. In [2-52]:
2. data1 = pd.DataFrame([{'name':'aa','type':1},
3.                       {'name':'bb','type':2},
4.                       {'name':'cc','type':3}])
5. data2 = pd.DataFrame([{'name':'dd','type':1},
6.                       {'name':'ee','type':2},
7.                       {'name':'ff','type':3}])
8. #合并两个表
9. pd.concat([data1,data2])
```

输出结果如图2-19所示。

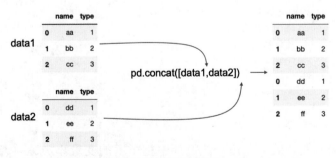

图2-19　数据表的合并

数据表的合并还有另一种方式，也就是DataFrame的append方法。这种方法实际上是在一个表的后面连接上另一个表。

```
1. In [2-53]:
2. data1.append(data2)
```

其计算结果与前面pd.concat的结果相同。DataFrame的append方法与列表的append方法存在一个不同点，使用列表的append方法后，原本的列表会发生改变，而使用DataFrame的append方法后，原本的数据表不会发生改变，需要重新赋值替换原始数据表。

在一些复杂的数据处理任务中，往往不能避免循环遍历。在这些任务中，一个经典思路是在循环之前创建一个空的DataFrame用于存储计算结果，每次循环时计算出子表，并将子表添加到总表中，在循环结束时，输出的总表中就包含每一次循环计算的结果。代码如下。

```
1.  In [2-54]:
2.  #表合并的方式一（不推荐）
3.  #创建数据表
4.  results = pd.DataFrame()
5.  #对数据表的每一行进行循环,也可以是其他循环方式
6.  for i in range(len(data1)):
7.      #进行运算,得到子表
8.      result = data1.iloc[i:i+1]
9.      #在数据表后面连接子表
10.     results = results.append(result)
11. results
```

上面这种思路是可以运行的，但它存在一个缺陷，如果循环的次数多，结果表越来越大，在巨大的表格后面用append方法连接一个小的表格的运算速度远比小表格连接小表格要慢，每个循环的计算效率越来越低。

对上面的计算要求，可以用pd.concat方法实现更快速的计算。每次循环构建一个结果子表放入事先准备好的列表中，最后在循环运行结束时用pd.concat方法对表格合并，代码如下。

```
1.  In [2-55]:
2.  #表合并的方式二（推荐）
3.  #创建空列表
4.  results = []
5.  #对数据表的每一行进行循环,也可以是其他循环方式
6.  for i in range(len(data1)):
7.      #进行运算,得到子表
8.      result = data1.iloc[i:i+1]
9.      #添加进列表中
10.     results.append(result)
11. #合并
12. pd.concat(results)
```

以上面这种表合并方式，在每一次循环中把子表的变量添加进列表中不会改变表格

内容，也因此运算的效率更高。实测上面代码在进行一万行数据的合并时，第一种方法耗时3.28s，第二种方法则仅需0.752s。在更大规模的循环中，这两种方法的计算耗时差距会更大。

2. 数据表的连接

表的连接采用的是pd.merge方法，它能够将两个表中同样的列的内容连接起来。

```
1. pd.merge(表A,表B,on=[列1,列2],how = 方法)
```

其中，列1和列2必须是表A表B都有，而且列名必须一致。存在四种连接方式（inner、outer、left、right），以how参数进行指定，它们的区别如下。

```
1. how = 'inner'(默认)   #两个表都有的记录，merge出来的结果中才会有
2. how = 'outer'         #两个表只要有一个表有的记录，merge出来的结果中就会有
3. how = 'left'          #左边的表有的记录，merge出来的结果中就会有
4. how = 'right'         #右边的表有的记录，merge出来的结果中就会有
```

图2-20显示的是同样的两个表用四种表连接方法所产生的结果。

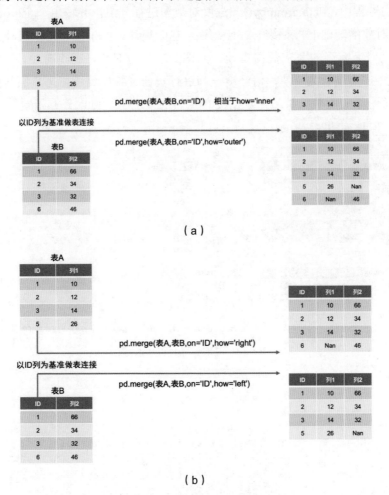

（a）

（b）

图2-20　merge方法的四种连接方式

3. 数据表的聚合集计

在日常的数据分析中，经常需要将数据根据某个（多个）字段划分为不同的群体（group）进行分析。在pandas中，上述数据处理操作常被称为聚合，主要运用groupby完成。以某车辆GPS数据表为例，集计的原理如图2-21所示。

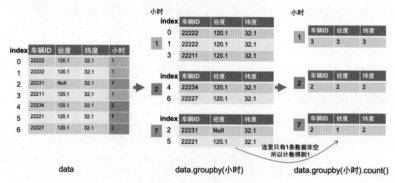

图2-21　groupby的原理

在上面的过程中，data.groupby()方法仅对数据进行分组，并输出一个groupby对象，需要在groupby对象的基础上再对数据进行计算，也叫集计。如果没有指定集计的对象列，集计函数会自动对所有列的非空数据集计。如图2-21中的例子，在小时字段为7，车辆ID为22231的记录中，有一行为空值，对经度一列进行集计时统计数量会比其他列少1。

要统计每个小时的数据量，在数据没有空值的情况下，可以任意指定除了Hour之外的列进行集计，原理如图2-22所示。

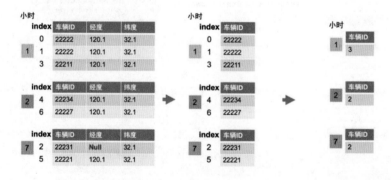

图2-22　对某一列groupby计数

代码如下。

```
1. In [2-56]:
2. #生成测试用数据
3. data = pd.DataFrame([{'车辆ID':'22222','经度':120.1,'纬度':32.1,'小时':1},
4.                     {'车辆ID':'22222','经度':120.1,'纬度':32.1,'小时':1},
5.                     {'车辆ID':'22231','经度':None,'纬度':32.1,'小时':7},
6.                     {'车辆ID':'22211','经度':120.1,'纬度':32.1,'小时':1},
7.                     {'车辆ID':'22234','经度':120.1,'纬度':32.1,'小时':2},
```

```
8.                           {'车辆ID':'22221','经度':120.1,'纬度':32.1,'小时':7},
9.                           {'车辆ID':'22227','经度':120.1,'纬度':32.1,'小时':2},
10.                          ])
11.  #以小时分组计数
12.  data.groupby('小时').count()
13.  data
```

输出结果如图2-23所示。

	车辆ID	经度	纬度
小时			
1	3	3	3
2	2	2	2
7	2	1	2

图2-23 聚合集计结果

除了采用count函数集计，pandas还为groupby对象提供了许多其他的集计函数，以满足不同需求的数据聚合需求，如表2-9所示。

表2-9 groupby聚合函数

函　　数	作　　用
min	最小值
max	最大值
sum	求和
mean	均值
median	中位数
std	标准差
var	方差
count	计数

4. 数据表的遍历

前面介绍的内容中，我们知道数据表可以进行列运算，而且在pandas的底层会自动将列运算转换为向量运算，效率极高。但遇到很多复杂的数据处理任务时，简单的列运算并不能很好地满足计算需求，需要对数据表逐行遍历进行运算，遍历的方法则有如下两种。

1）用for循环遍历

采用for循环对数据表的每一行进行遍历运算，最常用的代码如下。

```
1.  In [2-57]:
2.  #采用for循环遍历
3.  for i in range(len(data)):
4.      #r是数据表的每一行
5.      r = data.iloc[i]
6.      #对每一行运行如下代码
7.      print(r['车辆ID'])
```

2）用apply方法遍历

另一种方法则是数据表和数据列的apply方法，如图2-24所示。其中需要特别注意的是，数据表用apply进行遍历运算时，默认对列进行逐列遍历。需要指定axis=1，才能够使其对行进行逐行遍历，如果忘记这个参数则会报错。

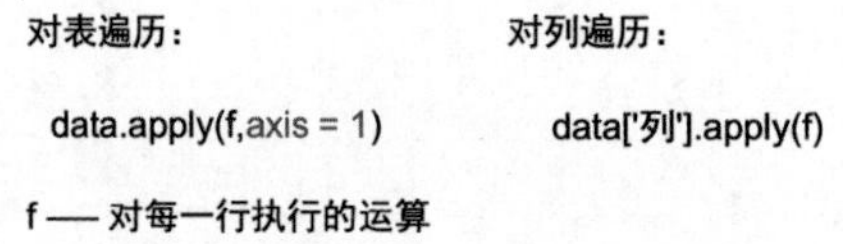

对表遍历：　　　　　　　　对列遍历：

data.apply(f,axis = 1)　　　　data['列'].apply(f)

f —— 对每一行执行的运算

图2-24　apply方法对数据表和数据列进行遍历

在使用apply函数进行遍历时，建议以下面的方法进行调试。首先取出数据中的一行，并定义好要进行遍历的函数。

```
1. In [2-58]:
2. #取出其中一行
3. r = data.iloc[0]
4. #定义要进行遍历的函数
5. def f(r):
6.     return r['经度']*2
7. #测试函数是否能够运行
8. f(r)
9.
10. Out[]:
11. 240.2
```

然后，再将这个函数放进apply方法中，代码如下。

```
1. In [2-59]:
2. #遍历每一行（对整个表遍历，要加axis=1）
3. data.apply(f,axis = 1)
```

在了解清楚apply方法的运行原理后，可以将apply方法与lambda定义的匿名函数放在一起，以更简洁的方式对数据表进行遍历，代码如下。

```
1. In [2-60]:
2. #也可以用匿名函数lambda与apply一起写成一行
3. data.apply(lambda r:r['经度']*2,axis = 1)
4. #遍历每一行（对列遍历，不需要加axis参数）
5. data['经度'].apply(lambda r:r*2)
```

2.4　时空大数据的处理思维

2.4.1　复杂数据处理任务的解决思路

在数据处理中，有一点是我们的原则：除非有人把刀子架在脖子上威胁，否则坚决不一条一条数据手动做任何匹配、复制、粘贴等机械操作。遇到任何复杂的数据处理问题时，一定会想尽办法把问题变成可以编程批量解决的问题。

前面介绍了很多数据处理的方法。但在实际操作的过程中，会面临很多复杂的数据处理任务。拿到一个数据处理分析的任务时，第一反应可能是该考虑的东西太多，计算任务太复杂，不知道如何实现，也不知道从哪里寻找突破口切入。在遇到复杂的数据处理任务时，如何理清思路加以解决？

1. 复杂数据处理任务的分解

在遇到一个数据处理任务的时候，首先应该思考的最重要的问题是：这个数据处理任务的输入与输出是什么？

具体来说，这个问题又可以细化为图2-25中的四个问题：有什么样的数据？数据是如何存储的？要得到什么的结果？结果的数据又是什么形式的？

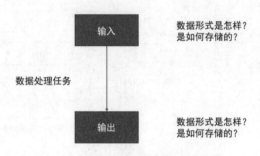

图2-25 数据处理任务的输入与输出

想清楚输入与输出后，要实现数据处理任务就是将数据从输入形式转换为输出形式。解决复杂的数据处理任务，关键是将任务分解成一个个可以解决的小任务，然后将每个小任务逐个解决。每一个任务的输入是上一个任务的输出，每一个任务的输出是下一个任务的输入，如图2-26所示。

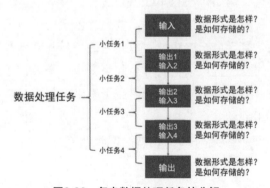

图2-26 复杂数据处理任务的分解

2. 数据的表格与矩阵存储形式

在数据处理时，会经常在表格中从头到尾对每一行数据记录进行一定的计算操作，这种处理方式为逐行遍历。

Python的pandas非常擅长表格运算，在底层代码中对表格运算进行了并行优化，包括对表格的索引筛选、表格的列运算、表连接（merge）、表格的聚合集计等操作。如果复杂数据处理任务所分解出来的小任务都能够以pandas中的表格运算实现，那么整个程序的计算效率就会非常高，比逐行遍历会快上几十甚至上百倍。因此，在处理数据时，应将思维从逐行遍历转变为列运算。在一切数据处理操作中，应该优先考虑：这一操作能不能由多个表格运算的步骤组合实现。

需要注意的是，某些数据处理步骤可能无法完全分解为表格运算，可能需要逐行遍历与表格运算组合而成，此时的思路应该为尽量减少逐行遍历的次数，增加表格运算的比重。在后续的数据处理章节会多次涉及。

在表格运算为基础的数据处理任务中，对数据存储形式也有一定的要求。图2-27展示了同一份数据的两种存储，它们存储了同样的数据信息。

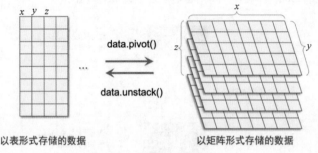

图2-27　数据的存储形式

以矩阵形式存储数据时，虽然也能够存储同样多的信息，但每张表格能够存储的只有x、y与数值三个维度信息，如果要增加一个z维度，则需要再增加表格。例如，每个表是一张OD表，不同的表格代表不同时间的数据。以这种形式存储数据维度优先，也难以用pandas处理。

以二维数据表格形式存储数据，是最适合使用pandas数据处理的方式，这种存储形式下每一行数据是一条记录。例如，出租车GPS数据表，表格中车辆ID、经纬度、时间均存储在各自的列中。如果有新的车辆信息，不需要另外创建一个数据表，因为只需要新车辆的车辆ID不同，将它的信息存储至表中就可以将它的信息与其他车辆区分开。换句话说，如果有多个长得差不多的表，就可以把表都合起来变成一个表，增加一个字段，这个字段存储的是这部分数据来自哪个表。同样，如果有更多维度的信息，则只需要在数据表上往后增加列即可，如图2-28所示。

用户ID	经度	纬度	时间	属性1	属性2	属性3

图2-28　二维数据表的存储与处理优势

在pandas中，这两种形式存储的数据则可以用data.pivot()与data.unstack()互相转换，如

图2-29所示。

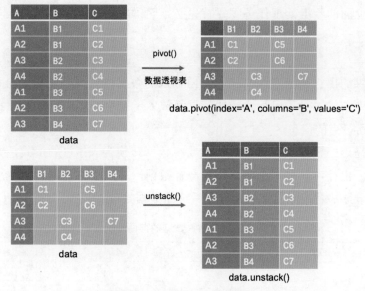

图2-29 数据存储形式的转换

2.4.2 数据处理任务分解实例：地铁换乘量识别

1. 数据处理任务简介

下面以一个实例说明复杂数据处理任务的分解思路。

表2-10展示的数据中，每一行数据代表的是一个乘客的一次地铁出行，每个字母代表不同的地铁站，一次地铁出行会经过一连串的地铁站。我们的数据处理任务是提取出每个地铁换乘站的换乘量。

表2-10 出行路径表

出行路径
[A,B,C,D,E,F]
[A,D,C,F]
[A,B,C]
[A,D,C]
[A,H,J,D,E,F]
...

假设A地铁站连接1号线、2号线、3号线三条地铁线路，我们想要从出行数据中得到这三条线之间通过A地铁站互相换乘的流量是多少。

如果对某一条地铁出行记录，可以很容易地识别出乘客在哪里进行了换乘。但如果要从一个大规模数据集中得到全市的所有换乘站点的所有换乘量，逐行遍历运算会产生巨大的计算量。应该如何避免逐行遍历？如何将上述数据处理任务转换为pandas表格运算？

2. 数据处理任务分解思路

如何分解上面的数据处理任务呢？首先必须明确数据处理任务的输入与输出的存储形式，并将处理过程分解为多个子任务。

1）输入

实例中提供的出行路径表即是输入。但输入的数据格式并不是最适合进行pandas表运算的形式，因为它将每一条出行路径的信息都放入一行中，每一行的长度都不同，一行记录中包含多个路径点的信息。

根据前面提出的数据表存储形式，需要将数据转换为表2-11的形式，并为每一个出行添加出行标记，出行中的每一个站点作为一行数据，并赋予站点所属的线路名称。这样存储，表中的每一行都是相似的结构，方便后续的数据处理。

表2-11 输入数据的存储形式

出行标记（用户ID）	站点名称	线路名称
1	A	11
1	B	11
1	C	2
1	D	2
1	E	2
1	F	10
2	A	2
2	D	2
2	C	1
2	F	1

2）输出

输出结果应该包含哪些信息？很简单，所有换乘站点的所有方向的换乘量。需要包含的信息是：在哪个站点，从哪条线换乘到哪条线的客流量是多少。那么，输出的数据表应该如何设计，才能包含这些信息？

输出的结果同样也应该是以相似结构存储的数据表格，如表2-12所示。表中的四列记录了在哪个换乘站点，从哪条线路，换乘至哪条线路的人数是多少。

表2-12 输出数据的存储形式

换乘站点	线路1	线路2	人数
A	11	2	10
B	2	10	20
C	2	1	5
D	1	10	40

3）任务分解

搞清楚输入和输出后，就可以进行任务分解了。怎么样从输入的数据表经过一定的表运算得到输出的数据表？可以将处理任务分为四个子任务，如图2-30所示。

（1）任务1：由最原始的输入，整理为适合处理的表格数据，得到表1。

（2）任务2：由表1得到表2，提取每个出行经过的线路信息，按顺序排列。

（3）任务3：由表2得到表3，由经过的线路得到换乘表，记录了每个出行在哪个站点由哪条线换乘到哪条线。

（4）任务4：由表3得到表4，将表3集计，得到换乘信息表。

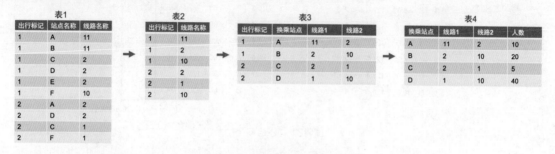

图2-30 数据处理任务的分解

如果将上述的四个步骤都转换为表格的索引筛选、表格的列运算、表连接（merge）、表格的聚合集计等操作，则能够高效地处理大规模出行数据。

2.5 数据处理中表格运算的常用技巧

结合前面介绍的数据处理任务解决思路，这一小节中将以多个数据处理任务实例介绍数据处理过程中常用的小技巧。在后续的数据处理实操中，也会经常使用到这些技巧，如果能熟练地掌握这些技巧，很多数据处理的问题就可以迎刃而解。

2.5.1 分组编号

1. 处理任务

有一批时空轨迹数据如下。

```
1. In [2-61]:
2. import pandas as pd
3. #生成测试数据
4. testdata = pd.DataFrame([['A','8:00',120.7,30.8],
5.                          ['A','9:00',120.1,31.1],
6.                          ['A','10:00',120.1,31.1],
7.                          ['B','8:00',122.1,30.2],
8.                          ['B','9:00',121.4,30.2],
9.                          ['B','10:00',120.1,31.1],
10.                         ['C','8:00',121.3,30.7],
11.                         ['D','9:00',121.7,30.4],
12.                         ['D','10:00',121.1,31.1]],columns = ['ID','Time','lon','lat'])
```

数据处理任务是对每一个个体的记录，以时间增序排序，表示这一条数据是该用户的第几条信息，如图2-31所示。

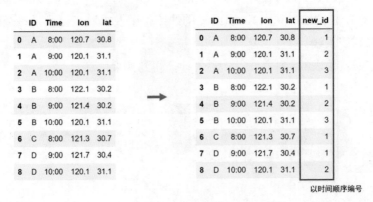

图2-31　分组编号

2. 解决方案

解决方案的核心在于给每一个用户分组（groupby），然后同组内每一条记录按照时间顺序编号（rank），用到的是聚合函数中的groupby().rank()方法。但rank方法无法对字符串进行排序，需要首先将字符串转换为时间格式，再用rank方法对该序列排序，代码如下。

```
1. In [2-62]:
2. #生成一个可排序的列，命名为new_id
3. testdata['new_id'] = pd.to_datetime(testdata['Time'])
4. #然后，对ID进行groupby后，指定对new_id这一列生成序号
5. testdata['new_id'] = testdata.groupby('ID')['new_id'].rank(method = 'first').astype(int)
```

在代码中，使用rank方法的排序方法参数为"first"，代表排序时遇到相等的值时，以原始数据中的出现顺序分配排名。rank函数还提供了其他方法供用户使用，如表2-13所示。

表2-13　groupby().rank()的各种排序方法

方　　法	描　　述
average（默认）	遇到相等的值时，为各个值分配平均排名
min	遇到相等的值时，为各个值分配最小的排名
max	遇到相等的值时，为各个值分配最大的排名
first	遇到相等的值时，以原始数据中的出现顺序分配排名
dense	遇到相等的值时，为各个值分配最小的排名。dense排序时与min相似，但后续增长的时候每次增加1。例如，从小到大排序编号10，22，22，51；用min排序时，为1，2，2，4，用dense排序时，为1，2，2，3

2.5.2　去除重复的记录

1.处理任务

有一批时空轨迹数据如下。

```
1.  In [2-63]:
2.  testdata = pd.DataFrame([['A','8:00',1],
3.                           ['A','8:00',1],
4.                           ['A','9:00',2],
5.                           ['B','8:00',1],
6.                           ['B','8:00',2],
7.                           ['B','9:00',3],
8.                           ['C','8:00',4],
9.                           ['D','9:00',5],
10.                          ],columns = ['ID','Time','value'])
```

有两个任务：

（1）提取出表中的个体ID信息，每个个体保留一行记录，如图2-32所示。

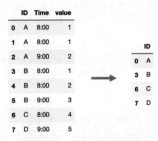

图2-32　提取个体信息

（2）数据在某些时刻有重复的记录，需要删除重复的记录，如图2-33所示。

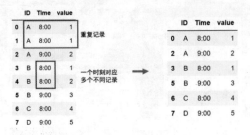

图2-33　删除重复记录

2.解决方案

上面的两个处理任务均为去除重复的数据，用的是drop_duplicates函数。

```
1.  In [2-64]:
2.  #个体ID去重
3.  testdata[['ID']].drop_duplicates()
4.  #通过定义subset实现以部分列为依据的去重
```

```
5. testdata.drop_duplicates(subset = ['ID','Time'])
```

对drop_duplicates函数，如果没有传入subset函数，则默认用所有列去重；如果传入了subset，则在判定记录是否重复时，只关注subset的列记录是否重复，若有重复值，则只保留第一次出现的数据记录。

2.5.3 个体 ID 重新编号

1.处理任务

有一批时空轨迹数据如下。

```
1. In [2-65]:
2. testdata = pd.DataFrame([['A','8:00',120.7,30.8],
3.                          ['A','9:00',120.1,31.1],
4.                          ['A','10:00',120.1,31.1],
5.                          ['B','8:00',122.1,30.2],
6.                          ['B','9:00',121.4,30.2],
7.                          ['B','10:00',120.1,31.1],
8.                          ['C','8:00',121.3,30.7],
9.                          ['A','9:00',121.7,30.4],
10.                         ['A','10:00',120.1,31.1],
11.                         ],columns =['ID','Time','lon','lat'])
```

数据处理任务有两个，如图2-34所示。

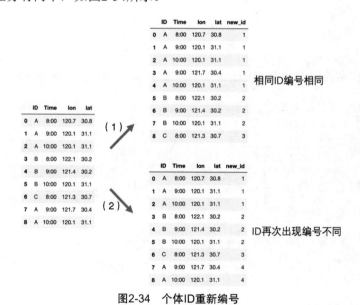

图2-34　个体ID重新编号

（1）数据中个体的ID均为字母，这里想要对ID重新进行编号，每一个ID对应一个数字。

（2）对ID重新进行编号，对于相同的连续ID赋予相同编号；同时，后续出现的相同ID，为它们赋予不同的新编号。

2. 解决方案

上面的两个处理任务均为重新编号，但思路则完全不同。

对任务（1），使用drop_duplicates()函数删除重复的ID数据，再给每一个ID赋一个新的编号，形成个体信息表。然后再将原有的DataFrame和与个体信息表以ID列进行表连接（merge）即得到结果，代码如下。

```
1. In [2-66]:
2. #提取所有的ID,去重得到个体信息表
3. tmp = testdata[['ID']].drop_duplicates()
4. #定义新的编号
5. tmp['new_id'] = range(1,len(tmp)+1)
6. #表连接
7. testdata = pd.merge(testdata,tmp,on='ID')
```

对任务（2），一个ID可能对应多个新编号，而表连接之后相同的ID一定会拥有相同的编号，因此前面的思路不能适用。

重新生成的编号与数据前后记录具有直接关系。在判断数据前后记录的信息时，最常用的即是shift方法。通过shift方法判断数据记录的ID与前一条是否存在差异，如果存在差异则标记为1。再使用cumsum函数（从表格第一行开始对此列进行累加）重新编号即可完成编号任务，代码如下。

```
1. In [2-67]:
2. #新建一列判断是否是新的ID
3. testdata['new_id'] = testdata['ID'] != testdata['ID'].shift()
4. #累加求和
5. testdata['new_id'] = testdata['new_id'].cumsum()
```

2.5.4　生成数据之间的对应表

1. 处理任务

有一批时空轨迹数据如下。

```
1. In [2-68]:
2. testdata = pd.DataFrame([['A','8:00',120.7,30.8],
3.                          ['A','9:00',120.1,31.1],
4.                          ['A','10:00',120.1,31.1],
5.                          ['B','8:00',122.1,30.2],
6.                          ['B','9:00',121.4,30.2],
7.                          ['B','10:00',120.1,31.1],
8.                          ['C','8:00',121.3,30.7],
9.                          ['D','9:00',121.7,30.4],
10.                         ['D','10:00',120.1,31.1],
11.                         ],columns =['ID','Time','lon','lat'])
```

以8:00为例，有A、B、C三个个体。数据处理任务为：

（1）现在想要知道在8:00这一时刻，个体之间的两两的空间距离。想要满足这样的需求，首先需要生成数据之间的两两对应表，如图2-35所示。在结果的数据表上，每一行记录代表一个对应关系，包含两个个体信息ID_x和ID_y。

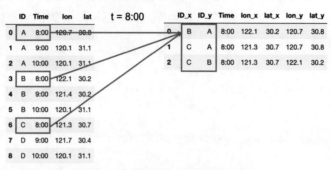

图2-35　生成数据同一时刻的对应表

（2）在上一个处理任务的基础上，对每一个时刻都生成两两对应表，并将对应信息整合至一个大表中。

2. 解决方案

对任务（1），首先筛选出8:00这一时刻的数据，然后利用pd.merge表连接构建出两两之间的对应表，代码如下。

```
1.  In [2-69]:
2.  #给定时间条件
3.  tmp = testdata[testdata['Time']=='8:00']
4.  #提取这一时刻出现的所有ID
5.  tmp1 = tmp[['ID']]
6.  #设定临时列
7.  tmp1['tmp'] = 1
8.  #做表连接，生成两两之间的对应表
9.  tmp1 = pd.merge(tmp1,tmp1,on = ['tmp'])
10. #只保留这个表的一半
11. tmp1 = tmp1[tmp1['ID_x'] > tmp1['ID_y']]
12. #把其他信息连接到对应表上
13. tmp.columns = ['ID_x','Time_x','lon_x','lat_x']
14. tmp1 = pd.merge(tmp1,tmp,on = 'ID_x')
15. tmp.columns = ['ID_y','Time_y','lon_y','lat_y']
16. tmp1 = pd.merge(tmp1,tmp,on = 'ID_y')
17. #删除多余的列，重命名列
18. tmp1 = tmp1.drop(['tmp','Time_y'],axis = 1).rename(columns ={'Time_
    x':'Time'})
```

处理的关键在于，merge函数在对两个表的指定列进行合并时，这两个表可以是同一个表，而merge函数会将它们当成两个表来看。原理如图2-36所示，将同一个表当成两个表，它们的tmp列的值皆为1。如果在合并的时候以tmp列进行合并，对于表1中的每一行而言，在表2中tmp列为1的记录有3行，ID分别为A、B、C。所以表1的每一行记录在数据合并后都会变成3行，对应表2中ID为A、B、C。

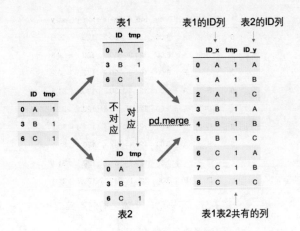

图2-36 pd.merge将同一个表连接

合并的两个DataFrame除了指定的连接键外，两表中具有相同列名的列，其列名将以添加后缀的名字重写，如ID后的"_x"和"_y"。在merge的时候可以使用suffix更改默认后缀元组（"x""y"）。

对任务（2），常规的思路是应用任务（1）的思路，对每一时刻遍历，均进行同样操作，每次循环将结果加入列表中，最后合并。

```
1. In [2-70]:
2. #定义空的列表存放每次循环的表
3. ls = []
4. #对不同时间做循环
5. for t in testdata['Time'].drop_duplicates():
6.     #给定时间条件
7.     tmp = testdata[testdata['Time']==t]
8.     #提取这一时刻出现的所有ID
9.     tmp1 = tmp[['ID']]
10.    #设定临时列
11.    tmp1['tmp'] = 1
12.    #做表连接，生成两两之间的对应表
13.    tmp1 = pd.merge(tmp1,tmp1,on = ['tmp'])
14.    #只保留这个表的一半
15.    tmp1 = tmp1[tmp1['ID_x'] > tmp1['ID_y']]
16.    #把其他信息连接到对应表上
17.    tmp.columns = ['ID_x','Time_x','lon_x','lat_x']
18.    tmp1 = pd.merge(tmp1,tmp,on = 'ID_x')
19.    tmp.columns = ['ID_y','Time_y','lon_y','lat_y']
20.    tmp1 = pd.merge(tmp1,tmp,on = 'ID_y')
21.    #删除多余的列，重命名列
22.    tmp1 = tmp1.drop(['tmp','Time_y'],axis = 1).rename(columns = {'Time_
       x':'Time'})
23.    ls.append(tmp1)
24. #最后合并表
25. pd.concat(ls)
```

输出结果如图2-37所示。

	ID_x	ID_y	Time	lon_x	lat_x	lon_y	lat_y
0	B	A	8:00	122.1	30.2	120.7	30.8
1	C	A	8:00	121.3	30.7	120.7	30.8
2	C	B	8:00	121.3	30.7	122.1	30.2
0	B	A	9:00	121.4	30.2	120.1	31.1
1	D	A	9:00	121.7	30.4	120.1	31.1
2	D	B	9:00	121.7	30.4	121.4	30.2
0	B	A	10:00	120.1	31.1	120.1	31.1
1	D	A	10:00	120.1	31.1	120.1	31.1
2	D	B	10:00	120.1	31.1	120.1	31.1

图2-37　每一时刻个体之间的对应表

但实际上，上面的代码过于烦琐，只需要以Time一列为依据，让原始数据表自己与自己连接即可。

```
1. In [2-71]:
2. #让表自己与自己连接，依据是其中的Time这一列
3. tmp = pd.merge(testdata,testdata,on = ['Time'])
4. #只保留这个表的一半
5. tmp = tmp[tmp['ID_x']>tmp['ID_y']]
6. tmp
```

输出结果与图2-37一致。通过表连接，能够将十几行代码才能完成的事情用一行代码解决，同时极大地提高运算效率。在实际的数据处理任务中，这一技巧一定要熟练掌握并加以运用。

2.5.5　时空插值

1.处理任务

有一批时空轨迹数据如下。

```
1. In [2-72]:
2. #给定轨迹点
3. testdata2 = pd.DataFrame([['A','2010-10-02 08:23:10',120.7,30.8],
4.                          ['A','2010-10-02 09:35:00',120.1,31.1],
5.                          ['A','2010-10-02 10:04:00',120.1,31.1]
6.                          ],columns = ['ID','Time','lon','lat'])
7. #给定时间
8. testdata_time = pd.DataFrame([['2010-10-02 08:00:00'],
9. ['2010-10-02 08:30:00'],
10. ['2010-10-02 09:00:00'],
11. ['2010-10-02 09:30:00'],
12. ['2010-10-02 10:00:00']],columns = ['Time'])
```

其中记录了个体A在三个时刻的空间位置，假设个体在各轨迹点之间匀速直线移动。数据处理任务为：通过插值法推算个体从8:00至10:00每半小时的位置，如图2-38所示。

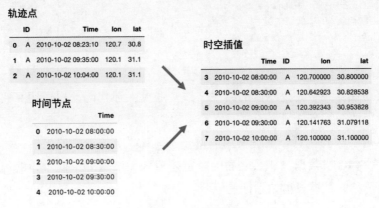

图2-38　时空插值

2. 解决方案

pandas的interpolate函数可以提供数据插值的功能。

例如，图2-39中的a列有一行空值，如果使用interpolate函数不传入参数，则interpolate只会默认以行号（index）为依据，根据a列空值前后的数据1、3进行平均插值。如果想要以b列作为参照，以b列的数据比例对a列插值，则可以将b列设置为index，然后用interpolate插值，最后再用reset_index()将DataFrame还原成之前的形式。

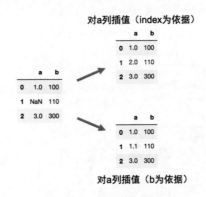

图2-39　interpolate插值

利用interpolate，可以对时空数据进行插值。与上面的例子有同样的数据处理思路，首先是需要将时间列设置为DataFrame的index后再插值。但是这里也稍微有点不同，Time列的数据是时间字符串，需要把字符串转换成为pandas能够识别的时间数据，再进行后续操作，代码如下。

```
1. In [2-73]:
2. #将两个表合起来，以便后续的插值
3. tmp = pd.concat([testdata2,testdata_time])
4. #将时间由字符串转换为datetime格式
5. tmp['Time'] = pd.to_datetime(tmp['Time'])
6. #将时间转换为index，然后以此为依据对lon和lat进行时空插值
7. tmp = tmp.set_index('Time').interpolate(method = 'index').reset_index().
```

```
      sort_values(by = 'Time')
8.  #筛选出给定时间的插值结果
9.  tmp = tmp[tmp['ID'].isnull()]
10. tmp['ID'] = 'A'
11. tmp
```

输出结果与图2-39中时空差值的结果一致，通过上述代码，用表运算实现了数据的时空差值，得到个体在特定时间点的空间位置。

但有一点需要额外注意，上述使用的例子都是ID为A的车辆的坐标插值。如果数据表中同时有多个个体GPS数据，那么上面的时空差值法无法区分不同个体的信息，需要将个体信息提取为单独的数据表单独进行差值。

 2.6　本章习题

2.6.1　思考题

1. 字符串与字符串之间能否比较大小？字符串与数字能否比较大小？

2. 什么是匿名函数？如何使用？

3. JSON格式和Pickle格式有什么区别？

4. 公交线路动态重复度计算：对于一条公交线路而言，假定有n个公交站点，则有$C_n^2 = \dfrac{n(n-1)}{2}$个站点对。如果这$\dfrac{n(n-1)}{2}$个站点对中的大部分站点对的客流量可以由其他线路来承担，那么对整个公交线网而言是一种极大的浪费。定义公交线路动态重复度为：

$$\zeta_{动} = \frac{\sum\limits_{i<j} \gamma_{ij}}{\dfrac{n(n-1)}{2}}$$

其中，站点i与站点j之间有其他公交线路相连时$\gamma_{ij}=1$，站点i与站点j之间无其他公交线路相连时$\gamma_{ij}=0$。假设有一个城市的所有公交线路以及线路上的公交站点信息，如何计算该城市的公交线路动态重复度？请思考以下问题。

（1）数据处理任务的输入是什么？以什么形式存储？

（2）数据处理任务的输出是什么？以什么形式存储？

（3）数据处理任务的中间过程有哪些？会产生哪些中间表？

（4）处理步骤分别如何实现？能否将所有的处理过程都用表格运算实现？

2.6.2　Python 基础代码练习

1. 判断变量a是不是奇数。

2. 计算0～100中所有奇数的累积求和。

3. 让Python连续输出五行星号（*），每一行星号的数量依次递增。

4. 生成一个列表，里面包含1～10的所有奇数。

5. 下面的b代表的是a字符串中字符的位置，请把a中的第b位字符索引出来。

```
1. a = 'ASWs NvDIuCLOEUYVoe'
2. b = '8'
```

6. 将下面的b字符串用.分隔成数字，每一个数字代表的是a字符串中字符的位置，请将这些字符依次索引，拼成完整的句子并输出。

```
1. a = 'ASWs NvDIuCLOEUYVoe'
2. b = '8.4.11.-2.6.18.4.-4.-2.9'
```

7. 给定下面的句子，句子中单词用空格分隔，将句子中的单词位置反转（单词字母的顺序不要变）例如，"hello ni hao"变成"hao ni hello"。

```
1. c = 'I could still see the airport buildings far below'
```

8. 对上面的字符串，请去掉字符串的最后一位。

9. 对上面的字符串，请将整个字符串的内容全部反转过来。

10. 下面的一串字符串是一个坐标：

```
1. d = '124.456704,51.360794'
```

请把它变成list的形式：[124.456704,51.360794]，其中，list中的数字为浮点型。

11. 下面有一串字符串里面有一些坐标：

```
1. d = 'data_test:124.456704,51.360794;124.470579,51.360967;124.477988,
   51.362294;124.482691,51.366009;124.490196,51.380395;124.500132,51.381395;
   124.502327,51.381232_ok'
```

其中，每个坐标点用;分隔，坐标内又同时包含x和y坐标，以逗号分隔。请把坐标整理为双层列表形式。

```
1. [[124.456704,51.360794],
2. [124.470579,51.360967],
3. [124.477988,51.362294],...]
```

12. 下面的字符串，它的内容是一个列表，但它却是一个字符串，请把它转换为真正的列表。

```
1. a = "['a','b','c','d',{'name':'aaa'}]"
```

13. 把下面的列表：

```
1. ['a','b','c','d']
```

转为：

```
1. [{'name': 'a', 'value': 1},
2. {'name': 'b', 'value': 2},
3. {'name': 'c', 'value': 3},
4. {'name': 'd', 'value': 4}]
```

14. 把下面的列表：

```
1. [{'name': 'aaaa', 'value': 123},
2. {'name': 'bbb', 'value': 67},
3. {'name': 'cc', 'value': 54},
4. {'name': 'dd', 'value': 224}]
```

转为两个列表：

```
1. output2_name = ['aaaa','bbb','cc','dd']
2. output2_value = [123,67,54,224]
```

15. 把下面的列表：

```
1. [{'name': 'aaaa', 'value': 123},
2. {'name': 'bbb', 'value': 67},
3. {'name': 'cc', 'value': 54},
4. {'name': 'dd', 'value': 224}]
```

转为一个dict：

```
1. {'name':['aaaa','bbb','cc','dd'],
2. 'value':[123,67,54,224]}
```

2.6.3　pandas 基础代码练习

1. 生成一个表，包括一列，内容是0～100的数字。

2. 在上表中保留奇数。

3. 生成一个表，里面的内容是连续150行星号（*），每一行星号的数量依次递增。

4. 生成一个数据表，里面内容是将下面整个字符串的每个单词为一行，且列名为 word。

```
1. c = 'I could still see the airport buildings far below'
```

5. 将上表按照首字母排序，并在排序后剔除表的最后一行。

6. 下面的一串字符串是一个坐标：

```
1. d = '124.456704,51.360794'
```

请把它变为一个两列的表，一列存储x坐标，列名为lon，一列存储y坐标，列名为lat。

7. 下面有一串字符串里面有一些坐标：

```
1. d = 'data_test:124.456704,51.360794;124.470579,51.360967;124.477988,
   51.362294;124.482691,51.366009;124.490196,51.380395;124.500132,51.381395;
   124.502327,51.381232_ok'
```

其中，每个坐标点用;分隔，坐标内又同时包含x和y坐标，以逗号分隔。请把它变为一个两列的表，一列存储x坐标，列名为lon，一列存储y坐标，列名为lat。

8. 提取出下列数据中"经度"为空值的行。

```
1. data = pd.DataFrame([{'车辆ID':'22222','经度':120.1,'纬度':32.1,'小时':1},
2.                      {'车辆ID':'22222','经度':122.1,'纬度':32.1,'小时':1},
3.                      {'车辆ID':'22231','经度':None,'纬度':32.6,'小时':7},
4.                      {'车辆ID':'22211','经度':121.5,'纬度':32.2,'小时':1},
5.                      {'车辆ID':'22234','经度':121.4,'纬度':32.5,'小时':2},
6.                      {'车辆ID':'22221','经度':123.3,'纬度':32.2,'小时':7},
7.                      {'车辆ID':'22227','经度':124.6,'纬度':31.1,'小时':2}])
```

9. 提取出上面data表中，"车辆ID"在下面列表中的行。

```
1. b = ['22222','22231','22211','22221','22213']
```

10. 提取出上面data表中，"车辆ID"不在上面列表中的行。

11. 将上面数据中车辆ID为22222的记录的小时字段的数值都加1。

12. 求出上面数据中，小时列的平均值。

13. 求出上面数据中小时为2时的所有车的ID，要求结果是DataFrame，每个车ID为一行记录。

14. 求出上面数据中每小时经度纬度数值差异的最大值，要求结果为DataFrame，包含两列分别为：小时，差异最大值。

15. 重命名上面数据中列名，把"经度"和"纬度"重命名为"lon"和"lat"。

16. 对上面数据按照小时、车辆ID两列的顺序排序，然后取出前3行。

17. 对上面数据的车辆ID列，每一个车辆ID只保留最后的3位。

18. 对上面数据增加一列type，内容如下。

（1）如果车辆ID的最后一位小于3且小时为1，则type为公交车。

（2）如果车辆ID大于或等于3，则type为小汽车。

（3）其余情况则为出租车。

要求用apply方法遍历和loc方法条件修改两种方式实现。

第3章
数据可视化基础

本章主要介绍交通时空大数据中的可视化。可视化是每个做大数据分析的人都会遇到的一个环节，但大部分读者其实并没有系统性地了解学习数据可视化的基本知识。很多时候我们看到了某些图表清晰、好看，就照搬过来应用到自己的数据中，没有深入思考手中的数据是否真的适合这种可视化方法，这样可视化展示的结果可能是有偏差甚至是错误的。

可视化的基础知识是必须了解、掌握并熟记于心的，但通常我们很少关注这些知识。因此，本章从可视化的基本原则、颜色选择、图表类型以及相关技术工具这四个方面对数据可视化进行全面梳理介绍。本章内容的目的是让读者学会使用合适的可视化方案正确地、清晰地、优雅地表达数据中包含的信息。

3.1 可视化的基本原则

3.1.1 为什么要可视化

虽然现在各种可视化图表已经充满了我们的生活，随处可见，但是在开始学习可视化之前还是要问一句：什么是可视化？

可视化本质上是信息的传递。可视化把数据代表的信息，不是以单纯的文字数字，而是以图形的方式展示出来。数据可视化的目标是洞悉蕴含在数据中的现象和规律，准确而高效、精简而全面地传递信息和知识。

如果要展示数据分析结果，放可视化图表一定是最优的选择。可视化图表的英文名有Chart、Graph、Diagram、Figure等。在一份数据分析报告中，从效果上来说，直接放数字或文字比放表格差，而放表格又比放可视化图表差，如图3-1所示。

为什么呢？人类的大脑结构决定了记忆图像的速度远远比记忆抽象的文字快，数据可视化能够加深和强化受众对于数据的理解和记忆。不管是放文字、数字、表格还是图表，可能展示的内容与观点都是相近的，但差别是：图表可以帮助我们更加直观地传递信息，读者更容易从图表中获得信息。

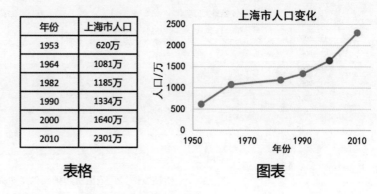

年份	上海市人口
1953	620万
1964	1081万
1982	1185万
1990	1334万
2000	1640万
2010	2301万

上海市人口在1953年是620万，在1964年是1081万，在1982年是1185万，在1990年是1334万，在2000年是1640万，在2010年是2301万。

文字　　　　　　　　表格　　　　　　　　图表

图3-1　文字、表格与图表的显示效果

3.1.2　可视化的基本原则

知道了什么是可视化以后，还有一个问题：什么样的可视化是好的可视化？

创作者在创作图表时，一定会有自身的观点。一张可视化图表如果在传递了信息之余还能够帮助创作者正确地表达观点，那么它就是一张好的图表。好的可视化不止传递了信息，还传递了故事。

可视化追求的目标就是一句话：如何让可视化正确地、清晰地、优雅地表达信息。这有点像我国著名翻译家严复提出的翻译界中的"译事三难：信、达、雅"。实际上，翻译工作是将一种语言转换为另一种语言进行表达，而数据可视化也有异曲同工之妙，是将数据中所带有的信息通过图表"语言"表达。信、达、雅这三个原则，在可视化中应该如何做到呢？

1. 信：可视化能够正确地表达信息

可视化中最重要的原则就是"信"，可视化图表必须真实地反映数据的信息，不会产生偏差和歧义。

举一个很常见的例子，图3-2（a）与图3-2（b）两图显示的实际上是同一份数据，但图3-2（b）显示的人口上涨趋势比图3-2（a）"陡峭"得多。图3-2（b）中有两个影响图表可信度的关键点：最明显的一点是图3-2（a）的纵坐标范围为0～7000，而图3-2（b）范围为3000～6000，显示范围的不同使得数据的变化比例出现偏差；另一点则很容易被忽视，横坐标显示的相邻年份之间间隔年数是不同的，而柱状图的柱子之间距离相同，对可视化效果也造成扭曲。

坐标轴的设置是造成数据信息扭曲的最常见原因之一，如果可视化图表扭曲了数据的信息，读者对图表的解读得到的结论可能就和真实数据完全不同了。

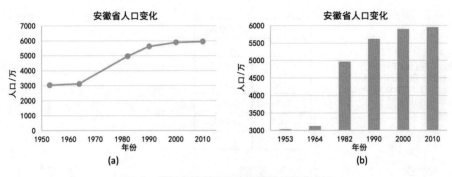

图3-2　横轴纵轴显示范围引起数据信息扭曲

如何衡量可视化图表代表的信息是否准确呢？德国慕尼黑工业大学的Rüdiger Westermann教授提出了"谎言因子（Lie Factor，LF）"的概念。谎言因子可以用来衡量可视化中所表达的效果与真实效果之间的差异，计算公式如下。

$$LF = \frac{图表中某种显示效果的大小}{数据中该种效果的真实大小} \tag{3.1}$$

当LF=1时可视化图表没有扭曲数据事实，是一个可信的图表。而在实际的绘图中，应当尽量保持图表中的各部分元素以及图表显示的效果的LF为0.95～1.05，以确保图表最基本的可信度。

2. 达：可视化能够清晰地表达信息

可视化的第二个原则是"达"，在确保数据可信的原则后，还要注意让可视化能够清晰地表达信息。

怎么样才能让图表更清晰呢？关键的一点是在能够表达清楚信息的情况下使用尽量少的元素。

在艺术设计领域中，建筑大师路德维希·密斯·凡德罗提出过一个观点："少即是多"（Less is more）。他提倡设计作品尽可能精简，不加任何额外的装饰，但这样的设计又不是简单得像白纸一样让你觉得空洞无物，根本就没有设计。可视化也是一样，应该遵循少即是多的原则，如果能用更少的元素就能表达清楚信息，讲清楚故事，有利于读者把握到图表中最关键的信息。*Nature*上的一个研究发现，在解决问题的时候，即便有些时候"减法"是更好的解决方案，人们还是倾向于先考虑"增加"而非"减少"。在初入数据分析领域时，很多人希望在一张图表中加入更多的信息，恨不得把数据的所有内容所有维度都塞进同一张图，这样做出来的可视化图表效果往往是糟糕的，过多的细节会淡化真正想表现的东西。

基于这一点，信息设计领域的先驱者爱德华·塔夫特（Edward Tufte）提出了数据墨水比（Data-ink ratio）的概念。这里的"墨水"一开始指的就是物理上的墨水，因为当时所有图表都用墨水印刷在纸上；现在可以将墨水视为画在纸上或屏幕上的任何元素或者数据。

可视化图表中的元素可以分为以下三种。

（1）数据墨水：图表中不可擦除的核心部分。

（2）非数据墨水：图表中的非核心部分，例如，图例、刻度、单位、坐标轴。

（3）冗余墨水：图表中重复的部分，例如，某个重复出现多次的数据图形。

而数据墨水比即是可视化图形中用于展示核心数据的"墨水"与整体绘制可视化所使用的全部墨水之间的比例：

$$数据墨水比 = \frac{数据墨水}{全部墨水} \tag{3.2}$$

爱德华·塔夫特提出：一幅图表的绝大部分笔墨应该用于展示数据信息，即在合理范围内最大化数据墨水比。这一思路的具体体现是：在一个可视化图表中，可以尽可能地在不影响理解的情况下删除图例、删除坐标轴、删除网格线，减少墨水的不必要占用，让图表精简地展示数据关系。但如果删除柱形图里的柱子、饼图里的饼，那么图表就没有内容了。

图3-3展示了对同一份数据的四种可视化效果。

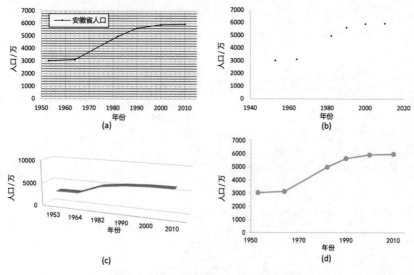

图3-3　对同一份数据的四种可视化效果

图3-3（a）网格线非常密集，到处都是墨水，很难看清楚数据的真实情况，数据墨水比太高。

图3-3（b）则过于精简，过分追求高数据墨水比，将折线图的线都给擦除了，缺少了显示数据变化趋势的线，读者就难以把握图片传递的观点。

图3-3（c）将折线图3D化，但这一数据的展示实际上并不需要3D效果，有点画蛇添足了。3D效果的使用一方面增加了数据墨水比，另一方面引入的透视效果也使得读者难以准确地把握数据的数值大小，这也是为什么学术研究与商业数据分析中的图表很少采用3D效果（除非数据维度较多时使用3D能图表展现更多维度的信息）。

图3-3（d）展现的是简单的折线图，这份数据只需要简单的折线图就可以清晰地表现数据变化趋势。

3. 雅：可视化能够优雅地表达信息

在做到前两点后，第三个原则"雅"则相对较难达到。在可视化图表准确、清晰的情况下，如何让它变得更优雅，更符合我们的审美，让读者赏心悦目？

做到"雅"，至少需要以下两方面的内容。

"雅"的一方面是让图表的排版、构图、配色等符合设计美学，简洁与细节兼备。这一点需要大量阅读学习高手的图表，学习他们的设计思路，提高自身审美水平。例如，图3-4和图3-5是可视化工具ECharts官方示例中提供的图表，这几个可视化图表中的元素简洁的同时，在细节处也非常有考究。在图3-4的关系图中，点元素以圆圈排列构建出一种规矩整齐的排版，同时图表也仅为几个重要节点进行标注，把握住读者最关键的信息。图3-5的环形图设计简洁，细看会发现在圆环边缘处设计了圆角，配色也均衡柔和，令人赏心悦目。

图3-4　ECharts示例中的关系图

图3-5　ECharts示例中的环形图

"雅"的另一方面是通过巧妙的设计让受众在最短的时间内获取最多的潜在信息，实现这一点常用的技巧是给可视化加入动画与交互效果。例如，将数据中不同时间的数据绘制可视化图表融合为一张，使用时间轴让可视化动态变化，呈现出数据随时间演变的动画效果。又如，给图表加入交互功能，读者单击图表中某一部分即可显示更多信息等。

3.1.3　可视化中需要注意的问题

在实际的可视化中，还有如下一些注意事项。

（1）可视化的三原则有重要度的先后顺序：信＞达＞雅。图表首先要满足"信"，能够准确地表达信息，然后再追求"达"和"雅"。在大部分数据分析的工作中，达到了"信"与"达"就已经足够使可视化成为我们手中强有力的工具。学术没有美丑，准确表达数据更加重要，不要为了可视化的美观，忽略研究成果的准确性和可靠性。

（2）图表的设计不能过于依赖动画与交互，部分读者可能并不会与我们精心设计的动态图表交互。如果图表在没有发生交互时便无法传达足够的信息，部分读者可能将无法感受到可视化图表所表达的内容。

（3）可视化的配色非常重要，3.2节中会简要介绍可视化应该如何选择配色。在不确定颜色的情况下使用专业常用的颜色搭配。

（4）数据可视化类型的选择依据数据类型和想表达的问题而定。如何选择合适的可视化图表？3.3节中会介绍可视化图表的选择思路。数据可视化工具的作用在于创造孤立的可能性，而我们脑中需要快速呈现串联这些孤立工具的工作流，设计一个合适的可视化成果。

（5）在可视化出图时，需要特别注意图片的大小和像素，部分学术期刊对图片质量有较高要求。

3.2　可视化的颜色选择

3.2.1　可视化的配色为什么重要

可视化中的图表配色也大有讲究。

一方面，合适的配色会使得图表更好看，产生令人愉悦的视觉美。色彩应用恰到好处，使得对信息进行深入分类、强调或淡化，生动而有趣的可视化作品的表现形式，常常带来视觉效果上的享受。同时，色彩对大脑的刺激也能够让读者更容易对可视化图表印象深刻。

但更重要的另一方面是，颜色可能会影响我们对数据的感知。不合理的配色可能误导读者，使读者得出错误的结论。对数据可视化来说，准确地表达信息远比图表的鲜艳美丽更重要。

例如，如果用明暗不同的两种颜色对不同类别的数据进行可视化，那么明亮的颜色将更加吸引读者的注意力，我们天然会觉得明亮、饱和度高的颜色所代表的内容更为重要。例如，图3-1中的折线图，2000年的数据点颜色饱和度更高，颜色也更明显，可以很容易地感受到图表在强调这一年份的数据。

还有，如果两种颜色看起来相似，我们会本能地认为它们属于一个类别，并推测数据中代表的潜在变量可能是相关的。例如，在图3-6中，对折线图的错误配色使得上海市和江苏省为同一色相蓝色的不同亮度，而安徽省则为绿色。从感知上，读者会觉得上海与江苏属于同一类别，而上海又比江苏重要。

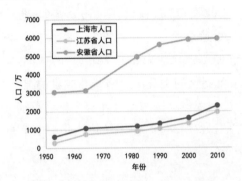

图3-6　颜色错误使用影响我们的感知

不同颜色会有明暗的差异，相同颜色也有明暗深浅的变化。色彩可以用色调（色相）、饱和度（纯度）和亮度（明度）三者来描述，如图3-7所示。人们眼睛看到的任何一种彩色光全部都是这三个特性的综合效果，这三个特性就是色彩的三要素。

图3-7　色彩的三要素

在一个图表中不同色调、不同饱和度和不同亮度的配色都会影响我们对可视化图表的感知与解读。因此，对合适的数据可视化图表选择合适的配色能够帮助我们准确地表达数据。

3.2.2　可视化的颜色色相的选择

可视化颜色考虑首先需要对色彩的基本构成有一定程度的认识。色相是色彩的首要特征，是区别各种不同色彩的最准确的标准，事实上，任何颜色（除去黑色、白石、灰色外）都有色相属性，而色相也就是由原色、间色和复色来构成的。

色彩按照光谱在自然中出现的顺序排列，形成的圆环的色相光谱为色相环。暖色位于包含红色和黄色的半圆之内，冷色则包含在绿色和紫色的那个半圆内。色相环可以分为6色相环、12色相环、24色相环、36色相环至72色相环等，如图3-8所示。

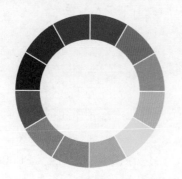 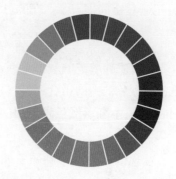

图3-8　12色相环和24色相环

根据色相环上颜色所处的位置对可视化的颜色进行选择，主要遵循以下规则和要领。

（1）色相环上相对的两种色彩的搭配为互补色搭配（图3-9（a）），色彩之间的强烈对比在高纯度的情况下会引起色彩的颤动和不稳定感，使得画面冲突非常严重并破坏整体。

（2）色相环上距离较近的色彩搭配为近似色搭配（图3-9（b））。在使用近似色搭配的时候，一定要适当加强对比，否则可能使画面显得平淡。

（3）色相环上的三角形搭配是在色环上等距地选出三种色彩进行搭配的方式（图3-9（c））。选择一种色彩作为主色，另外两种作为辅助色。本质是使用类似色来代替互补色中的一个，对比依然非常强烈，但并不会像互补色搭配那样产生颤抖和不安的感觉。

（4）色相环上等距选择四种颜色使得分裂互补色搭配的画面对比强烈，但不易使色彩产生混乱的感觉（图3-9（d））。是互补色搭配的变体，把色彩替换成类似色。当其中一种色彩作为主要色彩时，这种搭配能取得良好的效果，但要同时注意色彩冷暖的对比。

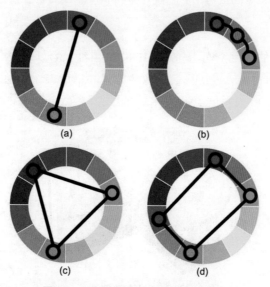

图3-9　可视化颜色在色相环上的考虑

3.2.3 颜色空间

颜色常用颜色空间来表示，在颜色空间中，可以用数值来表示颜色。

1. RGB

RGB 是人们接触最多的颜色空间，它把每一种颜色分为红色（R）、绿色（G）和蓝色（B）这三种颜色的不同组合。

在Python代码中表示颜色时使用的也是RGB的颜色空间，指定颜色时可以有以下两种方式。

（1）颜色代码（十六进制颜色编号）：例如，白色#FFFFFF，红色#FF0000，绿色#00FF00，蓝色#0000FF。颜色代码中，#号后面每两位代表红绿蓝中的一种颜色，颜色的表示为"0123456789ABCDEF"的十六进制，每种颜色两位能够代表16×16=256个分级，正好对应0～255的颜色分级。

（2）颜色的RGB数值：每个颜色0～255共256个分级，在Python中则常常将0～255缩放至0～1范围。另外，有时候也会在RGB后面加上一个0～1范围的透明度（Alpha），被称为RGBA。

这两种表示方法在代码中表示如下。

```
1. #颜色代码
2. color = "#0000FF"
3. #RGB
4. color = (0,0,1)
5. #RGBA
6. color = (0,0,1,0.8)
```

但是，人眼对于红、绿、蓝这三种颜色分量的敏感程度不一样，我们并不能轻易地把一种颜色分解成红、绿和蓝的成分。因此这也限制了RGB在颜色选择中的实用性。

2. HSV

HSV是另一种常用的颜色空间，如图3-10和图3-11所示。HSV 颜色空间比 RGB 更接近人们对彩色的感知经验。HSV 表达彩色图像的方式与前面介绍的色彩三要素对应，由三个部分组成：色调（Hue）、饱和度（Saturation）、亮度（Value）。

图3-10 HSV颜色空间

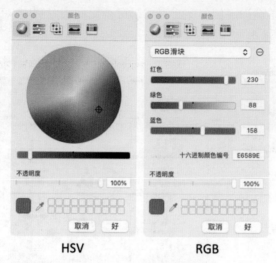

HSV　　　　　RGB

图3-11　HSV与RGB配色

虽然HSV基于直观的参数构建了颜色空间，但它仍然存在一定缺点。如果在HSV的彩虹色环上选择一个颜色，然后将色环旋转60°，会发现这一位置上颜色的亮度与前面颜色不同，这是因为HSV的彩虹色环是由RGB色彩强度构建，彩虹色环在饱和度上分布并不均匀。

3. HCL

相比前面的RGB和HSV，HCL（也可写作LCH）是一种比较少见的色彩空间，它也是由色彩三要素构建。与HSV中色相的构建方式不同，HCL色彩空间中的色相能够尽量保证色彩变换均匀。如图3-12所示的HCL彩虹色环上，不同角度的色彩饱和度是相同的。在数据可视化中，用HCL色彩空间来呈现数据可以避免饱和度不同而带来的感知偏差。

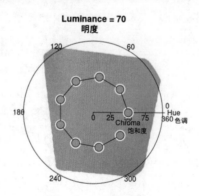

图3-12　HCL色彩空间

3.2.4　Brewer 调色板

然而，在大部分的设计软件中并没有提供HCL色彩空间的功能。为了让数据工作者们能用上HCL色彩空间，Brewer调色板（Brewer palettes）诞生了，如图3-13所示。

Brewer调色板在前面所讨论的颜色感知特性的基础上而设计，它们最初是由地图学家

Cynthia Brewer为制图学设计，目前广泛应用于可视化图表绘制中。Brewer调色板依据显示数据特征的不同分为三种类型，如图3-13所示。

图3-13　Brewer调色板

（1）定性型（qualitative）颜色在感知上不存在顺序差异，也就是配色的不同对象之间不存在大小或者顺序的关系。例如，图3-14（a）对图3-6重新配色，上海市、江苏省、安徽省三者应该是同样的性质，应该用定性型配色。重新配色过后，三者从颜色的感官上是平等的。

（2）顺序型（sequential）颜色在感知上有顺序，连续颜色之间的感知差异是一致的。例如，图3-14（b）呈现的是一个矩阵中的数值用颜色进行表示，数值从0到16变化时，数值每增加一个单位，颜色的变化程度是相同的。

（3）分歧型（diverging）是从一种常见颜色开始，两边的颜色往两个相反反向以顺序变化。这种调色板一般用于数据同时有正负值时的可视化，例如，图3-14（c）呈现的是一个城市中各栅格数值的分布，其数值有正有负，因此适合使用分歧型调色板。另外也需要注意，使用时必须将正中间的颜色对应到数值0处。

在Python的Matplotlib绘图包中，内置了Brewer调色板的各种配色类型，每种类型都有它们的名称，在绘图时直接指定颜色名称即可。

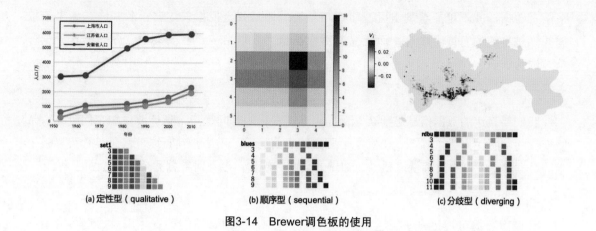

图3-14 Brewer调色板的使用

3.3 可视化的图表类型

3.3.1 可视化图表的类型与选择思路

可视化图表存在多种类型，同时也可以由多种类型组合进行信息表达。那么，该如何决定选择什么样的可视化图表呢？

选择可视化图表进行信息表达并不是一个独立的过程，它与数据处理的其他部分存在密不可分的关系。可视化专家Nathan Yau提出了需要反复思考四个问题（图3-15），每一项问题的内在逻辑包括以下几方面。

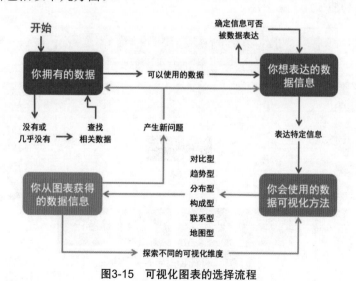

图3-15 可视化图表的选择流程

1. 你拥有的数据

巧妇难为无米之炊，可视化图表的第一步是明确自身拥有的数据资源。如果没有或几乎没有数据，就不可能绘制出可视化，当务之急还是要查找相关数据资源。注意这里的数据并不是单纯的有或者没有，而是需要对数据量、数据结构、字段类型、存储形式等进行全方位的认识。

2. 你想表达的数据信息

我们要表达的数据信息是什么？例如，速度变化的时间趋势、集计流量的空间分布、某些变量的敏感性变化，等等。在确定了要表达的信息后，还需要判断这种信息是否可以被手上的数据表达，这个过程就需要专业知识的判断和解读，以及对数据和信息的全面了解。

3. 你会使用的数据可视化方法

在使用数据可视化方法表达特定信息的过程中，利用合适的可视化工具，选择合适的图表类型对数据信息进行展示。可视化工具的种类繁多，关键是使用自己熟悉和了解的。选择合适的图表类型也决定了我们是否能够准确而高效、精简而全面、美观而舒服地传递数据信息。

4. 你从图表获得的数据信息

通过合适的图表将数据所包含的信息传递给读者后，一方面可能会产生新的问题，或与预期结论不同、或与过往研究不同，此时需要重新对拥有的数据和表达的信息进行反思和验证。另一方面，可以通过不同的数据可视化方法，从图表类型的选择出发，探索不同的可视化维度，从而挖掘可视化方法的异同是否会导致从图表中获得的数据信息的异同。

以上四个问题或四个过程在可视化过程中需要不断谨记和反复思索。因为我们拥有的数据、表达的信息、可视化的方法都会影响最终展现的数据信息效果，影响我们的认知，可视化图表类型功能如图3-16所示。

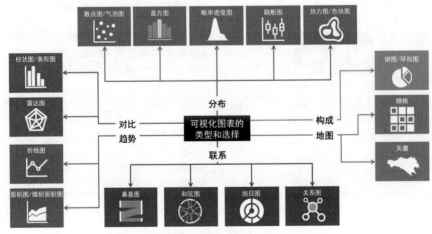

图3-16　可视化图表的类型功能

数据通常包含五种关系：构成、对比、趋势、联系、分布。在时空大数据中，还要多加一种类型：地图。不同的图表也有各自"擅长"的地方（柱状图虽然是对比型，但它也能够展示趋势，只是它没有折线图"擅长"表现趋势）。

已有的可视化图表种类很多，数据科学家们也在致力于发明新的图表。但在使用一种新图表时，应该考虑的问题是：

（1）它展现的是数据的哪方面特征？

（2）它适合什么样的数据？

如果它是一种很少见的图表，还要考虑：

（1）能否确保读者看懂这种图表？

（2）是否有必要用这种图表？

（3）是否有已有的常见图表能够展现相同的内容？

（4）它相比已有的图表有什么优势？

接下来，将逐一介绍这几种常见类型图表的特点（地图型图表涉及地理信息的技术，第4章中再详细讨论），介绍使用时的注意事项。部分图表用Python可以轻易地实现绘制，我们也给出相应的代码。少部分图表需要借助其他可视化工具，限于篇幅，这里暂不给出具体的绘制方法。

3.3.2　对比型图表

1.柱状图/条形图

柱状图（Bar Chart）是数据可视化中最常见的一种图表，使用垂直或水平的柱子显示数据，也可通过不同的颜色代表不同数据分组，如图3-17所示。柱状图的其中一个轴表示需要对比的分类，另一个轴代表相应的数值。柱状图能够对比各分类的数值大小，适合有连续数据和不同分类分组的数据。

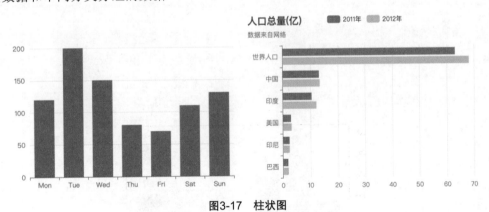

图3-17　柱状图

我们习惯横向阅读，因此竖向的柱状图分类太多时可能会出现文字重叠，此时可以考虑使用横向的柱状图。同时，如果每个类别的分组过多，也会影响类别之间比较的效果。

柱状图需要注意与折线图区分开，柱状图主要用于多个分类间的数据的对比，而折线图主要用于展示数据的变化趋势。

下面用Python的Matplotlib和seaborn绘图包实现柱状图的绘制，首先生成测试用数据。

```
1. In [3-1]:
2. #导入pandas包
3. import pandas as pd
4. #生成数据
5. data=pd.DataFrame([['Mon', 'Tue', 'Wed', 'Thu', 'Fri', 'Sat', 'Sun'],
6.                    [120, 200, 150, 80, 70, 110, 130],
7.                    [110, 210, 130, 30, 75, 170, 133]]).T
8. data.columns =   ['日期','分类1','分类2']
9. data
```

输出结果如图3-18所示。

	日期	分类1	分类2
0	Mon	120	110
1	Tue	200	210
2	Wed	150	130
3	Thu	80	30
4	Fri	70	75
5	Sat	110	170
6	Sun	130	133

图3-18　样例数据

首先用plt.bar函数绘制一个分类的柱状图，柱状图的横轴应为"日期"列，纵轴为"分类1"列，代码如下。

```
1. In [3-2]:
2. #导入绘图包
3. import matplotlib.pyplot as plt
4. #创建图
5. fig      = plt.figure(1,(5,4),dpi = 250)
6. ax       = plt.subplot(111)
7. plt.sca(ax)
8. #绘制柱状图,传入的是横轴维度与纵轴维度
9. plt.bar(data['日期'],data['分类1'])
10. #显示图
11. plt.show()
```

输出结果如图3-19所示。

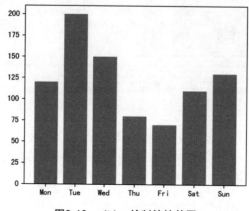

图3-19　plt.bar绘制的柱状图

如果要绘制多个分类的柱状图，以柱子的不同颜色代表不同分类，用plt.bar虽然可以实现，但需要手动调整每个分类的显示位置以及宽度，并不是很方便。这里可以使用seaborn包提供的barplot绘图功能。

不过目前我们手中的数据并不是seaborn支持的格式，在原始数据中，"分类1"与"分类2"存储的都是数值，属性是类似的，但我们却把它们分为两列来存储。这种存储形式有点像矩阵，也可以称为"数据透视表"形式。而seaborn中支持的数据存储方式则更喜欢把每个维度存储为单独的列，一列存储数据样本的值，一列存储样本属于哪个"日期"，一列存储样本属于哪个"分类"。因此还需要把数据整理为seaborn支持的存储形式。整理的过程可以直接用以下两行代码实现。

```
1. In [3-3]:
2. #整理数据
3. data_ = data.set_index('日期').unstack().reset_index()
4. #重命名数据的列
5. data_.columns = ['分类','日期','值']
```

为了让读者理解上面这两行代码发生了什么，我们把步骤拆解出来，如图3-20所示。

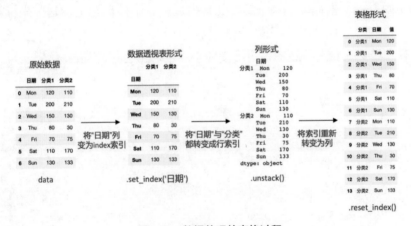

图3-20 数据整理的变换过程

接下来，使用seaborn绘制多分类的柱状图。

```
1. In [3-4]:
2. #导入绘图包
3. import seaborn as sns
4. #创建图
5. fig     = plt.figure(1,(5,4),dpi = 250)
6. ax      = plt.subplot(111)
7. plt.sca(ax)
8. #绘制柱状图，参数x表示数据在x轴的维度，y表示数据在y轴的维度，hue则表示柱的分类
    #维度
9. sns.barplot(x = '日期',y = '值',hue = '分类',data=data_)
10. #显示图
11. plt.show()
```

输出结果如图3-21所示。

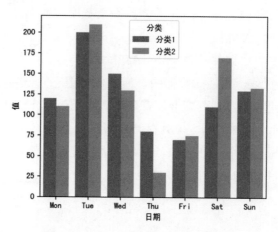

图3-21　seaborn绘制的多分类的柱状图

2. 雷达图

雷达图（Radar Chart）是一种能够对比多维（一般在4维以上）数据的图表，如图3-22所示。雷达图中有多个坐标轴，每个维度的数据放在一个坐标轴上，这些坐标轴起始于同一个中心点。将同一数据分组的不同维度在坐标轴上的点使用线连接起来就成为雷达图。为了容易理解和统一比较，雷达图每个维度的坐标轴通常会进行缩放并统一。

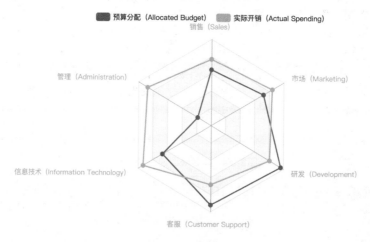

图3-22　雷达图

如果雷达图中各维度代表的是数据样本的各种性能指标，同时每一种性能指标的值较高时对应的是性能优秀，则数据样本在图上的连线所围成的面积能够代表样本的总体性能，而这也是雷达图相比柱状图的优势。

但需要注意的是，如果一份数据中的某些维度数值高反而代表性能低，或者高低值时均不能表示性能的好坏，用雷达图时其面积并不能反映样本的真实性能高低，此时应用雷达图是不合适的，应选用柱状图。

同时，在选用雷达图时应避免数据分类过多或变量过多，会使整体图形过于混乱，否则图表的可读性差。

雷达图在Python中绘制时的原理其实就是折线图以极坐标的形式绘制。下面用Matplotlib实现雷达图绘制。首先再将数据整理一下：

```
1. In [3-5]:
2. #调整数据的形式
3. dataraida = data.set_index('日期').T
4. dataraida
```

输出结果如图3-23所示。

日期	Mon	Tue	Wed	Thu	Fri	Sat	Sun
分类1	120	200	150	80	70	110	130
分类2	110	210	130	30	75	170	133

图3-23　准备绘制雷达图的数据

然后为雷达图的绘制做准备，提取其中的数据分组、数据维度，并计算每个维度应该绘制在极坐标中的哪个角度。

```
1. In [3-6]:
2. import numpy as np
3. #提取数据的分组，数据的维度，并计算每个维度应该绘制在极坐标的哪个角度
4. groupname = dataraida.index   #提取分组的名称，每个分组在雷达图中是一条线
5. labels = dataraida.columns    #提取各维度，每个维度是雷达图中的一个轴
6. n = len(labels)               #总共有n个维度
7. angles = np.linspace(0, 2*np.pi, n, endpoint=False) #推算每个维度在极坐标上的
                                                       #角度(弧度制)
8. angles = np.concatenate((angles, [angles[0]]))      #需要让线闭合，因此在每组的
                                                       #最后再加上第一个角度
9. values = pd.concat([dataraida.iloc[:, :],dataraida.iloc[:,0]], axis=1).)
   values #提取要绘制的值，雷达图中需要让线闭合，因此在每组的值最后再加上每组的第一个值
10. values
11.
12. Out[6]:
13. array([[120, 200, 150, 80, 70, 110, 130, 120],
14.        [110, 210, 130, 30, 75, 170, 133, 110]], dtype=object)
```

接下来，绘制雷达图。

```
1. In [3-7]:
2. #创建图
3. fig     = plt.figure(1,(5,4),dpi = 250)
4. ax      = plt.subplot(111, polar=True)        #设置坐标系为极坐标系
5. plt.sca(ax)
6. #绘制雷达图中的数据样本
7. for i in range(len(groupname)):
8.     plt.plot(angles, values[i], label=groupname[i])
9. #显示各维度的标签
10. ax.set_thetagrids(angles[:-1]*180/np.pi,labels,   #输入显示标签的角度和名称
11.                   rotation_mode = 'anchor',rotation = 'horizontal')
```

```
                                                    #设置显示的角度，将弧度转换为角度
12. plt.legend(loc='lower right', bbox_to_anchor=(1.5, 0.0))
                                                    #设置图例的位置，放在画布外
13. ax.set_theta_zero_location('N')                #设置极坐标的起点（即0°）在正北方向
14. plt.grid(True)                                  #不显示默认的分割线
15. plt.show()
```

输出结果如图3-24所示。

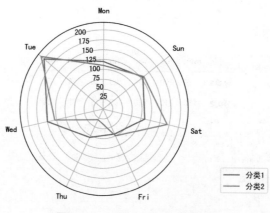

图3-24　Matplotlib绘制的雷达图

3.3.3　趋势型图表

1. 折线图

折线图（Line）也是数据可视化中最常见的图表之一，在折线图中可以清晰地反映出数据的递增、递减、增减的速率、峰值、周期性、螺旋性等特征，因此它主要的作用是反映数据的变化趋势。

需要特别注意的是，折线图的横轴和纵轴所表达的内容都应该具有大小顺序。如果数据的两个维度中任意一个不存在大小或先后的顺序，则数据也不存在变化趋势，用折线图展现趋势则是不合适的，应该使用柱状图进行分类间的数值对比。图3-25中的横坐标为一周中的时间日期，存在顺序，因此可以使用折线图展现趋势。

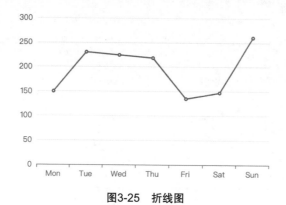

图3-25　折线图

在Python中绘制折线图非常方便，直接使用plt.plot函数即可。

```
1. In [3-8]:
2. #创建图
3. fig      = plt.figure(1,(5,4),dpi = 250)
4. ax       = plt.subplot(111)
5. plt.sca(ax)
6. #绘制折线图,设定label参数对应各分类,linestyle参数可以设定折线的样式
7. plt.plot(data['日期'],data['分类1'],label = '分类1')
8. plt.plot(data['日期'],data['分类2'],linestyle = '-.',label = '分类2')
9. #显示图例,对应的是绘制折线图时的label参数
10. plt.legend()
11. #显示图
12. plt.show()
```

输出结果如图3-26所示。

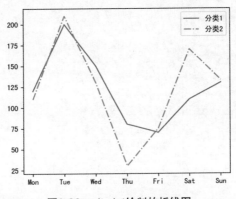

图3-26　plt.plot绘制的折线图

2. 面积图/堆积面积图

面积图（Area，Stacked area）与折线图类似，它将折线图中折线与坐标轴之间的区域进行填充。相比折线图，面积图中展示的趋势会更加明显。面积图有以下两种常用的类型。

（1）一般的面积图：所有数据分类面积都从零点对应的轴开始，没有堆积。此时需要对各数据分类的面积都进行透明显示，否则会互相遮挡。面积图如图3-27所示。

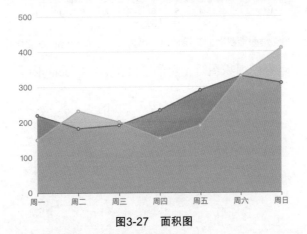

图3-27　面积图

（2）堆积面积图：每一个数据分类的面积起点都是基于前一个数据分类，产生堆叠的效果，如图3-28所示。使用堆积面积图时必须确保每个数据分类的数据相加起来是有意义的，如果不可加则不能使用。如果某些类别之间存在互相包含的关系，它们的面积互相堆叠起来时某部分的数据可能会被重复计入，因此不适合用堆积面积图。在图3-29中，市内出行与城际出行互相不包含可以堆叠，但它们两者与通勤出行互相有包含关系不能进行堆叠，因此不应使用堆积面积图。

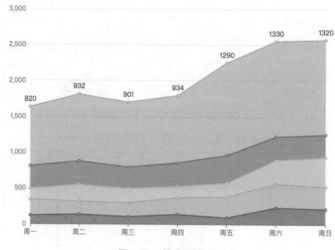

图3-28　堆积面积图

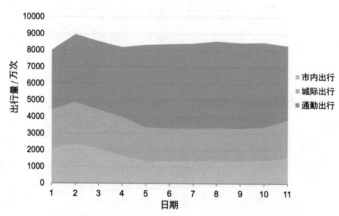

图3-29　堆叠面积图的错误使用（不同分类互相包含，不能堆叠）

在Python中绘制不堆叠的面积图时使用的是plt.fill_between()函数。

```
1. In [3-9]:
2. #创建图
3. fig      = plt.figure(1,(5,4),dpi = 250)
4. ax       = plt.subplot(111)
5. plt.sca(ax)
6. #绘制普通的面积图(不堆叠)
7. #y方向堆叠分类1的面积图
```

```
8. plt.fill_between(data['日期'],        #x方向横坐标
9.                 list(data['分类1']),   #注意这里需要将数据变为列表
10.                label = '分类1',
11.                alpha = 0.6)          #设定透明度
12. #y方向堆叠分类2的面积图
13. plt.fill_between(data['日期'],        #x方向横坐标
14.                 list(data['分类2']),   #注意这里需要将数据变为列表
15.                label = '分类2',
16.                alpha = 0.6)          #设定透明度
17. #显示图例，对应的是绘制面积图时的label参数
18. plt.legend()
19. #显示图
20. plt.show()
```

输出结果如图3-30所示。

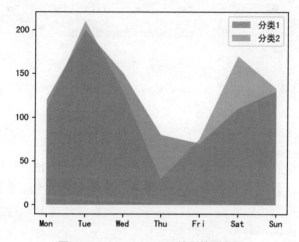

图3-30　plt.fill_between绘制的面积图

在绘制堆叠面积图时，使用的是plt.stackplot函数。

```
1. In [3-10]:
2. #创建图
3. fig     = plt.figure(1,(5,4),dpi = 250)
4. ax      = plt.subplot(111)
5. plt.sca(ax)
6. #绘制堆叠面积图
7. plt.stackplot(data['日期'],          #x方向横坐标
8.              list(data['分类1']),#y方向堆叠分类1的面积图
9.              list(data['分类2']),#y方向堆叠分类2的面积图
10.             labels = ['分类1','分类2'])
11. #显示图例，对应的是前面的labels参数
12. plt.legend()
13. #显示图
14. plt.show()
```

输出结果如图3-31所示。

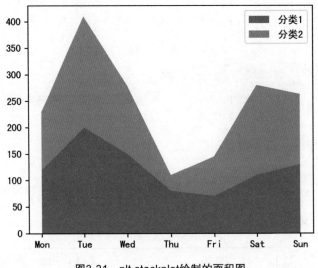

图3-31　plt.stackplot绘制的面积图

3.3.4　分布型图表

1.散点图、气泡图

散点图（Scatter）是展示数据分布的最常用图表，它将所有的数据以点的形式展现在直角坐标系上，点的位置由变量的数值大小决定。通过观察散点图上数据点的分布情况，可以推断出变量间的相关性以及变化趋势。同时，散点图还能显示数据聚集的情况，聚集分布的样本点集合被称为"簇"，数据挖掘中的"聚类"方法就是从数据的分布中挖掘出这些聚集的簇。离聚集点较远的独立存在的点称为离群点或者异常点。

气泡图（Bubble）与散点图相似，它对散点图中的点增加了大小的差异，使其能够多展示一个维度的信息，如图3-32所示。

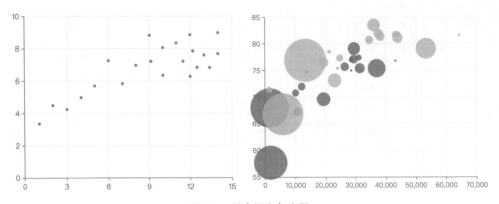

图3-32　散点图和气泡图

使用气泡图时有以下注意点：气泡图的数据大小容量有限，气泡太多会使图表难以阅读。气泡过大时，也会影响读者对气泡圆心所在位置的准确判断，部分气泡过大也会遮挡其他小气泡。

另外，从数据样本的属性映射到气泡大小时，需要注意对应的气泡面积大小，而不是半径或者直径。原因是半径或直径变为n倍时，点的面积会变为n^2倍，导致视觉误差。

在使用散点图时，最基础的散点图有x和y两个维度。如果要展示第三个维度，应优先考虑用颜色差异代表第三个维度的信息，根据第三个维度离散与否选择Brewer调色板的配色。在此基础上，如果还要展示第四个维度的信息，再使用气泡图。也就是说，对散点图，散点颜色的使用应优先于散点大小的使用。

接下来，用Python绘制散点图，首先生成测试用的样例数据data2。

```
1. In [3-11]:
2. #导入NumPy包
3. import numpy as np
4. #设置NumPy的输出格式
5. np.set_printoptions(threshold=100,precision= 2,suppress=True)
6. #给定随机种子,在同一随机条件下,每次随机的结果相同
7. np.random.seed(0)
8. #生成测试用数据
9. n = 100            #数据点个数
10. data2 = np.random.normal(0,1,n)
11. data2 = np.array([data2,data2*2+np.random.normal(0,1,n)])
12. data2 = pd.DataFrame(data2.T,columns = ['x','y'])
13. data2
```

输出结果如图3-33所示。

	x	y
0	1.764052	5.411255
1	0.400157	-0.547445
2	0.978738	0.686991
3	2.240893	5.451183
4	1.867558	2.561993
...	...	...
95	0.706573	1.241600
96	0.010500	0.792791
97	1.785870	4.395245
98	0.126912	2.417060
99	0.401989	2.140507

图3-33　分布型图表测试用样例数据

使用plt.scatter函数绘制散点图，运行代码：

```
1. In [3-12]:
2. #创建图
3. fig        = plt.figure(1,(5,3),dpi = 250)
4. ax         = plt.subplot(111)
5. plt.sca(ax)
6. #绘制散点图
```

```
7. plt.scatter(data2['x'],data2['y'],s = 1)#s参数设定每个点的大小,传入一列时可控
                                            #制不同点的大小
8. #显示图
9. plt.show()
```

输出结果如图3-34所示。

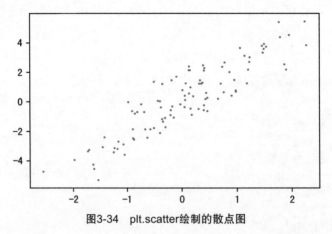

图3-34　plt.scatter绘制的散点图

2. 直方图

直方图（Hist）形状类似柱状图，但含义完全不同。直方图适用于连续数据，展示的是数据的分布情况。直方图对数据分组后统计每个分组的数据量然后绘制于坐标系上，横轴标出每个组的端点数值大小，纵轴则用每个柱子的代表对应分组的频数。通过直方图可以观察并统计数据在哪些范围比较集中。直方图显示数据分布如图3-35所示。

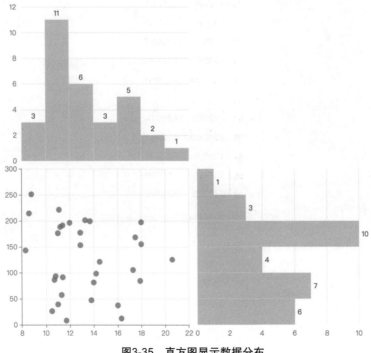

图3-35　直方图显示数据分布

在Python中绘制直方图，可以直接使用pandas中数据表DataFrame自带的hist函数。

```
1. In [3-13]:
2. #创建图
3. fig      = plt.figure(1,(6,3),dpi = 250)
4. ax       = plt.subplot(111)
5. plt.sca(ax)
6. #DataFrame自带的hist函数绘制直方图
7. data2.hist(grid = False,ax = ax,bins = 20,edgecolor = '#fff')
8. #显示图
9. plt.show()
```

输出结果如图3-36所示。

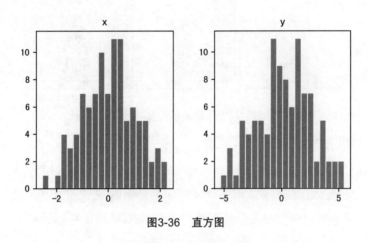

图3-36　直方图

3. 概率密度图

概率密度图（Density）通过统计学中核密度估计（Kernel Density Estimation，KDE）方法估计出数据的概率分布情况，然后在图表中展示出来，如图3-37所示。概率密度图通常分为一维和二维。由于我们获取到的数据样本都是离散分布的，从离散数据中描述数据整体样本的分布概率就需要运用到核密度估计方法，属于非参数检验方法之一。核密度估计方法不利用有关数据分布的先验知识，对数据分布不附加任何假定，是一种从数据样本本身出发研究数据分布特征的方法。

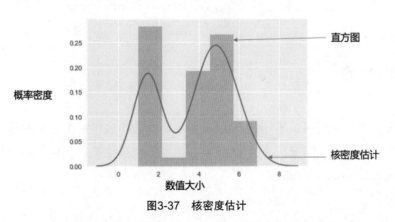

图3-37　核密度估计

简单来说，核密度估计时每个样本点会对总体概率分布产生同样的影响，都服从同一种分布，也就是"核（kernel）"。常用的核函数分布如图3-38所示。这些"核"叠加起来就成为数据总体的分布。

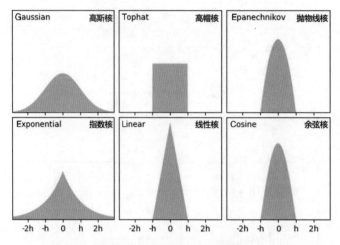

图3-38　核密度估计中的核函数

所以在核密度估计中，每个核的大小（Bandwidth，bw）选择会对KDE获得的估计结果造成巨大影响。核大小选择可以通过"经验法则"、交叉验证等方法。在Python中，SciPy包提供了核密度估计的方法，绘图包seaborn在SciPy提供的核密度估计算法上提供了密度图绘制函数kdeplot。我们不需要研究核密度的详细算法也可以轻易地用seaborn绘制出数据的密度分布。

```
1. In [3-14]:
2. #导入绘图包
3. import seaborn as sns
4. #创建图
5. fig       = plt.figure(1,(5,3),dpi = 250)
6. ax        = plt.subplot(111)
7. plt.sca(ax)
8. #用不同的bw参数估计概率密度,并绘制
9. sns.kdeplot(data2['x'],bw = 0.05,label = 'bw=0.05')
10. sns.kdeplot(data2['x'],bw = 0.2,label = 'bw=0.2')
11. sns.kdeplot(data2['x'],bw = 1,label = 'bw=1')
12. #显示图例
13. plt.legend()
14. #设定y轴标签
15. plt.ylabel('概率密度')
16. plt.show()
```

输出结果如图3-39所示，不同大小的bw参数设置会导致核密度估计的结果产生较大差异，bw越小每个数据点产生的"核"就越小，很近的点产生的核也叠不到一起，曲线就凹凸不平了。反之，bw越大，曲线越平滑。

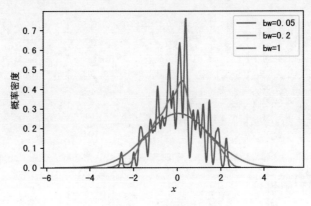

图3-39 一维概率密度

二维概率密度图的原理与一维的类似，是核密度估计在二维平面上的扩展，对每个数据点都生成二维的核函数，叠加起来得到整体数据分布，如图3-40所示。二维核密度估计也很适合用于描述地理空间上的点分布情况，在后续的章节中也会用实际数据进行实操演练。

不过，请想一下，一维核密度估计的时候我们估计出的是一条概率密度的曲线，很容易可以绘制出来。但是二维核密度估计的时候，在*x*和

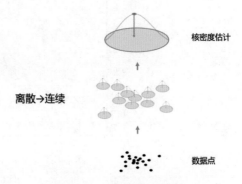

图3-40 二维核密度的原理

*y*的二维平面上的每一点都有它的概率密度，一维的曲线扩展到二维的情况下就变成了曲面。如何可视化曲面呢？这时候就要用到等高线图了。

在地理学中，等高线指的是地形图上高程相等的各点所连成的闭合曲线，在等高线稀疏的地方，坡度较缓；而在等高线密集的地方，坡度较陡。等高线图可以推广到数据可视化中。如果一份数据具有三个维度，都为连续，其中前两个维度构成二维的平面，第三个维度则可以当作等高线中的高程，构建出一个曲面，然后用等高线图描述这份数据的分布情况。如果等高线的层次数非常多，就可以使绘制出的图表颜色变化非常平滑。在核密度分析中，估计出来的概率密度就是这个高程。

seaborn中kdeplot提供的二维核密度绘制的原理便是如此：先估计出这个曲面，然后用Matplotlib中的等高线plt.contour绘制。这个过程已经被集成到kdeplot这个函数中。接下来，用kdeplot绘制二维核密度分布，运行代码：

```
1. In [3-15]:
2. #创建图
3. fig      = plt.figure(1,(5,3),dpi = 250)
4. ax       = plt.subplot(111)
5. #定义颜色栏的位置，此时ax是一张纸，cax是另一张纸
6. cax = plt.axes([0.98, 0.2, 0.02, 0.5])
7. #让笔转移到ax这张纸上画
```

```
8. plt.sca(ax)
9. #绘制二维核密度图
10. sns.kdeplot(x = 'x',y = 'y',data = data2,#输入数据，指定x和y
11.               cmap='Blues',fill=True,        #配色选择Blues，并且填充每一层的颜色
12.               cbar = True,cbar_ax = cax)    #设定显示颜色栏在cax这张纸上
13. #让笔转到cax这张纸上画
14. plt.sca(cax)
15. #为颜色栏添加标题
16. plt.title('概率密度')
17. plt.show()
```

输出结果如图3-41所示。

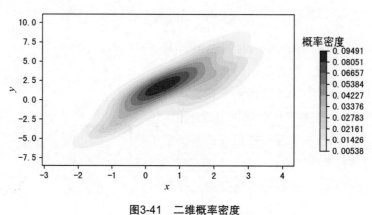

图3-41　二维概率密度

4. 箱形图

箱形图（Boxplot）又称盒须图、盒式图或箱线图，可以用于显示数据分布情况。箱形图适用于有多个分组的连续数据。箱形图可以水平或者垂直绘制，它的一个坐标轴表示数据的分组，另一个纵坐标则展示各分组内数据的分布情况。对每组数据，箱形图用数据的最大值、最小值、中位数、下四分位数及上四分位数绘制一个箱子的形状用以展示数据，同时也会以单独的点绘制表示数据中的异常值，如图3-42所示。

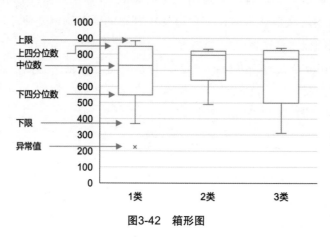

图3-42　箱形图

从箱形图中可以观察到数据的大致分布情况，判断数据的分布是否集中，是否有偏向

性。但箱形图对数据的分布描述比较简单，如果数据呈双峰或多峰的分布形态，在箱形图中则无法展示。

Python中箱形图的绘制有plt.boxplot和seaborn.boxplot两个方法，首先用plt.boxplot绘制：

```
1. In [3-16]:
2. #创建图
3. fig       = plt.figure(1,(6,3),dpi = 250)
4. ax        = plt.subplot(111)
5. plt.sca(ax)
6. #绘制x和y两个箱
7. plt.boxplot([data2['x'],data2['y']])
8. #设置x轴刻度标签，在1和2的位置处分别显示x和y
9. plt.xticks([1,2],['x','y'])
10. #显示图
11. plt.show()
```

输出结果如图3-43所示。

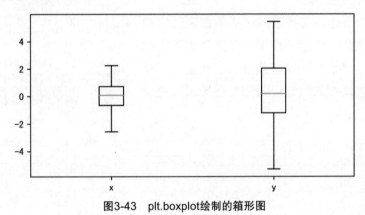

图3-43　plt.boxplot绘制的箱形图

用seaborn再绘制一遍，同样也需要跟前面的柱状图绘制一样首先整理数据，把每个维度存储为单独的列。

```
1. In [3-17]:
2. #整理数据，展开为列存储
3. data2_ = data2.unstack().reset_index()
4. data2_.columns = ['group','index','value']
5. #创建图
6. fig       = plt.figure(1,(6,3),dpi = 250)
7. ax        = plt.subplot(111)
8. plt.sca(ax)
9. #绘制x和y两个箱
10. sns.boxplot(x = 'group',y='value',data = data2_)
11. #显示图
12. plt.show()
```

输出结果如图3-44所示。

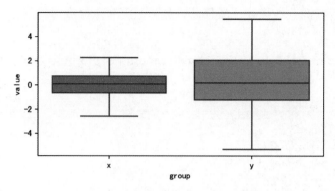

图3-44　seaborn的boxplot函数绘制箱形图

5. 热力图、色块图

热力图与色块图（Heatmap）描述的是同一种图表，其区别是，色块图的*x*、*y*轴都是离散的值，而热力图的*x*、*y*轴为连续值。

色块图是由小色块有序紧凑组成的图表，它的空间利用率非常高，特别适合用于对矩阵进行可视化。在Excel中，我们对表格应用条件格式上色，即可简单地实现色块图的绘制，如图3-45所示。色块图在Python中可以用plt.imshow绘制。

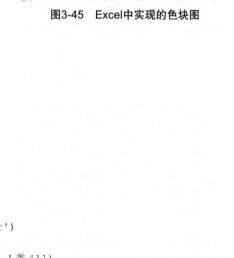

图3-45　Excel中实现的色块图

```
1. In [3-18]:
2. data_heatmap = np.array([[0,1,2,3],
3.                          [1,2,3,4],
4.                          [2,3,4,3],
5.                          [3,4,3,2],
6.                          [4,3,2,1],
7.                          [3,2,1,0],
8.                          [2,1,0,1]])
9. #创建图
10. fig      = plt.figure(1,(6,3),dpi = 250)
11. ax       = plt.subplot(111)
12. plt.sca(ax)
13. #绘制色块图
14. plt.imshow(data_heatmap,cmap = 'RdYlGn_r')
15. #设定x轴y轴刻度标签
16. plt.xticks([0,1,2,3],['类1','类2','类3','类4'])
17. plt.yticks([0,1,2,3,4,5,6],['星期一','星期二','星期三','星期四','星期五','星期六','星期日'])
18. #显示颜色栏
19. plt.colorbar()
20. #显示图
21. plt.show()
```

输出结果如图3-46所示。

热力图最初是由软件设计师Cormac Kinney提出，一开始是矩形色块加上颜色编码。经过多年的演化，现在被大多数人理解的是经过平滑模糊过的热力图谱。我们经常会见到网页地图与热力图结合，这种热力图通常会经过平滑处理。平滑的原理与核密度分析类似，绘制这种热力图时通常包含以下三种参数。

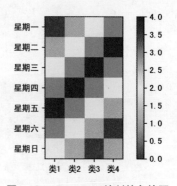

图3-46　plt.imshow绘制的色块图

（1）点大小（PointSize）：相当于核密度中每个点的权重大小。

（2）影响范围（BlurSize）：相当于改变核函数的分布。

（3）色系显示范围：决定了热力图的颜色深浅，相当于二维核密度的等高线显示范围，热力图通常使用专有的彩虹色系。

热力图的参数选取会极大地影响显示的效果，图3-47显示的是同一份数据用ECharts实现的热力图分布，在不同参数下的显示效果截然不同。

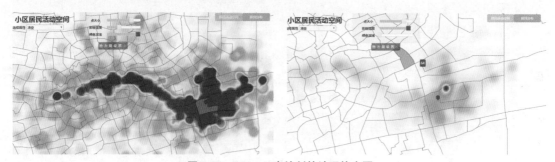

图3-47　ECharts中绘制的地理热力图

3.3.5　构成型图表

1.饼图、环形图

饼图（Pie）是人们最经常使用的图表之一，主要用于表示不同分类的数据在总体中的占比情况，通过扇形的角度大小来对比各种分类，如图3-48所示。饼图不适用于展示过多分类的数据，随着分类的增多，每个扇形面积会变小，结构杂乱，大小区分不明显。多个饼图之间的数值也无法进行比较。Python中绘制饼图和环形图（Donut）用的都是plt.pie函数，运行下面的代码：

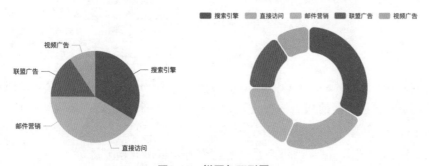

图3-48　饼图与环形图

```
1. In [3-19]:
2. #提取饼图的标签
3. labels = data['日期']
4. #提取饼图每个饼的大小
5. sizes = data['分类1']
6. #创建图
7. fig      = plt.figure(1,(6,3),dpi = 250)
8. #创建第一个子图
9. ax1      = plt.subplot(121)
10. plt.sca(ax1)
11. #绘制饼图
12. plt.pie(sizes,                              #饼图各块的大小
13.         explode = (0,0,0,0.1,0,0,0),         #设置饼图各块凸出的程度
14.         radius=1,                            #饼图的半径
15.         labels=labels,                       #饼图各块的标签
16.         autopct='%1.1f%%',                   #饼图百分比的格式
17.         startangle=90)                       #饼图从哪个角度开始绘制
18. plt.title('饼图')
19. #创建第二个子图
20. ax2      = plt.subplot(122)
21. plt.sca(ax2)
22. #绘制环形图
23. plt.pie(sizes,explode = (0,0,0,0.1,0,0,0),radius=1,
24.         wedgeprops=dict(width=0.3, edgecolor='w'),#设置每个环的属性
25.         labels=labels,startangle=90)
26. plt.title('环形图')
27. plt.show()
```

输出结果如图3-49所示。

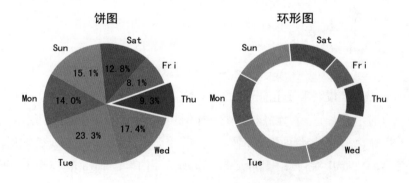

图3-49　plt.pie绘制的饼图和环形图

2. 堆积百分比柱状图、堆积百分比面积图

堆积百分比柱状图（Stacked Percentage Bar）和堆积百分比面积图（Stacked Percentage Area）也可用于展示数据的构成情况，这两者适用于多个分组均需要展示构成，且分组之间进行比较的情况。堆积柱状图和面积图的各个层代表的是该类别数据占该分组总体数据的百分比。堆积面积图，可强调每个系列的比例趋势线变化趋势。

这两种图的缺点是：堆叠太多时会导致数据很难区分对比。不同分类下相同维度的数据不是按照同一基准线对齐的，因此也很难进行对比。

Python绘制堆积百分比柱状图只需要在柱状图绘制的基础上指定各分组叠加的基准线，堆积百分比面积图则与前面介绍的堆积面积图一样，把数据换算为百分比即可，运行代码：

```
1. In [3-20]:
2. #创建图
3. fig      = plt.figure(1,(9,2),dpi = 250)
4. ax1      = plt.subplot(131)
5. plt.sca(ax1)
6. #堆叠柱状图
7. plt.bar(data['日期'], data['分类1'], width=0.4, bottom=0, label= data['日期'])
8. plt.bar(data['日期'], data['分类2'], width=0.4, bottom=data['分类1'], label= data['日期'])
9. plt.title('堆积柱状图')
10. ax2      = plt.subplot(132)
11. plt.sca(ax2)
12. #百分比堆叠柱状图
13. plt.bar(data['日期'],                #横坐标位置
14.         data['分类1']/(data['分类1']+data['分类2']), #纵坐标换算为百分比
15.         width=0.4, bottom=0,label= data['日期']) #第一组设定以0为基准线堆叠
16. plt.bar(data['日期'],                        #横坐标位置
17.         data['分类2']/(data['分类1']+data['分类2']), #纵坐标换算为百分比
18.         width=0.4, bottom=data['分类1']/(data['分类1']+data['分类2']),
                                   #第二组设定以第一组为基准线堆叠
19.         label= data['日期'])
20. plt.title('堆积百分比柱状图')
21. ax3      = plt.subplot(133)
22. plt.sca(ax3)
23. #百分比堆叠柱状图
24. plt.stackplot(data['日期'],          #横坐标位置
25.         list(data['分类1']/(data['分类1']+data['分类2'])),
26.         list(data['分类2']/(data['分类1']+data['分类2'])),
27.         labels= data['日期'])          #第一组设定以0为基准线堆叠
28. plt.title('堆积百分比面积图')
29. plt.show()
```

输出结果如图3-50所示。

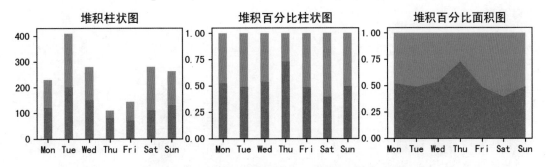

图3-50　Matplotlib绘制的堆积百分比柱状图和面积图

3.3.6 联系型图表

1. 关系图

在时空大数据中，经常会遇到数据样本与样本之间存在一定联系的情况。当产生联系的样本数量较多时，会构成庞大的联系网络（Network），也可称之为图（Graph）。这些网络就是图论的研究对象，这门学科用节点（Node、Vertex）和边（Edge）构成联系网络。在后续章节中会详细讨论图论中的研究内容与方法。

在数据可视化中，网络关系图则可用于展现节点以及节点之间的关系数据，如图3-51所示。

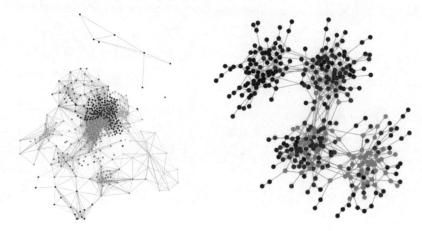

图3-51　ECharts绘制的关系图

在Python中，绘制网络可以在二维空间中用Matplotlib中的散点图和折线图功能绘制关系图，也可用networkx包内置的draw函数进行网络可视化。

```
1. In [3-21]:
2. import networkx as nx
3. #先创建一个空网络
4. G = nx.Graph()
5. #添加节点
6. G.add_nodes_from([0,1,2,3,4,5])
7. #添加边
8. G.add_edges_from([[0,1],[1,2],[0,2],[3,4],#哪个节点连接到哪个节点
9.                   [3,5],[4,5],[2,3],[0,5]])
10. #创建图
11. fig      = plt.figure(1,(4,4),dpi = 250)
12. ax       = plt.subplot(111)
13. plt.sca(ax)
14. #绘制关系图
15. nx.draw(G,                              #输入刚刚创建的网络
16.         pos=nx.circular_layout(G),      #设定环形排布
17.         with_labels = True,             #显示节点的标签
18.         ax = ax)                        #画在刚刚创建的图上
19. plt.show()
```

输出结果如图3-52所示。

2. 和弦图

和弦图（Chord）是一种显示数据间相互关系的可视化方法，节点数据沿圆周径向排列，节点之间使用带权重（有宽度）的弧线链接。和弦图的绘制可用Highcharts、AntV等可视化工具绘制。

图3-53展示的和弦图则代表了某一领域论文的引文关系，每条弧线以起点国家颜色着色，弧线的宽度代表的是起点国家论文引用终点国家论文次数；每个国家节点大小则表示该国家的论文引用别国论文的总次数。通过和弦图，可以很清晰地看出每个国家的论文引用情况与不同国家之间的论文引用关系。

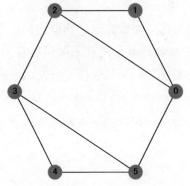
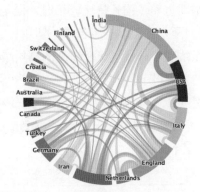

图3-52　networkx包绘制关系图　　　　图3-53　和弦图显示某领域论文引文关系

3. 桑基图

桑基图（Sanky）用于描述多个层级的数据样本从高到低的流向关系，每个层级延伸的分支宽度对应数据流量大小，这些分支的起始流量和结束流量相同，所有主支宽度的总和与所有分出去的分支宽度总和相等，保持流量的平衡，如图3-54所示。

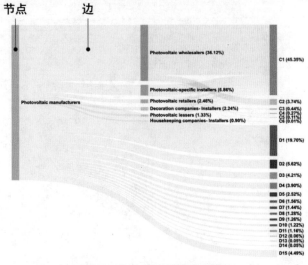

图3-54　ECharts绘制的桑基图

图3-55展示的是某次考试的调剂与录取情况，桑基图非常适合展示这类数据。

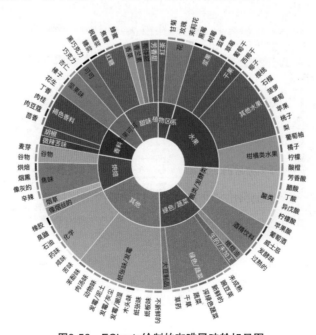

图3-55　桑基图展示某次考试调剂与录取情况

桑基图与和弦图长得比较相似，但是两者存在以下差异。

（1）桑基图代表一种流向，适用于有层级的数据，如资金流，其流向只能是单向，即桑基图无法展示从低层级反向流向高层级的情况；和弦图展示的联系则可以双向。

（2）桑基图按照层级给节点分类，可以描述多级关系；和弦图不分层级，表示节点间的相互关联。

（3）桑基图的边的权重保持不变，边的宽度固定；和弦图的边宽度不必固定，可以在起终点处不同。

4. 旭日图

旭日图（Sunburst）与饼图和环形图类似，它在环图的外层再加环，能表达清晰数据的层级和归属关系，以父子层次结构来显示数据构成情况，如图3-56所示。旭日图中，离圆心越近表示级别越高，相邻两层中，是内层包含外层的关系。

图3-56　ECharts绘制的咖啡风味轮旭日图

3.4 可视化的技术与工具

3.4.1 常用可视化工具简介

这一节中主要介绍一些常用的可视化工具。这里把可视化工具从易用性和拓展性角度分为三类，读者可以按需选择。

1. 不需要安装软件，也不需要编程的可视化工具

这类可视化工具非常方便快捷，一般通过在线网页或在线网站读取本地数据，在网页端进行数据处理与可视化，部分工具示例如表3-1所示。这些轻量化的在线可视化工具通常对输入数据的存储形式有较高的要求，一般适用于数据量较小、数据结构较为简单、可视化需求简单明确的可视化任务，也非常适用于在刚拿到数据时对数据情况与数据质量的快速评估。

表3-1 不需要安装软件，也不需要编程的可视化工具示例

工 具	特 点
Sandance	多种图表不同方式呈现数据
Kepler	多种地图可视化图表
Mobmap	时空轨迹数据可视化
geojson.io	快速查看编辑GeoJSON格式的地理信息文件
mapshaper	实现地理信息文件的格式转换、图形简化
BDP	模板丰富，地图自带坐标纠偏
百度图说	中文支持，含有ECharts代码
智图GeoQ	地图坐标纠偏，底图类型多
infogram	应用场景精准，图表动画功能
piktochart	地图功能免费
venngage	免费模板和场景多
datawrapper	地图支持.geojson格式

2. 需要安装软件，不需要编程的可视化工具

这类可视化工具需要下载安装软件进行可视化工作，这部分软件由专业数据可视化软件公司开发，通常需要付费使用。各可视化模块可以直接通过鼠标单击修改，不需要编程进行代码处理，部分工具示例如表3-2所示。相比于第一类，这种可视化工具目前应用最为广泛，并且功能强大，能够满足日常的数据可视化需求。

表3-2 需要安装软件，不需要编程的可视化工具示例

工 具	特 点
Office家族	以Excel为代表，广泛使用易上手
Adobe家族	静态可视化，但只是起辅助功能，限制较多

工　具	特　　点
Tabulea	较多应用于商业分析，易上手，图表美观
PowerBi	Excel衍生产品，包括PowerMap等
DataV	结合业务部署的可视化产品，以大屏为卖点
网易有数	为企业级数据分析量身打造
Datamap	集合数据仓库、分析、可视化于一体的数据平台
Raydata	数据交互可视化系统
ArcGIS	地图可视化，多用于空间数据处理，可视化能力有限
QGIS	地图可视化，多用于空间数据处理，可视化能力有限
Gephi	关系可视化，计算关系相关指标后进行可视化

3. 需要写代码的可视化工具

这类可视化工具一般为编程语言中的可视化工具包，通过编程语言调整数据源和参数完成可视化，部分工具示例如表3-3所示。这类可视化工具拓展性和灵活性极高，适用于有较高可视化需求的用户群体。本书的绝大部分可视化也是在Python中的Matplotlib包的基础上实现的，与数据处理分析的其他操作高度融合。

表3-3　需要编程写代码的可视化工具

工　具	特　　点	语　　言
ECharts	高度封装，案例数量丰富美观，交互地图	JavaScript
D3.js	相比ECharts，更底层，更自由	JavaScript
Highcharts	类似ECharts	JavaScript
AntV	类似ECharts	JavaScript
P5/Processing	针对非编程开发的语言工具	JavaScript
Google charts	Google出品的JS工具库	JavaScript
Polymaps	针对地图可视化的工具库	JavaScript
Plotly/Dash	网页工具，单体图表，仪表盘灯工具库	JavaScript/Python/R/
Deck.gl	大规模可视化地理数据	JavaScript
pyecharts	使用Python调用ECharts工具库	Python
Matplotlib	Python基础可视化工具库	Python
seaborn	基于Matplotlib的高级可视化效果库	Python
bokeh	交互性Python可视化工具库	Python
folium	交互性Python地图可视化	Python
ggplot2	定义底层组件合成图形，以函数构建图表	R
plot3D	3D可视化图表	R

3.4.2　Web 数据可视化技术

实际上，3.4.1节中介绍的绝大部分可视化工具都是由网页（Web）数据可视化技术实现。这一节中简单地介绍一下基于Web的数据可视化技术的发展历史，会出现Web技术领

域中比较多的名词，我们梳理一下这些相关技术的基本概念与相互之间的关系，帮助大家
理解其中的脉络。

近几年，基于网页Web的数据可视化已经成为数据可视化技术的主流，Web数据可视化
技术将数据图表以图形的方式在网页的页面上展现出来，这种技术天然地适合传播可视化图
表，也可以轻易地实现用户与图表的交互。政府、商业、金融、制造等各个行业的业务场景
中经常使用的数据可视化大屏也是基于这种网页Web的数据可视化技术（图3-57）。

图3-57　基于Web的数据可视化大屏

1. 从Flash到HTML5

要了解网页Web数据可视化技术的前世今生，必须提一提Flash。

相信老网民肯定都对Flash技术不陌生，Flash是一种交互式矢量图和Web动画的标准，
它可以用来制作动画或者播放视频。Flash已经诞生20多年，而在它发展的后期出现了很
多瓶颈，例如，难以表现色彩丰富的逼真效果、渲染所需的计算资源大、漏洞多影响安全
性、稳定性差等问题。而在2017年Adobe公司就已宣布Flash将于2020年停止更新，并停止
分发Flash浏览器插件，这意味着早期基于Flash开发的众多内容如游戏、网站、视频等，都
将彻底消失并逐渐被遗忘。

而取代Flash的是HTML5技术。我们平时看的网页都是由HTML技术制作，HTML
是构建Web内容的一种语言描述方式，它的全称为超文本标记语言（Hyper Text Markup
Language，HTML）。而HTML5即是HTML的第五代标准，是构建以及呈现互联网内容的
一种语言方式，被认为是互联网的核心技术之一。相比Flash，它更为高效、安全且兼容性
更强，使其能够更为广泛地得到应用。

不过，当讨论HTML5时，实际指的是包括HTML、CSS和JavaScript在内的一套技术
组合。这三种技术相辅相成，通俗来说就是，HTML是网页的页面，CSS决定了网页中每
一个元素的样式，而JavaScript则是一种编程语言，可以运行于网页页面中，指挥页面上的
元素。

　　HTML5怎么实现类似Flash绘图与动画的功能呢？HTML5中图形元素的绘制主要靠它所支持的Canvas或SVG元素，然后通过JavaScript编程来指挥这些元素，实现诸如"鼠标移动到元素上时放大强调显示"之类的动画特效。

2. HTML5中的Canvas和SVG渲染方案

什么是Canvas和SVG呢？

　　这两者都是HTML5中支持的2D图形技术，是两种基于浏览器的渲染方案。它们最大的区别是，Canvas是浏览器将图形渲染成像素点来显示，放大看会很模糊；而SVG则是浏览器将图形渲染成矢量图形来显示，怎么放大都不模糊，如图3-58所示。

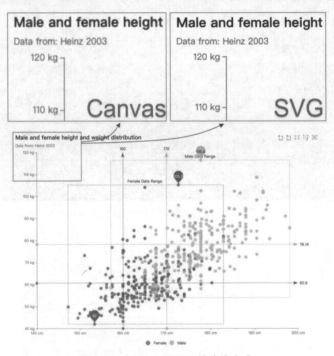

图3-58　Canvas和SVG的渲染方式

　　Canvas只能运行于网页，而且需要用JavaScript来绘制；SVG不止可以运行在网页，它还能保存成为.svg后缀名的矢量图片文件，Python的Matplotlib绘图包支持导出SVG格式图片文件。

　　在大规模数据可视化中Canvas更合适，因为它能够把大量的数据快速渲染成为像素；但在SVG中，如果显示的元素太多，加载速度会很慢。在可视化的元素不多时，可以选择将绘制的图表存储为SVG，这种格式适合静态图片展示、高保真文档查看和打印的应用场景。

　　不过，直接用Canvas和SVG画图相当于打开了Window自带的绘图工具，给了你纸和笔，至于画什么，就需要自己想象了。因此，目前也有很多基于JavaScript语言的数据可视化库，里面集成了很多绘图的样式，形成图表后再由这些可视化库自动调用Canvas或SVG进行图形渲染。可视化库ECharts就是一种基于HTML5的可视化JavaScript库，目前ECharts能够同时支持Canvas和SVG两种渲染方式。

3. 三维图形渲染方案WebGL

前面介绍的Canvas和SVG都是二维图形的渲染方案，那么3D图形在浏览器中如何渲染呢？

WebGL（Web Graphics Library）诞生了！WebGL是一种3D绘图协议，这种绘图技术标准可以把JavaScript和OpenGL（Open Graphics Library，开放图形库）结合在一起，让WebGL可以在HTML5的Canvas中实现3D绘图，提供硬件3D加速渲染，这样Web开发人员就可以借助系统显卡来在浏览器里更流畅地展示3D场景和模型。

WebGL可以通过JavaScript调用，同样也有很多JavaScript的可视化库可以提供基于WebGL的3D绘图功能。例如，ECharts就将3D绘图的ECharts GL功能包装到库里面，可以跟使用ECharts普通组件一样轻松地使用ECharts GL绘制出3D的地球、建筑群、人口分布的柱状图等，如图3-59所示。

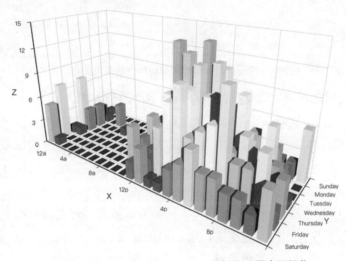

图3-59 基于WebGL的ECharts GL实现3D图表可视化

3.4.3 时空大数据的 Web 可视化

1. 时空大数据Web可视化的难点

怎么将Web可视化技术融入到时空大数据的可视化中呢？

我们习惯上把看到的网页可视化称为前端，而存储着数据的服务器则称为后端。前端作为用户感知数据的窗口，是展示可视化视图的画板，还是与后端沟通的桥梁。可视化视图的画板很好理解，前端利用一系列可视化绘图将数据绘制出来。后端沟通的桥梁指的是前端可以设置一系列交互逻辑，帮助用户发起新的可视化绘图需求，实现按需绘制。

图3-60展示的就是一个时空大数据的可交互式Web可视化，用户单击图中某一小区时，可视化能够实现小区居民活动空间分布热力图，同时多个图表联动展示居民活动特征。

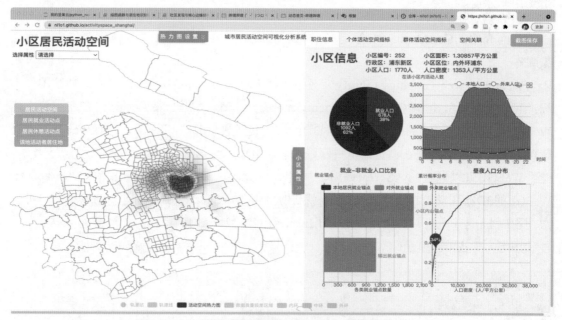

图3-60　基于ECharts的大规模时空数据可视化示例

如果用Web可视化时空大数据，一定会遇到下面两个问题。

（1）时空大数据的数据量一般都非常大，不可能让用户打开网页的时候直接把整个数据库都给用户，然后再运行可视化程序展示图表，数据安全不能得到保障，也会占用大量网络资源。最好是，用户想展示哪一部分数据，我们计算好数据，把这部分数据给用户，然后在用户的网页上可视化。

（2）用户在图表上进行一些交互操作，比如查询数据，图表根据交互而更新。这又涉及如何获取用户的操作，如何实施查询，将结果再发送给用户，更新用户的可视化图表。

解决这些问题通常有下面两种思路。

思路1：事先准备好数据

事先把大数据计算输出为小数据，只保留用户需要可视化的那一部分。同时也事先安排好用户所有可能的交互操作，所有的可视化结果都已经计算好，存储下来。这样用户进行了交互操作时，前端只需要找到对应的数据结果，再更新图表即可，如图3-61所示。这种思路把数据处理工作提前做好，避免了后端的使用，在使用ECharts这一类可视化图表时会经常应用这种思路。

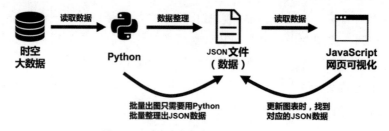

图3-61　时空大数据与Web可视化融合

思路2：前端与后端融合

后台的服务器在不间断地运行着，当用户在可视化网页上进行交互时，网页（前端）把交互的操作信息提交给服务器（后端），服务器收到请求后实施查询，得到结果再返回给前端进行可视化。这种思路就可以做到真正的实时查询与数据交互。

从技术角度来看，这种前端与后端的沟通过程一般可以分为以下四步。

1）请求的生成

用户在前端设定并发起请求，一般来说，可以是SQL查询的相关参数，主要面向后台已存在数据的可视化，如查询某地历史的收入统计信息。或者是计算任务的相关参数，主要面向需要按需额外进行计算的数据可视化，例如，自定义框选区域内历史的人流分布。有了具体的请求，前端将请求结构化，开发者可以按需自定义。

2）请求的传递

有了结构化的请求，前端需要将其传递给后台以获取数据用于可视化，目前的主流做法是利用AJAX、AXIOS等HTTP请求库，将请求信息打包成符合网络传输协议的请求包发送给后台。并在收到后台返回的数据后，对网页进行部分更新。

3）后端的解析、执行和响应

后端服务器负责请求的解析、执行和响应，技术上统称后端框架。在执行阶段一般涉及数据库（例如MySQL、MongoDB、Redis等）的增、删、改、查操作，相应的响应阶段涉及数据的打包与发送等。Python中比较常用的框架有Flask、Django等，Java生态圈比较常用的框架则有SpringBoot、Mybatis等。此外，有的可视化分析任务，需要后台实时对时空大数据进行处理分析，例如，实时人口统计热力图，或者一些交互式按需分析任务。这时候，后台就需要引入一些大数据处理引擎对海量数据进行快速、实时的处理，例如，In-Memory的计算引擎Spark，流式数据处理引擎Flink等。

4）前端的绘制

给定数据，前端利用一系列JavaScript可视化绘图库，例如ECharts、D3、Victory、Recharts等将数据可视化出来。

 ## 3.5 本章习题

1. 什么是"谎言因子"？如何计算？有什么用？

2. RGB、HSV、HCL分别是什么？有什么区别？

3. 常用的图表共哪几大类？分别适用于什么样的数据？

4. 城市的快速路上每隔几百米就有铺设线圈收集车辆数据，假设我们获取到早高峰时段快速路上每五分钟、每五百米间隔上每个车道的车速，应该选用什么图表进行车速的可视化呢？

5. Canvas和SVG有什么区别？分别适用于什么场景？

第4章
地理信息处理基础

在交通时空大数据中，最重要的三要素是：谁？什么时候？在哪里？这三要素分别对应数据的个体、时间与空间三个维度。在这其中，空间位置是三要素中不可或缺的一环。拿到数据时，我们马上会接触到数据的经纬度坐标信息。为什么空间位置要以经纬度来表示？现实世界中的地理要素如何转变为数据进行处理？如何用最合适最高效的方法处理地理数据？如何将交通数据与地理信息结合？这些都是我们最关心的问题。

地理信息科学的相关知识是交通大数据处理中所必须掌握的基础知识之一。本章将从地理信息处理最基础的概念讲起，介绍GIS技术、空间数据、坐标系、栅格化与地图底图加载等实际应用中经常遇到的知识，为后续交通时空大数据处理、分析与可视化打下基础。

4.1 GIS 的基本概念

4.1.1 什么是 GIS

日常生活中，我们会通过手机上的电子地图导航、搜寻公交地铁路线、查看道路堵车情况、搜索美食店或者查询各地卫星遥感影像等，这些东西都可以是地理信息系统（GIS）应用的一部分。GIS已经无缝地融入了人们的日常生活中，那么到底什么是GIS呢？

GIS原本指的是地理信息系统（Geographic Information System），它是在计算机硬、软件系统支持下，对地理分布数据进行采集、存储、管理、运算、分析、显示和描述的技术体系。

后来，GIS这个概念被扩展为一门学科：地理信息科学（Geographic Information Science）。与地理信息系统相比，它更加侧重于将地理信息视作为一门科学，而不仅仅是一个技术实现。如何理解地理信息科学？可以将它拆分成三个关键词：地理、信息和科学。GIS就是将地理事物抽象为信息，再用科学的方法研究分析，具体如下。

（1）地理：一切与地理相关的东西都是GIS关心的内容，比如地表及地下自然生态分布（河道、地表高程、水系、植物、生物、森林资源、天气、地下水流动、地层、土壤分布）与人文活动分布（人的活动、城市形态、路网、土地利用分布）。

（2）信息：GIS如何研究地理？GIS需要把地理要素抽象为信息，将地理要素简化与数值化表达出真实世界的地理位置、形态与信息，在计算机中进行处理分析。

（3）科学：GIS科学的研究内容由浅入深分别涉及地理数据的收集与组织、地理数据的转换与处理、地理数据的数学与计算机表达、地理数据的分析与问题解决。在基础的地理数据层面，GIS就已经涉及计算机科学、地理学、测量学、地图学、统计学等多门学科。GIS如何更进一步去解决实际的科学问题？还需要结合更多交叉学科的知识。

最早的GIS分析经典案例可以追溯到1854年英国伦敦苏豪区的宽街附近发生的霍乱疫情。为了调查死亡病例情况，英国医生约翰·斯诺（John Snow）敲开每一户人家的门，询问情况统计数据。他将收集来的数据绘制标注在伦敦的地图上（图4-1）。通过对空间位置数据的分析，他发现病例在空间分布上集中于宽街上的免费公共水泵附近。再通过流行病学调查，他断定疫情来源于水泵。在当局关闭水泵后，霍乱疫情迅速得到了控制。他绘制的"死亡地图"也被后人认为是地图数据可视化的开端。

图4-1　英国医生约翰·斯诺绘制的"死亡地图"

在上述案例的分析过程中，疫情死亡病例被抽象为数据，作为地理信息在地图上可视化，再结合流行病学对结果分析，得出结论。这一分析过程即是GIS学科中解决问题的典型思路。

4.1.2　互联网+GIS：基于位置的服务LBS

在"互联网+"的时代背景下，GIS又有了新的发展。前面举的例子中，我们在手机上通过地图应用访问地图，地图供应商向我们提供地点检索、导航、路况信息等服务，这种模式可以称为基于位置的服务（Location-Based Service，LBS）。

　　LBS是围绕地理位置数据而展开的服务，由用户的移动终端使用无线通信网络或卫星定位系统提供地理位置坐标信息，服务供应商从空间数据库中检索相关信息，并向用户提供所需的与位置相关的增值服务。LBS可用于各种场景，包括导航软件、社交网络服务、基于位置的广告和跟踪系统、移动商务、个性化的天气服务，甚至基于位置的游戏。LBS对于许多企业和政府组织来说都是至关重要的，他们可以从与活动发生地点相关的数据中获得用户信息，进而推出相关产品业务。

　　LBS进行的过程中，实质上是用户与服务提供商之间的数据交换。一方面，为了获取相应服务，用户必须向LBS运营商提供定位信息。LBS能够获取到用户确切的位置，有些应用权限大的LBS还可以收集到用户详尽的属性信息。另一方面，运营商将与位置相关的服务信息数据提供给用户，这些数据通常为基础地理信息数据，包括兴趣点数据、公交轨道线网与班次信息、导航路径信息等。由于服务需要，这些数据通常对时效性有很高的要求，而这也是交通大数据领域中常用的基础地理信息来源。

　　LBS中，用户的数据隐私是一个需要关注的点。LBS运营商根据用户隐私协议，在服务的使用期间可以获取很高的数据采集权限。LBS运营商可以采集除了地理数据之外的用户私密信息，可能可以获取到用户使用的手机型号、什么时间使用过什么APP、到访过什么地方、连接过什么Wi-Fi网络等。以用户的地理信息数据为基础，通过其他多维度碎片化的信息组合，LBS运营商可以获得非常精准的用户画像。例如，通过到访地址、到访频次和停留时长识别用户的经济属性（如职业、学历水平、消费水平、是否有宠物有孩子），用户的活动模式（如经常走的道路、到访过的地点以及频率）、用户的兴趣爱好（如喜欢去哪个公园、哪个商店、哪个医院）等个人隐私信息。目前，相关法律法规的制定处于起步阶段，仍然无法有效确保用户敏感信息的安全性。

4.1.3　常用的 GIS 工具

1. ArcGIS

　　ArcGIS系列软件由美国环境系统研究所（Environment System Research Institute，ESRI）开发，目前已成为中国用户群体最大，应用领域最广的GIS技术平台。ArcGIS Desktop由三个用户桌面组件组成：ArcMap、ArcCatalog、ArcToolbox。ArcMap是一个用户桌面组件，具有强大的地图制作、空间分析、空间数据建库等功能。ArcCatalog则提供一个目录窗口用于组织和管理各类地理信息。ArcToolbox则为工具箱，为开发者集成了全面的GIS功能，实现各类地理信息数据处理与统计分析。

2. QGIS

　　QGIS是一个开源的桌面GIS软件，与ArcGIS类似，它也提供了数据的显示、编辑和分析功能。QGIS以C++写成，它的GUI使用了Qt库。QGIS可以使用C++或Python写成的插件。相比起ArcGIS，QGIS的主要优势在于它开源免费、支持Mac系统、文件体积更小，需要的内存和处理能力也更少，软件更轻量，启动和运行速度快，渲染效率高、支持更多数据源、有很多第三方的插件可用。

3. PostGIS

PostGIS是一个开源GIS数据库，它相当于在ArcGIS和QGIS软件的基础上加入了数据库的功能。PostGIS在对象关系型数据库PostgreSQL上增加了存储管理空间数据的能力，相当于Oracle的空间数据处理部分。空间数据库像存储和操作数据库中其他任何对象一样去存储和操作空间对象。

PostGIS在数据库中引入了空间数据类型、空间索引和空间函数三者。空间数据类型使数据库可以支持点（point）、线（line）和面（polygon）的图形；空间索引被用于进行空间操作的高效处理；空间函数则构建于SQL中，用于空间属性和空间关系的查询。空间数据类型、空间索引和空间函数组合在一起，提供了灵活的结构用于优化性能和分析。

4. GeoPandas

前面介绍数据处理技术时，归纳了三类工具：数据表格处理工具（如Excel）、数据库工具（如SQL Server）与编程语言（如Python）。在GIS处理中，ArcGIS和QGIS可以类比于偏重图形化界面的Excel，PostGIS可以类比于偏重数据库处理的SQL Server，而GeoPandas则可类比于偏重编程代码处理的pandas（就是在pandas基础上扩展的）。

GeoPandas是Python中专门针对地理空间数据处理的开源项目，GeoPandas在pandas的数据表基础上扩展对几何类型数据的支持，它依赖于以下几个基础包。

（1）pandas负责数据的基础处理功能。GeoPandas中地理信息数据的存在形式为GeoSeries（列）和GeoDataFrame（表）类型，分别是在pandas的Series（列）和DataFrame（表）上扩展得到，在地理信息数据处理时可以应用pandas强大的数据处理功能。

（2）Shapely负责空间数据类型的支持和运算功能。Shapely是Python中用于操作和分析平面几何对象的库。GeoPandas的几何类型数据与运算功能由Shapely包提供，并为Shapely提供了多个几何图形的高级接口。从数据表的形式上看，GeoPandas中的地理信息数据表GeoDataFrame在pandas的DataFrame表数据基础上增加了一个GeoSeries列，列名为geometry，用以存储要素的几何信息，这一列中的每一个元素都是Shapely中的几何图形要素，如图4-2所示。

（3）Fiona负责GIS数据读写，提供常见地理信息文件（如shapefile、GeoJSON文件）的读取与写入功能。

（4）GDAL负责栅格与矢量数据的处理和转换功能。

（5）Pyproj负责地理数据的坐标系处理功能，它能够为地理数据定义坐标系，也支持地理坐标系与投影坐标系之间的转换。

（6）Matplotlib负责几何图形的绘制可视化。

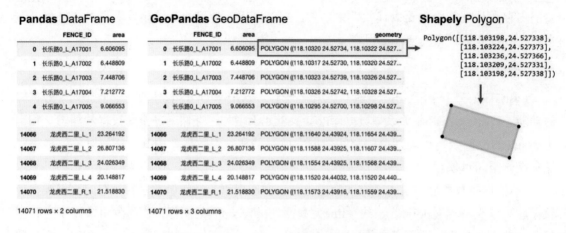

图4-2 GeoPandas、pandas与Shapely的关系

由于运行在Python中，GeoPandas可以与Python的数据处理体系无缝衔接。在本书中所涉及的绝大部分GIS操作都将由GeoPandas实现。

4.2 空间数据的基本概念

4.2.1 空间数据结构

在GIS中，对现实世界的地理要素抽象为数据信息时，有两种方法：矢量要素和栅格要素，地理空间数据可以分为矢量数据和栅格数据两种。矢量和栅格数据在表现同一个地理对象时的效果如图4-3所示。

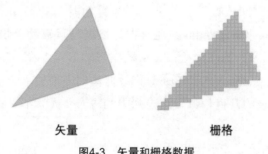

矢量   栅格

图4-3 矢量和栅格数据

1. 矢量数据

矢量数据将真实世界中的地理要素以点、线、面的形式来表达。点由一组坐标组成，线则由一线段或连续线段组成，具有长度、起点和终点。面则是线所组成的闭合空间，是封闭的多边形，具有面积及周长。矢量数据中的点、线、面在存储时，都只存储了其中折点的位置，在GIS中显示时，不论如何放大，矢量形状都不会失真。矢量数据结构紧凑、冗余度低，显示一个三角形只需要存储三个顶点，有利于空间信息的检索分析，图形显示

质量好、精度高。

　　在Python中，Shapely包为GeoPandas提供了矢量几何图形的支持，而我们也可以调用Shapely中几何图形生成器，输入折点而生成几何图形：

```
1. In [4-1]:
2. #从Shapely中导入点、线、面的生成器
3. from shapely.geometry import Point,LineString,Polygon
4. Point([2,2])
5. LineString([[3,3],[2,1]])
6. Polygon([[0,0],[1,1],[1,0]])
```

生成的点、线、面元素分别如图4-4所示。

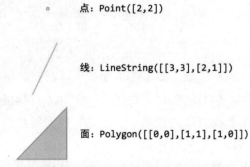

图4-4　Shapely中生成的点、线、面

　　在图4-2中显示了GeoPandas和Shapely的关系，GeoDataFrame中geometry列中的每一行元素都是一个Shapely的几何要素，因此可以将上面生成的点线面三者放进一个列表中，构成一个GeoDataFrame。

```
1. In [4-2]:
2. import geopandas as gpd
3. gdf = gpd.GeoDataFrame([Polygon([[0,0],[1,1],[1,0]]),Point([2,2]),LineString
   ([[3,3],[2,1]])],columns = ['geometry'])
4. gdf['类型'] = ['面','点','线']
5. gdf
```

输出结果如图4-5所示。

	geometry	类型
0	POLYGON ((0.00000 0.00000, 1.00000 1.00000, 1....	面
1	POINT (2.00000 2.00000)	点
2	LINESTRING (3.00000 3.00000, 2.00000 1.00000)	线

图4-5　通过Shapely手动构建GeoDataFrame

　　通过GeoDataFrame的plot()方法，可以调用Matplotlib的接口将地理信息绘制出来。

```
1. In [4-3]:
2. gdf.plot()
```

输出结果如图4-6所示。

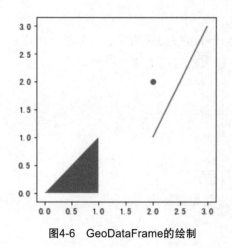

图4-6　GeoDataFrame的绘制

2. 栅格数据

栅格数据则是以栅格单元所组成。栅格的大小决定了栅格数据的分辨率，格子越小，图形越清晰，数据也越精准，相对的数据量也越大。实际上，栅格数据可以理解为图片照片，卫星与无人机遥感影像、夜间灯光数据、数值高程模型等数据均为栅格数据，计算机图像识别处理的也是栅格结构，是矢量结构在某种程度上的一种近似，对于同一地物达到矢量数据相同的精度需要更大量的栅格。栅格数据数据结构简单，便于空间分析和地表模拟；但数据量大，投影转换比较复杂。

栅格数据可能有多个波段，简要来说就是每个栅格带有多种属性存放多个值，例如，在图片中如果用RGB表示每个像素点的颜色，则每个像素点栅格就有R、G和B三个波段。

4.2.2　空间数据文件

1. 最常用的矢量数据存储格式——Shapefile

Shapefile文件（或简称SHP文件）是ESRI公司（ArcGIS的开发商）开发的一种矢量空间数据开放格式。Shapefile文件格式已经成为地理信息软件界的一个开放标准，绝大部分GIS软件都支持Shapefile文件。Shapefile文件用于描述矢量地理要素，它支持三种几何图形：点、折线与多边形。同时，它也像数据表一样，能够存储几何图形的各种属性信息，每个几何图形是数据表中的一行数据。

存储在文件系统中时，一个Shapefile数据会有多个文件，最常见的情况下它会有六个文件，如表4-1所示。其中，SHP、SHX和DBF文件是必需的，丢失这三个文件中的任何一个都无法读取文件。这也是Shapefile文件的一个缺点，当你想把SHP文件共享给小伙伴时，不能只共享一个文件，需要将所有文件压缩到一个包中，小伙伴接收后还要解压缩。这样很麻烦，也容易"丢三落四"造成文件打不开。

表4-1　Shapefile中常见的文件

文 件 后 缀	作　用	是 否 必 需
shp	存储矢量数据的空间信息	必需
shx	存储矢量数据的索引格式	必需
dbf	存储矢量数据的属性信息	必需
sbn和sbx	存储空间索引	可选
prj	存储地理坐标系统与投影信息	可选
cpg	描述.dbf字符编码	可选

在GeoPandas中可以实现对Shapefile文件的读取、处理与写入，示例代码如下。

```
1. In [4-4]:
2. import geopandas as gpd
3. shp_data = gpd.read_file(r'sz.shp')
4. shp_data
```

输出结果如图4-7所示。

	centroid_x	centroid_y	qh	geometry
0	114.143157	22.577605	罗湖	POLYGON ((114.10006 22.53431, 114.09969 22.535...
1	114.041535	22.546180	福田	POLYGON ((113.98578 22.51348, 113.98558 22.523...
2	114.270206	22.596432	盐田	POLYGON ((114.22772 22.54290, 114.22643 22.543...
3	113.851387	22.679120	宝安	MULTIPOLYGON (((113.81831 22.54676, 113.81816...
4	113.926290	22.766157	光明	POLYGON ((113.98587 22.80304, 113.98605 22.802...
5	114.356936	22.691020	坪山	POLYGON ((114.42581 22.66510, 114.42470 22.664...
6	114.029687	22.686910	龙华	POLYGON ((114.10825 22.72368, 114.10785 22.723...
7	113.930714	22.544103	南山	MULTIPOLYGON (((113.81491 22.39929, 113.80914...
8	114.502205	22.571337	大鹏	POLYGON ((114.33439 22.62610, 114.33450 22.626...
9	114.206790	22.695694	龙岗	POLYGON ((114.06646 22.59544, 114.06635 22.595...

图4-7　GeoPandas读取shp文件

GeoPandas会将SHP文件自动读取为GeoDataFrame格式，通过to_file方法，可以将GeoDataFrame存储为Shapefile格式。

```
1. In [4-5]:
2. type(shp_data)
3. Out[5]:
4. geopandas.geodataframe.GeoDataFrame
5.
6. In [4-6]:
7. #将文件存储为Shapefile格式
8. shp_data.to_file(r'sz')
```

输出结果如图4-8所示，默认参数下，to_file函数会将文件存储为Shapefile格式，放在文件夹中。

图4-8　GeoDataFrame存储为Shapefile格式的结果

2. Web时代下的矢量数据格式——GeoJSON

矢量地理空间信息数据最常用的格式是Shapefile，但Shapefile存在一定缺陷，一方面一个Shapefile文件由多个文件构成，另一方面它也需要专用的引擎进行解析，需要在GIS软件中才能看到其中的内容。目前，Web+GIS在网页上显示地图与地理要素是大趋势，Shapefile文件显然无法足够灵活地适应网页地图的网络传输与解析的需求。为了解决这个问题，GeoJSON出现了，它是基于JSON的地理空间信息数据交换格式，即符合一定存储格式标准的JSON文件。只需要一个数据文件，就可以将Shapefile多个文件的信息整合到一起。

在一个Shapefile文件中，几何信息必须全部是点、线、面中的其中一种，无法在一个Shapefile中同时存储其中的两种几何信息。而GeoJSON则打破了这个限制，它将所有的地理要素分为Point（点）、MultiPoint（多点，即多个点组合在一起成为一个几何要素）、LineString（线）、MultiLineString（多线）、Polygon（面）、MultiPolygon（多面）、GeometryCollection（点、线、面中多种类型要素的集合）。GeoJSON首先是将这些地理要素封装到单个的geometry里，然后作为一个个Feature（要素）；要素放到一个称为FeatureCollection的要素集合里作为根节点。

下面的代码展示了一个GeoJSON文件，这一文件代表的信息与图4-5中的相同，由一个点要素、线要素与一个面要素构成。

```
1.  {
2.      "type": "FeatureCollection",              #根节点
3.      "features": [
4.          {                                     #地理要素1
5.              "type": "Feature",
6.              "properties": { "类型": "面" },    #存放属性
7.              "geometry": {                     #存放地理信息
8.                  "type": "Polygon",            #地理要素类型
9.                  "coordinates": [              #存放坐标
10.                     [[0.0, 0.0],[1.0, 1.0],[1.0, 0.0],[0.0, 0.0]]
11.                 ]
12.             }
13.         },
14.         {                                     #地理要素2
15.             "type": "Feature",
16.             "properties": { "类型": "点" },    #存放属性
17.             "geometry": {                     #存放地理信息
18.                 "type": "Point",              #地理要素类型
19.                 "coordinates": [2.0, 2.0]     #存放坐标
20.             }
21.         },
22.         {                                     #地理要素3
23.             "type": "Feature",
24.             "properties": { "类型": "线" },    #存放属性
25.             "geometry": {                     #存放地理信息
26.                 "type": "LineString",         #地理要素类型
```

```
27.                    "coordinates": [[3.0, 3.0],[2.0, 1.0]]      # 存放坐标
28.                 }
29.             }
30.     ]
31. }
```

GeoPandas也支持对GeoJSON的读取与存储，将上述GeoJSON以文本形式存储在data.json文件中，即可用将其读取为GeoDataFrame变量：对GeoDataFrame的to_file函数给定参数driver = 'GeoJSON'即可存储为GeoJSON格式，代码如下。

```
1. In [4-7]:
2. # 读取 GeoJSON 文件成为 GeoDataFrame 变量
3. geojsondata = gpd.read_file(r'data.json')
4. # 将 GeoDataFrame 存储为 GeoJSON 格式
5. geojsondata.to_file(r'data.json',driver = 'GeoJSON')
```

GeoPandas可以将Shapefile与GeoJSON都读取为GeoDataFrame，也可实现GeoDataFrame存储为Shapefile与GeoJSON，由此便能够实现这两种格式之间的转换。

3. 地理栅格数据存储格式——GeoTIFF

前面介绍的两种都为矢量数据存储格式，这里再介绍一下栅格数据的存储格式。实际上，图片文件都是栅格数据（如BMP文件、JPEG文件等），而地理栅格数据则是在图片文件上加上了地理信息。GeoTIFF就是目前最广泛、最通用的空间栅格数据格式之一，它在TIFF格式的基础上扩展而来。

TIFF即标签图像文件格式（Tag Image File Format），是一种位图（栅格图像）格式，主要用来存储包括照片和艺术图在内的图像，最初由Aldus公司与微软公司一起为PostScript打印开发。GeoTIFF是TIFF格式的一种扩展，它在TIFF的基础上加入地理空间参考的支持，文件后缀名一般为.tif或.tiff。在Python中，可以用rasterio包对GeoTIFF进行读取、裁剪、可视化等操作，示例代码如下。

```
1. In [4-8]:
2. import rasterio
3. from rasterio.plot import show
4. # 读取栅格数据
5. data = rasterio.open('data.tif')
6. # 数据的坐标系
7. data.crs
8. Out[7]:
9. CRS.from_epsg(4326)
10.
11. In [4-9]:
12. # 数据的维度
13. (data.width,data.height)
14. Out[8]:
15. (43203, 16802)
16.
17. In [4-10]:
```

```
18. #数据的波段
19. data.count
20. Out[9]:
21. 3
22.
23. In [4-11]:
24. #绘制栅格数据
25. show(data)
26.
27. In [4-12]:
28. #裁剪GeoTIFF
29. #将前面读取的GeoDataFrame用unary_union方法合并为一个Polygon图形作为裁剪范围
30. roi = shp_data.unary_union
31. #导入裁剪与可视化的工具
32. from rasterio.mask import mask
33. from rasterio.plot import show, adjust_band
34. #裁剪
35. crop_img, crop_transform = mask(tiffdata, shapes=[roi], crop=True)
36. #将波段的值调整为0 ~ 1，以便进行可视化
37. crop_img = adjust_band(crop_img)
38. #可视化裁剪后的结果
39. show(crop_img)
```

rasterio包裁剪GeoTIFF的结果如图4-9所示。

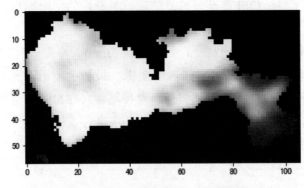

图4-9　rasterio包裁剪GeoTIFF的结果

4.3　坐标系的基本概念

4.3.1　地理坐标系与投影坐标系

在交通时空大数据中，最重要的三要素是：谁？什么时候？在哪里？分别对应个体、时间、空间。其中，空间位置是我们关注的三要素中不可或缺的一环。拿到数据时，我们通常都会马上接触到数据的经纬度坐标信息。因此，必须了解地球坐标系（Coordinate Reference System，CRS）的相关知识，坐标系的存在为地球表面上某一特定地点或区域提

供共同的沟通基础。

坐标系有两种类型：地理坐标系和投影坐标系。如何区分呢？简要来说，地理坐标系是球面坐标系，投影坐标系是平面坐标系。坐标的值为经纬度、单位是度分秒的都是地理坐标系，坐标的值为距离、单位为米的都是投影坐标系。

1. 地理坐标系

地球是一个不规则的球形，地理坐标系统将地球假设为一个椭球，这个椭球面被称为大地基准面。我们平时使用的经纬度就是以大地基准面为参考，在上面画出东西向和南北向的线，称为分度线，如图4-10所示。东西向的分度线称为纬线，以赤道为0°起点，往北称为北纬（以N表示，度数为正），往南称为南纬（以S表示，度数为负）。南北向的分度线称为经线，以通过英国格林威治天文台的经线为本初子午线，作为0°起点，往东称为东经（以E表示，度数为正），往西为西经（以W表示，度数为负）。

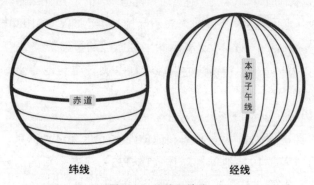

图4-10　经线和纬线

经线和纬线包络着地球，构成了一个称为经纬网的格网化网络。在此基础上，可以用经纬度来表示地球上任一点的绝对位置，单位为度（°）分（′）秒（″）。在数据中则经常会将角度的分和秒换算为小数，以百分度制表示。使用地球的质心作为原点，经度和纬度是从地心到地球表面上某点的测量角，如图4-11所示。例如，美国纽约在WGS1984坐标系（也写作WGS84）下的经纬度为（北纬N40°42′51.67″，西经W74°0′21.50″），写在数据中则为（40.714353，−74.005973）。

在平时处理的数据中，经纬度坐标一般都精确到小数点后6位。可以换算一下，在赤道附近经线和纬线的长度相近，在这里经纬度差距1°时，现实中的距离约等于111km。那么如果换算下小数点后6位时，可以得到经纬度相差0.000001°时，距离相差0.111m。目前，民用GPS定位精度一般在200m以下，平均在10m级别的误差。GPS设备信号越好，直接观察到的天空面积越大，搜索到的卫星数量越多，定位精度越高。目前专门的GPS定位设备做静态测量可以达到百万分之一米的精度水平。不过，对手

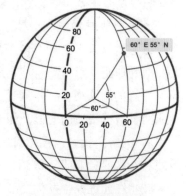

图4-11　地理坐标系

机等常用的GPS设备来说，定位精度只能达到3～5m，也就是说，在交通大数据处理的绝大部分GPS数据中，小数点取后5位已经足够当前GPS精度下的使用。

我国常用地理坐标系有WGS84坐标系、北京54坐标系、西安80坐标系等，每个国家都定义了自己的地理坐标系。为什么会有那么多不同的地理坐标系呢？

实际上，地球不是一个完美的椭球，它的表面是凹凸不平的。而建立地理坐标系时，则是以一个完美的椭球作为大地基准面去近似地表示地球。可以把地球比作表面凸凹不平的"马铃薯"，而地球椭球体就好比一个表面光滑的"鸭蛋"。目前GPS测量数据大部分是以WGS84为基准，它采用WGS84椭球体作为大地基准面，它以地心作为椭球体中心。

但是，WGS84坐标系并不一定适合地球上的每一个地方。按照前面的定义，大地基准面定义了怎样拿这个"鸭蛋"去逼近"马铃薯"某一个区域的表面。如果将鸭蛋以 X、Y、Z 轴进行一定的偏移，并各自旋转一定的角度，大小不适当的时候就缩放一下"鸭蛋"，通过这些处理就可以很好地逼近地球某一区域的表面，这也是为什么各国都制定了自己的地理坐标系。定义大地基准面需要7个参数来表示当地基准面向WGS1984转换，分别为：

（1）三个平移参数 ΔX、ΔY、ΔZ 表示两坐标原点的平移值。

（2）三个旋转参数 ϵ_X、ϵ_Y、ϵ_Z 表示当地坐标系旋转至与地心坐标系平行时，分别绕 X、Y、Z 轴的旋转角。

（3）比例校正因子，用于调整椭球大小。

我国在1954年参照苏联克拉索夫斯基椭球体建立了北京54坐标系，另外，在1978年采用国际大地测量协会推荐的1975地球椭球体（IAG75）建立了新的西安80坐标系。北京54坐标系、西安80坐标系指的就是我国建立的两个大地基准面。

2. 投影坐标系

在地理坐标系中，尽管使用经度和纬度可在地球表面上定位确切位置，但二者的测量单位是不同的。只有在赤道上，一经度所表示的距离才约等于一纬度所表示的距离。如果要在地理坐标系中得到确切的实际距离则非常困难。

因此，投影坐标系出现了，它把地球表面的三维曲面展开平铺在二维平面上。地图投影使用数学公式将地球上的球面坐标与平面坐标关联起来。此时，平面坐标的单位为m，在投影坐标系下就可以计算出实际的距离与面积。

如果把地球看成一个橘子，投影就好像是剥橘子把橘子皮平铺在桌面上的过程。读者可以尝试以下，把一个橘子皮剥皮，平摊在桌子上，是无法做到中间不留缝的。也就是说，把椭球面投影到平面一定是会有变形的。

投影的方法很多，不同投影会引起不同类型的变形，每种投影旨在最大限度地降低一种或两种数据特性的变形。如果按投影前后地理要素的变形性质分类可以分成以下几类。

（1）等角投影：投影前后的角度不变形，又可以称为正形投影。等角投影的结果中，经线和维线必须垂直。等角投影能够保留几何要素的局部形状，但由一些弧线围起来的较大区域将在此过程中发生变形。

（2）等积投影：投影前后的面积不变形。不过，为了保留地理要素的面积，地理要素的形状、角和比例等其他属性将发生变形。在等积投影中，经线和纬线可能不垂直相交（不等角）。在地理要素较小时，等积投影后地理要素的形状并不会发生明显的变形，等积投影和等角投影后的形状非常相近。

（3）等距投影：等距地图保留某些点间的距离。任何投影都无法在整幅地图中正确保持比例不变。不过，等距投影会确保地图上存在一条或多条线的比例正确地保持不变。

常用的投影方法有墨卡托投影和高斯-克吕格投影，这两种投影方法都是等角投影。

1）墨卡托投影

墨卡托（Mercator）投影是正轴等角圆柱投影，由荷兰地图学家墨卡托于1569年创立。想象一下，地球表面是透明的，其上画着经纬网。用一张纸卷成圆柱，把地球纵向包裹起来。此时，位于地心处有一个灯泡发出光芒，将经纬网投影到纸上。展开这张纸并将其铺平，这就是墨卡托投影。纸张的地图投影使经纬网发生了变形，不过却能确保经纬线是互相垂直的，如图4-12所示。

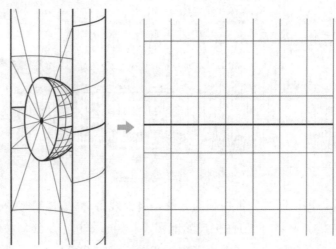

图4-12　墨卡托投影

Web墨卡托（Web Mercator）坐标系最早由Google提出，是由WGS84坐标系做墨卡托投影得到。目前这种坐标系已经成为Web地图的标准，大部分互联网地图公司（如谷歌地图、OpenStreetMap等）以它为基准发布网页端的地图底图。

对于墨卡托投影来说，越到高纬度，大小形变越严重，到两极会被放到无限大。所以，墨卡托投影无法显示极地地区，且会在极地区域周围产生较大的形变。感兴趣的读者可以打开网页地图看看格陵兰岛，在投影坐标系下它显示的面积会比现实世界中面积大很多，这就是由墨卡托投影的变形导致。

2）高斯-克吕格投影

高斯-克吕格投影（Gauss-Kruger projection，GK）又称高斯投影，是由德国数学家、物理学家、天文学家高斯于19世纪20年代拟定，后经德国大地测量学家克吕格于1912 年对投影公式加以补充，故称为高斯-克吕格投影，又名等角横切椭圆柱投影。

假设有一个椭圆柱面横套在地球椭球体外面，椭圆柱的中心轴通过椭球体中心，并与某一条经线相切，这条经线称为中央经线。用一定投影方法，将经线两侧各一定经差范围内的地区投影到椭圆柱面上，再将柱面展开即成为投影面，如图4-13所示，这就是高斯投影。高斯投影将中央经线投影为直线，其长度没有变形，与球面实际长度相等，其余经线则变为向极点收敛的弧线，距中央经线越远，变形越大。赤道线投影后是直线，但也会有长度变形。

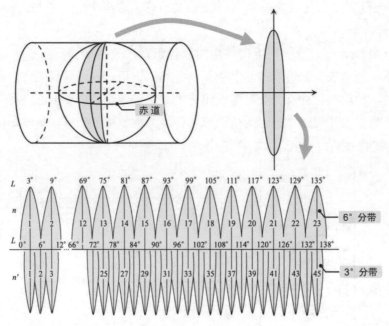

图4-13　高斯-克吕格投影

为了减少变形，可以通过分带控制的方法，将经线每6°或每3°定义一个投影分带。6°分带常用于1∶2.5万至1∶50万比例尺的地图，起始于本初子午线，按经差6°为一个投影带自西向东划分，全球共分为60个投影带，我国范围可分成11个6°带。3°分带常用于大于1∶1万比例尺地图，始于东经1°30′，按经差3°为一个投影带自西向东划分，全球共分为120个投影带，我国范围可分成22个3°带。

我国测绘领域用的是高斯投影，在北京54地理坐标系的椭球参数下进行高斯投影，就得到了北京54坐标系下的投影坐标系。在交通大数据的处理中，如果要进行距离与面积的测量，可以选择数据所在位置分带的北京54坐标系投影带号，将数据投影到高斯投影坐标系下，即可计算出相对较为准确的距离与面积。

3. 坐标系的EPSG代号

既然有这么多地理坐标系和投影坐标系，怎么才能找到它们对应的参数呢？这一点很关键，因为只有知道对应的参数，才能实现坐标系之间地理数据的转换。

EPSG大地参数数据集是由欧洲石油调查组织（European Petroleum Survey Group，EPSG）于1993年公开发布的一个数据集，记录了大地基准、空间参照系、地球椭球体、坐标变换以及相关测量单位。这个组织成立于1986年，2005年并入国际油气生产者协会（International Association of Oil & Gas Producers，IOGP），它所发布的数据集则一直保留沿用至今。EPSG数据集中对每一个坐标系定义了代号，代号的值介于1024～32 767，通过EPSG代号即可对应到相应的坐标系。大多数GIS工具都使用EPSG代号作为空间参考系统标识符用于识别坐标系、投影和坐标系转换。表4-2列出了几个常用坐标系的EPSG代号。

表4-2 几个常用坐标系的EPSG代号

EPSG代号	坐标系类型	描　　述
4326	地理坐标系	WGS84坐标系，全球多数主要GPS所采用的坐标系
3857	墨卡托投影坐标系	Web Mercator坐标系，由WGS84坐标系做墨卡托投影得到
2401-2442	高斯投影坐标系	三度分带法高斯投影的北京54坐标系
2349-2390	高斯投影坐标系	三度分带法高斯投影的西安80坐标系

4.3.2　火星坐标系

在拿到GPS数据，将经纬度坐标在地图上可视化时，可能会发现GPS数据与地图之间存在一定偏移，这可能是由火星坐标系导致的。

什么是火星坐标系呢？火星坐标系是一种经过加密后的坐标系，对真实坐标系统进行了人为的加偏处理，按照特殊的算法，将真实的坐标加密成虚假的坐标。这个加偏并不是线性的加偏，所以各地的偏移情况都会有所不同。由于它是人为加密得到，因此不属于正规的地理坐标系，也就没有EPSG代号。

我国规定所有的电子地图、导航设备，都需要加入国家保密插件。一方面，地图公司测绘地图，测绘完成后送到国家测绘局，将真实坐标的电子地图加密变成火星坐标系，才可以出版和发布。另一方面，所有需要用到导航电子地图的GPS公司都需要在软件中加入国家保密算法，将真实的坐标信号加密转换成国家要求的保密的坐标。这样，GPS导航仪和导航电子地图就可以完全匹配，GPS才可以正常工作，因此我们拿到的GPS数据通常都是火星坐标系。

国内的火星坐标系有以下两种。

（1）GCJ02：GCJ代表国测局，高德地图和腾讯地图使用的是GCJ02坐标系，GCJ02是在WGS84基础上加密而成。大部分的公交车GPS数据为车载GPS导航仪收集，因此为GCJ02坐标系。

（2）BD09：BD代表百度，百度地图使用的坐标系是BD09，是在GCJ02的基础上二次加密而成，由百度地图提供的地图底图、定位服务或导航LBS所收集的数据均为BD09坐标系。

此外，国外的谷歌地图、Mapbox、OpenStreetMap等地图供应商提供的数据则为WGS84坐标系。

4.3.3 地理空间数据的坐标系定义与转换

在交通时空大数据的处理之前，搞清楚数据以及可视化底图的坐标系，确保它们在同一坐标系下至关重要。数据的坐标系不同，后续的分析就无法进行。因此在本节中，将介绍地理空间数据的坐标系定义与转换方法。

1. 坐标系不同导致的数据偏差

常见的坐标系导致的偏差主要有以下两种。

（1）地理坐标系与投影坐标系不同导致的偏差：如果数据本来是地理坐标系下的经纬度坐标，地图底图却是投影坐标系，单位为（m），那么在地图上显示地理要素时，会把经纬度的度数识别成米，最后的结果就是地理要素全部显示在投影坐标系的原点附近。所以，如果地理要素全部显示在非洲的西非海岸外的几内亚湾海上，就要马上意识到是地理坐标系与投影坐标系不同的问题。

（2）火星坐标系导致的偏差：WGS84、GCJ02和BD09坐标系下的数据如果放在一起可视化，会导致500～1000m的偏移（不同地方的偏移程度不同）。图4-14中显示的是公交车GPS数据在地图上可视化的效果，如果GPS数据点是火星坐标系GCJ02，地图底图是WGS84坐标系，则会发现本应该在道路上的GPS点无法与路网对齐，整体上存在500m左右的偏移。在实际处理中，需要明确数据的坐标系以及地图底图的坐标系。如果忽略了这个问题，则会对数据后续的地理空间处理（如路网匹配、公交上下客站点匹配等）的精确性造成很大影响。

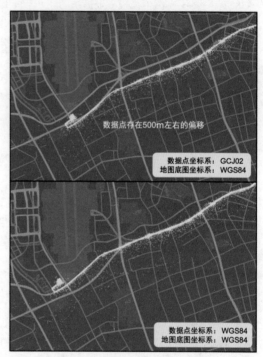

图4-14　坐标系不同导致的偏移

2. 数据坐标系的定义与转换

如何实现坐标系之间的转换？GeoPandas中的pyproj模块已经集成了常用坐标系的EPSG代码参数，也内置了数据在坐标系之间转换的方法。

在地理空间数据读取成为GeoDataFrame时，首先需要告诉程序这个空间数据是什么坐标系的，这个步骤就是定义坐标系。有些地理数据在存储时可能已经带有坐标系信息，可以通过crs方法查看。

```
1. In [4-13]:
2. #数据没有坐标系时,无输出
3. shp_data.crs
```

此时，可以用GeoDataFrame的crs方法输入EPSG的代号定义坐标系。

```
1. In [4-14]:
2. #定义数据坐标系为WGS84，EPSG代号为4326
3. shp_data.crs = {'init':'epsg:4326'}
4. #查看坐标系信息
5. shp_data.crs
6.
7. Out[4-14]:
8. <Geographic 2D CRS: +init=epsg:4326 +type=crs>
9. Name: WGS 84
10. Axis Info [ellipsoidal]:
11. - lon[east]: Longitude (degree)
12. - lat[north]: Latitude (degree)
13. Area of Use:
14. - name: World.
15. - bounds: (-180.0, -90.0, 180.0, 90.0)    #此处列出了此坐标系的适用范围
16. Datum: World Geodetic System 1984
17. - Ellipsoid: WGS 84
18. - Prime Meridian: Greenwich
```

将数据由地理坐标系转换为投影坐标系，数据的经纬度在（114,22）附近，查阅北京54投影坐标系的适用范围，可以得到Beijing_1954_3_Degree_GK_Zone_38坐标系最为合适，EPSG代号为2414。通过to_crs方法，可以转换数据的坐标系。

```
1. In [4-15]:
2. #转换为 Beijing_1954_3_Degree_GK_Zone_38 坐标系
3. shp_data = shp_data.to_crs(epsg = 2414)
4. #查看坐标系信息
5. shp_data.crs
6.
7. Out[4-15]:
8. <Projected CRS: EPSG:2414>
9. Name: Beijing 1954 / 3-degree Gauss-Kruger zone 38
10. Axis Info [cartesian]:
11. - X[north]: Northing (metre)
12. - Y[east]: Easting (metre)
13. Area of Use:
14. - name: China - onshore between 112° 30'E and 115° 30'E.
15. - bounds: (112.5, 21.52, 115.5, 45.45)    #此处列出了此坐标系的适用范围
16. Coordinate Operation:
17. - name: 3-degree Gauss-Kruger zone 38
18. - method: Transverse Mercator
19. Datum: Beijing 1954
20. - Ellipsoid: Krassowsky 1940
21. - Prime Meridian: Greenwich
```

在投影坐标系下，可以用area方法直接对地理数据求面积。

```
1. In [4-16]:
2. #将计算的面积赋值到area列
```

```
3. shp_data['area'] = shp_data.area
4. shp_data
```

输出结果如图4-15所示。

	centroid_x	centroid_y	qh	geometry	area
0	114.143157	22.577605	罗湖	POLYGON ((39892294.304 2505031.159, 39892260.0...	7.969829e+07
1	114.041535	22.546180	福田	POLYGON ((39880399.017 2503187.350, 39880422.5...	8.055672e+07
2	114.270206	22.596432	盐田	POLYGON ((39905512.891 2505469.935, 39905382.4...	8.692821e+07
3	113.851387	22.679120	宝安	MULTIPOLYGON (((39863252.842 2507596.206, 3986...	4.124776e+08
4	113.926290	22.766157	光明	POLYGON ((39881715.348 2535379.077, 39881733.5...	1.573012e+08
5	114.356936	22.691020	坪山	POLYGON ((39926469.946 2518268.790, 39926351.5...	1.672783e+08
6	114.029687	22.686910	龙华	POLYGON ((39893975.515 2526048.011, 39893933.3...	1.779505e+08
7	113.930714	22.544103	南山	MULTIPOLYGON (((39862221.802 2491211.607, 3986...	2.064926e+08
8	114.502205	22.571337	大鹏	POLYGON ((39916876.480 2514292.056, 39916888.3...	3.949664e+08
9	114.206790	22.695694	龙岗	POLYGON ((39889095.946 2511964.210, 39889084.8...	3.915808e+08

图4-15　投影坐标系下计算地理要素面积

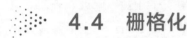

4.4　栅格化

4.4.1　为什么数据需要栅格化

栅格数据在空间分析方面具有矢量数据无法比拟的优势：栅格空间数据的叠置和组合更方便，利用栅格数据更容易进行各类空间分析。

怎么理解呢？如图4-16所示，假设在研究范围内用矢量图形划分了两个蓝色和红色两个区域。我们输入的矢量数据只有两个，把地理空间切分成了4个分区：①蓝色区域；②红色区域；③红蓝重叠区域；④红蓝都不覆盖的区域。矢量越多，重叠的层数越多，每次一叠加就要对矢量图形切分，划分出大量不规则的矢量图形。这些矢量图形形状不同，面积也不同，因此，它们所带的属性很难进行比较。例如，区域1中有10人，区域2中有20人，可以说区域1人数比区域2少。但这两个区域可能不一样大，区域1面积为10m^2，区域2面积为30m^2，那么我们得计算它们的人口密度进行比较，得到区域1密度比区域2大。再然后，还要考虑到这两个区内人口集中程度可能不同，在区域2中可能大部分地方都没人，人口集中在小范围的密度大的区域内，而区域1人口分布就比较均匀，整体的密度都不大。在这个过程中，虽然能够确保分析过程中空间位置的精确性，但我们在空间上的最小分析单元是不规则的，也就加大了分析的难度。

如果以栅格的方式来分析，可以把整个研究区域划分为大量栅格，上述划分的4个区域都可以用细小的栅格构成。如果再叠加矢量图形上去，只需要再判断栅格与矢量图形的空间关系即可。由于栅格和矢量都有一定面积，在边界处可能会出现一个栅格横跨了多个矢量面，我们通常以栅格中心点所在位置来判断栅格属于哪个矢量面。此时，空间上最小分析单元是栅格，我们能够确保每个栅格的形状、大小都相同，它们的属性也能够更加方便地进行比较。

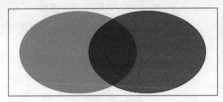
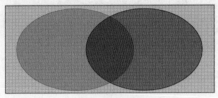

矢量数据叠置　　　　　　　　　　栅格数据叠置

图4-16　空间数据的叠置

这样的分析模式虽然会造成一定的精度下降，但通过控制栅格的大小，可以使这种精度损失降低。例如，可以在研究区域划分1000m×1000m，100m×100m，甚至10m×10m的栅格（目前最好的GPS定位精度可以达到3～5m，划分栅格时应尽量保证10m×10m以上）来实现更精细的空间数据分析。

然而，GeoPandas中处理的地理空间数据都是矢量数据，它并不支持直接对栅格数据进行处理，本书中绝大部分地理空间数据处理也都是针对矢量数据。怎么才能利用到栅格数据的优势呢？

答案是，以矢量数据形式存储栅格数据。栅格本质上就是一个一个有面积的小格子，我们把这些小格子变成一个一个的矢量图形，就可以在GeoPandas中处理了。

那么，首先就需要对研究范围创建栅格，我们将这个步骤称为栅格化，有时候在ArcGIS中叫做"创建渔网""网格化"，创建出来的栅格英文称为Grid、Cell、Fishnet等。需要注意的是，这里的栅格实质上是矢量图形，与前面的栅格数据形式有一定区别。除非特别说明，本书后面的栅格都默认指的是以矢量数据形式存储的栅格。

4.4.2　栅格化的基本原理

如何进行栅格化呢？在进行栅格化时，需要考虑的有以下两个问题。

（1）给定研究范围以及栅格大小，如何生成研究范围内所有栅格的地理信息几何图形？

（2）如何将手中的GPS数据以最小的计算量、以最快的方式对应到栅格上？

对第一个问题，给定研究范围以及栅格大小，栅格化即是对整个研究范围铺满栅格，而要以矢量图形来存储栅格数据，则需要推算出整个研究范围内所有栅格的四个顶点坐标。有了每个栅格的顶点坐标后，就可以构建出每个栅格的几何图形（Polygon），存放到同一个地理信息文件（GeoDataFrame）中。

对第二个问题，我们拿到的GPS数据一般是以经纬度形式存储，且经常会遇到百万以上的数量级。如果对每个GPS数据点都需要用复杂的空间连接匹配到栅格上，则需要耗费大量的时间。

综合以上两点，本书提出相应的栅格方法思路即是直接对经纬度进行加减乘除运算。对第一个问题，给定研究范围与栅格大小，推算出栅格的长与宽对应的经度Δlon和纬度Δlat，再通过每个栅格的编号推算出四个顶点坐标。对第二个问题，则只需要通过简单的加减乘除即可将GPS经纬度对应到栅格，在Python中可以用向量运算解决。相比空间连接匹配，这种向量计算的方法能够极大地提高GPS对应栅格的效率。

1. 研究范围内栅格的生成

解决第一个问题，首先以研究范围中心点所在位置为基准，近似地计算每个栅格对应的经纬度Δlon和Δlat的大小。在图4-10和图4-17中可以看出，如果将地球看成一个球，所有的经线周长都相同，而纬线的周长则在赤道时最长（此时与经线一样长），越往两极去，纬线的周长越小。也就是说，除非研究范围在赤道上，否则研究范围内栅格的Δlon与Δlat是不等的。假设地球半径为R，研究范围左下角经纬度为$(\text{lon}_1, \text{lat}_1)$，右上角坐标为$(\text{lon}_2, \text{lat}_2)$，则中心点的坐标为$(\text{lon}, \text{lat}) = \left(\dfrac{\text{lon}_1 + \text{lon}_2}{2}, \dfrac{\text{lat}_1 + \text{lat}_2}{2}\right)$。在研究范围处，经线的周长为$2\pi R$，对应经度的360°；纬线的周长则为$2\pi R\cos(\text{lat})$，对应纬度的360°。那么如果栅格长度为$a$，对应的经纬度是多少呢？

$$\Delta\text{lon} = \frac{a}{2\pi R}\cdot 360° \tag{4.1}$$

$$\Delta\text{lat} = \frac{a}{2\pi R\cos\left(\dfrac{\text{lat}_1 + \text{lat}_2}{2}\right)}\cdot 360° \tag{4.2}$$

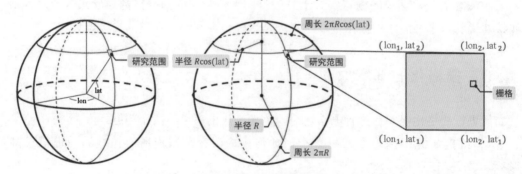

图4-17　研究范围处的经线与纬线周长不同

以研究范围的左下角为起点，作为第一个栅格的中心点，把栅格铺满整个研究范围。我们以列号与行号(loncol, latcol)对栅格进行编号，分别从0开始，如图4-18所示。那么给定行号列号，每个栅格的中心点坐标(hblon, hblat)为：

$$\text{hblon} = \text{loncol}\cdot\Delta\text{lon} + \text{lon}_1 \tag{4.3}$$

$$\text{hblat} = \text{latcol}\cdot\Delta\text{lat} + \text{lat}_1 \tag{4.4}$$

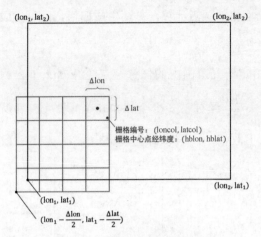

图4-18 研究区域内的栅格划分

每个栅格的四个顶点坐标怎么确定呢？读者可能会不假思索地答出，对 $(\text{hblon}, \text{hblat})$ 上下加减 $\dfrac{\Delta\text{lat}}{2}$，左右加减 $\dfrac{\Delta\text{lon}}{2}$ 即可。这种方法在数学上是对的，但是在实际应用时，由于小数点取值问题可能会出现 $\text{hblon}_i + \dfrac{\Delta\text{lon}}{2} \neq \text{hblon}_{i+1} - \dfrac{\Delta\text{lon}}{2}$ 和 $\text{hblat}_j + \dfrac{\Delta\text{lat}}{2} \neq \text{hblat}_{j+1} - \dfrac{\Delta\text{lat}}{2}$ 的情况，导致栅格的边缘处出现"小缝"。解决方案是，每个栅格只推算一个顶点，以周围三个栅格推算出的顶点，如图4-19所示。由此可以得到四个顶点的坐标为（逆时针方向）：

$$\left(\text{hblon}_i - \frac{\Delta\text{lon}}{2}, \text{hblat}_j - \frac{\Delta\text{lat}}{2} \right) \tag{4.5}$$

$$\left(\text{hblon}_{i+1} - \frac{\Delta\text{lon}}{2}, \text{hblat}_j - \frac{\Delta\text{lat}}{2} \right) \tag{4.6}$$

$$\left(\text{hblon}_{i+1} - \frac{\Delta\text{lon}}{2}, \text{hblat}_{j+1} - \frac{\Delta\text{lat}}{2} \right) \tag{4.7}$$

$$\left(\text{hblon}_i - \frac{\Delta\text{lon}}{2}, \text{hblat}_{j+1} - \frac{\Delta\text{lat}}{2} \right) \tag{4.8}$$

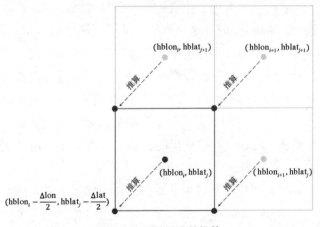

图4-19 栅格顶点的推算

通过上面公式对每个栅格的顶点计算，循环生成栅格，即可生成整个研究范围的栅格。

2. GPS数据的栅格对应

解决第二个问题，给定研究范围内的任意一点经纬度(x, y)，只需要计算x和y距离最左下角的$\mathrm{lon}_1 - \dfrac{\Delta\mathrm{lon}}{2}$和$\mathrm{lat}_1 - \dfrac{\Delta\mathrm{lat}}{2}$经过了多少个$\Delta\mathrm{lon}$和$\Delta\mathrm{lat}$即可。可以用以下方法对应至所属的栅格编号（$\lfloor\ \rfloor$代表向下取整，$\lceil\ \rceil$代表向上取整）。

$$\mathrm{loncol} = \left\lfloor \frac{x - \left(\mathrm{lon}_1 - \dfrac{\Delta\mathrm{lon}}{2}\right)}{\Delta\mathrm{lon}} \right\rfloor \tag{4.9}$$

$$\mathrm{latcol} = \left\lfloor \frac{y - \left(\mathrm{lat}_1 - \dfrac{\Delta\mathrm{lat}}{2}\right)}{\Delta\mathrm{lat}} \right\rfloor \tag{4.10}$$

3. 栅格化方法的优势

熟悉ArcGIS和地理信息处理的读者可能会有以下疑问：ArcGIS里面也可以生成栅格（网格、渔网），为什么还要在Python中去生成呢？可否在ArcGIS里面生成栅格，再导入进Python呢？

前面提到过，在栅格化时要解决两个问题：①生成研究范围的栅格；②将数据快速对应至栅格。

如果借助其他栅格化工具创建栅格，则只能解决其中的第一个问题，第二个问题则需要对大规模的GPS数据进行空间连接，耗费大量计算资源。以本书中提出的方法进行栅格化，在这个体系下，只要做一个简单的加减乘除运算就可以将所有经纬度对应到各自的栅格，空间对应所需的计算量极低，在应对大规模数据的情况下是非常实用的。

由于是在地理坐标系上划分栅格，这种栅格化方法不可避免地会造成一定的精度损失，具体来说有以下因素：一方面由于纬线的周长与纬度大小相关，以研究区域的纬度最小值与最大值处为基准计算的$\Delta\mathrm{lat}$应该是不同的，即不同栅格的$\Delta\mathrm{lat}$应该不同。另一方面，这一栅格划分法也将地球假设为一个完美的球，而实际上地球更接近于一个椭球。如果追求更加精准的栅格划分方法，则应该在投影坐标系上进行划分。交通大数据中，一方面，研究范围一般在某一国家中，在单个城市或者几个城市的小范围内，这种近似带来的误差基本可以忽略不计；另一方面，GPS设备所产生的数据点一般会有10m左右的误差，栅格划分精确度的提高并不能保证GPS数据分析的精确度提升。本书所使用的栅格划分法通过牺牲一定的精确度，换取了计算速度的极大提高。

在后续的时空大数据处理基础章节中，将在Python代码中实现栅格的划分与生成、数据到栅格的快速对应。

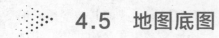

4.5 地图底图

4.5.1 瓦片地图：Web 地图的加载原理

我们知道，Web网页地图所用的是Web墨卡托坐标系，由WGS84坐标系做墨卡托投影得到。从图4-12可以看到，经过墨卡托投影后，整个地球会变成一个二维平面，适合在网页上显示。在网页上放大缩小地图时会发现，缩小看时地图细节会被忽略，缩小到整个国家尺度时，只有几个关键的城市以点的形式标注，而放大看时地图则会显示得越来越精细，连某个商店都可以标注出来。网页地图可以确保我们看到地图时，放大地图时显示的效果不会过于模糊，缩小地图时也不会细节太多影响阅读。

这种显示效果要归功于瓦片地图技术（Tilemap）。瓦片地图指将一定范围内的地图按照一定的尺寸和格式，按缩放级别或者比例尺，切成若干行和列的正方形栅格图片，对切片后的正方形栅格图片被形象地称为瓦片（Tiles）。一般来说，每个瓦片的图片标准大小为256×256px，另外有些地图公司也提供64×64px和512×512px的瓦片。这些瓦片在网页上同时显示，就能够平铺成一个巨大的地图。瓦片地图会有多个缩放等级，它们一起构成了一个金字塔体系，如图4-20所示。在缩放地图时，根据缩放的等级就能找到合适缩放等级的瓦片地图来保证显示效果。浏览器通常会使用JavaScript中的地图库来提供地图的平移和缩放功能，并生成地图获取的请求，连接地图服务器下载新的瓦片，向用户显示地图的新区域或新缩放等级。

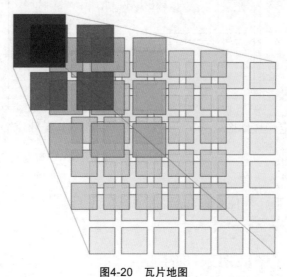

图4-20 瓦片地图

如何获取想显示位置的瓦片地图呢？在地图公司的服务器上，可以通过以下形式的URL链接访问获取瓦片地图。

```
1. http://[tilemap服务器地址]/z/x/y.png
```

　　URL的第一部分指定了瓦片地图的服务器，以及可能影响地图样式的其他参数。而后面的/z/x/y.png则由z（缩放等级）、x（列）、y（行）三个参数指定具体的瓦片。也就是说，在网络服务器上瓦片地图的存储形式是：每个缩放级别都是一个目录，每列瓦片都是一个子目录，该列中的每个瓦片则是一个PNG图片文件。在显示Web地图时，网页上的JavaScript会自动由显示的位置推算这三个参数，下载相应的瓦片。大部分地图公司都会按照这个存储方案提供瓦片，因此所有瓦片地图服务器的链接看起来都非常相似。

　　缩放等级z参数是一个介于0（缩小）～18（放大）的整数。18通常是最大值，但有些瓦片服务器可能会超过这个值。在z级别为0时，只有1张瓦片显示整个世界地图；级别为1时，会分成2行2列共4张瓦片，以此类推；当地图缩放级别为n时，总共划分的瓦片数量为4^n张。

　　行列参数中，x参数从0开始（左边缘为180°W）至2^z-1（右边缘为180°E）；y参数从0开始（上边缘为85.0511°N）至2^z-1（下边缘为85.0511°S）。在墨卡托投影中极地地区会被拉伸产生形变，因此需要裁剪去除。数字85.0511则是由$\arctan\left(\sinh\left(\pi\right)\right)=85.0511$得到，以保证裁剪后整个地图变成一个正方形。

　　因此，给定经纬度(lon, lat)以及缩放等级z，可以推算出其对应的瓦片地图的x与y编号：

$$x=\left\lfloor\frac{\text{lon}+180}{360}\cdot 2^z\right\rfloor \tag{4.11}$$

$$y=\left\lfloor\left(1-\frac{\ln\left(\tan\left(\text{lat}\cdot\frac{\pi}{180}\right)+\frac{1}{\cos\left(\text{lat}\cdot\frac{\pi}{180}\right)}\right)}{\pi}\right)\cdot 2^{z-1}\right\rfloor \tag{4.12}$$

　　反过来，如果给定瓦片地图x、y、z参数，也可以推算其经纬度坐标：

$$\text{lon}=\frac{x}{2^z}\cdot 360-180 \tag{4.13}$$

$$\text{lat}=\text{acrtan}\left(\sinh\left(\pi-\frac{y}{2^z}\cdot 2\pi\right)\right)\cdot\frac{180}{\pi} \tag{4.14}$$

4.5.2　Python中地图底图的加载

　　基于瓦片地图的原理，可以在Python的Matplotlib中添加地图底图。其原理也与我们平时访问地图底图的过程相同，Python通过多线程爬虫获取地图公司提供的瓦片地图，计算每个瓦片在图中所对应的位置，拼合成为底图。

笔者开发的TransBigData包支持在Matplotlib中加载地图底图，该工具同时还支持瓦片地图的本地保存与比例尺指北针的添加。

TransBigData中的地图底图由mapbox提供，坐标系为WGS84。如果要使用该功能，首先需要在mapbox网站注册一个mapbox的账号成为开发者，并获取到mapbox token。如果已经得到了mapbox token，可以用以下代码为TransBigData设置mapbox token。

```
1. import transbigdata as tbd
2. #用下面代码设置你的mapbox token
3. tbd.set_mapboxtoken('pk.eyxxxxxxxxxx.xxxxxxxxx')#在其中填入token，直接复制此行
                                                    #代码无效
```

在TransBigData中，token只需要设置一次，后面重新打开Python时不需要再重新设置。如需要更换token，再次运行上面的代码即可。

另外，还需要设置地图底图的存储位置，当TransBigData下一次绘制同一个位置的地图时，会从本地读取加载。

```
1. #设置你的地图底图存储路径
2. #如果是Linux或者Mac系统，路径如下，注意最后有一个反斜杠
3. tbd.set_imgsavepath(r'/Users/xxxx/xxxx/')
4. #如果是Windows系统，路径如下，最后注意要两个斜杠以防转义
5. tbd.set_imgsavepath(r'E:\pythonscript\xxx\\')
```

用上面的代码设置好路径后，下次绘制底图时会在设置的路径下创建一个名为tileimg的文件夹，将瓦片地图底图都存储在其中。

TransBigData工具的plot_map方法用于添加地图底图，plotscale方法则用于添加地图的比例尺与指北针，其参数如表4-3与表4-4所示。

表4-3　TransBigData.plot_map方法参数

参　　数	描　　述
bounds	底图的绘图边界[lon1,lat1,lon2,lat2]（WGS84坐标系），其中，lon1,lat1是左下角坐标，lon2,lat2是右上角坐标
zoom	底图的放大等级，越大越精细，加载的时间也就越久，一般单个城市大小的范围，这个参数选取12～16
style	地图底图的样式，可选1～7

表4-4　TransBigData.plotscale方法参数

参　　数	描　　述
bounds	绘图边界
textsize	标注文字大小
compasssize	标注的指北针大小
accuracy	标注比例尺的长度
rect	标注位置
unit	'KM','km','M','m'比例尺的单位
style	1或2，比例尺样式

运行如下代码，即可为地图添加底图。

```
1.  In [4-17]:
2.  #定义显示范围
3.  bounds = [113.6,22.4,114.8,22.9]
4.  #创建图框
5.  import matplotlib.pyplot as plt
6.  fig =plt.figure(1,(8,8),dpi=250)
7.  ax =plt.subplot(111)
8.  plt.sca(ax)
9.  #添加地图底图
10. tbd.plot_map(plt,bounds,zoom = 11,style = 4)
11. #添加比例尺和指北针
12. tbd.plotscale(ax,bounds = bounds,textsize = 10,compasssize = 1,accuracy =
    2000,rect = [0.06,0.03],zorder = 10)
13. plt.axis('off')
14. plt.xlim(bounds[0],bounds[2])
15. plt.ylim(bounds[1],bounds[3])
16. plt.show()
```

输出结果如图4-21所示。

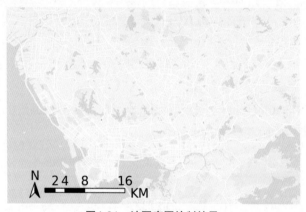

图4-21　地图底图绘制结果

 ## 4.6　本章习题

1. 矢量数据与栅格数据各有什么优势？常用的存储文件格式是什么？

2. 地理坐标系和投影坐标系有什么关系？为什么会有那么多的坐标系？

3. 墨卡托投影和高斯投影有什么区别？

第5章
网络爬虫基础

　　巧妇难为无米之炊，数据的获取是非常关键的一步。交通大数据领域中，数据经常要与空间地理信息相结合，而网络爬虫是这些基础地理数据获取的一个重要来源。一方面，在遇到实际需求时，我们大多是半路出家，需要爬虫就直接学怎么爬取，对爬虫的基础知识并没有很清晰的概念；另一方面，目前也很难找到针对非计算机专业人员的爬虫知识的系统梳理。

　　本章从基础概念开始，系统地梳理介绍爬虫、网络访问与开放平台的基础知识。同时，本章中介绍的网络访问与网页解析方法也给出了最基本的代码与几种常用数据的爬取思路供参考，各位读者可针对具体数据做修改，多加练习。

5.1　网络爬虫的基本概念

5.1.1　什么是网络爬虫

　　在信息时代，网络已经成为信息的载体，大量信息数据通过网页发布在网络上。在网络上的每一个信息资源都有统一的且在网上唯一的网络地址，即URL（Uniform Resource Locator）。如何有效地收集、提取、解析这些信息以便后续的分析是一个巨大挑战，网络爬虫就是为这一目的而生。

　　什么是爬虫呢？简单来说，爬虫是自动提取网络信息的程序。让我们来回忆一下上网冲浪的过程：在访问互联网信息时，通常需要用浏览器作为载体，输入URL网址，浏览器则会将网址解析，发送请求到网站的服务器，服务器返回信息，浏览器接收信息，再加载渲染出网页。爬虫的原理就是在上面的过程中扮演浏览器的角色，通过URL请求数据、获取数据、解析数据，如图5-1所示。由于爬虫是由程序代码组成，有极高的自由度，只要设定好一定的规则，爬虫程序就可以自动批量地获取信息。

　　我们先看一下最基本的网络数据收集的逻辑：当你在上网冲浪时，对网页上显示的某种

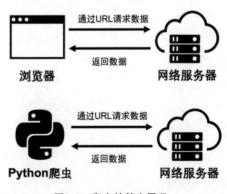

图5-1　爬虫的基本原理

信息数据比较感兴趣（例如，某公交信息网站上的公交线路信息），这时候可以选择把数据记录下来。然而大部分情况下，数据可能会存放在多个网页下（例如，一个网页页面只存放了一条公交线路的信息，而你想获取整个城市所有公交线路的信息），这时就需要一个一个打开网页，把这些网页的信息都记录下来，直到收集到所有需要的数据为止。

手动提取这些数据显然是非常耗费时间的，而爬虫能做到的事情就是将上面的过程变成程序完全自动化进行，代替人进行重复的劳动。将上面的数据收集过程转换为爬虫程序的流程，如图5-2所示，这也是爬虫最常用最基础的思路。

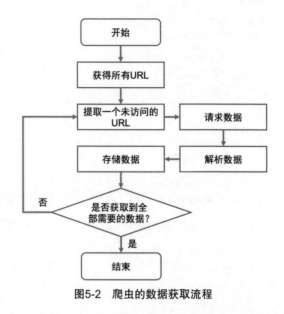

图5-2　爬虫的数据获取流程

5.1.2　为什么要用爬虫

为什么学习交通大数据的时候会用到爬虫呢？这也就涉及爬虫能够获得什么数据？

爬虫只能获取到网络上公开的信息与数据，在网络上没有公开的数据在一般情况下无法获取，利用系统漏洞等特殊手段获取则会存在法律风险。

交通大数据领域中很多广泛应用的基础数据都可以通过爬虫获取到。表5-1展示的是常用的可通过爬虫获取的数据。从里面也可以看到，这些数据中的很大一部分都是通过网络地图及其开放平台获取，大部分数据带有地理信息。因此在用爬虫获取、解析这些数据时，也应将其与地理信息处理技术结合。

表5-1　交通领域常用可通过爬虫获取的数据

数 据 类 型	来　源	说明与举例
公共交通网络	网络地图及其开放平台	某城市的公交、地铁线路与站点地理信息
城市路网	网络地图及其开放平台	路网中各级道路与节点的属性与地理信息
兴趣点（Point of Interest，POI）	网络地图及其开放平台	某地理要素所在的具体地理位置点，如某大学正门所在位置
兴趣面（Region/Area of Interest，ROI/AOI）	网络地图及其开放平台	某地理要素所在的区域信息，如某大学校园的地理范围
行政区划边界	网络地图及其开放平台	某区县、市、省、国家的行政区划边界
路径规划	网络地图及其开放平台	以某出行方式从O点到D点的路径与所需出行时间
等时圈	网络地图及其开放平台	以某出行方式从O点出发一定时间内可到达的区域范围
人口热力图	网络地图及其开放平台	某地理区域内用户的分布情况，如百度热力图

续表

数 据 类 型	来　　源	说明与举例
路况信息	网络地图及其开放平台	某路段实时路况信息，通常只能获取畅通、拥挤、阻塞的状态
公交到离站信息	公交信息平台	某公交线路公交车到离站的具体时刻
人口迁徙	迁徙大数据可视化网站	某时间段内各城市之间人口迁徙规模指数
房价	房地产交易网站	某市新房、二手房的地理位置与房价信息
社交网络（Social Networking Services，SNS）	社交网络平台	微博、推特平台上用户公开发表的言论，用户之间相互关注关系

5.1.3　爬虫的注意事项

网上流传着一个说法："小爬怡情，大爬伤身，爬虫的学习是一个从入门到入狱的过程。"虽然这句话更多的是一种调侃性质，但也一定程度上说明了爬虫的风险，近几年也出现了很多因爬虫而涉及违法犯罪的案例。

爬虫违法吗？技术本身不违法，就好像一把水果刀，如果用来削苹果、削梨没有任何问题，但是用来伤人就是凶器。爬虫也是如此，由于"技术中立"的基本原则，爬虫本身不为法律所禁止，可采集公开信息，但在部分情况下会存在一定法律风险。正因为这种技术存在一定风险，必须在使用之前详细了解什么样的爬虫违法，以规避法律风险。

什么样的爬虫违法？有以下三种情况绝对不能碰。

1. 侵犯公民个人信息

爬虫爬取公民个人信息，则属于侵犯公民个人信息罪。刑法第二百五十三条之一规定的"公民个人信息"，是指以电子或者其他方式记录的能够单独或者与其他信息结合识别特定自然人身份或者反映特定自然人活动情况的各种信息，包括姓名、身份证件号码、通信联系方式、住址、账号密码、财产状况、行踪轨迹等。

2. 侵入与破坏计算机系统

这种情况则涉及非法侵入计算机信息系统罪、非法获取计算机信息系统数据罪与破坏计算机信息系统罪。大体上它又分为两种情况，一种是利用系统漏洞入侵对方服务器，获取的数据是被爬取方不公开的信息，爬取的过程具有非法性；另一种情况虽然是爬虫抓取公开信息，但抓得过猛，利用伪造IP等技术绕过访问频率限制，短时间内产生大量访问占用巨大流量，给对方服务器造成极大的负担，妨碍目标网站的正常运行。这两种都是黑客常用的攻击手段，第一种利用系统安全漏洞攻击，第二种则与DDoS攻击（分布式拒绝服务攻击）相似。

在这两种情况中，第二种情况可能会在不知不觉中出现，也是最应该警惕的。例如，2019年某互联网公司，一个程序员写了个爬虫程序放到某公司服务器上运行，起初爬取速度慢问题不大，后来程序员加大爬取力度，给对方服务器造成巨大压力，对方随即报警，导致整个公司200多人被逮捕。

3. 侵犯商业利益

爬取数据时或利用数据时侵犯到被爬取方的商业利益时也存在法律风险。如果爬取方和被爬取方双方商业模式相同或近似，爬虫获取对方的信息则很可能会对对方造成直接损害或者减损其可期待利益，会存在不正当竞争的法律风险。例如，我爬取了公交信息网站上的数据，然后自己做一个公交信息网站与其竞争。

实际上，许多互联网公司的业务都依赖于网络爬虫，例如百度、谷歌等搜索引擎都是建立在大量网络信息爬取之上。互联网公司之间不可避免地需要互相爬取一定的信息，而它们之间的和谐相处则要归功于Robots协议。各大网站都有Robots协议，以ASCII编码的文本文件形式存放于网站根目录下，文件名为robots.txt。协议中规定了什么信息可以抓取，什么信息不能抓取。Robots协议是国际互联网界约定俗成的道德规范。自有搜索引擎之日起，Robots协议已是一种维持着网站与搜索引擎之间平衡的最有效方式，让互联网上的抓取与被抓取和谐相处。

5.2 网络加载、请求与解析

学习爬虫，首先需要知道的是，网页中的数据是如何加载并呈现在人们眼前的？数据被存放在网页中的哪个位置？针对网络上不同的数据，爬虫应该怎么获取到相应的数据？要回答这些问题，首先得介绍一下网页加载、网页请求与网页结构的基础知识。

5.2.1 网页的加载

网页的加载有两种方式：静态页面和动态页面。而这两种加载方式的爬虫策略也不同。

1. 静态页面

在静态页面中，客户端使用Web浏览器连接到服务器上，使用HTTP发起一个请求（Request），告诉服务器现在需要得到哪个页面。Web服务器收到请求后，从文件系统取出静态页面，返回给客户端。客户端接收到内容之后经过浏览器渲染解析，得到显示的效果。静态页面加载的情况下，用户获得页面后就不需要再连接网络服务器的数据库。也就是说，如果下载了静态页面的HTML文件，就可以直接用本地的浏览器打开。

静态页面存在一定的局限性，它的一次HTTP请求只能对应一个页面。例如，我想在页面中提交某个请求，如果使用静态页面浏览器就需要刷新页面，然后在新页面中告诉你成功还是失败。

2. 动态页面

动态加载的页面则可以在静态页面的基础上与网络服务器实时建立连接，它的实现要归功于JavaScript中的AJAX（Asynchronous JavaScript and XML，异步网络请求）方法。它的原理是，让用户留在当前页面中，同时通过JavaScript发出新的HTTP请求。网络服务器发回数据，浏览器接收到数据后，再用JavaScript更新页面中的部分信息。这样一来，用户就感觉自己仍然停留在当前页面，但是页面局部的数据却可以不断地更新。例如，打开网络地图的页面后，在页面上搜索"71路"公交线路，浏览器通过AJAX提交查询请求，网络服务器将71路公交线路的信息打包为数据包返回浏览器，浏览器再通过JavaScript解析数据包并在地图上绘制显示出来。在这个过程中，浏览器的页面不用刷新即可动态加载。

如何查看浏览器的网络访问呢？一般浏览器都会自带有"开发者工具"，可以在网页页面空白处右击检查元素打开，或者从浏览器设置中单击"开发者工具"选项。开发者工具是浏览器提供的非常实用的工具包，在爬虫中会经常用到。开发者工具中的"网络访问"（Network）选项卡中可以实时检测浏览器的网络连接情况，在网络地图上以关键词搜索信息时，可以看到后台访问时返回的数据包，如图5-3所示。

图5-3　页面的动态加载

3. 静态页面与动态页面爬虫策略的差异

如何区分这两种方式呢？简要来说，静态页面就是设计者把页面上所有东西都设定好、做死了，不管是谁在任何时候看到的页面内容都一样；动态页面的内容一般则是依靠服务器端的程序来生成，访问动态页面时，浏览器一开始获得的是一段不含数据的代码，页面的内容加载完代码后再实时从服务器获取数据。

对这两种方式来说，爬虫的爬取策略不同。

对于静态页面，爬虫只需要将对应的网页页面文件下载下来，直接解析网页HTML源码即可获得数据，如图5-4所示。

对于动态页面，如果还用静态页面的数据抓取方法，获取的网页可能并不包含数据。因此，动态页面抓取方法则是观察动态页面的AJAX网络访问请求，通过模拟请求抓取数据包，这也被称为抓包，如图5-5所示。通过这种形式抓下来的数据通常为JSON格式文件。

图5-4 静态页面的爬虫策略

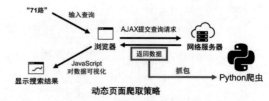

图5-5 动态页面的爬虫策略

5.2.2 网页的请求

在浏览器向网络服务器请求数据的时候，会分为好几种不同的请求方法，有些请求方法不带参数，直接请求网页就行；有些则会带一些查询的参数，服务器根据提供的参数返回相应的网页页面或者数据。在爬虫中，也需要相应地模拟这些不同的请求，才能够获取到不同的数据。

1. 网页请求流程

目前所有的网络访问都是建立在TCP/IP（Transmission Control Protocol/ Internet Protocol）体系的基础上。TCP/IP是Internet最基本的协议、Internet国际互联网络的基础，由网络层的IP和传输层的TCP组成。TCP/IP定义了电子设备如何连入互联网，以及数据如何在它们之间传输的标准。TCP负责发现传输的问题，一有问题就发出信号，要求重新传输，直到所有数据安全正确地传输到目的地。而IP是给互联网的每一台联网设备规定一个地址。

打开网页页面时，网络访问的请求流程分为以下几个步骤。

步骤一：DNS解析，获取IP地址

想象一下我们要跟老杨打电话，这个步骤相当于我们从电话簿里用老杨的名字查询到老杨的电话号码。在互联网的世界里，每个服务器都有一个IP地址，类似于每个人的电话号码。我们在浏览器上输入网址时，网址并不是直接的IP。因此浏览器拿到网址时需要在DNS（Domain Name System，域名系统）里查询到对应的IP。

步骤二：建立TCP连接

这个步骤相当于我们拨打老杨的电话，接通老杨的电话。有了目标服务器的IP后，浏览器需要与服务器建立起一个TCP连接。建立TCP连接需要经过"三次握手"。

第一次握手：浏览器发送握手信号（Synchronize Sequence Numbers，SYN）到服务

器，浏览器告诉服务器说：我准备连接啦。

第二次握手：服务器收到信号，确认可以连接，同时自己也发送握手信号回去给浏览器，服务器告诉浏览器说：我收到你的连接请求啦。

第三次握手：客户端收到服务器确认可以握手的信号，向服务器发送确认包（Acknowledge character，ACK），浏览器告诉服务器说：我准备发送信息啦。

握手过程中传送的信号里不包含数据，三次握手完毕后，浏览器与服务器才正式开始传送数据。

步骤三：发送HTTP请求报文

这个步骤相当于我们在电话（TCP）里跟老杨说话（HTTP）。与目标服务器建立TCP连接后，我们就可以通过HTTP（Hyper Text Transfer Protocol，超文本传输协议）发送数据的请求，发送的内容叫做HTTP请求报文（Request）。HTTP专注于要传输的信息，TCP则专注于传输的可靠，HTTP建立在TCP的基础上。

步骤四：服务器接收请求并做处理后，发送HTTP响应报文

这个步骤相当于老杨在电话里给我们回话。在服务器收到请求后，会将我们请求的数据再通过HTTP传输回来，内容叫做HTTP响应报文（Respond）。

步骤五：断开TCP连接

我们跟老杨汇报完情况，老杨也给我们回话后，最后当然是要挂断电话。这个步骤就是与目标服务器断开TCP的连接，这也是与服务器的第四次握手。

上面所说的HTTP连接最显著的特点是客户端发送的每次请求都需要服务器回送响应，在请求结束后，会主动释放连接。经过上面的五个步骤，从建立连接到关闭连接的过程称为"一次连接"，如图5-6所示。

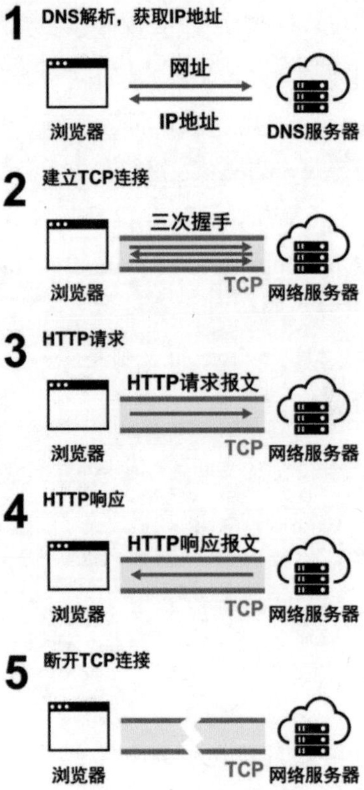

2. HTTP连接的请求报文与响应报文

上面所介绍的一次HTTP连接过程中，HTTP报文分别有请求报文和响应报文两种，它们分别以规定好的格式书写。在爬虫中，HTTP请求报文是我们努力想要模仿的，写出合法的HTTP请求报文然后发送给网络服务器是爬虫最主要的任务。

图5-6　网络请求流程

HTTP请求报文由四个部分组成：请求行、请求头、空行、请求体，如图5-7所示。

请求行由请求方法字段、URL字段和HTTP版本字段3个字段组成，它们用空格分隔。例如，GET /index.html HTTP/1.1。

图5-7　请求报文

请求头则以键值对的方式存储了请求的各种信息，如客户端接收什么类型的响应（Accept）、能接受什么编码格式（Accept-Encoding）、要请求的资源所在的主机和端口（Host）客户端使用的系统、浏览器版本和名称（User-Agent）、客户端的用户信息（Cookie）等。一些网络服务器设置有防爬虫的机制，在收到请求后，会验证确认请求头的这些信息，如果发现有错误则不会返回数据。因此，写爬虫时需要准确设置这些参数。

在爬虫的过程中，可能会遇到一些需要用户登录才能够访问的页面。浏览器是如何记录登录信息的呢？这便要归功于请求头中的Cookie参数，它记录了登录信息，在请求报文中设定好Cookie参数向网络服务器发送，服务器即可确认登录身份。不过，有些网页为安全起见会隔一段时间就更新Cookie，用户登录过一段时间会登录失效。此时，爬虫就需要更新Cookie参数才能够模拟登录的状态。

请求体则包含我们提交给服务器的参数信息，它将一个页面表单中的组件值通过"param1=value1&param2=value2…"的键值对的形式编码成一个字节串，里面包含多个请求参数的数据。

HTTP响应报文则是服务器对请求报文的回应，它的结构与请求报文相似，由三个部分组成，分别是：响应行、响应头、响应体，如图5-8所示。

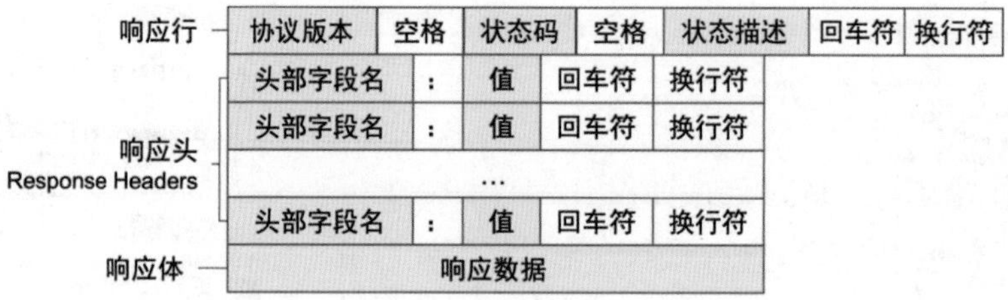

图5-8　响应报文

响应行也包含三个部分：协议类型及版本号、状态码与状态码的文字描述。一般来说，状态码为200时则为请求成功（部分网站为了防爬虫也会让成功的状态码变成别的）。

响应头也与请求头类似，以键值对的方式存储了响应的各种信息。

响应体中则是服务器所返回的响应数据，也是爬虫需要进一步解析的数据。

打开网页浏览器自带的开发者工具，切换到网络访问的选项卡下，浏览器会将所有HTTP网络连接情况都在其中显示出来，其中的每一项都是一次HTTP的请求与响应的过程，在右侧具体信息的显示中也将请求与响应的信息一并显示，如图5-9所示。我们可以通过这种方式观察浏览器所发出的网络连接，调整爬虫中的参数发送HTTP请求。

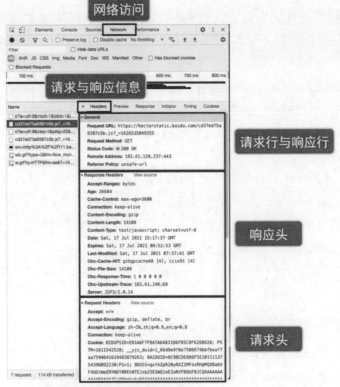

网页浏览器自带开发者工具

图5-9　查看网络连接的请求与响应报文

3. HTTP连接的GET和POST请求方法

在HTTP请求报文的请求头中，需要规定请求方法。HTTP的请求方法有GET、POST、PUT、OPTIONS、HEAD、DELETE、TRACE、CONNECT，如表5-2所示。

表5-2　HTTP请求方法

请 求 方 法	描　　　述
GET	向指定的资源发出请求
POST	向指定资源提交数据，请求服务器进行处理（例如提交表单或者上传文件）
PUT	向指定资源位置上传其最新内容
OPTIONS	测试服务器功能是否正常运作
HEAD	与GET方法一样，都是向服务器发出指定资源的请求。只不过服务器将不传回资源的本文部分。它的好处在于，使用这个方法可以在不必传输全部内容的情况下，就可以获取其中"关于该资源的信息"（元信息或称元数据）
DELETE	请求服务器删除Request-URI所标识的资源
TRACE	显示服务器收到的请求，主要用于测试或诊断
CONNECT	通常用于SSL加密服务器的链接

最常用的请求方法是GET和POST两种，这两种方法最主要的区别是参数传递方式不同。简要来说，GET把向服务器提交的参数放在链接中，POST则放在请求报文的请求体中。

GET是最常见的一种请求方式，当我们单击网页上的链接或者通过在浏览器的地址栏中输入网址来浏览网页时，使用的都是GET方式。使用GET方法时，请求参数和对应的值跟在URL后面，利用一个问号"?"代表URL的结尾与请求参数的开始。例如，"http://www.xxx.com/index.html?param1=value1&param2=value2"，这样通过GET方式传递的数据直接表示在地址中。这种方式把数据直接放在链接中，所以不适合传送私密数据。另外，由于不同的浏览器对地址的字符限制也有所不同，一般最多只能识别1024个字符，所以如果需要传送大量数据的时候，也不适合使用GET方式。

POST方法则是另一种请求方式。前面介绍请求报文时，请求参数放在请求体中向服务器提交，这种方式就是POST方法。POST方法可以允许客户端给服务器提供信息较多，对传送的数据大小没有限制，而且也不会显示在URL中。GET请求参数会被完整保留在浏览器历史记录里，而POST中的参数不会被保留，因此也更为安全。

GET与POST都有自己的使用场景，不能随便混用。这两种方式在爬虫中需要注意区分，如果搞错了就无法正确地传递参数。

4. Python实现GET和POST请求

在Python中，爬虫的实现方法非常简单。Python中有不少第三方爬虫库可以使用，不过在本节中，我们使用Python中自带的urllib包实现GET和POST请求。

首先是GET请求，它将参数都放置在URL链接中，因此需要将参数组合起来构建链接地址。注意，在HTTP连接中，所有的中文字符应该转换为URL编码，例如，"值"需要转换为"%E5%80%BC"。转换过程只需要使用urllib.parse工具包即可。

```
1.  In [5-1]:
2.  #导入必要的爬虫包
3.  import urllib
4.  from urllib import parse
5.  from urllib import request
6.  #链接地址
7.  url='http://www.xxx.com/aaa/bbb?'
8.  #查询的条件
9.  data = {
10.     "param1":"值1",
11.     "param2":"value2",
12.     'param3':"value3"
13. }
14. #把查询条件组合成网页地址
15. url_data = parse.urlencode(data)
16. url = url+url_data
17. url
18.
```

```
19. Out[1]:
20. 'http://www.xxx.com/aaa/bbb?param1=%E5%80%BC1&param2=value2&param3=value3'
```

这样GET的URL链接就构建完毕了，再通过urllib.request发送请求报文即可实现网络请求。

```
1. In [5-2]:
2. #构建请求
3. request = urllib.request.Request(url)
4. #发送请求报文，抓取数据
5. response = urllib.request.urlopen(request)
6. #读取数据
7. webpage = response.read()
```

以上便实现了一个GET请求。

接下来，实现一下POST请求。同时，在请求报文中加入请求头。

```
1. In [5-3]:
2. #导入包
3. import urllib
4. import urllib.request
5. #链接地址
6. url='http://www.xxx.com/aaa/bbb'
7. #设定请求头，头部字段名与值以字典的形式存储
8. header = {}
9. header['Authorization'] = 'xxx'
10. header['User-Agent'] = 'xxx'
11. #构建请求
12. request = urllib.request.Request(url)
13. #将请求头加入请求
14. for k,v in header.items():
15.     request.add_header(k,v)
16. #设定请求体的请求数据
17. data = {
18.     "param1":"value1",
19.     "param2":"value2",
20.     'param3':"value3"
21.     }
22. #将请求数据编码成字节串
23. data = urllib.parse.urlencode(data).encode('utf-8')
24. data
25.
26. Out[5-3]:
27. b'param1=value1&param2=value2&param3=value3'
28.
29. In [5-4]:
30. #发送请求报文，传入参数，抓取数据
31. response = urllib.request.urlopen(request,data=data,timeout=20)
32. #读取数据
33. webpage = response.read()
```

以上便实现了一个POST请求。

5.2.3 网页的解析

前面介绍的静态与动态页面的加载中，我们了解到两者的差异。静态加载时，服务器直接返回网页页面，数据也是写死在网页页面中的；而动态加载时，服务器返回的则是JSON格式存储的数据包，直接用JSON解析即可。

那么关键问题是，返回网页时，如何解析网页的数据，让程序找到我们要的数据所存放的位置呢？要完成这个，需要了解一下网页的基本结构。

1. HTML网页结构

在可视化章节中提到过，目前网页都是HTML5技术，其中包含的是HTML、CSS和JavaScript的一套技术组合。通俗来说就是，HTML是网页的页面，CSS决定了网页中每一个元素的样式，而JavaScript则是一种编程语言，可以运行于网页页面中，通过代码指挥页面上的元素。

具体来说，HTML网页的基本结构如图5-10所示，HTML页面中的所有内容都以标签的形式存储，每个标签都以一对相互匹配的起始标记符号（如<html>）和结束标记符号（如</html>）来标识信息。网页的内容则存放于这些标签中。一个网页通常包括头部元素（<head>）和主体元素（<body>）。

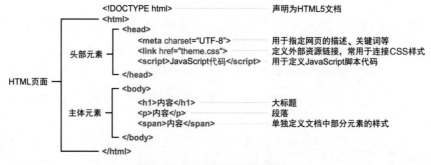

图5-10 HTML网页的基本结构

头部元素中存储的是不想让用户在网页上直接看到的信息，包含关于HTML网页的概要信息，也称为元信息（meta-information），也就是关于信息的信息。头部元素一般用来插入JavaScript脚本、CSS样式文件，以及各种网页描述的元信息。

主体元素则包含页面内用户可以看到的所有内容，如文本、超链接、图像、表格和列表等。其中，各种类型的数据以不同的标签进行存储，CSS样式文件就可以规定每种标签的格式而实现整个页面的样式调整。

我们平时访问的所有网页都是HTML页面，在开发者工具中的网页元素（Elements）选项卡下即可看到网页的HTML源代码，将鼠标移动上去，浏览器也会对每个HTML标签所对应的页面元素加亮显示，如图5-11所示。

图5-11 网页HTML查看

2. Python解析HTML网页

这里，以爬取"交通大数据"为关键词的百度搜索结果为例。首先，执行搜索，并观察网络访问，如图5-12所示。找到对应的网络请求，从浏览器解析的信息中可以看到请求方法为GET，这也代表请求的参数都包含在URL链接中，包括查询所用的关键字。实际上，链接中的很多参数对爬虫来说意义不大，只需要找准最关键的几个参数即可。

图5-12 观察网络连接情况

接下来就是用Python模拟百度搜索的GET请求。不过，网络服务器还会检查请求头中的参数是否合法，通过多次测试后发现关键检查的是Host参数（代表请求资源的主机）和User-Agent参数（代表客户端浏览器的信息）。加上请求头信息后即可进行爬取。

```
1.  In [5-5]:
2.  #导入必要的爬虫包
3.  import urllib
4.  from urllib import parse
5.  from urllib import request
6.  #链接地址
7.  url='https://www.baidu.com/s?'
8.  #查询的条件
9.  data = {
10.      "oq":"html",
11.      'wd':"交通大数据"   #搜索关键词
12.  }
13. #把查询条件组合成网页地址
14. url_data = parse.urlencode(data)
15. url = url+url_data
16. #设定请求头,头部字段名与值以字典的形式存储
17. header = {}
18. header['User-Agent'] = 'Mozilla/5.0 (Macintosh; Intel Mac OS X 10_15_7)
       AppleWebKit/537.36 (KHTML, like Gecko) Chrome/91.0.4472.114 Safari/537.36'
19. header['Host'] = 'www.baidu.com'
20. #构建请求
21. request = urllib.request.Request(url)
22. #将请求头加入请求
23. for k,v in header.items():
24.     request.add_header(k,v)
25. #发送请求报文,抓取数据
26. response = urllib.request.urlopen(request)
27. #读取数据
28. webpage = response.read()
```

将网页抓取下来后，需要解析网页内容以获取数据。主要解析的对象就是网页中的body元素，找到数据所存在的标签，即可提取出所需的数据。

一个网页中，可能会有成千上万个标签。如何找到需要的标签呢？对部分标签，标签中会有class属性规定标签的类名，id属性规定标签的唯一id，具体的形式如图5-13所示。

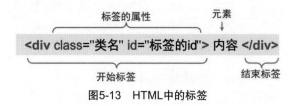

图5-13　HTML中的标签

打开开发者工具，在网页源代码中找到要提取的元素所对应的源代码。观察其中标签设置的格式，找到其中最具有辨识度的标签，方便后续提取。在这个例子中，搜索的结果都放在div标签中，而且class属性的值为"result c-container new-pmd"，如图5-14所示。

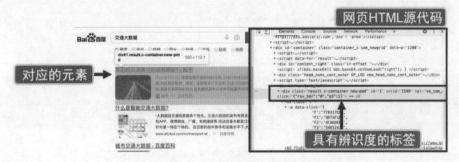

图5-14 找到数据所在的标签

在Python中，BeautifulSoup库可以从HTML中根据标签的类型、标签的类名、标签的id搜索到所有符合条件的标签，提取出相应数据，用法如下。

```
1. In [5-6]:
2. #用BeautifulSoup解析网页
3. from bs4 import BeautifulSoup
4. soup=BeautifulSoup(webpage,'html.parser')
5. #找到网页中所有类别为div,class属性为result c-container new-pmd的标签
6. pages = soup.find_all('div',class_ = 'result c-container new-pmd')
7. #提取这些标签中的文字内容
8. [i.text for i in pages]
9.
10. Out[5-6]:
11. ['常见的交通类大数据有哪些？ –知乎2020年5月14日\xa0随着智慧交通系统的出现，交通大数据
      已经成为基础性资源，并应用在物流、保险、金融等多个行业中，交通大数据内容丰富，结构复杂，具
      备多源异构的特点，在数据资源中占有举足轻重的作用和 ...知乎\ue62b百度快照',
12.  '什么是智能交通大数据？▶大数据促交通信息服务个性化。交通大数据的发布有很多渠道，网站、手
      机APP、微博微信、广播、电视播报等，但这些基本都是泛渠道，也就是不针对某一特定个体的。 在目
      前的技术条件和发展水平下，大数 ...
13.  '产业智能_人工智能产业对接平台_章鱼通章鱼通(zhangyutong.net)为企事业单位提供海量智
      能商机信息，推动科技成果转化。目前章鱼通已覆盖智能制造，智慧物流，智慧园区，智能办公，智能
      家居，智能安防，智能交通，智能能源，...
14.  '交通出行大数据报告–百度地图智慧交通百度地图交通出行大数据报告，是百度地图联合交通行业顶
      尖高校、科院院所、商业公司和政府机构等合作伙伴等共同推出的大数据产品，主要分为城市交通报告、
      城市活力报告、节假日出行报告以及专题报告 ...
15.  '智慧交通大数据 ｜ 探码科技【官网】智慧交通大数据 索取项目方案 一款基于人工智能技术的智慧
      交通产品，是国内专业的基于TOCC的综合交通运行监测与应急指挥平台，及移动端应用。 智慧交通
      系统是探码科技基于云计算、人工智能、移动 ...
16.  '交通大数据2016年12月8日\xa0 作为进一步提升道路交通管理效能的催化剂，对交通流量时空
      特性分析、交通拥堵自动报警、交通安全隐患深入排查、深度隐性交通违法有效查处、重点车辆动态监
      管、重点交通违法行为精 ...
17.  '交通运输部关于印发《推进综合交通运输大数据发展行动纲要 ...2019年12月16日\xa0为贯彻落
      实习近平总书记关于网络强国的重要论述和国家大数据战略部署，推进交通运输治理体系和治理能力
      现代化，提升综合交通运输服务水平，加快建设交通强国，现将 ...
18.  '交通大数据_图文 – 百度文库\ue6385页 发布时间： 2020年03月16日百度文库\ue62b百度
      快照']
```

这样，就成功地将搜索结果抓取下来了。

5.3　开放平台

除了上面讨论的抓取网页进行解析以外，还可以通过开放平台获取数据。

5.3.1　什么是开放平台

在软件行业和网络中，开放平台（Open Platform）通过公开其应用程序API（Application Programming Interface，应用程序接口）或SDK（Software Development Kit，软件开发工具包）使外部的程序可以增加该软件系统的功能或使用该软件系统的资源。在互联网时代，网站会把它们的服务封装成一系列计算机易识别的数据接口开放出去供用户使用，这种行为就叫做Open API，提供开放API的平台本身就被称为开放平台。

为什么会有开放平台呢？开放平台存在的初衷其实是一个互联网公司为另一个互联网公司提供服务。例如，大众点评是一个提供美食餐厅等各类生活服务的互联网公司，它自己并没有网络地图的功能，但它的一部分服务需要地图作为支持。此时，大众点评只需要使用百度地图开放平台提供的API和SDK，就可以用上百度地图的功能，与自己的服务相结合。

在交通大数据中，很多数据可以通过地图开放平台获取。我们可以注册成为开发者，利用爬虫合法地获取数据资源加以利用。

5.3.2　什么是 API 和 SDK

什么是API和SDK？API和SDK有什么区别呢？

SDK和API都是服务提供商开放的公共服务，都代表的是一种封装，只是封装的形式不一样。

简单来说，API是通过服务提供商的接口提交服务请求，获取服务数据；而SDK则需要服务提供商将服务程序打包为一个模块，软件开发商将这个模块融合进应用程序里，由这个模块来实现服务，如图5-15所示。

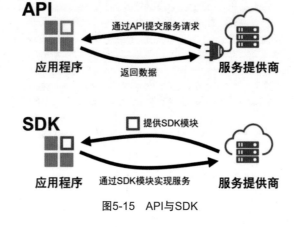

图5-15　API与SDK

SDK是封装在客户端层面的库（模块），类似于已经写好了的函数，只需要调用它就好了。SDK对指定功能的实现方法是完全隐藏的，只需要调用接口函数，传进去特定的值即可实现提供商制定好的功能。例如，很多App、网站等消费者都需要使用地图显示、地图导航的功能服务。而这些App的开发环境不同，有Android、iOS、Web等。百度地图对不同的开发环境分别提供了不同的SDK工具包，有Android的SDK，iOS的SDK，对Web则有JavaScript的SDK，将百度地图提供的SDK嵌入到代码里就可以直接调用服务了。当应用程序嵌入LBS服务商提供的SDK时，用户使用LBS的过程中LBS服务商也会收集到用户的数据，这也是LBS服务商的数据来源。

API是封装在服务端层面的库，从网络服务的层面暴露出一些API，提供给使用者调用，传输数据用的是HTTP。API可能会包括许多个参数，这些参数需要查阅提供的规则进行调用。利用Python爬虫调用开放地图API获取数据时用的即是API。

5.3.3 地图开放平台

通过地图开放平台，可以在接受使用条款约束的情况下，通过API获取交通地理信息数据、地点搜索、路线查询等操作，表5-3展示的是地图开放平台提供的部分API。

表5-3 地图开放平台提供的部分API

服 务	描 述
地点检索	以城市、矩形及圆形区域关键字检索POI
路线规划	输入起终点，获取公交、驾车、步行出行路径的详细信息
正/逆地理编码	将经纬度坐标转换为文本详细地址，或将文本详细地址转换为经纬度
批量算路	同时查询多个起终点线路信息
行政区查询	获取行政区域的区号、城市编码、中心点、边界、下辖区域等详细信息
公交地铁线路与站点查询	通过关键字或ID查询获得公交站点名称、位置、ID、途径公交地铁线路等详细信息
到达圈/等时圈	以某点为出发位置，以步行、驾车或公交为出行方式，获取1～60min出行时长所能够到达的区域

使用Web服务API获取服务时，整个流程如图5-16所示。首先要注册成为开发者，在开发者平台中申请应用。成功后，系统中会提供标识用户的APIKey（请求服务权限标识，有些开发者平台也叫assesstoken）。

使用API时，请求参数的参数名与含义规则都需要在开发者平台的官方文档中查询，同时也需要将APIKey作为参数一起提交，让服务器知道是我们在请求数据。每个开发者每天调用API时一般会有访问次数（配额）与一定时间内同时请求次数（并发数）的限制。

API的请求方法一般都为GET，需要将参数放在URL中提交服务器。服务器返回的数据结果一般为JSON或XML格式（在请求参数中可以规定）。数据会以设定好的树状格式存储，在获取到数据后，还需要解析数据，提取出想要的内容。

图5-16　API的使用方法

一般来说，开发者平台提供的服务总体上分为Web开发SDK、Android开发SDK、iOS开发SDK，以及Web服务API。前三种分别为三个平台上应用的SDK，后一种则是API。它们之间提供的服务可能略有差异，例如，高德地图开发者平台的行政区划查询、公交到达圈查询服务仅在Web开发SDK上提供，而Web服务API中则没有。

这种情况怎么用爬虫获取数据呢？实际上，利用Web开发SDK获取服务时，其原理也是由SDK内置的函数发送HTTP请求获取服务。可以通过网页开发者工具（Android与iOS则可用fiddler等抓包工具）观察到Web开发SDK调用服务时的网络连接情况，获取到SDK工具所调用的API，再用爬虫构建请求即可。

5.4　常见数据的爬虫思路

前面介绍了爬虫的基础知识与实现的方法，但遇到实际爬取数据需求时仍需要对实际情况设计合适的爬取策略。本节简要介绍交通领域常用的几种数据的爬取思路供读者参考。

5.4.1　公交与地铁线网数据

在抓取公交与地铁线网数据时，需要抓取到站点（点要素）与线路（线要素）的地理信息数据。开放平台中可能没有直接提供的API，这也需要我们在网络地图搜索公交线路时观察背后的网络访问情况，并设计抓取逻辑。

当我们在网络地图中搜索公交线时（地铁也同理），地图上马上能显示出地铁线路走向与站点位置，它背后的网络访问过程其实包含以下几个步骤。

（1）调用接口1：判断你所在的城市，获取到城市编号（citycode）。

（2）调用接口2：利用你搜索的关键词（线路名称）与城市编号，获取到公交线路的uid。

（3）调用接口3：利用公交线路uid和城市编号，获取到公交线路的详细信息，包括线路与站点的经纬度信息。

因此，如果要抓取整个城市的公交或地铁线路，关键难点在于以下两个方面。

线路名称获取：获取到全市的所有公交线路与地铁线路名称，以作为关键词检索。如何获取到所有公交线路的名称呢？一种方式是爬取类似8684公交之类的公交信息平台，另一种则是用地图开放平台在全市范围内检索公交站点POI，在POI中提取出途径线路。需要注意的是，不同的地图平台与公交信息平台对同一公交线路可能名称不同，例如，某条公交线在公交信息平台上名称可能是"高峰17路快线",而在百度地图平台上名称则是"高17路"或"高峰17快线",直接用跨平台的名称抓取在检索时可能会出现错误,在抓取时最好是能够使用同一平台上的名称抓取。

爬取策略:爬取同一城市内的所有公交线路信息时,城市编号固定,从网络访问情况中获取即可。而每条公交线需要调用两次接口:用上述的接口2通过关键词检索出线路uid,再用接口3通过uid获取公交线路与站点信息。在爬取过程中,对线路与站点信息需整理为地理信息数据,并赋上具体的线路名与站点名。最后合并所有线路信息存储。这里需要注意的是,每条公交线会包含上行和下行双向的站点与线路,极少数的公交线路也可能会存在双向行车线路不同的情况,需要加以区分。

由笔者开发的TransBigData包也提供了公交与地铁线路爬取的功能,其代码如下(不需要传入开放平台APIKey)。

```
1. In [5-7]:
2. import transbigdata as tbd
3. line,stop = tbd.getbusdata('厦门',['1号线','2号线','3号线'])
4. line.plot()
```

输出结果如图5-17所示。

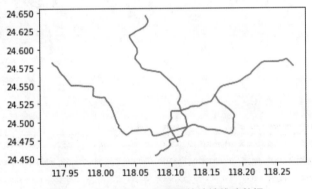

图5-17 TransBigData爬取的地铁线路数据

5.4.2 行政区划矢量面数据

各大地图开放平台均有提供行政区划地理信息获取的API。在抓取时一般需要使用城市或区县的名称或由国家基础地理信息中心定义的六位区域代码adcode作为关键字获取(adcode会比区域名称更加精准,因有些区县名称在全国范围内并不唯一)。开放平台的行政区划边界通常仅能获取到区县级别,再往下的街道级别仅能获取到中心的点坐标位置。

由笔者开发的TransBigData包也提供了行政区划矢量面爬取的功能,使用的是高德地图开放平台的接口,因此也需要向爬取方法中传入高德地图开发者APIKey,代码如下。

```
1. In [5-8]:
2. import transbigdata as tbd
3. #输入高德地图开发者key
4. ak = '输入高德地图开发者key'
5. #获取行政区划地理信息与子行政区划信息表
6. admin,districts = tbd.getadmin('深圳市',ak,subdistricts = True)
7. admin.plot()
```

输出结果如图5-18所示。

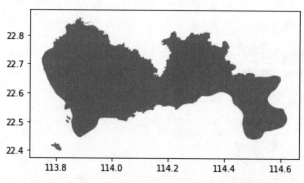

图5-18　TransBigData爬取的行政区划地理信息

同时，该方法还会获取下一级行政区划的信息表，可利用该表进行下一层行政区划的爬取。

```
1. In [5-9]:
2. districts
```

输出结果如图5-19所示。

	citycode	adcode	name	center	level	districts
0	0755	440306	宝安区	113.883831,22.554986	district	[{'citycode': '0755', 'adcode': '440306', 'nam...
1	0755	440305	南山区	113.930478,22.533191	district	[{'citycode': '0755', 'adcode': '440305', 'nam...
2	0755	440304	福田区	114.055198,22.520922	district	[{'citycode': '0755', 'adcode': '440304', 'nam...
3	0755	440303	罗湖区	114.131611,22.548309	district	[{'citycode': '0755', 'adcode': '440303', 'nam...
4	0755	440307	龙岗区	114.246884,22.720889	district	[{'citycode': '0755', 'adcode': '440307', 'nam...
5	0755	440311	光明区	113.936059,22.74875	district	[{'citycode': '0755', 'adcode': '440311', 'nam...
6	0755	440309	龙华区	114.04491,22.696735	district	[{'citycode': '0755', 'adcode': '440309', 'nam...
7	0755	440308	盐田区	114.236739,22.557001	district	[{'citycode': '0755', 'adcode': '440308', 'nam...
8	0755	440310	坪山区	114.350844,22.708786	district	[{'citycode': '0755', 'adcode': '440310', 'nam...

图5-19　TransBigData爬取的下一层行政区划信息

5.4.3　POI 数据

POI数据的获取在每个地图开放平台都会有API提供，可直接使用进行抓取。利用API一般有三种POI检索方式：矩形（给予左下右上坐标）、圆形（给予中心点与半径）、城市（给予城市名称）。

用API抓取POI时，每次请求只能返回一定数量的POI，如果超出数量则会分页显示，抓取时也需要给定参数指定是第几页POI。而且以某个条件检索时会有页数限制，也就是说，在一定条件下（如某个特定矩形范围内的某一种POI）能够抓取的POI数量是有限的，如百度POI检索时，每页最多展示20个POI，最多获取20个分页，也就是最多400个POI。所以，如果检索条件划定范围过大，则只能返回排名靠前的部分POI，例如，在上海搜索美食，那百度POI只能返回上海最出名的几个餐厅了。

同时，API检索POI也需要提供关键字分类检索，在地图开放平台中会提供行业分类的明细，一般分为两级，如一级行业分类"美食"对应的"二级行业分类"则包括"中餐厅、外国餐厅、小吃快餐店、蛋糕甜品店、咖啡厅、茶座、酒吧、其他"。

一般来说，爬虫策略是对某一种一级行业分类的POI开始抓取，将研究区域范围划分为大量栅格，遍历每个栅格执行POI检索，将栅格内的所有POI都被爬取下来，直到所有栅格都爬取完毕。

5.4.4　房价数据

房价数据一般可以在新房或二手房的交易网站上找到，每个城市可能会有单独的房地产信息网站，因此需要根据网站的实际情况设计爬取策略。在爬取房价时，可能爬取到的楼盘地址是以文本形式描述，因此还需要利用开放平台的地理编码服务将文本信息转换为经纬度地址。

5.4.5　路网数据

路网数据的获取可以从OpenStreetMap（OSM）网站获取，OSM是一个网上地图协作计划，通过OSM获取路网数据有以下几种方式。

（1）在OSM官方网站上可以以经纬度范围选择获取路网数据，但对所选的范围有所限制，且下载得到的地图文件为.osm后缀，需要另外转换。

（2）利用Python中的osmnx包下载，这个包需要提供路网下载的地理范围，以运行Python代码的形式实现下载的行为，但它无法看到下载进度，在网络不好时可能会下载失败。

（3）通过Geofabrik网站可下载到最新的与历史的OSM路网数据，可以直接下载到.shp文件。下载得到的地图覆盖全国范围内大部分地区，因此需要再通过GIS软件另外筛选提取研究范围内的路网。

需要注意的是，OSM并非国内地图公司，其地理信息不一定准确，使用时需要加以鉴别。

Python中的osmnx包提供了OpenStreetMap路网的快速获取方法，代码如下。

```
1. In [5-10]:
2. import osmnx as ox
3. #研究区域范围边界
4. bounds = [120,30,120.5,30.5]
5. #由边界获取路网
6. G = ox.graph_from_bbox(bounds[3],bounds[1],bounds[2],bounds[0], network_
   type='drive')
7. #将结果转换为GeoDataFrame
8. node,road = ox.utils_graph.graph_to_gdfs(G)
9. road.plot()
```

输出结果如图5-20所示。

5.4.6　数据爬取的注意事项

以上面方式获取数据时，仍有以下几点必须注意。

（1）爬取的次数与并发数需要做好控制。在开放
地图平台中，开发者都有各自的配额限制。需要注意的
一点是，即便是在配额允许的范围内抓取，仍然需要注
意爬取的强度。例如，在路径检索时，短距离的检索与
长距离的检索耗费服务器计算量不同，大量持续的长距

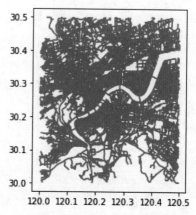

图5-20　osmnx获取的路网数据

离路径检索会给服务器造成巨大的压力，开放地图平台有权封禁你的账号。

（2）做好代码容错工作。在一开始写爬虫时，经常会将所有爬虫任务放在一起，一次
性遍历完成。但由于自身的网络环境与网络服务器性能限制，不可避免地会出现某次抓取
的网络连接失败，或长时间无响应。因此，在写爬虫时，一定要提前做好容错工作，在爬
取时设置timeout参数，规定好在一定时间内网络无响应时程序应该如何响应。

（3）数据存储。在爬取的过程中，尽量不要等到抓取完成后再统一存储数据，否则
在程序爬取过程中出现的程序崩溃都会直接导致前面所抓的所有内容都灰飞烟灭、功亏一
篑。在抓取时，最好的策略是抓一条数据，存一条数据。

5.5　本章习题

1. 静态页面与动态页面有什么区别？

2. 一次网络连接中，TCP需要与服务器几次握手？

3. GET和POST有什么区别？

4. SDK与API有什么区别？

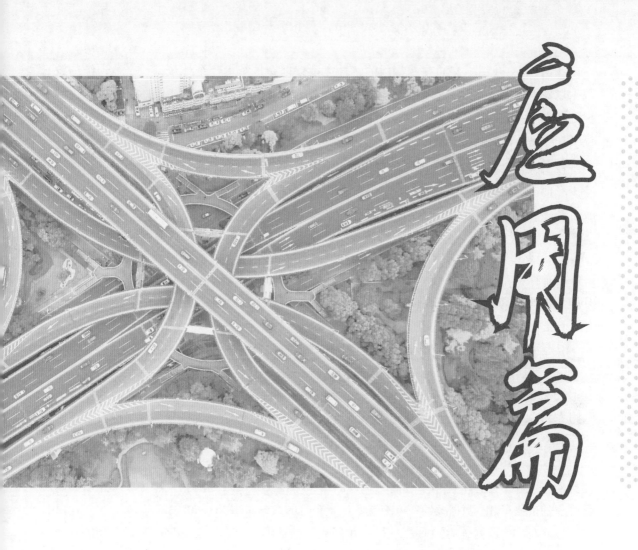

应用篇

第6章
出租车GPS数据——时空大数据处理基础

在第1章中介绍了交通领域常用的三种类型数据：传统集计统计数据、个体连续追踪数据以及地理空间信息数据。其中，最关键的是个体连续追踪数据，也是本书中时空大数据处理最核心的对象。个体连续追踪的时空大数据中必须有三个最重要信息：谁？什么时候？在哪里？也就是在数据中应该有个体的标识ID、时间和空间位置三个维度的信息。

在时空大数据的处理过程中，以个体连续追踪数据为输入，处理的过程可以分为以下三个方面。

- 数据处理技术是初步加工，包括异常数据清洗、数据筛选等。
- 地理空间数据处理是二次加工，结合数据的位置信息进行空间统计与分析。
- 数据可视化是展示手段，将数据的处理结果转换为易于理解的图表形式展示。

在前面的章节中，已经为以上三个方面打下基础，本章以出租车GPS数据为例，正式开始数据处理的实际操作。

 ## 6.1 出租车 GPS 数据简介

出租车GPS数据是最常见的一种个体连续追踪时空大数据，它的采集原理通常是：通过车载GPS设备以一定的采样时间间隔追踪记录并保存出租车的GPS地理坐标位置而产生。时空大数据的个体、时间、空间三要素在出租车GPS数据中兼备。

大部分出租车GPS数据的采样频率大约为15s一条，不同运营公司的数据质量会有一定差异。车载GPS设备采样频率越高、运营的出租车数量越多，则数据量越大。单个城市每日产生的出租车GPS数据大约在2GB左右，一个月的数据量就会有60GB。

出租车GPS数据包括但不限于表6-1中所列出的数据字段。在这些字段中，车辆ID、经纬度、时间与载客状态是出租车GPS必不可少的字段。有了这四个字段，就可以判断出每一趟出租车出行的开始与结束时间与出行的路径等信息。

表6-1 出租车GPS数据的字段

字 段 名	样 例	说 明
车辆ID	22333	对每辆车的唯一标识码
经度	120.43	GPS经度
纬度	21.33	GPS纬度
时间	2021-09-18 08:06:32	GPS数据的采集时间

续表

字 段 名	样 例	说 明
载客状态	0	通常1为载客，0为空载
速度	14	数据采集时的GPS速度
方向角	1	车辆方向
是否在快速路上	0	通常1为在快速路上，0为不在

有些出租车GPS数据还带有速度、方向角，是否在快速路上等字段，但这些并不是最核心的字段，它们的准确性需要在分析过程中检验，在实际的课题中不能理所当然地认为这些字段的内容一定是准确的。

6.2 出租车 GPS 数据的读取与数据清洗

拿到出租车GPS数据后，首先要做的是将数据读取进Python中，查看数据的情况，并对数据异常进行清洗。这一过程需要用到pandas的数据读取、数据条件筛选等功能。本节将结合数据处理的实际操作，逐步介绍所用的方法及原理。

6.2.1 数据的读取

本章中所使用的是深圳市一天时间内抽样500辆出租车的GPS数据，字段包括：车辆ID、经度、纬度、时间、载客状态与速度。首先，需要通过pandas包中pd.read_csv()方法读取目标数据文件。

```
1. In [6-1]:
2. #导入 Pandas 包，并赋值给变量 pd
3. import pandas as pd
4. #读取 GPS 数据文件
5. data = pd.read_csv('TaxiData-Sample.csv')
6. #查看数据：最后一行写上变量名
7. data
```

输出结果如图6-1所示，数据共有544 998行6列。

在Jupyter Notebook编辑器中，以图6-1这种形式展示的数据就是DataFrame格式的数据表。通过上面的代码，将数据读取为DataFrame并赋值给data变量。原始数据的第一行就是数据，pd.read_csv()方法默认会将数据的第一行识别为表格的列名，而查看输出结果可以发现第一行数据被错误地识别为列名。可以给pd.read_csv()传入header参数来控制数据的读取，例如：

	34745	20:27:43	113.806847	22.623249	1	27
0	34745	20:24:07	113.809898	22.627399	0	0
1	34745	20:24:27	113.809898	22.627399	0	0
2	34745	20:22:07	113.811348	22.628067	0	0
3	34745	20:10:06	113.819885	22.647800	0	54
4	34745	19:59:48	113.820213	22.674967	0	23
...	...	...	...	...	...	...
544993	28265	21:35:13	114.321503	22.709499	0	18
544994	28265	09:08:02	114.322701	22.681700	0	0
544995	28265	09:14:31	114.336700	22.690100	0	0
544996	28265	21:19:12	114.352600	22.728399	0	0
544997	28265	19:08:06	114.137703	22.621700	0	0

544998 rows × 6 columns

图6-1 导入的出租车GPS数据

```
1. In [6-2]:
2. #读取数据,传入参数header
3. data = pd.read_csv('TaxiData-Sample.csv',header = None)
4. #通过head方法查看数据的前5行
5. data.head(5)
```

输出结果如图6-2所示。

	0	1	2	3	4	5
0	34745	20:27:43	113.806847	22.623249	1	27
1	34745	20:24:07	113.809898	22.627399	0	0
2	34745	20:24:27	113.809898	22.627399	0	0
3	34745	20:22:07	113.811348	22.628067	0	0
4	34745	20:10:06	113.819885	22.647800	0	54

图6-2 传入header参数后读取的数据结果

此时，数据的第一行没有被读取为列名，pandas会自动以数字给表格定义列名，从0开始排序列名，依次增大。此时，还需要给数据定义列名，第一到第六列分别对应车牌号（VehicleNum）、时间（Stime）、经度（Lng）、纬度（Lat）、载客状态（OpenStatus）与车速（Speed）。更改列名需要设定data这个DataFrame的columns属性，代码如下。

```
1. In [6-3]:
2. #更改数据的列名
3. data.columns = ['VehicleNum','Stime','Lng','Lat','OpenStatus','Speed']
4. #查看数据的前5行,head函数返回的也是DataFrame
5. data.head(5)
```

输出结果如图6-3所示。以上代码把一个含有6个字符串元素的list赋值给data.columns属性，分别对应数据的6列。

	VehicleNum	Stime	Lng	Lat	OpenStatus	Speed
0	34745	20:27:43	113.806847	22.623249	1	27
1	34745	20:24:07	113.809898	22.627399	0	0
2	34745	20:24:27	113.809898	22.627399	0	0
3	34745	20:22:07	113.811348	22.628067	0	0
4	34745	20:10:06	113.819885	22.647800	0	54

图6-3 更改列名后的数据表

到此，已经成功地把数据读取到Python中了。

6.2.2 数据异常的清洗

在时空大数据中，可以说基本上不存在完美的数据。数据集的各类错误异常情况普遍存在，而且很可能在意想不到的地方出现。因此，针对异常数据的清洗是在数据的正式处理分析之前必须做的重要步骤。缺少这一步骤，在后续的处理中很可能产生错误的分析结果。

在出租车GPS数据中也不可避免地存在一定的数据异常。本节中，以数据中存在的异常载客状态为例，利用条件筛选进行数据的清洗。

1. 载客状态字段异常

数据中的载客状态（OpenStatus）字段表征了出租车载客状态。当值为1时，表示出租车有乘客，为载客状态；反之则为空载状态。如果将所有的车辆数据读取在一个表中，将数据按车牌号和时间排序，那么在理想状态下，一辆出租车正常的OpenStatus序列应该如图6-4所示，连续0序列和连续1序列依次出现。

当OpenStatus的值由A时刻的0变为B时刻的1时，代表乘客在A时刻与B时刻中间的某一时刻上车，运营开始。同样，当OpenStatus的值由C时刻的1变为D时刻的0时，代表乘客在C时刻与D时刻中间的某一时刻下车，运营结束。由于出租车的采样频率约为15s一次，可以近似地认为相邻采样点在时间和空间上十分相近，A、B两个时刻都可以看成乘客的上车点；同样地，C时刻和D时刻都可以看成下车点。在本书中，为了数据处理的方便，统一把A时刻看成乘客的上车点，C时刻看成乘客的下车点。

	OpenStatus	
	0	
	0	
	0	
	0	
A时刻→	0	
B时刻→	1	←此时乘客上车了
	1	
	1	
	1	
	1	
	1	
C时刻→	1	
D时刻→	0	←此时乘客下车了
	0	
	0	
	0	

图6-4　正常情况下一辆出租车的载客状态

但是，OpenStatus字段中可能会出现异常情况（图6-5）。

OpenStatus	
0	
0	
0	
0	
0	
1	←异常
0	
0	
0	
0	

情况1

OpenStatus	
1	
1	
1	
1	
1	
0	←异常
1	
1	
1	
1	

情况2

图6-5　载客状态的异常情况

情况一，在连续0的序列中，突然出现一个1。如果用刚才判断乘客上下车处理逻辑，异常数据会导致乘客上下车点连续的两条记录，如果没有剔除，后续的出行OD分析中则会表现为在同一地点上下车。

情况二，在连续1的序列中，突然出现一个0。不排除某些出租车司机生意火爆，上一个订单结束后来不及休息就可以马不停蹄地开始下一单。但考虑到GPS数据15s的采样间隔，要在15～30s的时间内实现一个乘客付钱、下车，另一个乘客上车、关上车门、开始打表的一系列过程，对两个乘客来说可能是难度系数较高的操作，可以认为这是一种小概率事件。

这两种情况的产生都极有可能是采集设备的突发异常造成的，在数据清洗中，应将这两种情况都予以剔除。

2. 数据清洗思路

如何剔除上面提到的两种数据异常呢？我们可以很容易地说出这两种异常都具有的共同特征：

（1）异常数据的载客状态与前一条数据和后一条数据的值均不同。

（2）这三条数据必须是同一辆出租车的连续数据。

也就是，程序只需要找到符合上述特征的数据，并将其剔除即可。如果将上面的条件总结成为程序中判断条件，则为：

（1）异常数据的OpenStatus与前一条数据不等。

（2）异常数据的OpenStatus与后一条数据不等。

（3）异常数据的VehicleNum与前一条数据的VehicleNum相等。

（4）异常数据的VehicleNum与后一条数据的VehicleNum相等。

将上面的这四个条件用&连接起来，所判断的即为异常数据，而将异常数据剔除，就完成了清洗。

3. 数据的排序

在使用数据清洗处理方法之前，还需要对data数据按照车牌与GPS时间进行排序，让同一辆车的数据放在一起，且按照时间大小进行排序，用到的是DataFrame的sort_values方法。

```
1. In [6-4]:
2. data.sort_values(by = ['VehicleNum','Stime'])
```

请注意，上面代码此时只是返回一个排序后的DataFrame，但并不会改变数据data。要让数据的内容真正发生改变，还需要将排序后的结果赋值给data。

```
1. In [6-5]:
2. data = data.sort_values(by = ['VehicleNum','Stime'])
3. data
```

输出结果如图6-6所示。

	VehicleNum	Stime	Lng	Lat	OpenStatus	Speed
20280	22396	00:00:29	113.996719	22.693333	1	20
19577	22396	00:01:01	113.995514	22.695032	1	34
19985	22396	00:01:09	113.995430	22.695766	1	41
19153	22396	00:01:41	113.995369	22.696484	1	0
19986	22396	00:02:21	113.995430	22.696650	1	17
...	...	...	...	...	...	...
177680	36805	23:53:21	114.120354	22.544300	1	0
182105	36805	23:53:27	114.120354	22.544300	1	0
178293	36805	23:53:33	114.120354	22.544300	1	0
177982	36805	23:53:36	114.120354	22.544300	0	0
179436	36805	23:53:51	114.120354	22.544300	0	0

544999 rows × 6 columns

图6-6 排序后的数据

在上面的代码中，sort_values方法对data进行排序。其中，把需要排序的列按顺序放进一个list中，传给sort_values方法的by参数，用VehiceNum和Stime这两个字段对data进行排序。Pandas先对数据依据VehicleNum的值排序后，再对Stime排序，默认为升序。此时的Stime字段中内容为字符串形式，而字符串其实也是可以比较大小的，因此可以成功排序。

4. 异常数据的剔除

如何应用上面提到的四个条件，剔除异常数据呢？需要将每一行数据与前一行和后一行数据进行比较。pandas中提供了shift函数，可以把数据的OpenStatus列整体上移或下移，例如：

```
1. In [6-6]:
2. #将OpenStatus列整体下移一行,赋值给OpenStatus1列
3. data['OpenStatus1'] = data['OpenStatus'].shift()
4. #将OpenStatus列整体上移一行,赋值给OpenStatus2列
5. data['OpenStatus2'] = data['OpenStatus'].shift(-1)
6. data
```

输出结果如图6-7所示。

	VehicleNum	Stime	Lng	Lat	OpenStatus	Speed	OpenStatus1	OpenStatus2
20280	22396	00:00:29	113.996719	22.693333	1	20	NaN	1.0
19577	22396	00:01:01	113.995514	22.695032	1	34	1.0	1.0
19985	22396	00:01:09	113.995430	22.695766	1	41	1.0	1.0
19153	22396	00:01:41	113.995369	22.696484	1	0	1.0	1.0
19986	22396	00:02:21	113.995430	22.696650	1	17	1.0	0.0
...	...	...	...	...	...	...	...	...
177680	36805	23:53:21	114.120354	22.544300	1	0	1.0	1.0
182105	36805	23:53:27	114.120354	22.544300	1	0	1.0	1.0
178293	36805	23:53:33	114.120354	22.544300	1	0	1.0	0.0
177982	36805	23:53:36	114.120354	22.544300	0	0	1.0	0.0
179436	36805	23:53:51	114.120354	22.544300	0	0	0.0	NaN

544999 rows × 8 columns

图6-7 创建两列包含OpenStatus列的前后行信息

通过上面的代码，给data创建了新的两列OpenStatus1和OpenStatus2，分别代表OpenStatus列的前后行信息，其原理如图6-8所示。shift函数在不传入参数时，默认将列整体下移一行；而传入参数-1时，则整体往上移一行。shift函数的对象可以是Series，也可以是DataFrame；但是传入的数据只能是整数，整数的正负性代表了数据移动的方向。

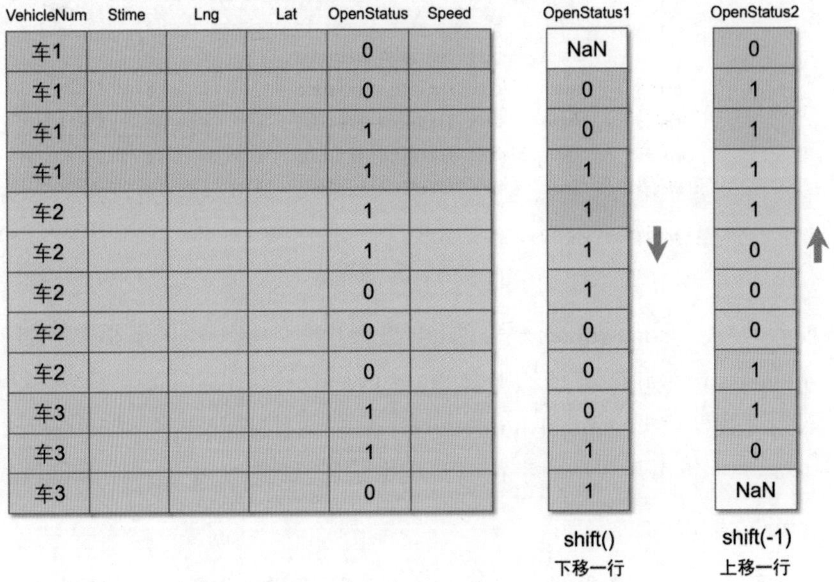

图6-8 通过shift函数移动列的原理

如何利用shift函数剔除异常数据呢？把视角放在行上就可以发现，在上面代码中已经实现了将数据的前一行与后一行的信息都放在这一行上，以两个新的字段来表示。经过这样的处理，就可以应用前面的条件判断语句进行筛选了，代码如下。

```
1. In [6-7]:
2. #将VehicleNum列整体下移一行，赋值给VehicleNum1列
3. data['VehicleNum1'] = data['VehicleNum'].shift()
4. #将VehicleNum列整体上移一行，赋值给VehicleNum2列
5. data['VehicleNum2'] = data['VehicleNum'].shift(-1)
6. #剔除异常数据
7. data = data[-((data['OpenStatus'] != data['OpenStatus1']) &        #条件1
8. (data['OpenStatus'] != data['OpenStatus2']) &        #条件2
9. (data['VehicleNum'] == data['VehicleNum1']) &        #条件3
10. (data['VehicleNum'] == data['VehicleNum2']))]        #条件4
11. #删除辅助判断用的列
12. data = data.drop(['OpenStatus1','OpenStatus2','VehicleNum1','VehicleNum2'],
    axis = 1)
13. data
```

输出结果如图6-9所示，一共剔除了915行的异常数据，data的行数减少到了544 084行。上面代码中的最后，还使用了drop函数删除临时产生的列，drop函数在默认情况下是用行号删除行，需要传入参数axis = 1则代表用列名删除列。

	VehicleNum	Stime	Lng	Lat	OpenStatus	Speed
20280	22396	00:00:29	113.996719	22.693333	1	20
19577	22396	00:01:01	113.995514	22.695032	1	34
19985	22396	00:01:09	113.995430	22.695766	1	41
19153	22396	00:01:41	113.995369	22.696484	1	0
19986	22396	00:02:21	113.995430	22.696650	1	17
...	...	...	...	...	...	...
177680	36805	23:53:21	114.120354	22.544300	1	0
182105	36805	23:53:27	114.120354	22.544300	1	0
178293	36805	23:53:33	114.120354	22.544300	1	0
177982	36805	23:53:36	114.120354	22.544300	0	0
179436	36805	23:53:51	114.120354	22.544300	0	0

544084 rows × 6 columns

图6-9　异常数据剔除结果

至此，就成功剔除载客状态异常的数据了。在代码中，也可以不产生临时的列，而是直接将shift函数融入条件中，读者可以自行尝试。

5. 将结果保存到本地文件

数据经过清洗之后，需要将数据保存下来，以便后续使用。可使用DataFrame的to_csv方法将文件存储为CSV格式。存储的文件形式与编码格式在前面章节已经讲过，to_csv函数中需要指定文件保存的路径和保存文件的类型；index关键字则指定在保存文件的时候不会保存oddata的行号（index）。

```
1. In [6-8]:
2. #保存数据到指定路径，index关键字决定是否保存行名
3. data.to_csv('TaxiData-Clean.csv',index = None,encoding = 'utf-8_sig')
```

将输出结果文件用Excel打开可以查看内容，如图6-10所示。

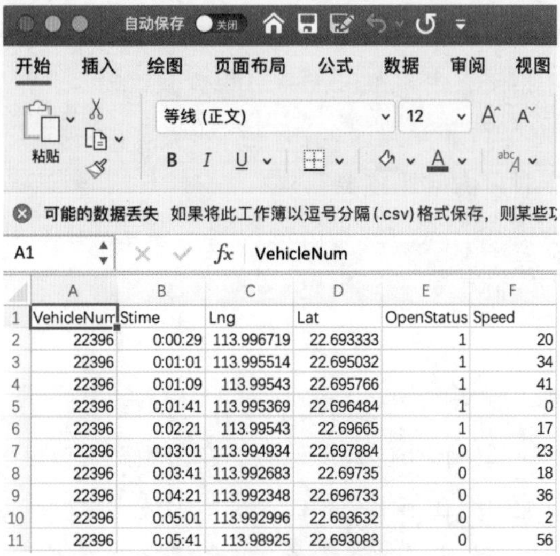

	A	B	C	D	E	F
1	VehicleNum	Stime	Lng	Lat	OpenStatus	Speed
2	22396	0:00:29	113.996719	22.693333	1	20
3	22396	0:01:01	113.995514	22.695032	1	34
4	22396	0:01:09	113.99543	22.695766	1	41
5	22396	0:01:41	113.995369	22.696484	1	0
6	22396	0:02:21	113.99543	22.69665	1	17
7	22396	0:03:01	113.994934	22.697884	0	23
8	22396	0:03:41	113.992683	22.69735	0	18
9	22396	0:04:21	113.992348	22.696733	0	36
10	22396	0:05:01	113.992996	22.693632	0	2
11	22396	0:05:41	113.98925	22.693083	0	56

图6-10　保存数据

6.3 出租车数据的时间完整性评估

在深入分析挖掘数据之前，还需要初步评估数据的质量。如果等到一系列数据处理操作后输出结果不对，才意识到数据质量有问题，前面的工作可能都得重来了。想尽量减少这种吃力不讨好的失误，数据质量的评估就非常有必要了。

6.3.1 时空大数据的质量评估

应该怎么评估数据质量？可以从数据的基本特征、数据的完整性和准确性等方面初步评估手中的数据。

1. 数据的基本特征

对数据基本特征的分析，应关注数据能够反映样本的什么特征。例如，对于出租车数据，首先需要关注的是GPS设备的采样频率。不同采样频率的数据，能够做的事情是不同的，例如，目前手上的数据采样频率约为15s一条，此时可以分析出行的OD信息、车辆的运行速度、交叉口的延误等；如果采样粒度更精细，1s一条，那么可以用来分析车辆的运行工况、加减速等；反之，如果采样粒度粗糙，1～2h一条，那么可能只能用来分析车辆大致的分布、出行的热点分布。

2. 数据的完整性

对数据的完整性，首先观察数据本身的内容是否存在缺失值。在出租车数据中，需要检查每一条出租车数据是否有经纬度、时间、运营状态等，不存在缺失值。如果存在缺失值，数据的缺失率是多少？能否补全数据，如何补全？删除缺失数据是否会影响分析结果？

对时空大数据，数据的完整性还得考虑个体、时间与空间维度。

在个体维度上，需要回答：数据是抽样数据还是全样本数据？如果是抽样数据，数据量是多少？怎么抽样？抽样率是多少？抽样数据在时空上有什么特征？数据是城市中一家出租车运营公司的数据还是所有出租车运营公司的数据总和？

在时间维度上，数据是否在某段时间内存在缺失？这种缺失是因为数据采集出现问题，还是数据本身在这一时段内就比较少？

在空间维度上，数据是否在某个地理区域范围内存在缺失？是这里本身就处于郊区没采集到样本，还是这里的GPS信号因为某种故障而丢失？

3. 数据的准确性

数据的准确性则是评估数据与真实情况的差异。例如，某市的出租车数据经纬度是否在该市的地理范围内？如果超出该市的地理范围，超出距离大概是多少？更细来说，出租车应该出现在道路上，不可能出现在建筑物里，那么数据能否很准确地分布在道路上？数据的地理位置是否存在瞬移？出租车的车速是否在合理范围，若车速为负值或者超出城市运营管理的速度上限，那就有理由怀疑这些数据的准确性。不合理的数据需要进行剔除或修改。

对不同数据与不同研究内容，所需的数据评估内容也不同，需要结合数据的实际情况进行设计。

6.3.2　出租车 GPS 数据的时间完整性评估

本节以出租车数据的时间维度完整性为例进行质量评估，统计数据在时间上的分布情况。数据的时间统计粒度不同，会导致最后统计的结果出现一定差异。因此，需要根据研究目的，确定与其相适应的时间统计单位。在本节中，将以小时为粒度，统计（集计）出租车GPS数据与出行订单数量的小时分布情况。

时空大数据的时间信息可能包括年、月、日、时、分、秒等时间单位，而在读取数据时，如果没有设定时间格式，读取进来的时间字段的值将以字符串形式呈现，我们手中数据的时间格式与统计粒度并不能够完全重合。因此，如果需要统计每小时出租车的GPS数据量与出行订单数量，需要从时间字段中提取出小时的信息，作为数据表中的一列，并将以此列为依据进行集计统计。

因此，这里的核心工作是两部分：

● 如何从时间字段中提取出小时信息？

● 如何基于小时信息统计每小时的数据量？

接下来，我们的工作将围绕以上两点展开。

1. 时间字段的处理

首先，如何从时间字段中提取出小时信息？在这一节中将介绍时间字段处理的三种方法，并比较三者的运算效率。

1）日期数据格式转换

第一种方法在逻辑上非常直接，把字符串格式转换为Pandas中内置的日期格式，然后再提取日期格式中的小时信息。代码如下。

```
1. In [6-9]:
2. #方法一：转换为日期格式
3. pd.to_datetime(data['Stime'])
```

输出结果如图6-11所示，耗时12.5s。

```
20280     2021-09-20 00:00:29
19577     2021-09-20 00:01:01
19985     2021-09-20 00:01:09
19153     2021-09-20 00:01:41
19986     2021-09-20 00:02:21
            ...
177680    2021-09-20 23:53:21
182105    2021-09-20 23:53:27
178293    2021-09-20 23:53:33
177982    2021-09-20 23:53:36
179436    2021-09-20 23:53:51
Name: Stime, Length: 544084, dtype: datetime64[ns]
```

图6-11　日期格式转换

输出结果中，列数据格式为datetime64[ns]，且日期自动补全了年月日的信息。如果字符串中已有年月日的信息，pd.to_datetime()函数会按照字符串数据提取对应信息，也可修改其中的format参数定义时间字符串的格式。

从日期格式的列中提取小时信息，则需要进一步用dt方法将时间列转换为DatetimeProperties对象，再从中提取出hour（小时）的信息。

```
1. In [6-10]:
2. #提取数据中的小时：
3. data['Hour'] = pd.to_datetime(data['Stime']).dt.hour
4. data
```

输出结果如图6-12所示，耗时12.6s。

	VehicleNum	Stime	Lng	Lat	OpenStatus	Speed	StatusChange	Hour
20280	22396	00:00:29	113.996719	22.693333	1	20	NaN	0
19577	22396	00:01:01	113.995514	22.695032	1	34	0.0	0
19985	22396	00:01:09	113.995430	22.695766	1	41	0.0	0
19153	22396	00:01:41	113.995369	22.696484	1	0	0.0	0
19986	22396	00:02:21	113.995430	22.696650	1	17	0.0	0
...	...	...	...	...	...	...	...	...
177680	36805	23:53:21	114.120354	22.544300	1	0	0.0	23
182105	36805	23:53:27	114.120354	22.544300	1	0	0.0	23
178293	36805	23:53:33	114.120354	22.544300	1	0	0.0	23
177982	36805	23:53:36	114.120354	22.544300	0	0	-1.0	23
179436	36805	23:53:51	114.120354	22.544300	0	0	0.0	23

544084 rows × 8 columns

图6-12 小时信息的提取（方法1）

这一方法的缺点在于耗时，当数据量较大时，将字符串转换为时间格式需要耗费大量时间。

2）字符串str方法

这一方法的核心在于把Series对象转换为pandas内置的StringMethods对象，并使用StringMethods对象的slice方法截取字符串切片，传入开始与结束位置的索引，提取前两位字符，从而获取小时信息。

```
1. In [6-11]:
2. #查看Stime列的第一行
3. data['Stime'].iloc[0]
4. Out[21]:
5. '00:19:01'
6.
7. In [6-12]:
8. #把Stime列转换为StringMehods对象，进行切片操作，再赋值给Hour列
9. data['Hour'] = data['Stime'].str.slice(0,2)
```

输出结果如图6-13所示，耗时178ms。

	VehicleNum	Stime	Lng	Lat	OpenStatus	Speed	StatusChange	Hour
20280	22396	00:00:29	113.996719	22.693333	1	20	NaN	00
19577	22396	00:01:01	113.995514	22.695032	1	34	0.0	00
19985	22396	00:01:09	113.995430	22.695766	1	41	0.0	00
19153	22396	00:01:41	113.995369	22.696484	1	0	0.0	00
19986	22396	00:02:21	113.995430	22.696650	1	17	0.0	00
...	...	...	...	...	...	...	...	...
177680	36805	23:53:21	114.120354	22.544300	1	0	0.0	23
182105	36805	23:53:27	114.120354	22.544300	1	0	0.0	23
178293	36805	23:53:33	114.120354	22.544300	1	0	0.0	23
177982	36805	23:53:36	114.120354	22.544300	0	0	-1.0	23
179436	36805	23:53:51	114.120354	22.544300	0	0	0.0	23

544084 rows × 8 columns

图6-13　小时信息的提取（方法2）

采用StringMethods对象的方法，可以对原有Series的每一行进行相同的字符串操作，输出结果为Series形式。其中的过程可以理解为StringMethods对象的方法对原Series的每一行元素遍历操作，将所有行的结果按照原有Series的Index排序，构成一个Series后输出。StringMethods对象还有许多字符串操作方法可使用，具体可以查阅官方帮助文档。

3）apply方法实现数据表的遍历

这一方法将Python内置str方法与DataFrame的apply方法结合使用。可以使用apply方法对DataFrame或Series的每一行进行遍历。此时需要写好对每一行的操作，封装为一个函数，作为apply的参数传入。例如，首先定义要对每一行的字符串进行操作：

```
1. In [6-13]:
2. r = '00:19:01'
3. def f(r):
4.     return r[:2]
5. f(r)
6. Out [6-13]:
7. '00'
```

然后，将定义的函数传入apply中：

```
1. In [6-14]:
2. data['Stime'].apply(f)
```

输出结果如图6-14所示，耗时125ms。

```
20280     00
19577     00
19985     00
19153     00
19986     00
          ..
177680    23
182105    23
178293    23
177982    23
179436    23
Name: Stime, Length: 544084, dtype: object
```

图6-14　提取小时列

上面定义的函数操作比较简单，可以使用lambda匿名函数减少代码行数。另外需要注意的是，apply函数可以对DataFrame或Series使用，而在对DataFrame使用时，需要加上参数axis = 1指定按列进行遍历，同时遍历函数的输入是数据的每一行，例如：

```
1. In [6-15]:
2. data.apply(lambda r:r['Stime'][:2],axis = 1)
```

输出结果与图6-14相同，但耗时为2.38s。代码中，r是data中的每一行，需要用r['Stime']取出行中的Stime列进行处理，因此相对Series列的apply遍历耗时更长。

需要注意的是，后两种小时提取方法取出的结果为字符串类型，可以通过astype方法转换为数值型：

```
1. In [6-16]:
2. data['Hour'] = data['Hour'].astype(int)
```

至此，就成功地将数据时间的小时信息提取出来放在Hour列中了。

2. 数据量的小时集计

接下来，如何基于小时信息统计每小时的数据量？通过前面时间字段中的小时信息的提取，同一小时内产生的GPS数据，Hour字段中会拥有相同的值，可以依据这一字段对数据采用groupby方法进行集计操作，再用count方法指定VehicleNum列统计每小时的数据量，代码如下。

```
1. In [6-17]:
2. #分组并统计各组数量
3. Hourcount = data.groupby('Hour')['VehicleNum'].count()
4. #更改Series的列名，并通过reset_index将Series变成DataFrame
5. Hourcount = Hourcount.rename('count').reset_index()
6. Hourcount
```

输出结果如图6-15所示。

3. 数据量时间分布的折线图绘制

通过数据的聚合处理，已经得到了每小时的数据量。在这一节中，通过Matplotlib库将数据绘制为简单的折线图与柱状图。

使用Matplotlib对数据绘图可以分为以下三个步骤。

1）创建图表

在Matplotlib的绘图中，存在几个概念需要加以区分：fig（figure）、ax（axes）、plt（pyplot）与Axis，它们之间的关系如图6-16所示。通俗来讲，fig相当于画板，ax相当于纸，一个画板上可以有多张纸，一张纸上则需要有相应的x轴和y轴。plt则相当于画笔，集成了各类画图方法。在画图时，如果有多张纸，则相应告诉画笔应该在哪一张纸上画图。在创建图表时，需要定义画板的大小、画板上纸的数量等信息。

	Hour	count
0	0	23701
1	1	22312
2	2	21235
3	3	20019
4	4	19682
5	5	20068
6	6	19533
7	7	22388
8	8	23789
9	9	22001
10	10	22780
11	11	23205
12	12	21221
13	13	23608
14	14	24175
15	15	24954
16	16	24993
17	17	24815
18	18	21353
19	19	24000
20	20	24563
21	21	24039
22	22	24155
23	23	21495

图6-15　按小时集计数据量

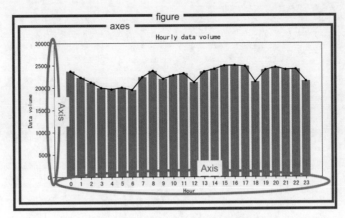

图6-16　Matplotlib中的各种元素

2）在图上画

图表的绘制可以通过调用plt画笔进行绘制，plt提供了各类图表绘制的内置方法，在前面可视化章节中已经展示过，在此不再赘述。

3）调整图中元素并显示或存储

在这一步骤中定义图中标题、图例、坐标轴等内容，调整的元素由plt的不同方法决定，如图6-17所示。

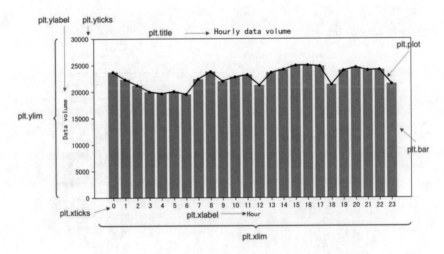

图6-17　图表中的各类元素

下面对数据的时间分布，在一个图表中同时绘制柱状图、折线图与散点图，代码如下。

```
1. In [6-18]:
2. #1.创建图表
3. #导入包
4. import matplotlib.pyplot as plt
5. #创建一个图，图的尺寸为8×4in，dpi为300
6. fig = plt.figure(1,(8,4),dpi = 300)
7. #在图中创建子图
```

8. #111分别表示：创建共一个子图，子图的布局为1行1列
9. ax = plt.subplot(111)
10.
11. #2. 在图上画
12. #绘制折线图，分别传入节点的x坐标与y坐标，'k-'定义了黑色实线
13. plt.plot(Hourcount['Hour'],Hourcount['count'],'k-')
14. #绘制散点图，分别传入节点的x坐标与y坐标，'k-'定义了黑色散点
15. plt.plot(Hourcount['Hour'],Hourcount['count'],'k.')
16. #绘制柱状图，分别传入节点的x坐标与y坐标
17. plt.bar(Hourcount['Hour'],Hourcount['count'])
18.
19. #3.调整图中元素
20. #加y轴标题
21. plt.ylabel('Data volume')
22. #加x轴标题
23. plt.xlabel('Hour')
24. #调整x轴标签
25. plt.xticks(range(24),range(24))
26. #加图标题
27. plt.title('Hourly data volume')
28. #设置y轴范围
29. plt.ylim(0,30000)
30. #显示图
31. plt.show()

输出结果如图6-18所示。

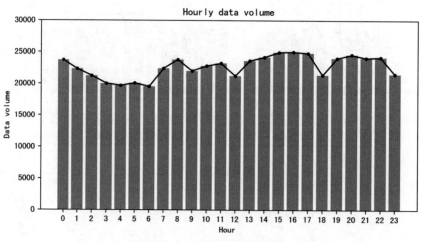

图6-18　小时数据量折线图

从数据量的时变折线图可以看到，数据在小时分布上并没有明显的数据缺失情况。

6.4　出租车数据的空间完整性评估

本节以出租车数据的空间维度完整性进行质量评估，统计数据在地理空间上的分布情况。

出租车数据GPS的定位精度达到小数点后6位，即便两条记录发生在非常接近的地点，产生的经纬度坐标也只有极小的概率相同。如果直接采用经纬度坐标进行空间集计，则无法达到数据聚合的效果，在所有位置统计出来的点数量都是1。因此，要评估数据的空间完整性，首先需要对数据以特定地理空间统计单元进行统计。

在前面地理空间处理基础章节中介绍了栅格化方法，利用该方法能够将研究区域划分为等长宽的正方形栅格，也能够经过简单的数学运算将数据点与其所在的栅格进行对应。在这一节中将用代码实现栅格化，对研究范围生成栅格，并对出租车的空间信息进行集计处理。

6.4.1 出租车 GPS 数据空间分布栅格图

这一节中，对出租车GPS数据进行栅格对应与可视化，观察数据的整体分布，对数据的空间分布进行完整性评估，主要步骤如下。

（1）生成研究区域地理范围内的等大小栅格渔网。

（2）将GPS数据对应至栅格，并集计。

（3）将栅格集计信息与栅格的地理信息数据连接。

（4）以数据量为颜色映射，可视化栅格。

1. 研究区域栅格生成

首先，将用Python代码实现研究范围内栅格，并存储为GeoDataFrame形式。

1）研究范围行政区划边界的读取

在前面章节多次提到，GeoPandas是提供地理空间数据处理功能的Python第三方库。通过GeoPandas库，可以直接读取Shapefile与GeoJSON格式的地理空间数据文件，Shapefile文件至少由三个子文件构成，后缀分别为 ".shp" ".shx" 与 ".dbf"，且这三个文件必须要在同一目录下。Shapefile的主文件为 ".shp"，使用GeoPandas读取的也是拥有这个后缀的文件。读取的代码如下。

```
1. In [6-19]:
2. #导入GeoPandas
3. import geopandas as gpd
4. #读取shp格式地理数据文件
5. sz = gpd.read_file(r'sz/sz.shp',encoding = 'utf-8')
6. #绘制地理数据文件
7. sz.plot()
```

输出结果如图6-19所示。

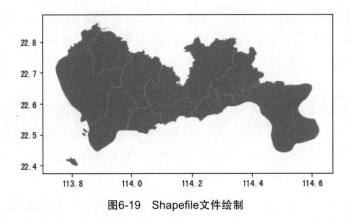

图6-19　Shapefile文件绘制

查看一下读取进来的变量类型以及内容。

```
1. In [6-20]:
2. type(sz)
3. Out [6-20]:
4. geopandas.geodataframe.GeoDataFrame
5.
6. In [6-21]:
7. sz
```

输出结果如图6-20所示。

	centroid_x	centroid_y	qh	geometry
0	114.143157	22.577605	罗湖	POLYGON ((114.10006 22.53431, 114.09969 22.535...
1	114.041535	22.546180	福田	POLYGON ((113.98578 22.51348, 113.98558 22.523...
2	114.270206	22.596432	盐田	POLYGON ((114.22772 22.54290, 114.22643 22.543...
3	113.851387	22.679120	宝安	MULTIPOLYGON (((113.81831 22.54676, 113.81816 ...
4	113.926290	22.766157	光明	POLYGON ((113.98587 22.80304, 113.98605 22.802...
5	114.356936	22.691020	坪山	POLYGON ((114.42581 22.66510, 114.42470 22.664...
6	114.029687	22.686910	龙华	POLYGON ((114.10825 22.72368, 114.10785 22.723...
7	113.930714	22.544103	南山	MULTIPOLYGON (((113.81491 22.39929, 113.80914 ...
8	114.502205	22.571337	大鹏	POLYGON ((114.33439 22.62610, 114.33450 22.626...
9	114.206790	22.695694	龙岗	POLYGON ((114.06646 22.59544, 114.06635 22.595...

图6-20　读取后的GeoDataFrame地理数据表

从数据表的形式上看，GeoPandas中的地理信息数据表GeoDataFrame在pandas的DataFrame表数据基础上增加了一个GeoSeries列，列名为geometry，用以存储要素的几何信息，这一列中的每一个元素都是Shapely中的几何图形要素。

2）研究范围内栅格的生成

首先定义研究范围与栅格的大小，并根据式（4.1）和式（4.2），计算栅格的Δlon与Δlat。

```
1. In [6-22]:
2. #导入math包
3. import math
4. #划定栅格划分范围
```

```
5.  lon1 = 113.75194
6.  lon2 = 114.624187
7.  lat1 = 22.447837
8.  lat2 = 22.864748
9.  #取得左下角的经纬度
10. latStart = min(lat1, lat2);
11. lonStart = min(lon1, lon2);
12. #定义栅格大小,单位为米
13. accuracy = 500;
14. #计算栅格的经纬度增加量大小△Lon和△Lat,地球半径取6371004米
15. deltaLon = accuracy * 360 / (2 * math.pi * 6371004 * math.cos((lat1 + lat2)
    * math.pi / 360));
16. deltaLat = accuracy * 360 / (2 * math.pi * 6371004);
17. deltaLon,deltaLat
18.
19. Out[17]:
20. (0.004872614089207591, 0.004496605206422906)
```

然后,定义一个测试GPS点的经纬度,计算其对应的栅格编号与中心点经纬度。

```
1.  In [6-23]:
2.  #定义一个GPS点测试栅格化
3.  testlon = 114
4.  testlat = 22.5
5.
6.  #计算该GPS点对应的栅格编号
7.  LONCOL=divmod(float(testlon) - (lonStart - deltaLon / 2) , deltaLon)[0]
8.  LATCOL=divmod(float(testlat) - (latStart - deltaLat / 2) , deltaLat)[0]
9.
10. #计算该GPS点对应的栅格中心点经纬度
11. HBLON = LONCOL*deltaLon + lonStart #格子编号*格子宽+起始横坐标=格子中心横坐标
12. HBLAT = LATCOL*deltaLat + latStart
13.
14. LONCOL,LATCOL,HBLON,HBLAT
15.
16. Out[6-23]:
17. (51.0, 12.0, 114.00044331854959, 22.501796262477075)
```

通过上面的代码定义了基本的参数,接下来即可计算每个栅格的四个顶点坐标,循环生成栅格,生成整个研究范围的栅格。

```
1.  In [6-24]:
2.  import geopandas as gpd
3.  from shapely.geometry import Polygon
4.  #定义空的GeoDataFrame表,再往里加栅格
5.  data = gpd.GeoDataFrame()
6.  #定义空的list,后面循环一次就往里面加东西
7.  LONCOL_list = []
8.  LATCOL_list = []
9.  geometry_list = []
10. HBLON_list = []
11. HBLAT_list = []
```

```
12. #计算行列要生成的栅格数量
13. #lon方向是lonsnum个栅格
14. lonsnum = int((lon2-lon1)/deltaLon)+1
15. #lat方向是latsnum个栅格
16. latsnum = int((lat2-lat1)/deltaLat)+1
17. for i in range(lonsnum):
18.     for j in range(latsnum):
19.         #第i列，第j行的栅格中心点坐标
20.         HBLON = i*deltaLon + lonStart
21.         HBLAT = j*deltaLat + latStart
22.         #用周围的栅格推算三个顶点的位置
23.         HBLON_1 = (i+1)*deltaLon + lonStart
24.         HBLAT_1 = (j+1)*deltaLat + latStart
25.         #生成栅格的Polygon形状
26.         grid_ij = Polygon([
27.             (HBLON-deltaLon/2,HBLAT-deltaLat/2),
28.             (HBLON_1-deltaLon/2,HBLAT-deltaLat/2),
29.             (HBLON_1-deltaLon/2,HBLAT_1-deltaLat/2),
30.             (HBLON-deltaLon/2,HBLAT_1-deltaLat/2)])
31.         #把生成的数据都加入到前面定义的空list里面
32.         LONCOL_list.append(i)
33.         LATCOL_list.append(j)
34.         HBLON_list.append(HBLON)
35.         HBLAT_list.append(HBLAT)
36.         geometry_list.append(grid_ij)
37. #为GeoPandas文件的每一列赋值为刚刚的list
38. data['LONCOL'] = LONCOL_list
39. data['LATCOL'] = LATCOL_list
40. data['HBLON'] = HBLON_list
41. data['HBLAT'] = HBLAT_list
42. data['geometry'] = geometry_list
43. data
```

输出结果如图6-21所示。

	LONCOL	LATCOL	HBLON	HBLAT	geometry
0	0	0	113.751940	22.447837	POLYGON ((113.74950 22.44559, 113.75438 22.445...
1	0	1	113.751940	22.452334	POLYGON ((113.74950 22.45009, 113.75438 22.450...
2	0	2	113.751940	22.456830	POLYGON ((113.74950 22.45458, 113.75438 22.454...
3	0	3	113.751940	22.461327	POLYGON ((113.74950 22.45908, 113.75438 22.459...
4	0	4	113.751940	22.465823	POLYGON ((113.74950 22.46358, 113.75438 22.463...
...	...	...	...	...	...
16735	179	88	114.624138	22.843538	POLYGON ((114.62170 22.84129, 114.62657 22.841...
16736	179	89	114.624138	22.848035	POLYGON ((114.62170 22.84579, 114.62657 22.845...
16737	179	90	114.624138	22.852531	POLYGON ((114.62170 22.85028, 114.62657 22.850...
16738	179	91	114.624138	22.857028	POLYGON ((114.62170 22.85478, 114.62657 22.854...
16739	179	92	114.624138	22.861525	POLYGON ((114.62170 22.85928, 114.62657 22.859...

16740 rows × 5 columns

图6-21　生成的栅格表

对创建的栅格绘制查看其空间分布。

```
1. In [6-25]:
2. #绘制栅格的空间分布
3. data.plot(edgecolor = (0,0,0,1),linewidth = 0.2)
```

输出结果如图6-22所示。

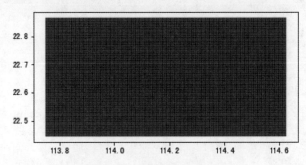

图6-22　生成的栅格空间分布

下一步，利用GeoDataFrame的intersects方法，输入行政区划的Polygon几何图形，将行政区划边界外的栅格剔除。

```
1. In [6-26]:
2. #将前面读取的GeoDataFrame用unary_union方法合并为一个Polygon图形作为研究范围
3. roi = sz.unary_union
4. #筛选出研究范围的栅格
5. grid_sz = data[data.intersects(roi)]
6. grid_sz.plot(edgecolor = (0,0,0,1),linewidth = 0.2)
```

输出结果如图6-23所示。

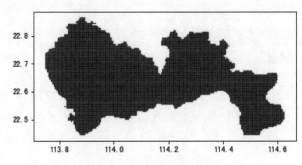

图6-23　研究范围内的栅格

由此便实现了研究范围内的栅格生成，将栅格数据保存至本地。

```
1. In [6-27]:
2. grid_sz.to_file(r'grid_sz.json', driver = 'GeoJSON')
```

2. GPS数据的栅格对应与集计

GPS数据以经纬度坐标的形式记录，利用式（4.9）和式（4.10）即可计算每个GPS点对应的栅格编号。然后，再基于栅格标号统计每个栅格内GPS数据量。

```
1. In [6-28]:
2. #读取数据
3. data = pd.read_csv('TaxiData-Sample.csv',header = None)
4. data.columns = ['VehicleNum','Stime','Lng','Lat','OpenStatus','Speed']
5. #数据对应的栅格经纬度编号
6. data['LONCOL'] = ((data['Lng'] - (lonStart - deltaLon / 2))/deltaLon).
   astype('int')
7. data['LATCOL'] = ((data['Lat'] - (latStart - deltaLat / 2))/deltaLat).
   astype('int')
8. #集计栅格数据量
9. data_distribution = data.groupby(['LONCOL','LATCOL'])['VehicleNum'].count().
   rename('count').reset_index()
10. #剔除不在研究范围内的OD记录
11. data_distribution = data_distribution[(data_distribution['LONCOL']>=0)&
    (data_distribution['LATCOL']>=0)&(data_distribution['LONCOL']<=lonsnum)&
    (data_distribution['LATCOL']<=latsnum)]
12. data_distribution
```

输出结果如图6-24所示，通过上述代码，统计出了每个栅格的GPS数据量。

	LONCOL	LATCOL	count
188	0	77	1
189	0	78	7
190	0	81	4
192	1	77	3
193	1	78	3
...	...	...	...
3968	160	89	2
3969	162	91	2
3970	163	92	1
3971	164	93	2
3972	165	93	3

3664 rows × 3 columns

图6-24 栅格数据量统计结果

3. 统计结果与栅格地理信息的连接

前面已经完成了栅格数据量的统计，其中的LONCOL与LATCOL列标识了栅格编号，count则为数据量统计。接下来需要把统计出的结果连接到栅格的空间地理信息grid_sz表上，也就是执行表的连接。

在对DataFrame和GeoDataFrame表连接的时候需要特别注意，merge函数保留传入的第一个对象的数据形式，如果想要让连接后的表格保持GeoDataFrame的形式，则必须将地理信息表放在前面。

```
1. In [6-29]:
2. #将栅格数据与统计数据进行表连接,在栅格数据上加上数据量
3. grid_count = pd.merge(grid_sz,data_distribution,on = ['LONCOL','LATCOL'])
4. grid_count
```

输出结果如图6-25所示。

	LONCOL	LATCOL	HBLON	HBLAT	geometry	count
0	5	52	113.776303	22.681660	POLYGON ((113.77387 22.67941, 113.77874 22.679...	6
1	5	53	113.776303	22.686157	POLYGON ((113.77387 22.68391, 113.77874 22.683...	3
2	5	54	113.776303	22.690654	POLYGON ((113.77387 22.68841, 113.77874 22.688...	1
3	5	55	113.776303	22.695150	POLYGON ((113.77387 22.69290, 113.77874 22.692...	1
4	5	56	113.776303	22.699647	POLYGON ((113.77387 22.69740, 113.77874 22.697...	6
...	...	...	...	...	...	...
3397	151	33	114.487705	22.596225	POLYGON ((114.48527 22.59398, 114.49014 22.593...	2
3398	152	33	114.492577	22.596225	POLYGON ((114.49014 22.59398, 114.49501 22.593...	1
3399	153	34	114.497450	22.600722	POLYGON ((114.49501 22.59847, 114.49989 22.598...	2
3400	154	33	114.502323	22.596225	POLYGON ((114.49989 22.59398, 114.50476 22.593...	1
3401	155	33	114.507195	22.596225	POLYGON ((114.50476 22.59398, 114.50963 22.593...	5

3402 rows × 6 columns

图6-25　统计结果与栅格地理信息连接

此时连接出的表为GeoDataFrame格式。

```
1. In [6-30]:
2. type(grid_count)
3. Out [6-30]:
4. geopandas.geodataframe.GeoDataFrame
```

4. 栅格数据分布的可视化

接下来绘制栅格数据分布，并将count一列映射给颜色，此时，grid_count变量已为GeoDataFrame格式，可以直接应用plot函数进行绘制，并指定栅格颜色随count列数值变化（即颜色映射），栅格的边界设置为0时，绘制出的效果即类似像素画，具体实现代码如下。

```
1. In [6-31]:
2. #绘制
3. import matplotlib.pyplot as plt
4. fig = plt.figure(1,(10,8),dpi = 250)
5. ax = plt.subplot(111)
6. #绘制行政区划的边界
7. sz.plot(ax = ax,edgecolor = (0,0,0,1),facecolor = (0,0,0,0),linewidths=0.5)
8. #设置colormap与colorbar
9. import matplotlib as mpl
10. #设置99%分位数为colorbar最大值
11. vmax = grid_count['count'].quantile(0.99)
12. #换一种内置颜色
13. cmapname = 'plasma'
14. cmap = mpl.cm.get_cmap(cmapname)
15. #创建colorbar的纸，命名为cax
16. cax = plt.axes([0.08, 0.4, 0.02, 0.3])
17. #此时因为创建了新的纸，plt移动到了cax这张纸上，设定colorbar的标题
18. plt.title('count')
19. #plt移动回ax这张纸上
20. plt.sca(ax)
```

```
21. #绘制栅格
22. grid_count.plot(ax = ax,column = 'count',linewidth = 0,   #指定颜色映射的列
23.                    vmin = 0,vmax = vmax,cmap = cmap,       #设置colorbar与数值范围
24.                    legend=True,cax = cax)                  #显示colorbar色条
25.
26. plt.axis('off')
27. plt.xlim(113.6,114.8)
28. plt.ylim(22.4,22.9)
29. plt.show()
```

输出结果如图6-26所示。

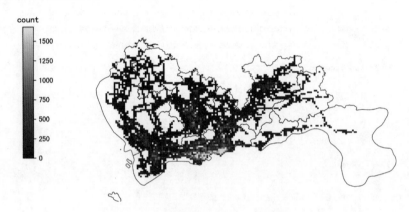

图6-26　GPS数据的空间分布（栅格集计）

从数据的栅格分布上看，数据集中分布于中心城区，郊区存在大片空白没数据的地方，这部分地方没有出租车需求。郊区有数据的地方则明显呈现线型分布，与道路的分布较为吻合。

6.4.2　出租车 GPS 数据空间分布散点图

在绘制数据的分布情况时，还可以采用更精细的散点图进行绘制。与栅格统计的原理一样，散点也需要进行集计统计才能进行绘制。

这一节中，主要展示数据散点分布的绘制方法。这里为了简便计算，在地理空间上以经纬度保留三位小数的方式进行集计。代码如下。

```
1. In [6-32]:
2. #经纬度保留三位小数
3. data2 = data[['Lng','Lat']].round(3).copy()
4. #集计每个小范围内数据量
5. data2['count'] = 1
6. data2 = data2.groupby(['Lng','Lat'])['count'].count().reset_index()
7. #排序数据，让数据量小的放上面先画，数据量大的放下面最后画
8. data2 = data2.sort_values(by = 'count')
9. data2
```

输出结果如图6-27所示。

	Lng	Lat	count
0	108.002	10.280	1
19901	114.123	22.636	1
19903	114.123	22.640	1
19908	114.123	22.665	1
19909	114.123	22.676	1
...	...	...	...
22183	114.180	22.556	1466
11185	114.013	22.668	1495
912	113.819	22.650	1558
10735	114.008	22.535	1916
12158	114.025	22.672	3351

26035 rows × 3 columns

图6-27　GPS点数据保留三位小数统计

将上面统计的GPS点以散点图的形式绘制，同时给图表加上地图的底图与比例尺指北针，绘图代码如下。

```
1.  In [6-33]:
2.  #创建图框
3.  import matplotlib as mpl
4.  import matplotlib.pyplot as plt
5.  import transbigdata as tbd
6.  fig     = plt.figure(1,(8,8),dpi = 80)
7.  ax      = plt.subplot(111)
8.  plt.sca(ax)
9.  #绘制行政区划的边界
10. bounds = [113.7, 22.42, 114.3, 22.8]
11. sz.plot(ax = ax,edgecolor = (0,0,0,0),facecolor = (0,0,0,0.1),linewidths=0.5)
12. #定义colorbar
13. pallete_name = "BuPu"
14. colors = sns.color_palette(pallete_name, 3)
15. colors.reverse()
16. cmap = mpl.colors.LinearSegmentedColormap.from_list(pallete_name, colors)
17. vmax = data2['count'].quantile(0.99)
18. norm = mpl.colors.Normalize(vmin=0, vmax=vmax)
19. #绘制散点图
20. plt.scatter(data2['Lng'],data2['Lat'],s = 1,alpha = 1,c = data2['count'],
    cmap = cmap,norm=norm )
21. #添加比例尺和指北针
22. tbd.plotscale(ax,bounds = bounds,textsize = 10,compasssize = 1,accuracy =
    2000,rect = [0.06,0.03])
23. plt.axis('off')
24. plt.xlim(bounds[0],bounds[2])
25. plt.ylim(bounds[1],bounds[3])
26. #绘制colorbar
27. cax = plt.axes([0.15, 0.33, 0.02, 0.3])
```

```
28. plt.colorbar(cax=cax)
29. plt.title('count')
30. plt.show()
```

输出结果如图6-28所示。

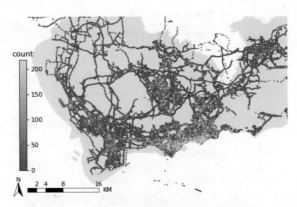

图6-28　出租车GPS数据的空间分布散点图

6.4.3　出租车 GPS 数据空间分布热力图

对数据的空间分布，还可以采用热力图进行绘制。在Matplotlib中绘制热力图则有两种方式，一种是采用等高线图直接对数据的分布进行绘制，另一种则是用二维核密度绘制。下面分别介绍这两种方法。

1. 等高线图plt.contour/plt.contourf

plt.contour（只绘制等高线）与plt.contourf（绘制等高线且在等高线之间填充颜色）是Matplotlib提供的等高线绘制方法，绘制出来的颜色代表的值代表数据量密度，具有现实物理意义。

用这种方式绘制对数据要求较高，需要数据分布本身就比较平滑，否则可视化效果不佳。plt.contourf需要将数据整理为如图6-29所示的矩阵形式。其中，x为经度，y为纬度，均为一维向量；z则为二维矩阵，内容是数据量。所以在绘制之前需要将数据转换成指定的形式输入。同时，也可以通过levels参数自行指定等高线绘制的层数与等高线的值。

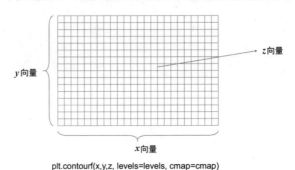

plt.contourf(x,y,z, levels=levels, cmap=cmap)

图6-29　plt.contourf传入的数据形式

```
1.  In [6-34]:
2.  import numpy as np
3.  #转换数据透视表,变成矩阵格式
4.  d = data2.pivot(columns = 'Lng',index = 'Lat',values = 'count').fillna(0)
5.  #取对数,缩小最大值与最小值之间的差距
6.  z = np.log(d.values)
7.  x = d.columns
8.  y = d.index
9.  #划分层数
10. levels = np.linspace(0, z.max(), 25)
```

将整理好的数据使用contourf函数进行可视化绘制。

```
1.  In [6-35]:
2.  #导入绘图包
3.  import matplotlib as mpl
4.  import matplotlib.pyplot as plt
5.  import transbigdata as tbd
6.  fig      = plt.figure(1,(8,8),dpi = 80)
7.  ax       = plt.subplot(111)
8.  plt.sca(ax)
9.  fig.tight_layout(rect = (0.05,0.1,1,0.9))#调整整体空白
10. #绘制行政区划的边界
11. bounds = [113.7, 22.42, 114.3, 22.8]
12. sz.plot(ax = ax,edgecolor = (0,0,0,0),facecolor = (0,0,0,0.1),linewidths=0.5)
13. #定义colorbar
14. cmap = mpl.colors.LinearSegmentedColormap.from_list('cmap', ['#9DCC42',
    '#FFFE03','#F7941D','#E9420E','#FF0000'], 256)
15. #绘制等高线图
16. plt.contourf(x,y,z, levels=levels, cmap=cmap,origin = 'lower')
17. #添加比例尺和指北针
18. tbd.plotscale(ax,bounds = bounds,textsize = 10,compasssize = 1,accuracy =
    2000,rect = [0.06,0.03])
19. plt.axis('off')
20. plt.xlim(bounds[0],bounds[2])
21. plt.ylim(bounds[1],bounds[3])
22. #绘制colorbar
23. cax = plt.axes([0.13, 0.32, 0.02, 0.3])
24. cbar = plt.colorbar(cax=cax)
25. #调整colorbar的显示标记位置
26. val = [1,10,100,1000,5000]
27. pos = np.log(np.array(val))
28. #在什么位置显示标记
29. cbar.set_ticks(pos)
30. #标记显示什么内容
31. cbar.set_ticklabels(val)
32. plt.title('Count')
33. plt.show()
```

输出结果如图6-30所示。

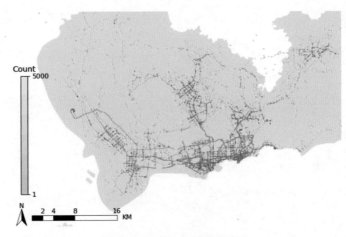

图6-30　数据分布的等高线图

2. 空间核密度seaborn-kdeplot

另一种方法是用核密度seaborn的kdeplot进行二维核密度分布的绘制。这一方法的原理是赋予每一个点数据一定的影响范围，利用离散的数据估计连续概率密度，将数据的分布进行平滑处理。经过处理后，估计出来的是抽象的密度值，无法对应现实的物理意义。绘图的代码如下。

```
1.  In [6-36]:
2.  #导入绘图包
3.  import matplotlib as mpl
4.  import matplotlib.pyplot as plt
5.  import transbigdata as tbd
6.  import seaborn as sns
7.  import numpy as np
8.  fig       = plt.figure(1,(10,10),dpi = 60)
9.  ax        = plt.subplot(111)
10. plt.sca(ax)
11. fig.tight_layout(rect = (0.05,0.1,1,0.9))     #调整整体空白
12. #绘制行政区划的边界
13. bounds = [113.7, 22.42, 114.3, 22.8]
14. sz.plot(ax = ax,edgecolor = (0,0,0,0),facecolor = (0,0,0,0.1),linewidths=0.5)
15. #colorbar的数据
16. cmap = mpl.colors.LinearSegmentedColormap.from_list('cmap', ['#9DCC42',
        '#FFFE03','#F7941D','#E9420E','#FF0000'], 256)
17. #设定位置
18. plt.axis('off')
19. plt.xlim(bounds[0],bounds[2])
20. plt.ylim(bounds[1],bounds[3])
21. #定义colorbar位置
22. cax = plt.axes([0.13, 0.32, 0.02, 0.3])
23. #绘制二维核密度图
24. sns.kdeplot('Lng','Lat',                      #指定x与y坐标所在的列
25.            data = data2[data2['count']>10],#传入数据,筛选去除太小的值
```

```
26.            weights = 'count',    #设定权重所在字段
27.            alpha = 0.8,          #透明度
28.            gridsize = 120,       #绘图精细度, 越高越慢
29.            bw = 0.03,            #高斯核大小( 经纬度 ), 越小越精细
30.            cmap = cmap,          #定义colormap
31.            ax = ax,              #指定绘图位置
32.            shade=True,           #等高线间是否填充颜色
33.            shade_lowest=False,   #最底层不显示颜色
34.            cbar=True,            #显示colorbar
35.            cbar_ax=cax           #指定colorbar位置
36.            )
37. plt.show()
```

输出结果如图6-31所示。

图6-31　数据分布的空间二维核密度分布图

6.4.4　数据分布不同绘制方式的总结

前面展示了数据分布的几种绘制方法, 在这一节中总结对比一下。数据分布的可视化方法有如下几种（图6-32）。

1. 栅格或散点图

以栅格形式表达数据分布是最基本的表达方法。GPS数据经过栅格化后, 每个数据点都含有对应的栅格信息, 采用栅格表达数据的分布时, 其表示的分布情况与真实情况最接近。栅格与散点图的原理相同, 只是集计的空间单元大小不同。通过栅格集计数据时, 随着栅格内点数据量的增加, 栅格聚集性的值增加, 空间点的作用范围限制在提前划分好的栅格内, 相邻栅格的聚集性互不影响。栅格与栅格之间的空间聚集性差异性可能很大, 数据不平滑。

2. 小区

这种方式是把数据集计到交通小区，统计每个交通小区的数据量，并以颜色深浅表示。由于交通小区的划分在城市核心区域密度大，分区小；而在城市外围郊区，交通小区密度小，分区较大。在经过集计后，在面积较大的交通小区数据量会被稀释，导致结果失真。

3. 核密度估计

在采用核密度估计表示数据分布时，每个数据点存在一定规则的影响范围，影响程度从内向外逐渐减少，形成了以点为中心影响渐变带。因此，空间某一位置的数据疏密程度为其相邻点影响叠加，在可视化中可以达到平滑数据的效果。也正是因为如此，平滑数据的处理可能会无法准确反映数据在空间的聚集情况，不能保证数据分布的准确性。另外还需要注意的是，在对核密度进行可视化时，不同的颜色分类间隔会产生不同的视觉效果。

4. 热力图

一些地图可视化包或者软件带有热力图可视化工具（例如ECharts）。这种可视化的效果与核密度估计相近，但原理不同。与核密度估计相比，热力图避免了对空间每个点都计算概率密度，而是采用颜色的简单叠加效果以减少计算量。热力图可视化所需的计算量较小，显示效率高，目前广泛应用于网页可视化中。

对同一种数据，不同的可视化方式会产生不同的效果，某些可视化方式可能会产生一定误导，在可视化时需要多加注意。

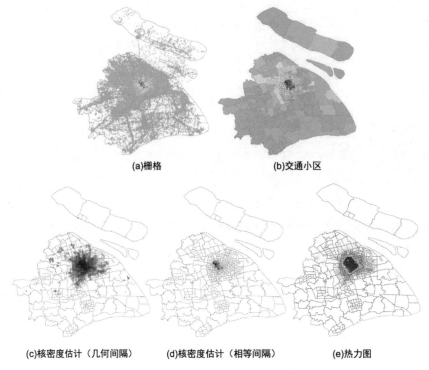

(a)栅格　　　　　　　　　　　(b)交通小区

(c)核密度估计（几何间隔）　　　(d)核密度估计（相等间隔）　　　(e)热力图

图6-32　同一份数据的空间分布用不同方式可视化的差异

6.5　出租车订单出行特征分析

6.5.1　出租车出行订单的 OD 提取

拿到出租车GPS数据时，我们最关心的核心内容是如何从数据中识别出租车的出行，包括每一趟出租车出行的车辆、起点（O点）、终点（D点）、开始时间、结束时间的信息。在这一节中，将介绍如何用Python从出租车GPS提取出租车出行信息，并整理为OD信息表存储到本地。

1. 出行OD提取思路

在正式的出行OD提取之前，请先思考一下，这个数据处理任务的输入是什么？输入的数据存储形式是怎样的？经过处理后希望获得的OD信息是什么？存储形式是怎样的？然后，这个数据处理任务中间需要经过哪些步骤？

输入数据就是现在手上的DataFrame，这自然不必多说。输出数据应该是怎样的呢？对输出结果来说，最好的存储形式是将数据整理为一个出行OD信息表，其中每一行数据代表一次出租车出行，而出行的起点、终点、时间、车牌等信息则以字段的形式存储。

pandas包的底层计算方式已经通过优化使得它最擅长数据的表格运算，如果能够将数据处理任务转换为表格的列运算，则运算处理速度将远远快于去遍历计算提取每一行的信息。那么，应该如何把这个数据处理任务通过数据的运算、筛选、移动得到出行OD信息？整个数据处理任务如图6-33所示。

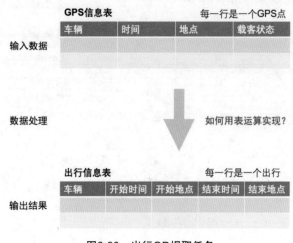

图6-33　出行OD提取任务

如何用表运算实现上述数据处理任务呢？简要来说分为以下两步。

（1）提取出GPS数据中的出行开始和结束信息。

（2）将同一个订单的信息整理到一行中。

对第一步，在前面对载客状态的分析中已经提到如何判别出租车运营的开始与结束。

在数据中提取OD信息，实际上就是将每次出行运营的开始与结束时的那两行信息提取出来。这两行信息都有一个明显的特点：它的载客状态相对上一条数据发生了变化。

可以通过shift函数将OpenStatus往下移一行得到OpenStatus1，再构建新的一列StatusChange用于表示载客状态是否发生变化，其值是OpenStatus减去OpenStatus1。当StatusChange为1时，乘客上车，订单开始；当StatusChange为-1时，乘客下车，订单结束。这样就能很轻松地提取出行的OD了，筛选条件如下：

（1）StatusChange为1或-1，分别对应订单的开始和结束。

（2）下一条数据的车牌号与本条数据的车牌号相等。

这一过程如图6-34所示。

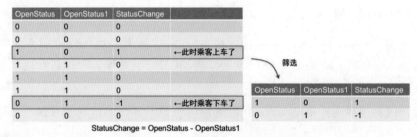

图6-34 出行开始和结束信息提取

对第二步，上一步筛选出的数据表，在正常情况下一条出行订单会存在两条记录，一条表示开始，另一条表示结束。如果按照时间排序，则开始与结束交替出现。这一步要做的就是将这两条记录的内容合并为一条记录显示。

其原理也非常简单，只需要将表的所有列整体往上移一行后将表拼起来，保留StatusChange的值为1的记录即可，如图6-35所示。

车牌	地点	时间	StatusChange		车牌	地点	时间	StatusChange
车1	上车地点	上车时间	1		车1	下车地点	下车时间	-1
车1	下车地点	下车时间	-1		车1	上车地点	上车时间	1
车1	上车地点	上车时间	1		车1	下车地点	下车时间	-1
车1	下车地点	下车时间	-1					

shift(-1)
上移一行

图6-35 整理订单信息

2. 出行OD提取的代码实现

接下来，将上述出行OD提取思路逐步用代码实现。首先是第一步，提取出出行的开始与结束信息，代码如下。

```
1. In [6-37]:
2. #构建StatusChange列
3. data['StatusChange'] = data['OpenStatus'] - data['OpenStatus'].shift()
4. #筛选出行开始和结束信息
5. oddata = data[((data['StatusChange'] == -1)|
6.              (data['StatusChange'] == 1))&
7.              (data['VehicleNum'].shift() == data['VehicleNum'])]
8. #删去无用的列
```

```
9. oddata = oddata.drop(['OpenStatus','Speed'],axis = 1)
10. oddata
```

输出结果如图6-36所示。

	VehicleNum	Stime	Lng	Lat	StatusChange
18947	22396	00:03:01	113.994934	22.697884	-1.0
20000	22396	00:19:41	114.013016	22.664818	1.0
20744	22396	00:23:01	114.021400	22.663918	-1.0
20094	22396	00:41:51	114.021767	22.640200	1.0
20640	22396	00:43:44	114.026070	22.640266	-1.0
...	...	...	...	...	...
178855	36805	23:20:09	114.133286	22.617750	-1.0
181804	36805	23:36:19	114.112968	22.549601	1.0
177946	36805	23:43:12	114.089485	22.538918	-1.0
180899	36805	23:46:14	114.091217	22.540768	1.0
177982	36805	23:53:36	114.120354	22.544300	-1.0

10327 rows × 5 columns

图6-36　出行开始与结束信息提取

请注意，上面的筛选条件中同时用到或（|）与和（&），如果是多个条件连接，最好加上括号保证逻辑的正确，例如：

```
1. 条件1|条件2&条件3          #可能会出错
2. (条件1|条件2)&条件3        #应使用这种形式，避免出错
```

在图6-36的结果中，StatusChange字段的1和-1大部分是成对交替出现的。第一条数据是从订单结束开始，原因是数据的观测时段开始时，这个订单正在运营中。

第二步，数据处理成oddata的形式，虽然能够从数据中找到订单的OD，但是每个订单有两条数据，我们当然希望一个订单只有一行数据，这行数据能同时包含订单的OD信息、订单开始和结束的时间信息。观察oddata，很容易就想到了用shift函数来处理连续数据，但是要注意使用shift后要保证数据属于同一辆出租车。实现代码如下。

```
1. In [6-38]:
2. #首先给oddata更改列名
3. oddata.columns = ['VehicleNum', 'Stime', 'SLng', 'SLat', 'StatusChange']
4. #把一个订单的两行数据整理成一行
5. oddata['Etime'] = oddata['Stime'].shift(-1)
6. oddata['ELng'] = oddata['SLng'].shift(-1)
7. oddata['ELat'] = oddata['SLat'].shift(-1)
8. #筛选正确的订单OD数据：StatusChange == 1；shift后的数据属于同一辆出租车
9. oddata = oddata[(oddata['StatusChange'] == 1)&
10.               (oddata['VehicleNum'] == oddata['VehicleNum'].shift(-1))]
11. #去掉StatusChange列
12. oddata = oddata.drop('StatusChange',axis = 1)
13. oddata
```

输出结果如图6-37所示。

	VehicleNum	Stime	SLng	SLat	Etime	ELng	ELat
20000	22396	00:19:41	114.013016	22.664818	00:23:01	114.021400	22.663918
20094	22396	00:41:51	114.021767	22.640200	00:43:44	114.026070	22.640266
20217	22396	00:45:44	114.028099	22.645082	00:47:44	114.030380	22.650017
19093	22396	01:08:26	114.034897	22.616301	01:16:34	114.035614	22.646717
19712	22396	01:26:06	114.046021	22.641251	01:34:48	114.066048	22.636183
...	...	...	...	...	...	...	...
183652	36805	22:49:12	114.114365	22.550632	22:50:40	114.115501	22.557983
183037	36805	22:52:07	114.115402	22.558083	23:03:12	114.118484	22.547867
180332	36805	23:03:45	114.118484	22.547867	23:20:09	114.133286	22.617750
181804	36805	23:36:19	114.112968	22.549601	23:43:12	114.089485	22.538918
180899	36805	23:46:14	114.091217	22.540768	23:53:36	114.120354	22.544300

5094 rows × 7 columns

图6-37 出行OD信息表

至此，已经成功提取了出租车订单的出行OD数据了。

3. 出行订单数量的时间分布

我们可以小时数据量统计同样的方式，统计oddata数据表，得到出行订单数量的时间分布。出租车订单是一个持续的过程，有开始与结束的时间。这里为了方便计算，以订单的开始时间为准对订单进行小时统计，代码如下。

```
1.  In [6-39]:
2.  #统计每小时订单数
3.  oddata['Hour'] = oddata.apply(lambda r:r['Stime'][:2],axis = 1).astype(int)
4.  Hourcount_od = oddata.groupby('Hour')['VehicleNum'].count()
5.  Hourcount_od = Hourcount_od.rename('count').reset_index()
6.  #绘制折线图
7.  import matplotlib.pyplot as plt
8.  fig = plt.figure(1,(8,4),dpi = 300)
9.  ax = plt.subplot(111)
10. plt.plot(Hourcount_od['Hour'],Hourcount_od['count'],'k-')
11. plt.plot(Hourcount_od['Hour'],Hourcount_od['count'],'k.')
12. plt.bar(Hourcount_od['Hour'],Hourcount_od['count'])
13. plt.ylabel('Trips')
14. plt.xlabel('Hour')
15. plt.xticks(range(24),range(24))
16. plt.title('Hourly trip count')
17. plt.ylim(0,350)
18. plt.show()
```

输出结果如图6-38所示。

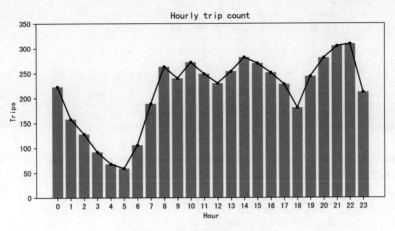

图6-38　订单数量的小时分布

从订单的开始时间统计可以看出，出租车订单并没有在某个时间段存在明显缺失。在夜间时段，订单数量有一个明显的低谷，这也与实际的需求相符。从数据量与订单量的时间分布上看，出租车数据在时间分布上是较为完整的。

6.5.2　出租车出行订单持续时间的统计

正常的出租车出行，一般从开始到结束的持续时间不会过短，也不会过长，需要在一个合理的范围内。因此从订单的持续时间上，可以进一步分析出租车订单的基本特征以及数据的准确性。在本节中，将对出租车出行订单的持续时间进行计算，并统计其特征。

1.订单持续时间的统计

首先，需要通过订单的开始时间与结束时间计算订单的持续时间，这里介绍两种方法：标准化时间与时间格式转换。

1）标准化时间

标准化时间以0点为初始时间，将某一时刻转换为相对初始时间的时间差。以"01:30:20"为例，这一时刻相对于0点的时间差为$1\times3600+30\times60+20 = 217\ 820$秒。将订单的开始与结束时间都转换为相对0点经过多少秒，则订单的持续时间即为这两者的差值。参照从字符串提取小时信息的处理思路，订单持续时间的计算代码如下。

```
1. In [6-40]:
2. #1.标准化时间
3. #订单开始时间标准化
4. oddata['Stime_st'] = oddata['Stime'].apply(lambda r: int(r.split(':')
   [0]))*3600+oddata['Stime'].apply(lambda r: int(r.split(':')[1]))*
   60+oddata['Stime'].apply(lambda r: int(r.split(':')[2]))
5. #订单结束时间标准化
6. oddata['Etime_st'] = oddata['Etime'].apply(lambda r: int(r.split
   (':')[0]))*3600+oddata['Etime'].apply(lambda r: int(r.split(':')[1]))*60+
   oddata['Etime'].apply(lambda r: int(r.split(':')[2]))
```

```
7. #计算时间差
8. oddata['duration'] = (oddata['Etime_st'] - oddata['Stime_st'])
9. oddata
```

输出结果如图6-39所示，耗时78ms。

	VehicleNum	Stime	SLng	SLat	Etime	ELng	ELat	Hour	Stime_st	Etime_st	duration
20000	22396	00:19:41	114.013016	22.664818	00:23:01	114.021400	22.663918	0	1181	1381	200
20094	22396	00:41:51	114.021767	22.640200	00:43:44	114.026070	22.640266	0	2511	2624	113
20217	22396	00:45:44	114.028099	22.645082	00:47:44	114.030380	22.650017	0	2744	2864	120
19093	22396	01:08:26	114.034897	22.616301	01:16:34	114.035614	22.646717	1	4106	4594	488
19712	22396	01:26:06	114.046021	22.641251	01:34:48	114.066048	22.636183	1	5166	5688	522
...	...	...	...	...	...	...	...	...	...	...	...
183652	36805	22:49:12	114.114365	22.550632	22:50:40	114.115501	22.557983	22	82152	82240	88
183037	36805	22:52:07	114.115402	22.558083	23:03:12	114.118484	22.547867	22	82327	82992	665
180332	36805	23:03:45	114.118484	22.547867	23:20:09	114.133286	22.617750	23	83025	84009	984
181804	36805	23:36:19	114.112968	22.549601	23:43:12	114.089485	22.538918	23	84979	85392	413
180899	36805	23:46:14	114.091217	22.540768	23:53:36	114.120354	22.544300	23	85574	86016	442

5094 rows × 11 columns

图6-39　订单持续时间计算结果

2）时间格式转换

在前面的介绍中提到将字符串数据转换为时间格式的列，经过转换后，数据支持时间差直接运算。因此，将Stime和Etime转换为时间格式后进行差值计算，代码如下。

```
1. In [6-41]:
2. #2.时间格式转换
3. oddata['duration'] = pd.to_datetime(oddata['Etime']) - pd.to_datetime
   (oddata['Stime'])
4. #将时间差转换为秒
5. oddata['duration'] = oddata['duration'].apply(lambda r: r.seconds)
6. oddata
```

输出结果与图6-39一致，耗时303ms。

2. 订单持续时间的箱形图绘制

接下来，依据订单的开始时间对订单持续时间的分布绘制多分类的箱形图。Matplotlib中箱形图的绘制有两种方法：Matlotlib的boxplot函数和seaborn库的boxplot。

首先使用Matlotlib的boxplot函数进行绘制，该函数对数据传入的要求如图6-40所示。在绘制多分类的箱形图时，需要对数据进行整理，将每一种分类的数据单独作为一列放入一个列表中，再传入plt.boxplot函数中。

绘图的代码如下。

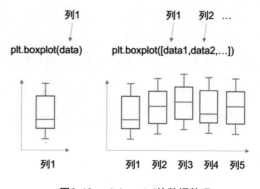

图6-40　plt.boxplot的数据整理

```
1. In [6-42]:
2. #订单持续时间箱形图的绘制：plt.boxplot
3. import matplotlib.pyplot as plt
4. fig      = plt.figure(1,(6,4),dpi = 250)
5. ax       = plt.subplot(111)
6. plt.sca(ax)
7. #整理箱形图的数据，循环遍历每个小时，将列数据放入datas变量中
8. datas = []
9. for hour in range(24):
10.     datas.append(oddata[oddata['Hour']==hour]['duration']/60)
11. #绘制箱形图
12. plt.boxplot(datas)
13. #更改x轴ticks的文字，传入两个参数，第一个为位置，第二个为标注文字
14. plt.xticks(range(1,25),range(24))
15. plt.ylabel('Order time(minutes)')
16. plt.xlabel('Order start time')
17. plt.ylim(0,60)
18. plt.show()
```

输出结果如图6-41所示。

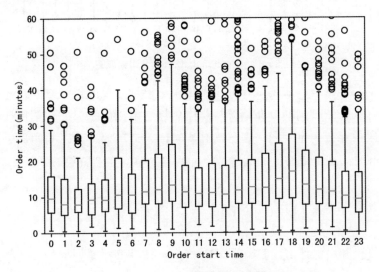

图6-41　plt.boxplot绘制的分组箱形图

对同样的图，也可以用seaborn库中的boxplot函数绘制。seaborn绘图功能由Matplotlib实现，而它在绘图的基础上加入了数据处理的步骤，免去了上面代码中数据整理的部分，代码如下。

```
1. In [6-43]:
2. #订单持续时间箱形图的绘制：sns.boxplot
3. import matplotlib.pyplot as plt
4. import seaborn as sns
5. fig      = plt.figure(1,(6,4),dpi = 250)
6. ax       = plt.subplot(111)
7. plt.sca(ax)
```

```
8.  #只需要一行,指定传入的数据,x轴、y轴分别是哪个维度
9.  sns.boxplot(x="Hour", y=oddata["duration"]/60, data=oddata,ax = ax)
10. plt.ylabel('Order time(minutes)')
11. plt.xlabel('Order start time')
12. plt.ylim(0,60)
13. plt.show()
```

输出结果如图6-42所示。

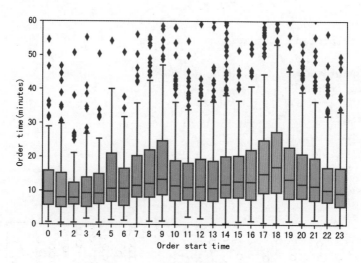

图6-42 sns.boxplot绘制的分组箱形图

经过前面的数据处理，成功地计算出了出租车出行订单的持续时间，并用箱形图展示了不同时间段订单持续时间的分布情况。从中可以看出，出租车的订单持续时间在一日之中的不同时间段内存在一定差异，在早晚高峰时间，订单的持续时间明显更长。其原因也很好解释，高峰时间城市道路更加拥挤，出行所需的时间当然就更长了。

6.5.3 出租车出行订单的栅格 OD 可视化

这一节中将绘制出租车出行的栅格OD分布图，主要的步骤如下。

（1）将出行的订单数据的OD点与栅格对应。

（2）将出行OD的起终点进行集计，得到每两个栅格之间的出行量，并推算起终点经纬度坐标。

（3）将出行OD集计的结果叠加至地图上实现可视化。

1. 出行订单数据的栅格对应

接下来，要将出行订单OD数据与栅格对应，实现代码如下。

```
1. In [6-44]:
2. #计算起点对应的栅格经纬度编号
3. oddata['SLONCOL'] = ((oddata['SLng'] - (lonStart - deltaLon / 2))/deltaLon).
   astype('int')
```

```
4.  oddata['SLATCOL'] = ((oddata['SLat'] - (latStart - deltaLat / 2))/deltaLat).
    astype('int')
5.  #计算终点对应的栅格经纬度编号
6.  oddata['ELONCOL'] = ((oddata['ELng'] - (lonStart - deltaLon / 2))/deltaLon).
    astype('int')
7.  oddata['ELATCOL'] = ((oddata['ELat'] - (latStart - deltaLat / 2))/deltaLat).
    astype('int')
8.  #剔除起终点在一个栅格内的记录
9.  oddata = oddata[-((oddata['SLONCOL']==oddata['ELONCOL'])&
10.                   (oddata['SLATCOL']==oddata['ELATCOL']))]
11. #剔除不在研究范围内的OD记录
12. oddata = oddata[(oddata['SLONCOL']>=0)&(oddata['SLATCOL']>=0)&
13.                 (oddata['ELONCOL']>=0)&(oddata['ELATCOL']>=0)&
14.                 (oddata['SLONCOL']<=lonsnum)&
15.                 (oddata['SLATCOL']<=latsnum)&
16.                 (oddata['ELONCOL']<=lonsnum)&
17.                 (oddata['ELATCOL']<=latsnum)]
18. #列数比较多,转置方便查看
19. oddata.iloc[:5].T
```

输出结果如图6-43所示,耗时39ms。上面将数据对应栅格的代码用的是简单的加减乘除的列运算,在pandas中运算的效率极高,也说明这种栅格对应方法适用于大规模数据集。

	0	1	2	3	4
VehicleNum	22396	22396	22396	22396	22396
Stime	00:19:41	00:41:51	00:45:44	01:08:26	01:26:06
SLng	114.013	114.022	114.028	114.035	114.046
SLat	22.6648	22.6402	22.6451	22.6163	22.6413
Etime	00:23:01	00:43:44	00:47:44	01:16:34	01:34:48
ELng	114.021	114.026	114.03	114.036	114.066
ELat	22.6639	22.6403	22.65	22.6467	22.6362
SLONCOL	54	55	57	58	60
SLATCOL	48	43	44	37	43
ELONCOL	55	56	57	58	64
ELATCOL	48	43	45	44	42

图6-43 出行起终点的栅格对应结果

通过上述操作,成功地生成了研究区域范围内的栅格,并将出行订单数据的起终点位置分别对应至栅格上,将起终点的栅格编号分别以列的形式在表上追加,方便后续的进一步计算。

2. 栅格OD集计与起终点坐标计算

在上一步的操作中计算了每一条出租车载客起终点对应的栅格。这里可以通过groupby函数以起终点栅格编号列为依据集计订单数量,并计算起终点对应栅格中心点经纬度坐标,代码如下。

```
1.  In [6-45]:
2.  #对以起终点栅格编号列为依据集计订单数量
3.  OD = oddata.groupby(['SLONCOL','SLATCOL','ELONCOL','ELATCOL'])['VehicleNum'].
    count().rename('count').reset_index()
4.  #起点栅格中心点经纬度
5.  OD['SHBLON'] = OD['SLONCOL'] * deltaLon + (lonStart - deltaLon / 2)
6.  OD['SHBLAT'] = OD['SLATCOL'] * deltaLat + (latStart - deltaLat / 2)
7.  #终点栅格中心点经纬度
8.  OD['EHBLON'] = OD['ELONCOL'] * deltaLon + (lonStart - deltaLon / 2)
9.  OD['EHBLAT'] = OD['ELATCOL'] * deltaLat + (latStart - deltaLat / 2)
10. #排序,将count值大的OD排在最下面
11. OD = OD.sort_values(by = 'count')
12. OD
```

输出结果如图6-44所示。

	SLONCOL	SLATCOL	ELONCOL	ELATCOL	count	SHBLON	SHBLAT	EHBLON	EHBLAT
0	2	78	7	78	1	113.759249	22.796324	113.783612	22.796324
1	7	74	14	78	1	113.783612	22.778337	113.817720	22.796324
2	9	52	14	57	1	113.793357	22.679412	113.817720	22.701895
3	10	64	16	61	1	113.798230	22.733371	113.827466	22.719882
4	10	70	63	43	1	113.798230	22.760351	114.056478	22.638943
...	...	...	...	...	...	...	...	...	...
4764	113	58	99	58	1	114.300109	22.706392	114.231892	22.706392
4765	114	34	78	28	1	114.304982	22.598473	114.129568	22.571494
4766	117	34	106	32	1	114.319600	22.598473	114.266001	22.589480
4767	117	75	107	66	1	114.319600	22.782834	114.270873	22.742365
4768	126	67	108	65	1	114.363453	22.746861	114.275746	22.737868

4769 rows × 9 columns

图6-44 出行起终点集计结果

上面输出的结果中，起终点栅格之间的出行量已经统计为count列。由于我们采用的数据为500辆车抽样的OD数据，只有少部分的栅格之间OD数量大于1，结果显示的count列中的值大部分为1。

3. 栅格OD绘制方法

接下来，对上面统计的出行OD进行可视化绘制。在这一节中，介绍并对比两种OD可视化绘制方法：Matplotlib的折线绘制和GeoPandas的LineString绘制方法，并对比两者的绘制速度。

1）Matplotlib的折线

这种方法是使用Matplotlib的plt.plot折线绘制，每一行OD记录是一条折线，需要循环遍历整个表中的每一行，输入每一条OD的起终点坐标进行绘制。在绘制时，需要先设定colormap色条工具，在每次循环时依据OD量取色，设置相应的线宽。在遍历绘制时，会将OD表最上端的OD线画在最底层，最下端画在最上层，因此还需要保证OD表从上至下count一列的值依次增大，才能够保证count数值较大的OD线不会被小的遮挡住。绘图的代

码如下。

```
1.  In [6-46]:
2.  #绘制OD
3.  import matplotlib.pyplot as plt
4.  fig = plt.figure(1,(10,8),dpi = 250)
5.  ax  = plt.subplot(111)
6.  plt.sca(ax)
7.
8.  #绘制地图底图，设置两者均在ax上绘制
9.  grid_sz.plot(ax =ax,edgecolor = (0,0,0,0.8),facecolor = (0,0,0,0),linewidths=0.2)
10. sz.plot(ax = ax,edgecolor = (0,0,0,1),facecolor = (0,0,0,0),linewidths=0.5)
11.
12. #设置colormap的数据
13. import matplotlib
14. vmax = OD['count'].max()
15. #设定一个标准化的工具，设定OD的colormap最大值与最小值，它的作用是norm(count)将
    #count标准化到0 ~ 1的范围内
16. norm = matplotlib.colors.Normalize(vmin=0,vmax=vmax)
17. #设定colormap的颜色
18. cmapname = 'autumn_r'
19. #cmap是一个获取颜色的工具，cmap(a)会返回颜色，其中a是0 ~ 1的值
20. cmap = matplotlib.cm.get_cmap(cmapname)
21.
22. #遍历绘制OD
23. for i in range(len(OD)):
24.     r = OD.iloc[i]
25.     count = r['count']
26.     linewidth = 1.5*(count/OD['count'].max())
27.     plt.plot([r['SHBLON'],r['EHBLON']],[r['SHBLAT'],r['EHBLAT']],linewidth =
            linewidth,color = cmap(norm(count)))
28.
29. #隐藏坐标轴
30. plt.axis('off')
31. plt.show()
```

输出结果如图6-45所示，绘制所有出行OD（5000条左右）共耗时5.26s。

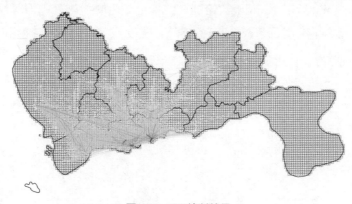

图6-45　OD绘制结果

2）GeoPandas的LineString

另一种绘制方法是将OD数据由DataFrame转换为GeoDataFrame，并给它赋予地理图形的属性，再使用plot函数绘制。使用这种方法可以避免循环，且绘制的效率更高。在GeoDataFrame中，最重要的是用一列geometry保存地理图形信息，其中的每一行内容都是Shapely包中提供的geometry要素。我们可以利用apply函数把每一条OD记录的起终点连线生成LineString对象，添加为geometry列，并将表转换为GeoDataFrame。实现代码如下：若绘制所有OD（4788条）记录，共耗时3.7s。

```
1. In [6-47]:
2. from shapely.geometry import LineString
3. #遍历生成OD的LineString对象，并赋值给geometry列
4. OD['geometry'] = OD.apply(lambda r:LineString([[r['SHBLON'],r['SHBLAT']],[r
   ['EH BLON'],r['EHBLAT']]]),axis = 1)
5. #转换为GeoDataFrame
6. OD = gpd.GeoDataFrame(OD)
7. #绘制看看是否能够识别图形信息
8. OD.plot()
```

输出结果如图6-46所示。在每一次构建GeoDataFrame时，都应该尝试用plot函数绘制，检验结果是否能够输出，确保能够识别图形信息。

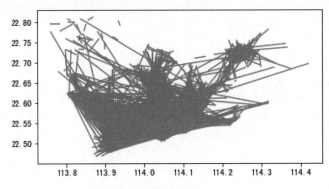

图6-46　OD所构建的GeoDataFrame

生成GeoDataFrame后，用plot函数绘制，并指定颜色映射的列，即可绘制OD。同时，GeoDataFrame也指定了绘制色条colorbar的方法，需要设定legend参数为True，并创建好色条的绘制位置。代码如下。

```
1. In [6-48]:
2. #绘制
3. #创建图框
4. import matplotlib.pyplot as plt
5. fig = plt.figure(1,(10,8),dpi = 250)
6. ax = plt.subplot(111)
7.
8. #绘制栅格与行政区划边界
9. grid_sz.plot(ax = ax,edgecolor = (0,0,0,0.8),facecolor = (0,0,0,0),linewidths=0.2)
10. sz.plot(ax = ax,edgecolor = (0,0,0,1),facecolor = (0,0,0,0),linewidths=0.5)
```

```
11.
12.  #设置colormap的数据
13.  import matplotlib
14.  vmax = OD['count'].max()
15.  cmapname = 'autumn_r'
16.  cmap = matplotlib.cm.get_cmap(cmapname)
17.  #创建colorbar的纸，命名为cax
18.  cax = plt.axes([0.08, 0.4, 0.02, 0.3])
19.  plt.title('count')
20.  plt.sca(ax)
21.
22.  #绘制OD
23.  OD.plot(ax = ax,column = 'count',#指定在ax上绘制，并指定颜色映射的列
24.          linewidth = 1.5*(OD['count']/OD['count'].max()),#指定线宽
25.          cmap = cmap,vmin = 0,vmax = vmax,             #设置OD的颜色
26.          legend=True,cax = cax)                        #设置绘制色条
27.
28.  #隐藏边框，并设定显示范围
29.  plt.axis('off')
30.  plt.xlim(113.6,114.8)
31.  plt.ylim(22.4,22.9)
32.
33.  #显示图
34.  plt.show()
```

输出结果如图6-47所示，总共耗时1.53s，绘制的效率远高于前面遍历绘制的方法。

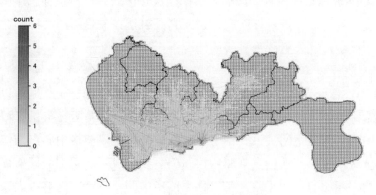

图6-47　OD绘制结果

从出行订单OD数据的空间分布上看，数据的出行订单集中分布于城市的核心区域，也与真实的需求相符合。

6.5.4　出租车出行的 OD 期望线绘制

1.OD匹配到矢量区域的思路

在交通领域，OD期望线是非常常用的概念。OD期望线的绘制过程为：将出行数据以交通小区（或行政区划）的不规则矢量图形进行统计，计算小区与小区之间的OD出行量，

以小区的质心作为OD期望线的起终点，将出行量映射到线的粗细与颜色上进行绘制，得到的结果即为OD期望线。

在前面的内容中，介绍了以栅格作为空间统计单元，绘制栅格OD的方法。而OD期望线则是将空间统计单元由栅格变为小区。栅格的地理区域是我们设定的规则矩形，而交通小区是基于一定标准划分的不规则多边形。

绘制OD期望线的关键一点在于将数据点匹配至不规则的矢量图形上。图6-48中列举了这一匹配过程的两种思路。

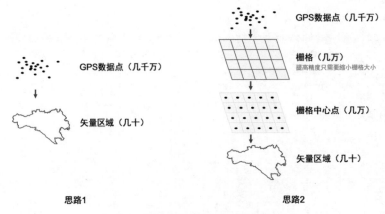

图6-48　数据点匹配至矢量区域的思路

思路1是直接将GPS数据点或出行的起终点匹配至矢量区域内。在这种思路下，每一个数据点都需要与矢量图形的边界点进行匹配，判断它是否落在矢量图形内部。在数据量达到上千万甚至上亿的级别，且矢量图形复杂的情况下，这种匹配思路会产生非常巨大的计算量，耗费极大的计算资源。

思路2则将匹配的过程分为两部分，首先将GPS点数据匹配至栅格上。同时以栅格的中心点匹配对应至矢量区域上。那么，只需要判断数据所在的栅格是否在矢量区域内，即可判断数据点与矢量图形之间的空间关系。由于这种匹配思路是以栅格中心点为依据进行判断，可能会导致矢量区域边缘的数据点判断错误。但只要生成更加精细的栅格，即可降低这种误差带来的影响。相比前一种思路，第二种思路所需的计算量则能够极大减少，在遇到大规模数据时更加实用。

本节主要采用思路2实现出行OD期望线的空间匹配，并进行可视化绘制，主要的步骤如下。

（1）栅格匹配至行政区划。

（2）将出行起终点匹配至栅格，进而对应到行政区划，并统计行政区划之间的出行量。

（3）为OD期望线对应起终点的经纬度信息，并可视化绘制。

2. 栅格匹配至行政区划

在栅格匹配至行政区划时，首先提取栅格的中心点，将栅格地理信息由矢量面转变为点。再使用GeoPandas的sjoin函数进行空间对象的空间连接，其用法与Pandas的merge表连接非常相似。在这里则是对栅格中心点的GeoDataFrame（其中geometry列为Point对象）与行政区划矢量面的GeoDataFrame（其中geometry列为Polygon对象）进行空间连接，代码如下。

```
1. In [6-49]:
2. #读取行政区划的矢量图形
3. sz = gpd.read_file(r'sz/sz.shp',encoding = 'utf8')
4. #读取栅格数据
5. grid_sz = gpd.read_file('grid_sz.json')
6. #提取栅格中心点，创建一个新变量
7. grid_centroid = grid_sz.copy()
8. #提取栅格中心点，赋值给grid_centriod的geometry
9. grid_centroid['geometry'] = grid_centroid.centroid
10. #栅格匹配到行政区划：gpd.sjoin
11. grid_centroid = gpd.sjoin(grid_centroid,sz)
12. grid_centroid
```

输出结果如图6-49所示，在每个栅格的后面加上了其所在行政区划的信息。

	LONCOL	LATCOL	HBLON	HBLAT	geometry	index_right	centroid_x	centroid_y	qh
2	0	54	113.751940	22.690654	POINT (113.75194 22.69065)	3	113.851387	22.679120	宝安
3	0	55	113.751940	22.695150	POINT (113.75194 22.69515)	3	113.851387	22.679120	宝安
4	0	56	113.751940	22.699647	POINT (113.75194 22.69965)	3	113.851387	22.679120	宝安
5	0	57	113.751940	22.704143	POINT (113.75194 22.70414)	3	113.851387	22.679120	宝安
6	0	58	113.751940	22.708640	POINT (113.75194 22.70864)	3	113.851387	22.679120	宝安
...	...	...	...	...	...	...	...	...	...
8976	178	14	114.619265	22.510789	POINT (114.61927 22.51079)	8	114.502205	22.571337	大鹏
8977	178	15	114.619265	22.515286	POINT (114.61927 22.51529)	8	114.502205	22.571337	大鹏
8978	178	16	114.619265	22.519783	POINT (114.61927 22.51978)	8	114.502205	22.571337	大鹏
8979	178	17	114.619265	22.524279	POINT (114.61927 22.52428)	8	114.502205	22.571337	大鹏
8980	178	18	114.619265	22.528776	POINT (114.61927 22.52878)	8	114.502205	22.571337	大鹏

8541 rows × 9 columns

图6-49 将栅格与行政区划信息连接

3. 数据匹配到行政区划

经过上一步的数据处理，每个栅格数据都对应了所属的行政区域。只要知晓了出行起终点所属的栅格，就知道了其对应的行政区划。在前面已经将栅格OD数据集计至变量OD上，以SLONCOL、SLATCOL、ELONCOL和ELATCOL代表其起终点栅格编号。接下来只需要将栅格信息与OD进行表连接，获得出行起终点所在的行政区划信息即可，代码如下。

```
1. In [6-50]:
2. #保留有用的字段
3. grid_centroid = grid_centroid[['LONCOL','LATCOL','qh']]
4. #改变grid_centroid字段名，使其与OD数据起点栅格编号列能够匹配
5. grid_centroid.columns = ['SLONCOL','SLATCOL','Sqh']
6. OD = pd.merge(OD,grid_centroid,on = ['SLONCOL','SLATCOL'] )
7. #改变grid_centroid字段名，使其与OD数据终点栅格编号列能够匹配
```

```
8. grid_centroid.columns = ['ELONCOL','ELATCOL','Eqh']
9. OD = pd.merge(OD,grid_centroid,on = ['ELONCOL','ELATCOL'] )
10. #集计OD量
11. qhod  = OD.groupby(['Sqh','Eqh'])['count'].sum().reset_index()
12. #去除起终点在同一个行政区划的数据
13. qhod = qhod[qhod['Sqh'] != qhod['Eqh']]
14. qhod.head(5)
```

输出结果如图6-50所示。

	Sqh	Eqh	count
2	南山	宝安	78
3	南山	福田	125
4	南山	罗湖	17
5	南山	龙华	14
6	南山	龙岗	9

图6-50　行政区划间
OD出行量集计

4. 行政区划间OD期望线绘制

接下来，将行政区划的中心点坐标与行政区划OD出行量进行表连接，将起终点经纬度对应至OD期望线上，转换为GeoDataFrame并为每一条OD生成LineString线型，使其成为地理信息数据。这一步的绘图与前面栅格OD绘制处理思路一样，这里不再赘述，代码如下。

```
1. In [6-51]:
2. #匹配起点行政区划的中心点经纬度
3. tmp = sz[['centroid_x','centroid_y','qh']]
4. tmp.columns = ['S_x','S_y','Sqh']
5. qhod = pd.merge(qhod,tmp,on = 'Sqh')
6. #匹配终点行政区划的中心点经纬度
7. tmp.columns = ['E_x','E_y','Eqh']
8. qhod = pd.merge(qhod,tmp,on = 'Eqh')
9. #为OD期望线生成GeoDataFrame
10. qhod = gpd.GeoDataFrame(qhod)
11. qhod['geometry'] = qhod.apply(lambda r:LineString([[r['S_x'],r['S_y']], [r['E_x'],
    r['E_y']]]),axis = 1)
12. qhod.plot()
```

输出结果如图6-51所示。

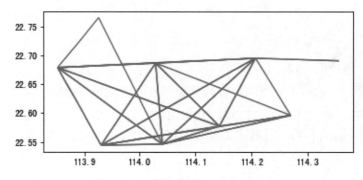

图6-51　OD期望线的GeoDataFrame

接下来，对OD期望线进行可视化，代码如下。

```
1. In [6-52]:
2. #绘制
3. #创建图框
```

```
4.  import matplotlib.pyplot as plt
5.  fig = plt.figure(1,(10,8),dpi = 250)
6.  ax = plt.subplot(111)
7.  #绘制行政区划边界
8.  sz.plot(ax = ax,edgecolor = (0,0,0,0),facecolor = (0,0,0,0.2),linewidths=0.5)
9.  #设置colormap的数据
10. import matplotlib as mpl
11. vmax = qhod['count'].max()
12. cmapname = 'autumn_r'
13. cmap = mpl.cm.get_cmap(cmapname)
14. #创建colorbar
15. cax = plt.axes([0.08, 0.4, 0.02, 0.3])
16. plt.title('count')
17. plt.sca(ax)
18. #绘制OD
19. qhod.plot(ax = ax,column = 'count',#指定在ax上绘制,并指定颜色映射的列
20.           linewidth = 5*(qhod['count']/qhod['count'].max()),#指定线宽
21.           cmap = cmap,vmin = 0,vmax = vmax, #设置OD的颜色
22.           legend=True,cax = cax)              #设置绘制色条
23. #隐藏边框,并设定显示范围
24. plt.axis('off')
25. plt.xlim(113.6,114.8)
26. plt.ylim(22.4,22.9)
27. #显示图
28. plt.show()
```

输出结果如图6-52所示。

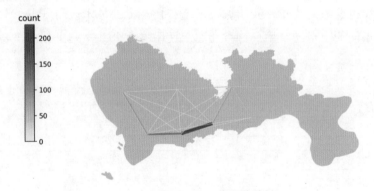

图6-52　OD期望线绘制

至此，出租车出行的OD期望线便已绘制成功。

6.6　本章习题

1. 将本章中所介绍的数据处理内容在本地环境中实现。

2. 在出租车的时间完整性评估中，我们采用的是对出租车出行的开始时间进行统计，这样是否会出现一些问题？有没有更好的方法？

第7章

地铁IC刷卡数据——城市轨道交通客流分析

在本章中，将用地铁的IC刷卡数据分析城市轨道交通客流特征。本章的内容将涉及城市地铁轨道线网的建模，将轨道网络模型与IC刷卡数据相结合，从网络中获取乘客的出行路径，进而得到城市轨道交通客流现状。在前面基本数据处理操作的基础上，通过本章的内容将实现Python网络分析与地理信息处理的相关技术操作。

7.1 数据与思路

7.1.1 IC刷卡数据简介

IC刷卡（Integrated Circuit Card）数据又称智能卡（Smart Card）数据、AFC（Automatic Fare Collection）数据等，也是一种常见的个体连续追踪的时空大数据。它由城市公共交通自动售检票系统收集，我国城市轨道交通AFC的技术已与城市一卡通接轨，实现城市内甚至城市间的一卡通。用户持有交通卡使用城市公共交通出行，在刷卡时即会在IC刷卡数据中产生记录。

IC刷卡数据包括但不限于表7-1中所列出的数据字段。对于有轨道交通系统的城市，IC刷卡数据中同时会存在公交和地铁的刷卡信息，这两部分的数据情况可能不同。

表7-1　IC刷卡数据的字段

字　段　名	样　　例	说　　明
卡ID	100405844	对每张卡的唯一标识码
刷卡时间	2019-04-01 12:43:24	刷卡数据的采集时间
刷卡地点	11号线枫桥路	刷卡数据所对应的站点，有些数据集中该字段为采集机器编号，需要再对应至站点
刷卡金额	3.0	刷卡消费金额，可以用该字段判断进出站情况
出行方式	地铁	区分地铁出行或公交出行
卡类型	老人卡	区分是否为特殊类型的卡
卡余额	34.0	卡中余额情况

对公交刷卡部分，大部分城市的公交只在上车时刷卡，下车时不用刷卡。大部分刷卡数据只能对应至刷卡的机器，而刷卡机器还需要再对应至具体车辆。刷卡数据中，一般也不包含公交刷卡的站点，只能通过公交GPS数据或公交到离站具体信息推断出上车站点位

置。另一方面，下车站点也需要通过用户具体的出行链（例如下一次刷卡位置）以一定规则进行推断。

对地铁刷卡部分，IC刷卡数据在进站与出站时会产生，可以判断用户出行的进站时间、进站站点、出站时间、出站站点，但其中的出行路径信息则不包括，需要通过模型推断。

近几年，公交与地铁扫码进出站方式逐渐普及。有些城市中，地铁与公交扫码时可能不是用同一个码，在数据的处理分析中无法将同一用户的公交与地铁扫码信息统一，用户出行链的构建与公交进出站的识别难度进一步加大。

本章内容中，将以上海市地铁刷卡数据推断个体的出行路径，分析地铁断面客流特征。

7.1.2　地铁线路与站点 GIS 数据简介

在IC刷卡数据中，并没有直接记录经纬度坐标的信息，而是以刷卡站点的形式存储了刷卡的空间信息。因此，在处理IC刷卡数据时，需要与地铁、公交的线路和站点的GIS信息结合。本章中，将以IC刷卡数据中的地铁刷卡部分为主要研究对象，与地铁线路与站点的GIS数据相结合。

地铁线路GIS数据一般从网络地图开放平台通过爬虫获取，一般包含两部分：线路信息与站点信息。使用地铁公交线路的GIS数据时有以下注意点。

（1）某些地铁线路含有支线（如上海地铁11号线）或环线（如上海地铁4号线），虽然它们在数据中都以线型的形式存储，但在后续的网络建模中可能需要进行特别处理。

（2）地铁与公交线路的方向一般存在双向，对地铁来说双向的走向一般一致。但某些公交线路的双向走向则有可能存在差异。

（3）线路GIS数据中的线路、站点名称与IC刷卡数据中的名称不一定能够完美对应，虽然指定同一个站点，但站点名称可能会存在稍许差异，在数据处理过程中需要加以修正统一。

7.1.3　思路简介

本章主要的思路如图7-1所示。首先，对输入的地铁GIS数据和IC刷卡数据两部分分别进行预处理。一方面，对地铁GIS数据，将其空间拓扑结构抽象成为点与边构成的网络，在Python中的网络分析包NetworkX中进行网络建模。另一方面，对IC刷卡数据，提取出其中的地铁出行部分，并整理出其中的OD出行信息。接下来，将构建好的地铁网络与OD出行信息结合，对每个出行OD判断其出行路径，并集计断面客流。最后，基于客流信息计算地铁客流指标，分析客流特征。

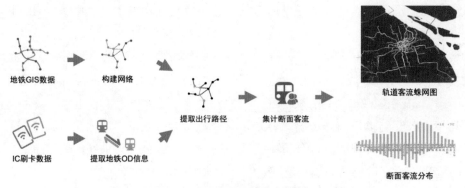

图7-1　基于IC刷卡数据的地铁客流特征分析思路

 ## 7.2　地铁拓扑网络的构建

在IC刷卡数据中，可以应用前面所介绍的数据处理技术很容易地提取出其中的进出站出行信息。但由于刷卡数据并不包含出行路径信息，如果想要知道轨道中每一个断面的客流量信息，就需要对出行路径进行推断，这个推断的过程则需要用到地铁的拓扑网络结构。

因此首先需要根据地铁网络的信息将其空间拓扑结构抽象成为点与边构成的网络，并在Python中的网络分析包NetworkX中进行网络建模，以便进一步的路径提取。

7.2.1　地铁网络构建思路

构建一个网络，需要有两部分的信息：节点与边。构建地铁网络时，需要将实际的地铁GIS信息转换为节点与边构成的抽象网络。我们追求的是构建出的网络尽可能地与现实地铁网络接近。

对抽象的地铁网络，节点即为地铁站点，而边则为站点之间的连接，如图7-2所示。在构建出网络后，指定一个进站的节点和一个出站的节点，算法即可在网络中根据连通情况搜寻可能的路径，进而推测出行路径。

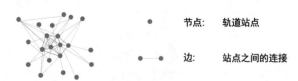

图7-2　网络构建思路

然而，构建网络时还需要考虑下面几个问题。

（1）边的权重如何设置。

在路径选择模型中，需要以权重作为路径选择依据，因此需要考虑在构建网络时为网络中的边赋予什么样的权重。一般考虑出行时间、出行距离等指标，以此为依据向网络中的边赋权。

（2）换乘如何考虑。

现实情况下，用户在同一个站点的不同线路间换乘的过程中也会产生一定的时间代价，如果不考虑则用户可以随意换乘，对路径选择结果会产生巨大影响。因此需要考虑换乘在网络模型中应该如何体现。

（3）路径选择模型如何构建。

现实中人们在轨道网络中出行路径的选择行为是复杂的，可能会受到以下因素的影响：推测的出行时间，在地图上直观反映的出行距离，是否经过某些热门站点，个体对轨道网络是否熟悉等。因此需要考虑在出行路径选择时采用何种路径选择模型。

考虑到上面三个问题，在构建地铁网络时将网络中的边分为"轨道边"和"换乘边"，并以出行时间作为出行选择模型的目标，具体解决方案如下。

（1）轨道边。

对同一轨道线上的相邻站点，在网络模型中添加相应的边，并以出行时间为边赋权，为模拟真实的情况，出行时间应包括列车运行时间与停站时间（为了方便计算，统一赋值3min，可根据实际情况修改每一条边的权重以提升模型精准度）。

（2）换乘边。

为了考虑换乘情况，在网络中添加上面所说的边时，如果同一个站点同时属于多条线路，则需要区分开，如地铁2号线与地铁10号线的"南京东路站"视为两个不同的站点。同时，为同一个站点的不同线路之间添加边以代表换乘行为，并以不同线路站台之间的步行时间为边赋权（为了方便计算，统一赋值5min，可根据实际情况修改每一条边的权重以提升模型精准度）。

（3）出行路径选择。

当轨道边与换乘边的权重都是乘客出行所需的时间时，选择一条路径即可大致估计出乘客选择这条路径时的出行时长。为了方便计算，使用最短路径模型，认为所有用户都会选择耗时最短的路径而出行（可建立多路径分配模型以提升模型精准度）。

图7-3显示两条地铁线路在网络模型中构建的情况示例。

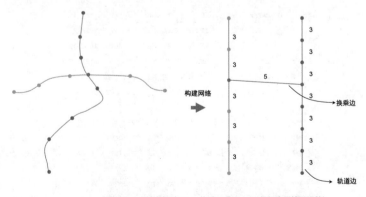

假设坐一个站点耗时3 min，换乘一次5 min（可根据实际情况调整）

图7-3　地铁网络构建的处理示例

7.2.2 地铁线网数据读取与整理

在本章内容中，使用的是2020年上海市的地铁线路与站点GIS数据，共计17条线路与344个地铁站点。其中，线路数据存储为GeoJSON格式文件，通过以下代码读取数据。

```
1. In [7-1]:
2. import pandas as pd
3. import geopandas as gpd
4. #读取地铁线路GIS文件
5. line = gpd.read_file('data/line.json',encoding = 'utf-8')
6. line.plot()
```

输出结果如图7-4所示。

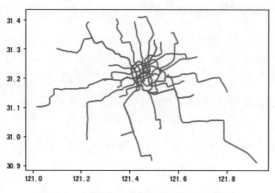

图7-4 上海市2020年地铁线路GIS数据

站点数据则为带有经纬度列的CSV文件，通过以下代码读取。

```
1. In [7-2]:
2. #读取地铁站点数据
3. stop = pd.read_csv(r'data/stop.csv')
4. stop
```

输出结果如图7-5所示，一个站点可能同属于多条线路，在数据中则会出现多次，因此地铁站点数据的数据量会远比地铁站数量多。

	stationnames	linename	lon	lat
0	富锦路	地铁1号线(富锦路-莘庄)	121.420012	31.394078
1	友谊西路	地铁1号线(富锦路-莘庄)	121.423351	31.382958
2	宝安公路	地铁1号线(富锦路-莘庄)	121.426290	31.371680
3	共富新村	地铁1号线(富锦路-莘庄)	121.429462	31.356866
4	呼兰路	地铁1号线(富锦路-莘庄)	121.433107	31.341553
...	...	...	...	...
945	三鲁公路	轨道交通浦江线(沈杜公路-汇臻路)	121.523211	31.058207
946	闵瑞路	轨道交通浦江线(沈杜公路-汇臻路)	121.526112	31.050321
947	浦航路	轨道交通浦江线(沈杜公路-汇臻路)	121.526392	31.043280
948	东城一路	轨道交通浦江线(沈杜公路-汇臻路)	121.527925	31.032497
949	汇臻路	轨道交通浦江线(沈杜公路-汇臻路)	121.520338	31.027464

950 rows × 4 columns

图7-5 上海市2020年地铁站点数据

```
1. In [7-3]:
2. #对地铁站点名字去重
3. stop['stationnames'].drop_duplicates()
```

输出结果如图7-6所示，去重后总共有344个地铁站点。

```
0        富锦路
1        友谊西路
2        宝安公路
3        共富新村
4        呼兰路
        ...
938      汇臻路
939      东城一路
940      浦航路
941      闵瑞路
942      三鲁公路
Name: stationnames, Length: 344, dtype: object
```

图7-6　站点名称去重结果

地铁站点数据目前为纯数据表文件，需要用gpd.points_from_xy方法将其转换为带有地理信息的GeoDataFrame格式，代码如下。

```
1. In [7-4]:
2. #从站点经纬度信息生成地理信息列geometry，并将站点数据转换为GeoDataFrame
3. stop['geometry'] = gpd.points_from_xy(stop['lon'],stop['lat'])
4. stop = gpd.GeoDataFrame(stop)
5. stop.plot()
```

输出结果如图7-7所示。

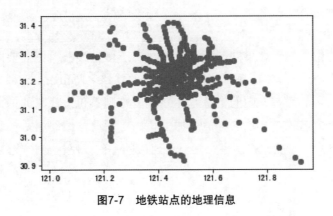

图7-7　地铁站点的地理信息

7.2.3　网络的轨道边

在构建网络时，网络中最重要的就是节点与边的信息。而实际上，边的信息就是它所连接的两个节点的信息，节点的信息也会存储在边的信息中。因此，我们要做的最关键的一点是将边的信息整理好，而节点的信息从整理好的边中提取即可。

在前面网络的构建思路中，将地铁网络的边抽象为两部分：轨道边与换乘边，这一节中，从地铁线网与站点数据中提取出相邻站点的信息以构建轨道边。

　　由于站点信息表中，每一行站点信息都按照它们在线路上的顺序排列，提取轨道边的方法只需要将表中的站点stationnames列与线路linename列用shift函数整体向上移动一行，并保留同一条线路的数据。

```
1. In [7-5]:
2. #提取相邻站点构成的轨道边
3. stop['linename1'] = stop['linename'].shift(-1)
4. stop['stationnames1'] = stop['stationnames'].shift(-1)
5. stop = stop[stop['linename'] == stop['linename1']]
6. stop
```

输出结果如图7-8所示。

	stationnames	linename	lon	lat	geometry	linename1	stationnames1
0	富锦路	地铁1号线(富锦路-莘庄)	121.420012	31.394078	POINT (121.42001 31.39408)	地铁1号线(富锦路-莘庄)	友谊西路
1	友谊西路	地铁1号线(富锦路-莘庄)	121.423351	31.382958	POINT (121.42335 31.38296)	地铁1号线(富锦路-莘庄)	宝安公路
2	宝安公路	地铁1号线(富锦路-莘庄)	121.426290	31.371680	POINT (121.42629 31.37168)	地铁1号线(富锦路-莘庄)	共富新村
3	共富新村	地铁1号线(富锦路-莘庄)	121.429462	31.356866	POINT (121.42946 31.35687)	地铁1号线(富锦路-莘庄)	呼兰路
4	呼兰路	地铁1号线(富锦路-莘庄)	121.433107	31.341553	POINT (121.43311 31.34155)	地铁1号线(富锦路-莘庄)	通河新村
...	...	...	...	...	...	...	...
944	沈杜公路	轨道交通浦江线(沈杜公路-汇臻路)	121.508229	31.063552	POINT (121.50823 31.06355)	轨道交通浦江线(沈杜公路-汇臻路)	三鲁公路
945	三鲁公路	轨道交通浦江线(沈杜公路-汇臻路)	121.523211	31.058207	POINT (121.52321 31.05821)	轨道交通浦江线(沈杜公路-汇臻路)	闵瑞路
946	闵瑞路	轨道交通浦江线(沈杜公路-汇臻路)	121.526112	31.050321	POINT (121.52611 31.05032)	轨道交通浦江线(沈杜公路-汇臻路)	浦航路
947	浦航路	轨道交通浦江线(沈杜公路-汇臻路)	121.526392	31.043280	POINT (121.52639 31.04328)	轨道交通浦江线(沈杜公路-汇臻路)	东城一路
948	东城一路	轨道交通浦江线(沈杜公路-汇臻路)	121.527925	31.032497	POINT (121.52793 31.03250)	轨道交通浦江线(沈杜公路-汇臻路)	汇臻路

912 rows × 7 columns

图7-8　轨道边信息提取

　　在前面的讨论中，提到如果同一个站点同时属于多条线路，则需要区分开。一条地铁线在数据中存在两个运营方向，仔细观察图7-8中的线路名称linename列，可以发现名称不仅保留了地铁线路名，还有方向的信息，而站点名称则不包含线路的信息。因此这里最好能够将地铁站点重命名，在站点名称前面加上该站点所属的线路名称（且线路名称中不包含线路的运行方向），才能够将同一个站点所连接的不同线路区分，代码如下。

```
1. In [7-6]:
2. #提取线路名
3. stop['line'] = stop['linename'].apply(lambda r:r.split('(')[0].lstrip('地铁'))
4. #"五号线支线" 去掉 "支线"两个字,使其能够对应
5. stop.loc[stop['line'] == '5号线支线','line'] = '5号线'
6. #重命名列名
7. stop = stop.rename(columns = {'stationnames':'ostop','stationnames1':'dstop'})
8. #构建站点名称,使得不同线路不同站点能够区分
9. stop['ostation'] = stop['line']+stop['ostop']
10. stop['dstation'] = stop['line']+stop['dstop']
11. #列太多,转置方便查看
12. stop.iloc[:3].T
```

输出结果如图7-9所示。

	0	1	2
ostop	富锦路	友谊西路	宝安公路
linename	地铁1号线(富锦路-莘庄)	地铁1号线(富锦路-莘庄)	地铁1号线(富锦路-莘庄)
lon	121.42	121.423	121.426
lat	31.3941	31.383	31.3717
geometry	POINT (121.4200119773726 31.39407815119172)	POINT (121.4233512258209 31.38295762913749)	POINT (121.4262896552612 31.37168003978507)
linename1	地铁1号线(富锦路-莘庄)	地铁1号线(富锦路-莘庄)	地铁1号线(富锦路-莘庄)
dstop	友谊西路	宝安公路	共富新村
line	1号线	1号线	1号线
ostation	1号线富锦路	1号线友谊西路	1号线宝安公路
dstation	1号线友谊西路	1号线宝安公路	1号线共富新村

图7-9　重命名站点信息后的轨道边信息

接下来，只保留数据中构建网络所需的信息，并给每条轨道边赋上权重。

```
1. In [7-7]:
2. #构建网络边的第一部分：轨道边
3. edge1 = stop[['ostation','dstation']]
4. #给边添加权重，假定地铁搭一个站点耗时 3min
5. edge1['duration'] = 3
6. edge1.head(5)
```

	ostation	dstation	duration
0	1号富锦路	1号线友谊西路	3
1	1号线友谊西路	1号线宝安公路	3
2	1号线宝安公路	1号线共富新村	3
3	1号线共富新村	1号线呼兰路	3
4	1号线呼兰路	1号线通河新村	3

输出结果如图7-10所示。

经过以上操作，便完成了轨道边的提取。

图7-10　整理好的轨道边与权重信息

7.2.4　网络的换乘边

另一部分的边则是换乘边，为同一个站点的不同线路之间添加边以代表换乘行为，并以不同线路站台之间的步行时间为边赋权。我们重新读取轨道站点数据，并以7.2.3节相同的方式构建站点名称。

```
1. In [7-8]:
2. import pandas as pd
3. #读取轨道站点数据
4. stop = pd.read_csv(r'data/stop.csv')
5. #提取线路名，构建站点名
6. stop['line'] = stop['linename'].apply(lambda r:r.split('(')[0].lstrip('地铁'))
7. stop['station'] = stop['line'] + stop['stationnames']
```

换乘边的构建首先需要提取出多条线路交汇、存在换乘可能的站点信息。

```
1. In [7-9]:
2. #计算每个站点在数据中出现了多少次
3. tmp = stop.groupby(['stationnames'])['linename'].count().rename('count').
   reset_index()
4. tmp
```

输出结果如图7-11所示。

注意到出现次数均是偶数次，且最小为2，这是因为站点信息表中包含轨道双向的信息，一条轨道线存在双向，也导致站点出现次数是原来的两倍。而出现次数超过2的，则为换乘站点，将其信息提取。

```
1. In [7-10]:
2. #超过两次的为换乘站点，提取出来
3. tmp = pd.merge(stop,tmp[tmp['count']>2]['stationnames'],on = 'stationnames')
4. tmp
```

输出结果如图7-12所示。

	stationnames	count
0	七宝	2
1	七莘路	2
2	三林	4
3	三林东	4
4	三门路	4
...	...	...
339	龙柏新村	2
340	龙溪路	4
341	龙漕路	4
342	龙耀路	4
343	龙阳路	6

344 rows × 2 columns

图7-11　站点信息表中各站点出现次数

	stationnames	linename	lon	lat	line	station
0	上海火车站	地铁1号线(富锦路-莘庄)	121.451347	31.249252	1号线	1号线上海火车站
1	上海火车站	地铁1号线(莘庄-富锦路)	121.451347	31.249252	1号线	1号线上海火车站
2	上海火车站	地铁3号线(江杨北路-上海南站)	121.453726	31.251608	3号线	3号线上海火车站
3	上海火车站	地铁3号线(上海南站-江杨北路)	121.453726	31.251608	3号线	3号线上海火车站
4	上海火车站	地铁4号线(外圈(宜山路-宜山路))	121.453727	31.251607	4号线	4号线上海火车站
...	...	...	...	...	...	...
451	嘉定新城	地铁11号线(迪士尼-花桥)	121.250005	31.332072	11号线	11号线嘉定新城
452	华夏中路	地铁13号线(张江路-金运路)	121.577279	31.176771	13号线	13号线华夏中路
453	华夏中路	地铁13号线(金运路-张江路)	121.577279	31.176771	13号线	13号线华夏中路
454	华夏中路	地铁16号线(龙阳路-滴水湖)	121.578983	31.177900	16号线	16号线华夏中路
455	华夏中路	地铁16号线(滴水湖-龙阳路)	121.578983	31.177900	16号线	16号线华夏中路

456 rows × 6 columns

图7-12　换乘站点的信息

接下来，对同一个站点的不同线路间生成数据的两两对应表。

```
1. In [7-11]:
2. #为换乘站构建边
3. tmp = tmp[['stationnames','line','station']].drop_duplicates()
4. #对站点生成不同线路之间的对应表
5. tmp = pd.merge(tmp,tmp,on ='stationnames')
6. tmp
```

输出结果如图7-13所示。

	stationnames	line_x	station_x	line_y	station_y
0	上海火车站	1号线	1号线上海火车站	1号线	1号线上海火车站
1	上海火车站	1号线	1号线上海火车站	3号线	3号线上海火车站
2	上海火车站	1号线	1号线上海火车站	4号线	4号线上海火车站
3	上海火车站	3号线	3号线上海火车站	1号线	1号线上海火车站
4	上海火车站	3号线	3号线上海火车站	3号线	3号线上海火车站
...	...	...	...	...	...
365	嘉定新城	11号线	11号线嘉定新城	11号线	11号线嘉定新城
366	华夏中路	13号线	13号线华夏中路	13号线	13号线华夏中路
367	华夏中路	13号线	13号线华夏中路	16号线	16号线华夏中路
368	华夏中路	16号线	16号线华夏中路	13号线	13号线华夏中路
369	华夏中路	16号线	16号线华夏中路	16号线	16号线华夏中路

370 rows × 5 columns

图7-13　站点不同线路之间的两两对应表

接下来，只保留数据中构建网络所需的信息，并给每条边赋上权重。

```
1. In [7-12]:
2. #提取换乘边，并加上权重，假定换乘耗时为5min
3. edge2 =tmp[tmp['line_x'] != tmp['line_y']][['station_x','station_y']]
4. edge2.columns = ['ostation','dstation']
5. edge2['duration'] = 5
6. edge2
```

输出结果如图7-14所示。

	ostation	dstation	duration
1	1号线上海火车站	3号线上海火车站	15
2	1号线上海火车站	4号线上海火车站	15
3	3号线上海火车站	1号线上海火车站	15
5	3号线上海火车站	4号线上海火车站	15
6	4号线上海火车站	1号线上海火车站	15
...	...	...	...
343	16号线罗山路	11号线罗山路	15
353	11号线隆德路	13号线隆德路	15
354	13号线隆德路	11号线隆德路	15
367	13号线华夏中路	16号线华夏中路	15
368	16号线华夏中路	13号线华夏中路	15

194 rows × 3 columns

图7-14 整理好的换乘边与权重信息

经过以上操作，便完成了换乘边的提取。

7.2.5 网络的构建

接下来，将前面整理好的两部分边信息合并，并从中提取出节点信息，以准备网络的构建。

```
1. In [7-13]:
2. #将两类合并
3. edge = edge1.append(edge2)
4. #提取其中的节点
5. node = list(edge['ostation'].drop_duplicates())
```

其中，边的信息edge已经保存为起点、终点、权重三列的数据表形式，而节点信息node则为包含节点名称的列表形式。

接下来，通过NetworkX包创建空网络，再将节点与边添加至网络中，最后绘制网络的草图，观察网络是否构建成功。

```
1. In [7-14]:
2. #构建轨道网络
3. import networkx as nx
```

```
4. #先创建一个空网络
5. G = nx.Graph()
6. #添加节点
7. G.add_nodes_from(node)
8. #添加含有权重的无向边
9. G.add_weighted_edges_from(edge.values)
10. #绘制网络草图
11. nx.draw(G,node_size = 20)
```

输出结果如图7-15所示。在使用网络的add_weighted_edges_from方法输入边的信息时，自动会将数据的前两列识别为边的起终点，第三列识别为边的权重（weight）。

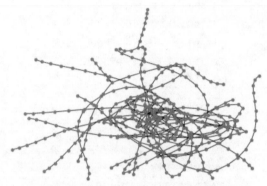

图7-15　NetworkX中构建的网络拓扑关系草图

在构建好的网络上，测试一下是否能够依据最短路径获取出行的路径信息。利用NetworkX包中的shortest_path方法寻找最短路径，在参数中输入起终点信息，同时规定权重。

```
1. In [7-15]:
2. #测试最短路径能否获取
3. nx.shortest_path(G, source='11号线昌吉东路', target='10号线同济大学',weight=
   'weight')
4. Out [7-15]:
5. ['11号线昌吉东路', '11号线上海赛车场', '11号线嘉定新城', '11号线马陆', '11号线南
   翔', '11号线桃浦新村', '11号线武威路', '11号线祁连山路', '11号线李子园', '11号线上海
   西站', '11号线真如', '11号线枫桥路', '11号线曹杨路', '4号线曹杨路', '4号线镇坪路', '4
   号线中潭路', '4号线上海火车站', '4号线宝山路', '4号线海伦路', '10号线海伦路', '10号线
   邮电新村', '10号线四平路', '10号线同济大学']
```

通过以上代码，成功地在Python中构建出地铁的拓扑网络，并实现以出行时间最短路径获取出行路径，得到路径所经过的站点信息。

 ## 7.3　地铁出行路径提取

本节中主要实现的是从IC刷卡数据中提取出出行OD，并利用7.2节中构建的地铁拓扑网络获取每一条OD数据的出行路径，从而实现将出行客流分配至网络上，以便后续的断面客流特征分析与可视化。

7.3.1　IC 刷卡数据中的 OD 提取

首先需要从中提取出地铁出行部分，并整理出其中的OD出行信息。用以下代码读IC刷卡数据。

```
1. In [7-16]:
2. #读取IC刷卡数据
3. icdata = pd.read_csv(r'data/icdata-sample.csv',header = None)
4. icdata.columns = ['cardid','date','time','station','mode','price','type']
5. icdata
```

输出结果如图7-16所示。

	cardid	date	time	station	mode	price	type
0	100405844	2015-04-01	12:43:24	11号线祁连山路	地铁	4.0	非优惠
1	100405844	2015-04-01	18:22:04	11号线枫桥路	地铁	3.0	非优惠
2	100405844	2015-04-01	08:21:18	2号线娄山关路	地铁	3.0	非优惠
3	100405844	2015-04-01	12:07:31	2号线娄山关路	地铁	0.0	非优惠
4	100405844	2015-04-01	18:08:42	11号线祁连山路	地铁	0.0	非优惠
...	...	...	...	...	...	...	...
442855	2301108266	2015-04-01	23:48:21	2号线中山公园	地铁	4.0	非优惠
442856	2301108266	2015-04-01	23:06:45	2号线虹桥火车站	地铁	0.0	非优惠
442857	2104162123	2015-04-01	23:48:07	2号线中山公园	地铁	4.0	非优惠
442858	2104162123	2015-04-01	23:18:16	2号线虹桥火车站	地铁	0.0	非优惠
442859	3103885141	2015-04-01	23:16:19	2号线虹桥火车站	地铁	0.0	非优惠

442860 rows × 7 columns

图7-16　IC刷卡数据

接下来，从中提取出地铁出行部分。

```
1. In [7-17]:
2. #提取其中地铁刷卡部分
3. metrodata = icdata[icdata['mode'] == '地铁']
```

并整理出其中的OD出行信息，其原理与前面的出租车出行提取步骤相似。

（1）按卡号与时间顺序对数据进行排序。

```
1. In [7-18]:
2. #按卡号时间排序
3. metrodata = metrodata.sort_values(by = ['cardid','date','time'])
```

（2）将数据的各列整体往上移一行，赋值给新的列。

```
1. In [7-19]:
2. #将数据整体往上移一行,赋值给新的列
3. for i in metrodata.columns:
4.     metrodata[i+'1'] = metrodata[i].shift(-1)
```

（3）筛选其中卡号与下一条卡号相同，且刷卡金额为0，下一条刷卡金额不为0的记录（对每次地铁出行存在两次刷卡，进站时金额为0，出站时金额大于0）。

```
1. In [7-20]:
2. #每条出行只保留一条记录
3. metrood = metrodata[(metrodata['cardid'] == metrodata['cardid1'])&
4.                     (metrodata['price'] == 0)&
5.                     (metrodata['price1'] > 0)]
```

再整理数据的线路站点名，保留有用的列，并存储OD结果。

```
1. In [7-21]:
2. #提取起终点的线路和站点
3. metrood['oline'] = metrood['station'].apply(lambda r:r[:(r.find('线')+1)])
4. metrood['ostation'] = metrood['station'].apply(lambda r:r[(r.find('线')+
   1):])
5. metrood['dline'] = metrood['station1'].apply(lambda r:r[:(r.find('线')+
   1)])
6. metrood['dstation'] = metrood['station1'].apply(lambda r:r[(r.find('线')+
   1):])
7. #保留有用的列,并重命名列
8. metrood = metrood[['cardid','date','time','station','oline','ostation','time1',
   'station1','dline','dstation']]
9. metrood.columns = ['cardid','date','otime','ostation','oline','ostop','dtime',
   'dstation','dline','dstop']
10. #保存OD数据
11. metrood.to_csv(r'data/metrood.csv',index = None,encoding = 'utf-8_sig')
12. #列太多,转置方便查看
13. metrood.iloc[:5].T
```

输出结果如图7-17所示，表中包含每一次地铁出行的卡号、进站时间、进站站点、进站线路、出站时间、出站站点、出站线路信息。

	334427	381022	376286	376285	6062
cardid	82024	88957	99313	99313	116435
date	2015-04-01	2015-04-01	2015-04-01	2015-04-01	2015-04-01
otime	08:48:25	15:46:58	08:26:26	18:09:51	12:24:49
ostation	8号线西藏北路	3号线宜山路	8号线延吉中路	9号线打浦桥	4号线大连路
oline	8号线	3号线	8号线	9号线	4号线
ostop	西藏北路	宜山路	延吉中路	打浦桥	大连路
dtime	09:07:29	16:20:58	09:07:27	18:46:06	12:56:16
dstation	10号线江湾体育场	3号线东宝兴路	9号线打浦桥	8号线延吉中路	3号线中山公园
dline	10号线	3号线	9号线	8号线	3号线
dstop	江湾体育场	东宝兴路	打浦桥	延吉中路	中山公园

图7-17　提取出的地铁出行OD信息

至此，就已经成功将IC刷卡数据中的地铁出行OD信息提取出来了。

7.3.2 出行路径提取

接下来，对每一行OD数据都提取出它们在地铁线网中的出行路径信息。不过对部分地铁站点来说，刷卡数据与地铁线网数据中的名称存在差异，因此在出行路径提取之前还需要对OD数据中的站点名称进行修正，使它们能够与前面构建的地铁线网中节点名称对应。

这里，需要将DataFrame表中符合条件的值进行更改，可以用loc方法，具体如下。

```
1. #将表'A列'中符合'条件B'的值改为'C'
2. df.loc[条件B,'A列'] = C
```

利用上面的方法对站点名称进行修改。

```
1. In [7-22]:
2. #修改OD数据的站点名称，使其能够与GIS数据构建的网络中的站点名称对应
3. metrood.loc[metrood['ostop'] == '淞浜路','ostop'] = '淞滨路'
4. metrood.loc[metrood['dstop'] == '淞浜路','dstop'] = '淞滨路'
5. metrood.loc[metrood['ostop'] == '上海大学站','ostop'] = '上海大学'
6. metrood.loc[metrood['dstop'] == '上海大学站','dstop'] = '上海大学'
7. metrood.loc[metrood['ostop'] == '上海野生动物园','ostop'] = '野生动物园'
8. metrood.loc[metrood['dstop'] == '上海野生动物园','dstop'] = '野生动物园'
9. metrood.loc[metrood['ostop'] == '外高桥保税区北','ostop'] = '外高桥保税区北站'
10. metrood.loc[metrood['dstop'] == '外高桥保税区北','dstop'] = '外高桥保税区北站'
11. metrood.loc[metrood['ostop'] == '外高桥保税区南','ostop'] = '外高桥保税区南站'
12. metrood.loc[metrood['dstop'] == '外高桥保税区南','dstop'] = '外高桥保税区南站'
13. metrood.loc[metrood['ostop'] == '李子园路','ostop'] = '李子园'
14. metrood.loc[metrood['dstop'] == '李子园路','dstop'] = '李子园'
15. #字符串左右去除空格
16. metrood['ostop'] = metrood['ostop'].str.lstrip(' ').str.rstrip(' ')
17. metrood['dstop'] = metrood['dstop'].str.lstrip(' ').str.rstrip(' ')
18. #构建修正后的站点名称(带线路名称)
19. metrood['ostation'] = metrood['oline'] + metrood['ostop']
20. metrood['dstation'] = metrood['dline'] + metrood['dstop']
```

接下来，对OD获取出行路径。对地铁出行OD表，每一次出行都是一行记录，而这些出行记录的起终点位置很多是重复的。因此，在获取出行路径前需要对OD信息去重，对每一对OD只获取一次出行路径，以减少整体的计算量。去重的代码如下。

```
1. In [7-23]:
2. #获取去重后的OD
3. od_distinct = metrood[['ostation','dstation']].
   drop_duplicates()
4. od_distinct
```

输出结果如图7-18所示，od_distinct表中每一对OD只出现一次。

	ostation	dstation
334427	8号线西藏北路	10号线江湾体育场
381022	3号线宜山路	3号线东宝兴路
376286	8号线延吉中路	9号线打浦桥
376285	9号线打浦桥	8号线延吉中路
6062	4号线大连路	3号线中山公园
...	...	...
219518	2号线海天三路	2号线中山公园
343225	11号线嘉定西	10号线宋园路
278184	10号线同济大学	8号线市光路
263862	5号线北桥	11号线江苏路
72430	9号线小南门	10号线三门路

47652 rows × 2 columns

图7-18 去重的OD信息

接下来，对该表中的每一行记录提取出行路径，首先取出一行测试是否能够获取出行路径。

```
1. In [7-24]:
2. #提取其中的第一行，测试能否获得出行路径
3. r = od_distinct.iloc[0]
4. nx.shortest_path(G, source=r['ostation'],
5.                  target=r['dstation'],
6.                  weight='weight')
7. Out[]:
8. ['8号线西藏北路', '8号线虹口足球场', '8号线曲阳路', '8号线四平路', '10号线四平路',
   '10号线同济大学', '10号线国权路', '10号线五角场', '10号线江湾体育场']
```

再对od_distinct表中的每一行遍历，获取每对OD的出行路径。

```
1. In [7-25]:
2. #对去重后的OD遍历，得到每对OD的出行路径
3. od_distinct['path'] = od_distinct.apply(
4.     lambda r:nx.shortest_path(G,source=r['ostation'],
5.                               target=r['dstation'],
6.                               weight='weight')
7.     ,axis = 1)
8. od_distinct
```

输出结果如图7-19所示。

	ostation	dstation	path
334427	8号线西藏北路	10号线江湾体育场	[8号线西藏北路, 8号线虹口足球场, 8号线曲阳路, 8号线四平路, 10号线四平路, 1...
381022	3号线宜山路	3号线东宝兴路	[3号线宜山路, 3号线虹桥路, 3号线延安西路, 3号线中山公园, 3号线金沙江路, 3号...
376286	8号线延吉中路	9号线打浦桥	[8号线延吉中路, 8号线黄兴路, 8号线江浦路, 8号线鞍山新村, 8号线四平路, 8号线...
376285	9号线打浦桥	8号线延吉中路	[9号线打浦桥, 9号线马当路, 9号线陆家浜路, 8号线陆家浜路, 8号线老西门, 8号线...
6062	4号线大连路	3号线中山公园	[4号线大连路, 4号线临平路, 4号线海伦路, 4号线宝山路, 4号线上海火车站, 4号线...
...	...	...	...
219518	2号线海天三路	2号线中山公园	[2号线海天三路, 2号线远东大道, 2号线凌空路, 2号线川沙, 2号线华夏东路, 2号线...
343225	11号线嘉定西	10号线宋园路	[11号线嘉定西, 11号线白银路, 11号线嘉定新城, 11号线马陆, 11号线南翔, 1...
278184	10号线同济大学	8号线市光路	[10号线同济大学, 10号线四平路, 8号线四平路, 8号线鞍山新村, 8号线江浦路, 8...
263862	5号线北桥	11号线江苏路	[5号线北桥, 5号线颛桥, 5号线银都路, 5号线春申路, 5号线莘庄, 1号线莘庄, 1...
72430	9号线小南门	10号线三门路	[9号线小南门, 9号线商城路, 9号线世纪大道, 4号线世纪大道, 4号线浦东大道, 4号...

47652 rows × 3 columns

图7-19　OD出行路径提取

此时，OD出行路径信息虽然已经提取成功，但它的存储形式并不是最适合进行pandas表运算的形式，因为它将每一条路径出行路径的信息都放入一行中，每一行的长度都不同，一行记录中包含多个路径点的信息。我们需要将od_distinct表展开转换为如图7-20所示的出行路径信息表od_path，以便后续的数据处理。

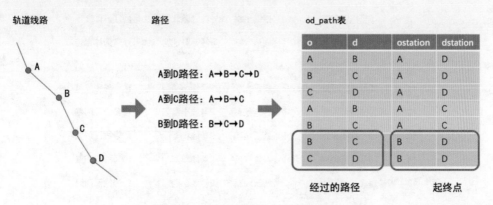

图7-20　出行路径信息表的存储形式

展开的过程则需要对od_distinct表进行遍历，每一行都创建一个临时表tmp，最后将所有的表通过pd.concat连接起来。

```
1. In [7-26]:
2. #先创建空的list
3. ls = []
4. #遍历
5. for i in range(len(od_distinct)):
6.     #获取其中的一行
7.     r = od_distinct.iloc[i]
8.     #对这一行的路径构建轨道段的表
9.     tmp = pd.DataFrame(r['path'],columns = ['o'])
10.    tmp['d'] = tmp['o'].shift(-1)
11.    tmp = tmp.iloc[:-1]
12.    #对这个表多添加两列
13.    tmp['ostation'] = r['ostation']
14.    tmp['dstation'] = r['dstation']
15.    #将这个表添加到空list里
16.    ls.append(tmp)
17. #合并list里面的表,变成一个大的出行路径表,这个表存储了O和D以及它经过的轨道段
18. od_path = pd.concat(ls)
19. #保存
20. od_path.to_csv(r'data/od_path.csv',index = None,encoding = 'utf-8_sig')
21. od_path
```

输出结果如图7-21所示。

	o	d	ostation	dstation
0	8号线西藏北路	8号线虹口足球场	8号线西藏北路	10号线江湾体育场
1	8号线虹口足球场	8号线曲阳路	8号线西藏北路	10号线江湾体育场
2	8号线曲阳路	8号线四平路	8号线西藏北路	10号线江湾体育场
3	8号线四平路	10号线四平路	8号线西藏北路	10号线江湾体育场
4	10号线四平路	10号线同济大学	8号线西藏北路	10号线江湾体育场
...	...	...	...	...
11	10号线四平路	10号线同济大学	9号线小南门	10号线三门路
12	10号线同济大学	10号线国权路	9号线小南门	10号线三门路
13	10号线国权路	10号线五角场	9号线小南门	10号线三门路
14	10号线五角场	10号线江湾体育场	9号线小南门	10号线三门路
15	10号线江湾体育场	10号线三门路	9号线小南门	10号线三门路

634579 rows × 4 columns

图7-21　展开的出行路径表od_path

至此，已经成功将每一对OD的出行路径信息提取出来了，其中每一行数据为轨道出行路径中的一个断面。

7.4　轨道断面客流分布可视化

7.4.1　断面客流集计

7.3节中生成的od_path是这一章课题中非常关键的一个表，记录了每一对OD的路径信息，有了它就能够将出行OD转换为断面客流。这里为了示范如何应用此表，提取早上8时进站的所有地铁出行信息，进行断面客流的集计。

```
1. In [7-27]:
2. #为OD添加小时的列
3. metrood['Hour'] = metrood['otime'].apply(lambda r:r.split(':')[0])
4. #提取8点的OD，并将OD与出行路径表连接
5. trips_08 = metrood[metrood['Hour'] == '08']
6. trips_08
```

输出结果如图7-22所示。

	cardid	date	otime	ostation	oline	ostop	dtime	dstation	dline	dstop	Hour
334427	82024	2015-04-01	08:48:25	8号线西藏北路	8号线	西藏北路	09:07:29	10号线江湾体育场	10号线	江湾体育场	08
376286	99313	2015-04-01	08:26:26	8号线延吉中路	8号线	延吉中路	09:07:27	9号线打浦桥	9号线	打浦桥	08
72139	130541	2015-04-01	08:17:57	2号线金科路	2号线	金科路	08:55:54	4号线浦电路	4号线	浦电路	08
282582	144982	2015-04-01	08:51:00	5号线金平路	5号线	金平路	09:02:02	5号线闵行开发区	5号线	闵行开发区	08
292397	160245	2015-04-01	08:08:01	2号线川沙	2号线	川沙	09:01:45	10号线南京东路	10号线	南京东路	08
...	...	...	...	...	...	...	...	...	...	...	...
279390	4000018517	2015-04-01	08:17:41	7号线杨高南路	7号线	杨高南路	08:58:08	13号线武宁路	13号线	武宁路	08
67233	4000021245	2015-04-01	08:10:16	8号线虹口足球场	8号线	虹口足球场	08:38:33	9号线打浦桥	9号线	打浦桥	08
435290	4000032350	2015-04-01	08:30:56	9号线中春路	9号线	中春路	08:44:55	9号线漕河泾开发区	9号线	漕河泾开发区	08
234888	4000038121	2015-04-01	08:19:28	13号线金运路	13号线	金运路	09:05:42	1号线人民广场	1号线	人民广场	08
171701	4000040665	2015-04-01	08:48:34	4号线上海体育场	4号线	上海体育场	09:16:55	10号线南京东路	10号线	南京东路	08

25269 rows × 11 columns

图7-22 早上8时进站的出行记录

将上面的出行数据与od_path表连接，则可将出行OD信息转换为出行断面信息。

```
1. In [7-28]:
2. tmp = pd.merge(trips_08,od_path,on = ['ostation','dstation'])
3. tmp
```

输出结果如图7-23所示。

	0	1	2	3	4
cardid	82024	82024	82024	82024	82024
date	2015-04-01	2015-04-01	2015-04-01	2015-04-01	2015-04-01
otime	08:48:25	08:48:25	08:48:25	08:48:25	08:48:25
ostation	8号线西藏北路	8号线西藏北路	8号线西藏北路	8号线西藏北路	8号线西藏北路
oline	8号线	8号线	8号线	8号线	8号线
ostop	西藏北路	西藏北路	西藏北路	西藏北路	西藏北路
dtime	09:07:29	09:07:29	09:07:29	09:07:29	09:07:29
dstation	10号线江湾体育场	10号线江湾体育场	10号线江湾体育场	10号线江湾体育场	10号线江湾体育场
dline	10号线	10号线	10号线	10号线	10号线
dstop	江湾体育场	江湾体育场	江湾体育场	江湾体育场	江湾体育场
Hour	08	08	08	08	08
o	8号线西藏北路	8号线虹口足球场	8号线曲阳路	8号线四平路	10号线四平路
d	8号线虹口足球场	8号线曲阳路	8号线四平路	10号线四平路	10号线同济大学

图7-23 每一行出行所经过的断面信息

最后，对断面集计，得到断面客流。

```
1. In [7-29]:
2. #集计得到每个轨道段的客流量
3. metro_passenger = tmp.groupby(['o','d'])['cardid'].count().rename('count').
   reset_index()
4. metro_passenger
```

输出结果如图7-24所示。

	o	d	count
0	10号线三门路	10号线殷高东路	8
1	10号线三门路	10号线江湾体育场	91
2	10号线上海动物园	10号线虹桥1号航站楼	54
3	10号线上海动物园	10号线龙溪路	114
4	10号线上海图书馆	10号交通大学	250
...	...	...	...
897	9号线陆家浜路	9号线小南门	521
898	9号线陆家浜路	9号线马当路	479
899	9号线马当路	13号线马当路	18
900	9号线马当路	9号线打浦桥	463
901	9号线马当路	9号线陆家浜路	439

902 rows × 3 columns

图7-24 早上8时出行的断面客流集计结果

至此，成功地将IC刷卡数据转换为地铁的断面客流数据。

7.4.2 断面客流分布绘制

接下来，利用前面所计算的断面客流数据绘制断面客流的柱状图。

断面客流柱状图的绘制需要考虑双向的客流情况，一般会将坐标系的*x*轴作为断面，*y*轴正负作为该断面的双向客流。因此，在绘制断面客流前，首先要构建一个表格存储断面信息，表格中的每一行记录是一个断面。在后续的绘图中，只需要将双向客流对应到相应的断面上，再绘制柱状图即可。以地铁2号线为例，轨道断面信息表的构建代码如下。

```
1. In [7-30]:
2. #指定线路
3. linename = '2号线'
4. linestop = stop[stop['line'] == linename]
5. #构建轨道断面
6. for i in linestop.columns:
7.     linestop[i+'1'] = linestop[i].shift(-1)
8. linestop = linestop[linestop['linename']==linestop['linename1']]
9. #构建断面名称，使其与集计数据能够对应
10. linestop = linestop[['stationnames','stationnames1','linename','line1']]
11. linestop['o'] = linestop['line1']+ linestop['stationnames']
12. linestop['d'] = linestop['line1']+ linestop['stationnames1']
```

```
13. linestop = linestop[['o','d','stationnames','stationnames1','linename','line1']]
14. linestop.head(5)
```

输出结果如图7-25所示。

	o	d	stationnames	stationnames1	linename	line1
56	2号线徐泾东	2号线虹桥火车站	徐泾东	虹桥火车站	地铁2号线(徐泾东-浦东国际机场)	2号线
57	2号线虹桥火车站	2号线虹桥2号航站楼	虹桥火车站	虹桥2号航站楼	地铁2号线(徐泾东-浦东国际机场)	2号线
58	2号线虹桥2号航站楼	2号线淞虹路	虹桥2号航站楼	淞虹路	地铁2号线(徐泾东-浦东国际机场)	2号线
59	2号线淞虹路	2号线北新泾	淞虹路	北新泾	地铁2号线(徐泾东-浦东国际机场)	2号线
60	2号线北新泾	2号线威宁路	北新泾	威宁路	地铁2号线(徐泾东-浦东国际机场)	2号线

图7-25 轨道断面信息表

需要注意的是，在站点表中同时存在轨道双向的站点信息，因此目前出来的轨道断面信息表也包含双向的断面。例如，表中将"徐泾东"到"虹桥火车站"与"虹桥火车站"到"徐泾东"这同一个断面的双向视为两个不同的断面。这样将断面的双向分开后，才能够将双向客流都从前面图7-24的断面客流集计表找到对应。接下来，将客流匹配至断面上。

```
1. In [7-31]:
2. #匹配断面客流
3. linestop = pd.merge(linestop,metro_passenger,on = ['o','d'])
4. linestop.head(5)
```

输出结果如图7-26所示。

	o	d	stationnames	stationnames1	linename	line1	count
0	2号线徐泾东	2号线虹桥火车站	徐泾东	虹桥火车站	地铁2号线(徐泾东-浦东国际机场)	2号线	237
1	2号线虹桥火车站	2号线虹桥2号航站楼	虹桥火车站	虹桥2号航站楼	地铁2号线(徐泾东-浦东国际机场)	2号线	299
2	2号线虹桥2号航站楼	2号线淞虹路	虹桥2号航站楼	淞虹路	地铁2号线(徐泾东-浦东国际机场)	2号线	312
3	2号线淞虹路	2号线北新泾	淞虹路	北新泾	地铁2号线(徐泾东-浦东国际机场)	2号线	572
4	2号线北新泾	2号线威宁路	北新泾	威宁路	地铁2号线(徐泾东-浦东国际机场)	2号线	756

图7-26 断面客流量

接下来，需要将同一个双向的断面客流信息区分为上行与下行两个表，再为上行与下行的相同断面加上同一编号，使其能够对应。首先是上行：

```
1. In [7-32]:
2. #提取上行客流
3. #上行线路名称
4. shangxing = linestop['linename'].drop_duplicates().iloc[0]
```

```
5. #筛选上行断面
6. tmp = linestop[linestop['linename'] == shangxing]
7. #为上行断面编号
8. tmp['x'] = range(len(tmp))
9. tmp.head(5)
```

输出结果如图7-27所示。

	o	d	stationnames	stationnames1	linename	line1	count	x
0	2号线徐泾东	2号线虹桥火车站	徐泾东	虹桥火车站	地铁2号线(徐泾东-浦东国际机场)	2号线	237	0
1	2号线虹桥火车站	2号线虹桥2号航站楼	虹桥火车站	虹桥2号航站楼	地铁2号线(徐泾东-浦东国际机场)	2号线	299	1
2	2号线虹桥2号航站楼	2号线淞虹路	虹桥2号航站楼	淞虹路	地铁2号线(徐泾东-浦东国际机场)	2号线	312	2
3	2号线淞虹路	2号线北新泾	淞虹路	北新泾	地铁2号线(徐泾东-浦东国际机场)	2号线	572	3
4	2号线北新泾	2号线威宁路	北新泾	威宁路	地铁2号线(徐泾东-浦东国际机场)	2号线	756	4

图7-27　上行的断面客流信息

接着是下行：

```
1. In [7-33]:
2. #提取下行客流
3. #下行线路名称
4. xiaxing = linestop['linename'].drop_duplicates().iloc[1]
5. #筛选下行断面
6. tmp1 = linestop[linestop['linename'] == xiaxing]
7. #为下行断面编号
8. tmp1['x'] = range(len(tmp1))
9. #为下行编号反序，使其能够与上行断面对应
10. tmp1['x'] = len(tmp1) - tmp1['x'] - 1
11. tmp1.head(5)
```

输出结果如图7-28所示。

	o	d	stationnames	stationnames1	linename	line1	count	x
29	2号线浦东国际机场	2号线海天三路	浦东国际机场	海天三路	地铁2号线(浦东国际机场-徐泾东)	2号线	20	28
30	2号线海天三路	2号线远东大道	海天三路	远东大道	地铁2号线(浦东国际机场-徐泾东)	2号线	23	27
31	2号线远东大道	2号线凌空路	远东大道	凌空路	地铁2号线(浦东国际机场-徐泾东)	2号线	25	26
32	2号线凌空路	2号线川沙	凌空路	川沙	地铁2号线(浦东国际机场-徐泾东)	2号线	42	25
33	2号线川沙	2号线华夏东路	川沙	华夏东路	地铁2号线(浦东国际机场-徐泾东)	2号线	144	24

图7-28　下行的断面客流信息

同时，提取出该地铁线路的站点名称，在断面客流柱状图绘制时可以在 x 轴上标注。

```
1. In [7-34]:
2. #提取站点名称
3. stationnames = list(tmp['stationnames'])
4. stationnames.append(tmp['stationnames1'].iloc[-1])
5. stationnames
6. Out [7-34]:
7. ['徐泾东', '虹桥火车站', '虹桥2号航站楼', '淞虹路', '北新泾', '威宁路', '娄山
   关路', '中山公园', '江苏路', '静安寺', '南京西路', '人民广场', '南京东路', '陆家
   嘴', '东昌路', '世纪大道', '上海科技馆', '世纪公园', '龙阳路', '张江高科', '金科
   路', '广兰路', '唐镇', '创新中路', '华夏东路', '川沙', '凌空路', '远东大道', '海
   天三路', '浦东国际机场']
```

另外，我们使用的数据是原始数据中抽样的1/25，可以将上下行的客流量扩样25倍。

```
1. In [7-35]:
2. #上下行数据扩样25倍
3. tmp['count'] *= 25
4. tmp1['count'] *= 25
```

最后，将上面整理好的数据进行断面客流柱状图绘制可视化。

```
1. In [7-36]:
2. #绘图
3. import matplotlib.pyplot as plt
4. import numpy as np
5. import seaborn as sns
6. #设置中文字体
7. plt.rcParams['font.sans-serif']=['SimHei']
8. plt.rcParams['font.serif'] = ['SimHei']
9. plt.rcParams['axes.unicode_minus']=False
10. #创建图框
11. fig      = plt.figure(1,(7,4),dpi = 250)
12. ax1      = plt.subplot(111)
13. #绘制上下行断面客流
14. plt.bar(tmp['x'],tmp['count'],width = 0.4,label = shangxing)
15. plt.bar(tmp1['x'],-tmp1['count'],width = 0.4,label = xiaxing)
16. #图框上轴、右轴不显示，图框的下轴放在y轴为0的地方
17. ax1.spines['bottom'].set_position(('data',0))
18. ax1.spines['top'].set_color('none')
19. ax1.spines['right'].set_color('none')
20. #标注站点名称
21. plt.xticks(np.arange(len(stationnames))-0.5,stationnames,rotation = 90,size = 8)
22. #图例显示与x轴、y轴标题
23. plt.legend()
24. plt.ylabel('断面客流')
25. plt.xlabel('站点')
26. #调整y轴显示刻度，不显示负号
27. locs,labels = plt.yticks()
28. plt.yticks(locs,abs(locs.astype(int)))
29. #定义图名
30. plt.title(linename+' '+Hour+'时断面客流')
31. plt.show()
```

输出结果如图7-29所示。

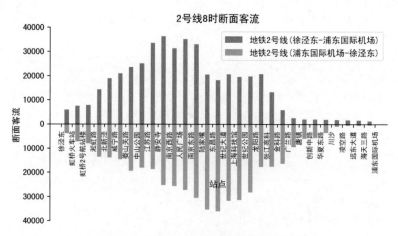

图7-29　轨道2号线8点断面客流分布

至此，已经成功用Python将轨道断面客流分布以柱状图绘制出来了。

7.5　轨道断面客流蛛网图可视化

7.5.1　可视化思路

7.4节中将断面客流分布的结果以柱状图的形式绘制可视化。而柱状图可视化时，并没有包含站点的地理空间信息，无法得知地图上的哪部分区域客流量比较大。

在地铁客流可视化中，将地理空间信息与客流数据结合的常用方式是绘制地铁客流"蛛网图"，如图7-30所示。蛛网图的特点是将断面客流直观地显示在地图上，将轨道的双向客流分开，用线的粗细与颜色来表达客流量的大小。从图中早晚高峰客流的对比可以很明显地看出早晚高峰时潮汐客流的方向差异。

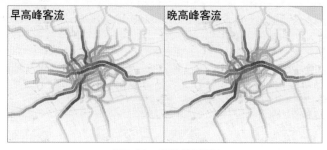

图7-30　客流蛛网图

轨道客流蛛网图的绘制思路如图7-31所示，我们手上有的数据是轨道线路、站点的GIS文件与轨道双向的客流量。首先需要将轨道线路的线型在轨道站点处进行切分，生成每个断面的线型地理信息。

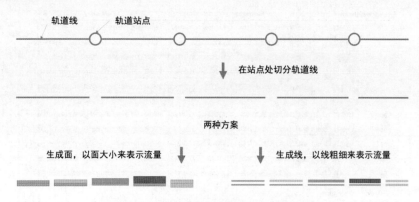

图7-31　绘制轨道客流蛛网图的两种思路

下一步则是将轨道的双向客流分别在轨道线路的两边显示。这一步骤有两种思路，一种是在轨道线路的两边生成面，以面的宽度与面的颜色来显示客流量；另一种则是在轨道线路的两边生成线，并以线段的粗细和颜色表示客流量。对比这两种思路，生成线的思路显然要比生成面的思路简单，在生成线时只需要将切分的轨道断面往两侧平移，而在生成面时每个面则需要构造面的多条边。因此，这里采用生成线的思路。

7.5.2　断面线型的生成

首先是用轨道站点对轨道线路线型进行切分，获得轨道断面的线型。下面的思路是先以某一轨道线为例，写好代码提取出它的断面信息与断面线型。成功跑通一条轨道线的代码后，只要给代码外面嵌套一层循环，即可提取出所有的轨道线断面。在写一个带有多层嵌套循环的复杂代码时，首先应该不加循环，调试好代码的主体部分，成功运行后再在代码主体外加上循环。

1. 轨道线型数据的读取与整理

在切分轨道线型前，首先需要整理好轨道的站点与线型的地理空间信息。读取站点数据，并整理为**GeoDataFrame**。

```
1. In [7-37]:
2. #读取轨道站点数据
3. stop = pd.read_csv(r'data/stop.csv')
4. #为站点生成geometry列，存储地理信息
5. stop['geometry'] = gpd.points_from_xy(stop['lon'],stop['lat'])
6. #将站点信息由DataFrame转换为GeoDataFrame
7. stop = gpd.GeoDataFrame(stop)
8. #获取地铁线路名称
9. stop['line'] = stop['linename'].apply(lambda r:r.split(v(')[0])
10. #更改地铁5号线支线的名称
11. stop.loc[stop['line']=='地铁5号线支线','line'] = '地铁5号线'
12. stop
```

输出结果如图7-32所示。

	stationnames	linename	lon	lat	geometry	line
0	富锦路	地铁1号线(富锦路-莘庄)	121.420012	31.394078	POINT (121.42001 31.39408)	地铁1号线
1	友谊西路	地铁1号线(富锦路-莘庄)	121.423351	31.382958	POINT (121.42335 31.38296)	地铁1号线
2	宝安公路	地铁1号线(富锦路-莘庄)	121.426290	31.371680	POINT (121.42629 31.37168)	地铁1号线
3	共富新村	地铁1号线(富锦路-莘庄)	121.429462	31.356866	POINT (121.42946 31.35687)	地铁1号线
4	呼兰路	地铁1号线(富锦路-莘庄)	121.433107	31.341553	POINT (121.43311 31.34155)	地铁1号线
...	...	...	...	...	...	...
945	三鲁公路	轨道交通浦江线(沈杜公路-汇臻路)	121.523211	31.058207	POINT (121.52321 31.05821)	轨道交通浦江线
946	闵瑞路	轨道交通浦江线(沈杜公路-汇臻路)	121.526112	31.050321	POINT (121.52611 31.05032)	轨道交通浦江线
947	浦航路	轨道交通浦江线(沈杜公路-汇臻路)	121.526392	31.043280	POINT (121.52639 31.04328)	轨道交通浦江线
948	东城一路	轨道交通浦江线(沈杜公路-汇臻路)	121.527925	31.032497	POINT (121.52793 31.03250)	轨道交通浦江线
949	汇臻路	轨道交通浦江线(沈杜公路-汇臻路)	121.520338	31.027464	POINT (121.52034 31.02746)	轨道交通浦江线

950 rows × 6 columns

图7-32　轨道站点数据

需要注意的是，地铁4号线为环线，其存储形式是起终点位于同一位置的线型。需要将4号线轨道站点表的第一个站点重复添加在最后，否则环线的最后一个站点到第一个站点的轨道断面无法生成。添加站点的代码如下。

```
1. In [7-38]:
2. #产生各线路的站点编号
3. #首先为站点编号，包括两个步骤，生成一列可排序的列
4. stop['ID'] = range(len(stop))
5. #再按线路名进行分组排序
6. stop['ID'] = stop.groupby(['linename'])['ID'].rank().astype(int)
7. #为地铁4号线环线补充两个站点
8. #提取地铁4号线的首个站点
9. r = stop[stop['linename']=='地铁4号线(内圈(宜山路-宜山路))'].iloc[0]
10. #将其编号更改为4号线站点数+1
11. r['ID'] = len(stop[stop['linename']=='地铁4号线(内圈(宜山路-宜山路))'])+1
12. #将更改编号的站点插入表中，此时该站点在表中拥有两条记录
13. stop = stop.append(r)
14. #再为4号线另一个方向也做相同操作
15. r = stop[stop['linename']=='地铁4号线(外圈(宜山路-宜山路))'].iloc[0]
16. r['ID'] = len(stop[stop['linename']=='地铁4号线(外圈(宜山路-宜山路))'])+1
17. stop = stop.append(r)
18. #对线路与站点ID进行排序
19. stop = stop.sort_values(by = ['linename','ID'])
```

准备站点数据后，再准备轨道线路的线型数据。将geojson文件读取为GeoDataFrame后，数据表中geometry列的每一行是一个线要素（LineString），由Shapely包提供图形处理的支持。而后续的站点切分轨道线也是由Shapely包中的内置方法提供支持。下面读取数据，并提取其中的第一条线要素（地铁1号线的其中一个方向），代码如下。

```
1. In [7-39]:
2. #读取轨道线路GIS文件
3. line = gpd.read_file('data/line.json',encoding = 'utf-8')
4. #取出第一条线路
5. r = line.iloc[0]
```

```
6. #提取其几何线型
7. line_geometry = r['geometry']
8. type(line_geometry)
9. Out [7-39]:
10. shapely.geometry.linestring.LineString
11.
12. In [7-40]:
13. line_geometry
```

输出结果如图7-33所示。

2. 断面信息表的生成

在利用站点对线路进行切分之前，需要先生成一个轨道断面信息表用于存储每个断面的起点站点、终点站点、所在的线路，之后在该表上添加每个断面线型地理信息。首先提取上面的轨道线所对应的站点，并用shift整体上移一行的形式构建轨道断面信息表。

图7-33　轨道线的线型
（Shapely中的LineString类型）

```
1. In [7-41]:
2. #提取相应的站点
3. tmp = stop[stop['linename'] == r['linename']]
4. #生成轨道断面信息表
5. for i in tmp.columns:
6.     tmp[i+'1'] = tmp[i].shift(-1)
7. tmp = tmp.iloc[:-1]
8. tmp = tmp[['stationnames','stationnames1','geometry','geometry1','linename']]
9. tmp
```

输出结果如图7-34所示。表中的geometry与geometry1两列分别存储了该轨道断面所在的坐标点地理信息。

	stationnames	stationnames1	geometry	geometry1	linename
28	莘庄	外环路	POINT (121.38112 31.11298)	POINT (121.38839 31.12282)	地铁1号线(莘庄-富锦路)
29	外环路	莲花路	POINT (121.38839 31.12282)	POINT (121.39815 31.13275)	地铁1号线(莘庄-富锦路)
30	莲花路	锦江乐园	POINT (121.39815 31.13275)	POINT (121.40953 31.14387)	地铁1号线(莘庄-富锦路)
31	锦江乐园	上海南站	POINT (121.40953 31.14387)	POINT (121.42522 31.15678)	地铁1号线(莘庄-富锦路)
32	上海南站	漕宝路	POINT (121.42522 31.15678)	POINT (121.43029 31.17029)	地铁1号线(莘庄-富锦路)
33	漕宝路	上海体育馆	POINT (121.43029 31.17029)	POINT (121.43182 31.18388)	地铁1号线(莘庄-富锦路)
34	上海体育馆	徐家汇	POINT (121.43182 31.18388)	POINT (121.43373 31.19467)	地铁1号线(莘庄-富锦路)
35	徐家汇	衡山路	POINT (121.43373 31.19467)	POINT (121.44215 31.20688)	地铁1号线(莘庄-富锦路)
36	衡山路	常熟路	POINT (121.44215 31.20688)	POINT (121.44671 31.21552)	地铁1号线(莘庄-富锦路)
37	常熟路	陕西南路	POINT (121.44671 31.21552)	POINT (121.45564 31.21923)	地铁1号线(莘庄-富锦路)
38	陕西南路	黄陂南路	POINT (121.45564 31.21923)	POINT (121.46874 31.22476)	地铁1号线(莘庄-富锦路)
39	黄陂南路	人民广场	POINT (121.46874 31.22476)	POINT (121.47064 31.23494)	地铁1号线(莘庄-富锦路)
40	人民广场	新闸路	POINT (121.47064 31.23494)	POINT (121.46375 31.24059)	地铁1号线(莘庄-富锦路)

图7-34　轨道断面信息表

3. 断面线型的生成

接下来是对轨道断面信息表中的每一行生成相应的轨道断面线型，而这里要用的方法是Shapely中线要素（LineString）自带的投影（project）与插值（interpolate）方法，如图7-35所示。

图7-35　线要素的投影与插值方法

投影：给定线和点，投影方法能够在线上找出与点最近的位置，并返回从线起点开始到该位置经过的距离。

插值：给定线和距离，插值方法能够在线上找出从线起点开始经过这一距离的所在位置点，所产生的点在线上。

投影与插值代表的是两个相反的过程，投影将地理信息要素转换为距离，而插值将距离转换为地理信息要素。如果将这两个功能结合使用，可以为空间上任意一点找到线上最近位置。

搭配使用这两个方法，就可以实现轨道断面线型的提取。具体思路如下。

（1）对每一个轨道断面线型，通过投影提取其起点与终点在轨道线型上所在的位置，这两者的位置以距离表示，分别记为$O_{project}$和$D_{project}$。

（2）在距离$O_{project}$和$D_{project}$之间以相等间隔插入n个值，作为轨道断面线型的坐标点位置。

（3）用插值将这些坐标点位置由距离转换为地理信息要素，并构成线型。

接下来用代码实现，首先是起终点位置的投影：

```
1. In [7-42]:
2. #提取轨道段起终点在线路上对应的位置
3. tmp['o_project'] = tmp['geometry'].apply(lambda r1:line_geometry.project(r1))
4. tmp['d_project'] = tmp['geometry1'].apply(lambda r1:line_geometry.project(r1))
5. tmp
```

输出结果如图7-36所示。由于站点与线路均为地理坐标系，起终点的投影距离为直接用经纬度计算的距离。如果需要获得实际距离，则可以对站点与线路投影后进行计算。

	stationnames	stationnames1	geometry	geometry1	linename	o_project	d_project
28	莘庄	外环路	POINT (121.38112 31.11298)	POINT (121.38839 31.12282)	地铁1号线(莘庄-富锦路)	0.000598	0.012812
29	外环路	莲花路	POINT (121.38839 31.12282)	POINT (121.39815 31.13275)	地铁1号线(莘庄-富锦路)	0.012812	0.026746
30	莲花路	锦江乐园	POINT (121.39815 31.13275)	POINT (121.40953 31.14387)	地铁1号线(莘庄-富锦路)	0.026746	0.042661
31	锦江乐园	上海南站	POINT (121.40953 31.14387)	POINT (121.42522 31.15678)	地铁1号线(莘庄-富锦路)	0.042661	0.063146
32	上海南站	漕宝路	POINT (121.42522 31.15678)	POINT (121.43029 31.17029)	地铁1号线(莘庄-富锦路)	0.063146	0.078490
33	漕宝路	上海体育馆	POINT (121.43029 31.17029)	POINT (121.43182 31.18388)	地铁1号线(莘庄-富锦路)	0.078490	0.092131
34	上海体育馆	徐家汇	POINT (121.43182 31.18388)	POINT (121.43373 31.19467)	地铁1号线(莘庄-富锦路)	0.092131	0.103139
35	徐家汇	衡山路	POINT (121.43373 31.19467)	POINT (121.44215 31.20688)	地铁1号线(莘庄-富锦路)	0.103139	0.118129
36	衡山路	常熟路	POINT (121.44215 31.20688)	POINT (121.44671 31.21552)	地铁1号线(莘庄-富锦路)	0.118129	0.128608
37	常熟路	陕西南路	POINT (121.44671 31.21552)	POINT (121.45564 31.21923)	地铁1号线(莘庄-富锦路)	0.128608	0.138280
38	陕西南路	黄陂南路	POINT (121.45564 31.21923)	POINT (121.46874 31.22476)	地铁1号线(莘庄-富锦路)	0.138280	0.152499
39	黄陂南路	人民广场	POINT (121.46874 31.22476)	POINT (121.47064 31.23494)	地铁1号线(莘庄-富锦路)	0.152499	0.166335
40	人民广场	新闸路	POINT (121.47064 31.23494)	POINT (121.46375 31.24059)	地铁1号线(莘庄-富锦路)	0.166335	0.175447

图7-36　轨道断面起终点的投影

接下来，将距离插值与线型生成融合到一个函数中，该函数的输入是轨道断面信息表的行和轨道线型，输出则是对应的轨道断面线型。

```
1. In [7-43]:
2. #定义函数：输入轨道断面信息表的一行和轨道线型，输出是轨道断面的线型
3. import numpy as np
4. from shapely.geometry import LineString
5. def getline(r2,表_geometry):
6.     #生成空的表用以存放轨道断面的节点
7.     ls = []
8.     #对大部分情况，线段的起点的位置在终点前，在起终点之间生成10个点
9.     if r2['o_project']<r2['d_project']:
10.         #NumPy的linespace线性插值生成10个点距离线段起点的距离
11.         tmp1 = np.linspace(r2['o_project'],r2['d_project'],10)
12.     #对4号线环线，最后一个站点与第一个站点之间的轨道断面需要特殊处理
13.     if r2['o_project']>r2['d_project']:
14.         tmp1 = np.linspace(r2['o_project']-line_geometry.length, r2['d_
            project'],10)
15.         tmp1[tmp1<0] = tmp1[tmp1<0]+line_geometry.length
16.     #tmp1存储的是点距离线段起点的距离，将每个距离转换为点要素，并添加到ls中
17.     for j in tmp1:
18.         ls.append(line_geometry.interpolate(j))
19.     #最后，把点序列转换为线型输出
20.     return LineString(ls)
```

然后，取出轨道断面信息表的其中一行输入函数，测试是否能够顺利运行。

```
21. In [7-44]:
22. getline(tmp.iloc[0],line_geometry)
```

输出结果如图7-37所示。

将前面定义的函数用apply方法逐行遍历，对轨道断面信息表中的每一个断面生成相应的地理信息赋值给geometry列，并

图7-37　生成的轨道断面线型

将其转换为GeoDataFrame。

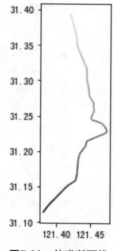

```
1. In [7-45]:
2. #遍历提取轨道段
3. tmp['geometry'] = tmp.apply(lambda r2:getline(r2,line_
   geometry), axis = 1)
4. tmp = gpd.GeoDataFrame(tmp)
5. tmp.plot(column = 'o_project')
```

输出结果如图7-38所示。其中，为了区分不同的轨道断面，绘制时以o_project列的值大小做颜色映射，使每个断面有不同的颜色，轨道线型出现了渐变的颜色，证明它已经被成功地切分为多个断面。

图7-38　轨道断面线型生成结果

4. 循环遍历提取全部轨道断面信息

成功对一条轨道线路切分断面后，接下来只需要以循环的方式对每一条轨道线路都提取其线型与站点信息，生成轨道断面信息，并在最后汇总成一个大表即可，代码如下。

```
1.  In [7-46]:
2.  #用轨道站点对轨道线进行切分
3.  lss = []
4.  #遍历每条轨道线
5.  for k in range(len(line)):
6.      r = line.iloc[k]
7.      #获取轨道线的线型
8.      line_geometry = r['geometry']
9.      #提取相应的站点
10.     tmp = stop[stop['linename'] == r['linename']]
11.     #生成轨道段
12.     for i in tmp.columns:
13.         tmp[i+'1'] = tmp[i].shift(-1)
14.     tmp = tmp.iloc[:-1]
15.     tmp = tmp[['stationnames','stationnames1','geometry','geometry1','linename']]
16.     #提取轨道段起终点在线路上对应的位置
17.     tmp['o_project'] = tmp['geometry'].apply(lambda r1:r['geometry'].project(r1))
18.     tmp['d_project'] = tmp['geometry1'].apply(lambda r1:r['geometry'].project(r1))
19.     #遍历提取轨道段
20.     tmp['geometry'] = tmp.apply(lambda r2:getline(r2,line_geometry),axis=1)
21.     #提取的轨道段放进表中
22.     lss.append(tmp)
23. #遍历完后，合并list里的表，得到轨道断面信息表
24. metro_line_splited = pd.concat(lss)
25. #绘制轨道断面
26. metro_line_splited.plot(column = 'o_project')
```

输出结果如图7-39所示。

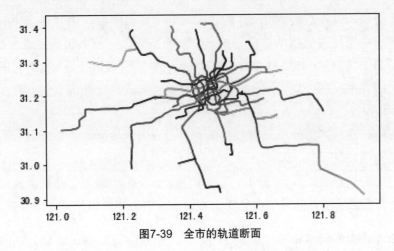

图7-39 全市的轨道断面

对提取出来的轨道断面线型稍做整理，并将其存储为本地文件，以便后续使用。

```
1. In [7-47]:
2. #提取线路名
3. metro_line_splited['line'] = metro_line_splited['linename'].apply(lambda r:r.
   split('(')[0].lstrip('地铁'))
4. #"5号线支线"去掉"支线"两个字
5. metro_line_splited.loc[metro_line_splited['line'] == '5号线支线','line'] = '5号线'
6. #补齐起终点站点名称
7. metro_line_splited['o'] = metro_line_splited['line'] +  metro_line_splited
   ['stationnames']
8. metro_line_splited['d'] = metro_line_splited['line'] +  metro_line_splited
   ['stationnames1']
9. #提取有用的列
10. metro_line_splited = metro_line_splited[['o','d','geometry']]
11. #存储分割的轨道断面线型,如果数据中有中文,注意编码格式需要encoding = 'utf-8',
    #否则再读取会显示乱码。同时,存储时也需要保证只有geometry一列内容为地理图形要素,如果
    #存在其他列,则存储也会失败
12. metro_line_splited.to_file(r'data/metro_line_splited.json',driver = 'GeoJSON',
    encoding = 'utf-8')
```

通过上面的整理，与前面推算的轨道断面客流可以直接用o与d两列进行对应。通过pd.merge表连接即可将客流连接至对应的断面。

```
1. In [7-48]:
2. #连接客流
3. metro_line_toplot = pd.merge(metro_line_splited,metro_passenger, on =['o','d'])
```

7.5.3 线型平移与可视化绘制

生成轨道线型并对应断面客流后，下一步是客流的可视化，其思路是在轨道线路的两边生成线，并以线段的粗细和颜色表示客流量。而这一步骤只需要将切分的轨道断面往两侧平移，并在绘图时指定线段的粗细和颜色即可。

需要注意的是，GIS文件中的线要素是存在方向的，线要素的坐标点排列顺序即代表了线的方向。在轨道线路数据中保留了轨道的双向信息，即一条轨道在GIS文件中会有两个线型，而这两个线型的GIS文件重合，但坐标点的排列顺序相反，线的方向相反。也因此，在对双向的轨道线切分成轨道断面地理信息要素后，每个断面会留有双向的线型，坐标点排列顺序相反。

将轨道断面平移时，由于同一断面存在两个反方向的线型，只需要对所有线型都统一往其方向的左侧或右侧平移，显示效果即为沿轨道方向两侧分布，如图7-40所示。由断面的客流量大小决定平移的距离，后续可视化中也以线段的粗细颜色代表客流量，当平移距离与线段粗细调整得刚刚好的时候，呈现出来的效果即为在轨道线处区分双向线段。

图7-40 轨道断面平移的原理

在对轨道断面平移时，使用的是Shapely中线要素的parallel_offset方法。通过给定距离与平移方向，该方法可以将线段平移相应距离，并自动在线段的关节处生成连接，其效果如图7-41所示。

object.**parallel_offset**(distance, side, join_style=1)

输入距离与方向，该方法能够将LineString平移相应距离

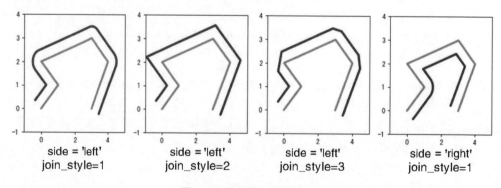

图7-41 线段的平移方法

接下来，对轨道断面依据客流大小分为10组，每一组的线宽不同。并根据线宽设定平移的距离。

```
1. In [7-49]:
2. #对轨道断面按客流大小分为10组,不同分组的线宽不同
3. groupnum = 10
4. metro_line_toplot = metro_line_toplot.sort_values(by = 'count')
5. metro_line_toplot['linewidth'] = (np.arange(len(metro_line_toplot))*groupnum/
   len(metro_line_toplot)).astype(int)/groupnum+0.1
```

```
6.  #平移轨道线
7.  metro_line_parallel = metro_line_toplot.copy()
8.  #设定平移的距离比例,这个参数与后面绘图的线宽对应,两者需要一起调整
9.  rate = 0.002
10. #对轨道断面线型平移
11. metro_line_parallel['geometry'] = metro_line_parallel.apply(lambda
    r:r['geometry'].parallel_offset(rate*r['linewidth']),axis = 1)
12. #客流量扩样25倍
13. metro_line_parallel['count'] *= 25
```

最后,对轨道断面客流进行可视化。其中,线宽的大小与轨道断面平移的距离应该同时进行调整,确保它们能够相互对应,呈现出我们想要的可视化效果。可视化的代码如下。

```
1.  In [7-50]:
2.  #绘制轨道断面蛛网图
3.  import matplotlib.pyplot as plt
4.  fig = plt.figure(1,(10,8),dpi = 250)
5.  ax = plt.subplot(111)
6.  plt.sca(ax)
7.  #加载底图,设定绘图边界
8.  import transbigdata as tbd
9.  bounds  = [121.166, 30.966, 121.8, 31.483]
10. tbd.plot_map(plt,bounds,zoom = 12,style = 4)
11. #设置colormap的数据
12. import matplotlib
13. vmax = metro_line_parallel['count'].max()
14. cmapname = 'autumn_r'
15. cmap = matplotlib.cm.get_cmap(cmapname)
16. #设置colorbar
17. cax = plt.axes([0.18, 0.4, 0.02, 0.3])
18. plt.title('人次')
19. plt.sca(ax)
20. #绘制轨道断面客流,这里线宽参数与前面平移的距离比例对应,两者需要一起调整
21. metro_line_parallel.plot(ax = ax,column = 'count',
22.                          lw = metro_line_parallel['linewidth']*7,#线型粗细
23.                          cmap = cmap,vmin = 0,vmax = vmax,
24.                          legend=True,cax = cax)
25. #设置显示范围
26. plt.axis('off')
27. ax.set_xlim(bounds[0],bounds[2]-0.1)
28. ax.set_ylim(bounds[1]+0.05,bounds[3]-0.1)
29. plt.title('早高峰8时客流量')
30. #加比例尺和指北针
31. tbd.plotscale(ax,bounds = bounds,textsize = 10,compasssize = 1,accuracy = 2000,
    rect = [0.06,0.08],zorder = 10)
32. plt.show()
```

输出结果如图7-42所示。

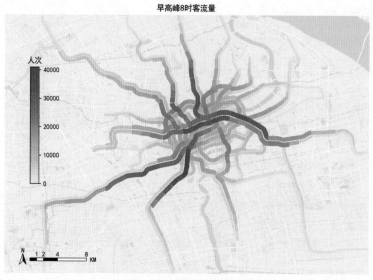

图7-42　轨道断面客流可视化

 ## 7.6　本章习题

1. 将本章中所介绍的数据处理内容在本地环境中实现。

2. 统计每条轨道线的客流量。

3. 统计每条轨道线客流每小时分布情况。

4. 在客流分配时，我们使用的方法是最短路分配法，但实际上个体的出行可能并不一定只考虑最短路。尝试使用多种出行路径分配方法进行客流分配，并对比结果。

第8章
共享单车数据——轨道站点衔接需求分析

在本章中，将以共享单车的数据为对象，分析轨道站点周边的共享单车衔接需求分布情况。具体来说，首先对共享单车的数据进行单车的出行链重构，并从出行链中区别出单车的骑行部分与停车部分。然后分析共享单车的骑行与停车特征，包括骑行距离、单车的骑行次数、用车的时间统计、停车的时间与空间特征。最后，利用KDTree空间搜索算法匹配骑行起终点最近的轨道站点，识别与轨道站点衔接的共享单车骑行订单。通过本章的内容，读者将了解共享单车数据的基本特征，同时也更进一步熟悉Pandas的数据处理过程。

8.1 共享单车数据简介

近几年，在移动互联网技术的支持下，无桩共享单车（Dockless Bicyclesharing）作为一种全新的共享交通服务模式一经出现就得到了公众的普遍接受。目前，国内许多城市都在推广共享单车服务。在国外的一些城市则流行共享滑板（Scootersharing），与共享单车有相似的运营模式。

共享单车的出现，一方面在交通系统中主要扮演着城市"最后一千米"衔接的任务（将用户的出发地与现有的公交系统衔接），另一方面也是一种缓解城市排放的绿色出行方式。

共享单车数据是近几年常见的一种时空大数据。不同共享单车公司的数据情况也存在差异，部分公司的共享单车数据可能包括单车的骑行轨迹。但通常为节省成本，共享单车只在单车的开锁与关锁时产生数据，用以记录单车出行的起点与终点位置，数据的字段如表8-1所示。其中，个体的标识为单车ID而非使用者的用户ID信息，数据所连续追踪的是单车，无法获得单车使用者的使用特征。

表8-1 共享单车数据的字段

字 段 名	样 例	说 明
BIKE_ID	713ED79079...	每辆单车的唯一标识码
DATA_TIME	2018-08-27 12:43:24	数据的采集时间
LOCK_STATUS	0	锁状态，该记录代表单车开关锁状态，1为关锁，0为开锁
LONGITUDE	121.522	GPS经度
LATITUDE	31.323	GPS纬度

以上海市2018年8月27日一天的共享单车数据为例，读取数据并输出：

```
1. In [8-1]:
2. #读取共享单车数据
3. data = pd.read_csv(r'data0901.csv')
4. data
```

输出结果如图8-1所示。

	BIKE_ID	DATA_TIME	LOCK_STATUS	LONGITUDE	LATITUDE
0	713ED7B044393233E0533C0BA8C09291	2018-09-01 0:00:49	0	121.531489	31.263296
1	713ED78FC0813233E0533C0BA8C09291	2018-09-01 0:00:49	0	121.363938	31.212551
2	7169493311DD0D74E0533E0BA8C01BB4	2018-09-01 0:00:12	1	121.488291	31.264857
3	713ED795F1033233E0533C0BA8C09291	2018-09-01 0:00:06	1	121.345189	31.135745
4	713ED7AF8E213233E0533C0BA8C09291	2018-09-01 0:00:49	0	121.364748	31.258107
...	...	...	...	...	...
3063365	713ED79FD6C23233E0533C0BA8C09291	2018-09-01 10:25:50	1	121.449317	31.246356
3063366	713ED79F3BAF3233E0533C0BA8C09291	2018-09-01 14:46:43	1	121.429002	31.183046
3063367	713ED7969D603233E0533C0BA8C09291	2018-09-01 2:49:39	1	121.223636	31.231712
3063368	713ED7A760F03233E0533C0BA8C09291	2018-09-01 18:24:33	1	121.673009	31.301073
3063369	7247FC082AFB7E9BE0533E0BA8C0C8E2	2018-09-01 23:50:10	0	121.451884	31.217402

3063370 rows × 5 columns

图8-1　共享单车数据

此时，数据中的DATA_TIME字段中的时间为字符串格式，直接将其格式转换为pandas
内置的时间格式以便后续排序，并粗略筛选研究范围内的数据。

```
1. In [8-2]:
2. #转换数据的时间
3. data['DATA_TIME'] = pd.to_datetime(data['DATA_TIME'])
4. #筛选研究范围内的数据
5. data = data[(data['LONGITUDE']<122)&
6.             (data['LONGITUDE']>120)&
7.             (data['LATITUDE']<32)&
8.             (data['LATITUDE']>30)]
```

取出其中一辆单车的数据，并按时间顺序对数据排序，以便观察数据的采集情况。

```
1. In [8-3]:
2. #取出一辆车的数据观察
3. tmp = data[data['BIKE_ID']=='713ED79C59CC3233E0533C0BA8C09291']
4. tmp.sort_values(by = ['DATA_TIME'])
```

输出结果如图8-2所示。

	BIKE_ID	DATA_TIME	LOCK_STATUS	LONGITUDE	LATITUDE
1767607	713ED79C59CC3233E0533C0BA8C09291	2018-09-01 14:06:54	0	121.550754	31.247030
1823717	713ED79C59CC3233E0533C0BA8C09291	2018-09-01 14:15:11	1	121.538810	31.240057
2278567	713ED79C59CC3233E0533C0BA8C09291	2018-09-01 16:45:28	0	121.538906	31.239970
2249403	713ED79C59CC3233E0533C0BA8C09291	2018-09-01 16:55:58	1	121.550667	31.247302
2370822	713ED79C59CC3233E0533C0BA8C09291	2018-09-01 17:50:09	0	121.550707	31.247015
2483733	713ED79C59CC3233E0533C0BA8C09291	2018-09-01 17:58:10	1	121.548652	31.241853
2545391	713ED79C59CC3233E0533C0BA8C09291	2018-09-01 18:43:44	0	121.548426	31.241471
2529933	713ED79C59CC3233E0533C0BA8C09291	2018-09-01 18:54:49	1	121.540243	31.248092

图8-2　某辆单车数据排序的结果

可以看到，单独取出一辆单车的数据并以时间排序，数据的锁状态为0和1交替出现。

8.2 共享单车的出行链重构

从共享单车数据中可以挖掘出两部分的信息：骑行与停车，这两者正好可以类比于出租车数据中的载客与空载状态。由于共享单车只在开关锁时产生数据，它的数据特征与出租车GPS数据存在一定差异，如图8-3所示。

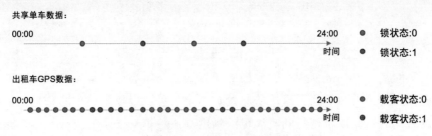

图8-3　一辆单车一天的数据

观察图8-3中对两者的对比可以发现以下两个问题。

（1）共享单车的数据采集仅在开锁与关锁时发生，一条数据同时包含停车与骑行两种行为的开始与结束信息，每次开锁的数据代表着上一段停车行为的结束与下一段骑行行为的开始，每次关锁的数据则代表着上一段骑车行为的结束与下一段停车行为的开始。

（2）共享单车在观测时段的最开始与最末尾都没有数据。第一条数据通常出现在该单车的第一次骑行时，而实际上在观测时段开始到第一次骑行之间，单车处于停放状态。如果某一辆单车在观测时间内没有骑行的活动，则它并不会在数据集中留下记录。

为了解决上面两个问题，同时更直观地反映一辆单车在一天内的出行链，需要进行单车出行链的重构。

8.2.1 出行链重构思路

出行链重构分为以下两个步骤。

（1）在原始数据的每一条记录的前一秒加入与其相反状态的记录。原始数据的每一记录都包括两层信息：上一个状态的结束与下一个状态的开始。因此，在每一条记录前一秒加入相反状态的记录可以帮助我们更清晰地把握骑行与停车阶段的开始与结束信息。

（2）在上一个步骤的基础上，对每一辆单车在观测时间段的开始与结束时间都插入记录。对开始时间，插入记录的状态、位置与单车的第一条记录相同；对结束时间，插入记录的状态、位置与单车的最后一条记录相同。这一步骤能够帮助我们标识出单车在观测时间最开始与最末尾部分的状态。

出行链重构的思路如图8-4所示。经过重构的出行链，可以发现开锁与关锁的状态都是两条相同记录连续出现，一条标识着这个状态的开始，另一条则标识这个状态的结束。从重构出的出行链中，我们更容易区分出这辆单车在什么时候是骑行状态，什么时候是停车状态。

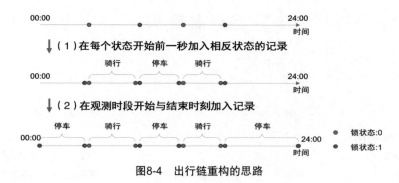

图8-4 出行链重构的思路

需要注意的是，出行链重构步骤会增加一定的数据量与计算量，在实际数据处理中，出行链重构也不是必需的步骤。直接从原始数据中也可以提取出单车的骑行与停车信息。这里出行链重构的主要作用是帮助我们更清晰地观察单车一天中的骑行与停车状态变化，理清楚逻辑，确保后续代码无误。

8.2.2 出行链重构的代码实现

接下来，用代码实现出行链重构，思路是从原始数据表中生成以下三个表。

（1）表1：原始数据中所有记录开始前一秒的相反状态记录。

（2）表2：每辆单车在观测时段开始时的记录。

（3）表3：每辆单车在观测时段结束时的记录。

首先生成表1，代码如下。

```
1. In [8-4]:
2. #在每个状态开始前一秒加入一条相反状态
3. data_1 = data.copy()
4. import datetime
5. data_1['DATA_TIME'] = data_1['DATA_TIME']-datetime.timedelta(seconds = 1)
6. data_1['LOCK_STATUS'] = 1-data_1['LOCK_STATUS']
```

然后生成表2，生成每辆单车在观测时段开始时的记录，记录的状态、位置与单车的第一条记录相同。而由于上面表1已经在原始数据基础的前一秒插入了相反状态的记录，表2需要在表1的基础上生成。提取每辆单车首条记录的方法则是利用groupby方法对单车ID分组后，依据时间升序排序，将序号赋予表2的rank字段。提取其中rank值为1的记录，即为每一个分组（每一辆单车）的首条记录。代码如下。

```
1. In [8-5]:
2. #在一天开始的时刻加入记录
3. data_2 = data_1.copy()
4. #对单车ID分组后，依据时间升序排序，得到序号
5. data_2['rank'] = data_2.groupby('BIKE_ID')['DATA_TIME'].rank(method = 'first')
6. data_2 = data_2[data_2['rank']==1]
7. #时间修改为观测时段开始时间
8. data_2['DATA_TIME'] = pd.to_datetime('2018-09-01 00:00:00')
```

以同样的原理生成表3。表3在原始数据表的基础上生成。利用groupby方法对单车ID分组后，依据时间降序排序，将序号赋予表3的rank字段。提取其中rank值为1的记录，即为每一个分组（每一辆单车）的最后一条记录。代码如下。

```
1. In [8-6]:
2. #在一天结束的时刻加入记录
3. data_3 = data.copy()
4. #对单车ID分组后，依据时间降序排序，得到序号
5. data_3['rank'] = data_3.groupby('BIKE_ID')['DATA_TIME'].rank(ascending = False,
   method = 'first')
6. data_3 = data_3[data_3['rank']==1]
7. #时间修改为观测时段结束时间
8. data_3['DATA_TIME'] = pd.to_datetime('2018-09-02 00:00:00')
```

最后，将原始数据与后面生成的三个表合并，并去掉rank列，代码如下。

```
1. In [8-7]:
2. #合并上面的表，重构出行链
3. data_tripchain = pd.concat([data,data_1,data_2,data_3])
4. data_tripchain = data_tripchain.drop('rank',axis = 1)
```

至此就已经完成了出行链的重构。提取如图8-2所示单车的记录观察出行链重构的结果。

```
1. In [8-8]:
2. tmp = data_tripchain[data_tripchain['BIKE_ID']=='713ED79C59CC3233E0533C0BA8C09291']
3. tmp.sort_values(by = ['DATA_TIME'])
```

输出结果如图8-5所示，可以与图8-2的原始数据对比出行链重构结果。从重构的出行链数据中，可以清晰地看出每一个状态的开始与结束时间。

	BIKE_ID	DATA_TIME	LOCK_STATUS	LONGITUDE	LATITUDE
1767607	713ED79C59CC3233E0533C0BA8C09291	2018-09-01 00:00:00	1	121.550754	31.247030
1767607	713ED79C59CC3233E0533C0BA8C09291	2018-09-01 14:06:53	1	121.550754	31.247030
1767607	713ED79C59CC3233E0533C0BA8C09291	2018-09-01 14:06:54	0	121.550754	31.247030
1823717	713ED79C59CC3233E0533C0BA8C09291	2018-09-01 14:15:10	0	121.538810	31.240057
1823717	713ED79C59CC3233E0533C0BA8C09291	2018-09-01 14:15:11	1	121.538810	31.240057
2278567	713ED79C59CC3233E0533C0BA8C09291	2018-09-01 16:45:27	1	121.538906	31.239970
2278567	713ED79C59CC3233E0533C0BA8C09291	2018-09-01 16:45:28	0	121.538906	31.239970
2249403	713ED79C59CC3233E0533C0BA8C09291	2018-09-01 16:55:57	1	121.550667	31.247302
2249403	713ED79C59CC3233E0533C0BA8C09291	2018-09-01 16:55:58	1	121.550667	31.247302
2370822	713ED79C59CC3233E0533C0BA8C09291	2018-09-01 17:50:08	1	121.550707	31.247015
2370822	713ED79C59CC3233E0533C0BA8C09291	2018-09-01 17:50:09	0	121.550707	31.247015
2483733	713ED79C59CC3233E0533C0BA8C09291	2018-09-01 17:58:09	0	121.548652	31.241853
2483733	713ED79C59CC3233E0533C0BA8C09291	2018-09-01 17:58:10	1	121.548652	31.241853
2545391	713ED79C59CC3233E0533C0BA8C09291	2018-09-01 18:43:43	1	121.548426	31.241471
2545391	713ED79C59CC3233E0533C0BA8C09291	2018-09-01 18:43:44	0	121.548426	31.241471
2529933	713ED79C59CC3233E0533C0BA8C09291	2018-09-01 18:54:48	0	121.540243	31.248092
2529933	713ED79C59CC3233E0533C0BA8C09291	2018-09-01 18:54:49	1	121.540243	31.248092
2529933	713ED79C59CC3233E0533C0BA8C09291	2018-09-02 00:00:00	1	121.540243	31.248092

图8-5 某辆单车出行链重构的结果

8.2.3 骑行与停车提取

从重构的出行链中提取单车的骑行与停车信息非常容易，只需要提取其中锁状态与下一条数据相同的记录即可。与前面出租车GPS的OD提取思路类似，只需要将整个表往上移动一行，再进行条件筛选即可，代码如下。

```
1. In [8-9]:
2. #对单车ID按时间排序
3. data_tripchain = data_tripchain.sort_values(by = ['BIKE_ID','DATA_TIME'])
4. #整体向上移动一行
5. for i in data_tripchain.columns:
6.     data_tripchain[i+'1'] = data_tripchain[i].shift(-1)
7. #提取其中的出行与停车信息
8. data_tripchain = data_tripchain[(data_tripchain['BIKE_ID'] == data_tripchain['BIKE_
   ID1'])&(data_tripchain['LOCK_STATUS'] == data_tripchain['LOCK_STATUS1'])]
9. #保留部分列
10. data_tripchain = data_tripchain[['BIKE_ID','DATA_TIME','LONGITUDE','LATITUDE','DATA_
    TIME1','LONGITUDE1','LATITUDE1','LOCK_STATUS']]
11. #提取前三行，转置显示
12. data_tripchain.head(3).T
```

输出结果如图8-6所示。

	93622	93622	89155
BIKE_ID	713ED78F8DC33233E0533C0BA8C09291	713ED78F8DC33233E0533C0BA8C09291	713ED78F8DC33233E0533C0BA8C09291
DATA_TIME	2018-09-01 00:00:00	2018-09-01 03:58:11	2018-09-01 04:16:06
LONGITUDE	121.492	121.492	121.477
LATITUDE	31.2092	31.2092	31.2222
DATA_TIME1	2018-09-01 03:58:10	2018-09-01 04:16:05	2018-09-01 06:24:46
LONGITUDE1	121.492	121.477	121.475
LATITUDE1	31.2092	31.2222	31.2226
LOCK_STATUS	1	0	1

图8-6　骑行与停车信息提取

图8-6中，同时有骑行与停车信息。其中，锁状态（LOCK_STATUS）为1的记录为单车的停车状态，锁状态为0的记录为单车的骑行状态，每一行记录包括每个状态开始与结束时的时间与坐标。将两者分开为两个表，首先为骑行的OD信息表，提取代码如下。

```
1. In [8-10]:
2. #出行
3. data_move = data_tripchain[data_tripchain['LOCK_STATUS'] == 0]
4. data_move = data_move[['BIKE_ID', 'DATA_TIME', 'LONGITUDE', 'LATITUDE',
5.         'DATA_TIME1', 'LONGITUDE1', 'LATITUDE1']]
6. data_move.columns = ['BIKE_ID', 'stime', 'slon', 'slat', 'etime', 'elon', 'elat']
7. data_move.head(3).T
```

输出结果如图8-7所示。

	93622	140487	633774
BIKE_ID	713ED78F8DC33233E0533C0BA8C09291	713ED78F8DC33233E0533C0BA8C09291	713ED78F8DC33233E0533C0BA8C09291
stime	2018-09-01 03:58:11	2018-09-01 06:24:47	2018-09-01 08:48:47
slon	121.492	121.475	121.475
slat	31.2092	31.2226	31.2108
etime	2018-09-01 04:16:05	2018-09-01 06:33:59	2018-09-01 09:04:38
elon	121.477	121.479	121.465
elat	31.2222	31.2109	31.2212

图8-7　骑行OD信息表

然后是停车的信息表，提取代码如下。

```
1. In [8-11]:
2. #停车
3. data_stop = data_tripchain[data_tripchain['LOCK_STATUS'] == 1]
4. data_stop = data_stop[['BIKE_ID', 'DATA_TIME', 'LONGITUDE', 'LATITUDE',
5.          'DATA_TIME1', 'LONGITUDE1', 'LATITUDE1']]
6. data_stop.columns = ['BIKE_ID', 'stime', 'slon', 'slat', 'etime','elon', 'elat']
7. data_stop.head(3).T
```

输出结果如图8-8所示。

	93622	89155	219281
BIKE_ID	713ED78F8DC33233E0533C0BA8C09291	713ED78F8DC33233E0533C0BA8C09291	713ED78F8DC33233E0533C0BA8C09291
stime	2018-09-01 00:00:00	2018-09-01 04:16:06	2018-09-01 06:34:00
slon	121.492	121.477	121.479
slat	31.2092	31.2222	31.2109
etime	2018-09-01 03:58:10	2018-09-01 06:24:46	2018-09-01 08:48:46
elon	121.492	121.475	121.475
elat	31.2092	31.2226	31.2108

图8-8　停车信息表

停车信息表中，同时存在停车状态开始时的坐标与停车状态结束时的坐标。这两者的坐标位置可能存在一定差异，其原因有两方面：一方面是GPS定位精度受到信号干扰可能存在一定的误差，导致车辆在同一位置两次产生记录时坐标存在差异，这种情况下两个坐标距离一般不会太远；另一方面是单车在停车时可能受到共享单车公司的调度，单车的实际位置发生移动，这种情况下两者的距离则可能较远。

由于单车仅在锁状态变化时产生记录，当处于停车状态中的单车位置发生改变时，从数据中则无法确定单车在何时被移动。因此，从停车信息表中估计的实际停车需求会有一定误差。

8.3　共享单车使用特征分析

对共享单车使用特征的分析主要可以分为骑行特征与停车特征两方面讨论。下面分别从单车骑行距离、单车骑行次数、使用时长、停车时长与单车利用率等方面讨论共享单车的使用特征。

8.3.1　骑行距离

从每个骑行OD信息的起点经纬度 $(\text{lon}_1, \text{lat}_1)$ 与终点经纬度 $(\text{lon}_2, \text{lat}_2)$，可以通过如下公式估计出起终点之间的直线距离。

$$\Delta \text{lat} = \text{lat}_2 - \text{lat}_1 \tag{8.1}$$

$$\Delta \text{lon} = \text{lon}_2 - \text{lon}_1 \tag{8.2}$$

$$a = \left(\sin\frac{\Delta \text{lat}}{2}\right)^2 + \cos\text{lat}_1 \cdot \cos\text{lat}_2 \left(\sin\frac{\Delta \text{lon}}{2}\right)^2 \tag{8.3}$$

$$d = 2r \cdot \arcsin\sqrt{a} \tag{8.4}$$

其中，r 为地球半径，d 则为估计的距离。

将上面的公式写成函数：

```
1. In [8-12]:
2. import numpy as np
3. def getdistance(lon1, lat1, lon2, lat2):# 经度1，纬度1，经度2，纬度2（十进制 度数）
4.     #将十进制度数转换为弧度
5.     lon1, lat1, lon2, lat2 = map(lambda r:r*np.pi/180, [lon1, lat1, lon2, lat2])
6.     dlon = lon2 - lon1
7.     dlat = lat2 - lat1
8.     a = np.sin(dlat/2)**2 + np.cos(lat1) * np.cos(lat2) * np.sin(dlon/2)**2
9.     c = 2 * np.arcsin(a**0.5)
10.    r = 6371 #地球平均半径，单位为 km
11.    return c * r * 1000
```

注意，在上面的函数中，使用NumPy包进行运算。这样，该函数可以将经纬度数值输入直接计算，也可以将存放经纬度的列输入进行向量运算。下面直接输入骑行OD起终点经纬度列批量计算距离，代码如下。

```
1. In [8-13]:
2. #计算出行起终点之间的直线距离
3. data_move['distance'] = getdistance(data_move['slon'],data_move['slat'],data_move['elon'],data_move['elat'])
```

该方法也已经加入TransBigData包中，使用的代码如下。

```
1. In [8-14]:
2. import transbigdata as tbd
3. data_move['distance'] = tbd.getdistance(data_move['slon'],data_move['slat'],data_move['elon'],data_move['elat'])
```

接下来利用seaborn包的kdeplot方法对骑行距离核密度分布进行绘制。需要注意的是，当输入数据的数值分布范围跨度较大时，用kdeplot方法自动选定的核大小会相对较大。在此估计结果上再缩小显示范围时，核密度分布曲线无法精细地反映数据在小范围内的分布情况。因此在观察特定范围内数据分布情况时，最好筛选略微大于所选范围的数据进行核密度估计，再缩小显示范围。这里分别选取0～15km、0～5km、0～1km、0～500m的距离范围进行核密度估计，代码如下。

```
1.  In [8-15]:
2.  #绘制距离分布的核密度分布
3.  import numpy as np
4.  import matplotlib.pyplot as plt
5.  plt.rcParams['font.sans-serif']=['SimHei']
6.  plt.rcParams['font.serif'] = ['SimHei']
7.  plt.rcParams['axes.unicode_minus']=False
8.  import seaborn as sns
9.  fig      = plt.figure(1,(7,7),dpi = 250)
10. ax1      = plt.subplot(411)
11. sns.kdeplot(data_move[data_move['distance']<20000]['distance'])
12. plt.xlim(0,15000)
13. plt.ylabel('核密度')
14. ax2      = plt.subplot(412)
15. sns.kdeplot(data_move[data_move['distance']<7500]['distance'])
16. plt.xlim(0,5000)
17. plt.ylabel('核密度')
18. ax3      = plt.subplot(413)
19. sns.kdeplot(data_move[data_move['distance']<1500]['distance'])
20. plt.xlim(0,1000)
21. plt.ylabel('核密度')
22. ax4      = plt.subplot(414)
23. sns.kdeplot(data_move[data_move['distance']<750]['distance'])
24. plt.xlim(0,500)
25. plt.xlabel('骑行距离/m)')
26. plt.ylabel('核密度')
27. plt.show()
```

输出结果如图8-9所示。

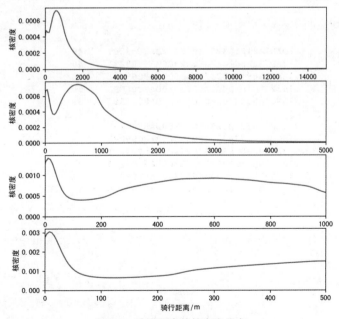

图8-9 骑行距离的核密度分布

从核密度分布的情况来看，共享单车的骑行直线距离绝大部分在3km以内。同时也可以注意到骑行距离分布呈双峰形态，在100m内存在一个高峰，在200m～1km则存在另一个高峰。

实际上，100m内的高峰最大值仅在10m左右，这部分骑行实际上可能并没有完成用户的出行需求，更可能是用户扫码开锁后使用单车发现存在一定故障，再重新关锁。因此，这部分数据应予以剔除。另一方面，骑行距离过长的订单也应该予以剔除，其阈值可以定在10km以上。

剔除过长与过短的出行代码如下。

```
1. In [8-16]:
2. #清洗骑行数据，删除过长与过短的出行
3. data_move_cleaned = data_move[(data_move['distance']>100)&(data_move
   ['distance']<10000)]
```

8.3.2 骑行次数

统计每辆单车的单日骑行次数有助于帮助我们理解单车资源使用的整体情况。我们使用的是一天时间范围的数据，因此统计单日骑行次数只需要统计每辆单车的骑行订单量即可。

在统计时，可以使用前面常用的思路，用groupby函数对单车ID分组后进行计数。不过在这里，使用Series的value_counts方法也可以实现相同功能。

```
1. In [8-17]:
2. #统计每辆车出现过几次
3. data_move_cleaned['BIKE_ID'].value_counts()
```

输出结果如图8-10所示，value_counts产生的结果自动会从大到小进行排序。

```
713ED7A81FAD3233E0533C0BA8C09291      49
713ED7ABA5C13233E0533C0BA8C09291      40
713ED7A8974A3233E0533C0BA8C09291      38
7143F7BC1D8D0D68E0533E0BA8C06BBD      36
713F59A068220D6CE0533E0BA8C03AB5      36
                                      ..
713ED79070EB3233E0533C0BA8C09291       1
713ED793F3E43233E0533C0BA8C09291       1
713ED798D8763233E0533C0BA8C09291       1
713ED795711A3233E0533C0BA8C09291       1
713ED79524433233E0533C0BA8C09291       1
Name: BIKE_ID, Length: 330695, dtype: int64
```

图8-10 每辆单车在数据中出现的次数

对上面结果再进行一次value_counts，即可统计出单车使用次数的分布情况。

```
1. In [8-18]:
2. #车辆的使用次数统计
3. datatoplot = data_move_cleaned['BIKE_ID'].value_counts().value_counts()
4. datatoplot
```

输出结果如图8-11所示。

```
1        129664
2         39841
3         28723
4         25093
5         20289
6         17272
7         13930
8         11358

        ...

40            1
49            1
Name: BIKE_ID, dtype: int64
```

图8-11 单车使用次数分布

对统计的数据进行柱状图绘制。

```
1.  In [8-19]:
2.  #使用次数分布
3.  import numpy as np
4.  import matplotlib.pyplot as plt
5.  import seaborn as sns
6.  fig     = plt.figure(1,(7,4),dpi = 250)
7.  ax1     = plt.subplot(111)
8.  plt.bar(datatoplot.index,datatoplot)
9.  plt.xticks(range(0,40,1),range(0,40,1))
10. plt.xlim(0,25)
11. plt.xlabel('单日骑行次数')
12. plt.ylabel('频数')
13. plt.show()
```

输出结果如图8-12所示。

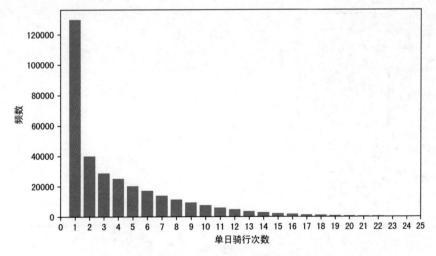

图8-12 单车单日骑行次数频数分布

从单日的骑行次数分布频数可以看到，多数共享单车每天仅被使用一次。

8.3.3　用车时长

接下来统计单车的使用时长，统计每个订单的持续时间长度。由于整理好的时间字段类型为pandas内置的时间格式，统计时长只需要将订单结束时间减去订单开始时间，并转换为秒即可，代码如下。

```
1. In [8-20]:
2. #计算每个订单的持续时长
3. data_move_cleaned['duration'] = (data_move_cleaned['etime']-data_move_cleaned
   ['stime']).apply(lambda r:r.total_seconds())
```

然后，绘制0～1h时间范围内的订单持续时间的核密度分布。

```
1. In [8-21]:
2. #统计单个出行时长的核密度分布
3. import numpy as np
4. import matplotlib.pyplot as plt
5. plt.rcParams['font.sans-serif']=['SimHei']
6. plt.rcParams['font.serif'] = ['SimHei']
7. plt.rcParams['axes.unicode_minus']=False
8. import seaborn as sns
9. fig      = plt.figure(1,(7,4),dpi = 250)
10. ax1      = plt.subplot(111)
11. sns.kdeplot(data_move_cleaned[data_move_cleaned['duration']<7200]['duration']
    /60)
12. plt.xlabel('时间/min')
13. plt.xlim(0,3600/60)
14. plt.ylabel('核密度')
15. plt.show()
```

输出结果如图8-13所示。

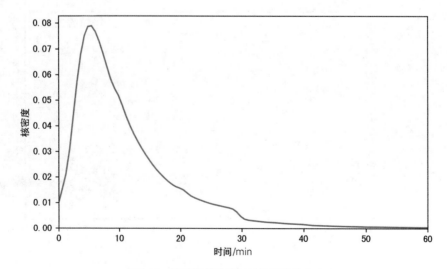

图8-13　骑行订单持续时长的核密度分布

从图8-13中可以看到，单个骑行订单的持续时间大部分在30min以内。在7～8min为高峰。

接下来统计每辆单车每天的使用时长。对订单数据以单车ID分组后将订单持续时间求和。

```
1. In [8-22]:
2. #统计每辆单车每天的使用时长
3. timecount = data_move_cleaned.groupby('BIKE_ID')['duration'].sum()
```

再对每辆单车每天的使用时长绘制核密度分布。

```
1. In [8-23]:
2. #使用时间核密度分布
3. import matplotlib.pyplot as plt
4. import seaborn as sns
5. fig      = plt.figure(1,(7,4),dpi = 250)
6. ax1      = plt.subplot(111)
7. sns.kdeplot(timecount/3600,label = '用车时间')
8. plt.legend()
9. plt.xticks(range(25),range(25))
10. plt.xlim(0,10)
11. plt.ylabel('概率密度')
12. plt.xlabel('时间/h')
13. plt.show()
```

输出结果如图8-14所示。

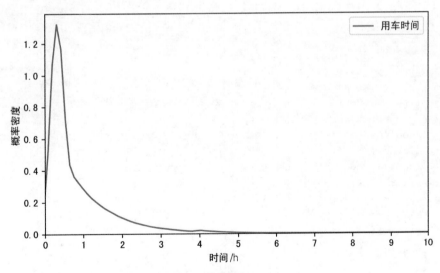

图8-14　单车使用时间的核密度分布

从前面的统计可以看到，大部分单车每天的实际使用时间在1h内，在半小时左右为高峰。

由前面对单车使用特征的分析可以看到，共享单车的实际利用率是极低的。每天大部分单车使用次数都为一次，一整天内单车被使用的时间也大部分在1h内，大部分时间都在停车状态下。单车公司所投放的大量单车资源在实际使用中利用率极低，停车时占用大量公共空间是共享单车的弊端这一。

8.3.4 停车时长与单车利用率

在一个城市中的不同区域，共享单车的利用效率是不同的，如何衡量单车的利用效率呢？作为一种共享交通模式，利用效率的具体表现是在单车的一次使用结束后，马上有另一个人来使用单车。

基于这种思路，有研究通过单车预订时间（Time of Booking，ToB）来衡量自行车的使用效率。ToB表示的是前一次骑行结束后到下一次预订自行车的时间长度[①]。与共享单车的其他使用指标（如骑行时间、使用频率和周转率）相比，ToB能够更好地反映某一地区的供需情况，从而衡量该地区自行车的使用效率。

实际上，ToB指的就是每一次停车所持续的时间长短，停车时间越短则表明单车利用的效率越高。对ToB的计算只需要对前面所提取的停车信息表data_stop计算每一段停车的持续时间即可，代码如下。

```
1. In [8-24]:
2. #停车时间计算
3. data_stop['stoptime'] = (data_stop['etime']-data_stop['stime']).apply
   (lambda r:r.total_seconds()/60)
```

上面所计算的是单次停车的持续时长，绘制其核密度分布代码如下。

```
1. In [8-25]:
2. #单次停车时间的核密度分布
3. import matplotlib.pyplot as plt
4. import seaborn as sns
5. fig     = plt.figure(1,(7,4),dpi = 250)
6. ax1     = plt.subplot(111)
7. sns.kdeplot(data_stop['stoptime']/60,label = '停车时间')
8. plt.legend()
9. plt.xticks(range(25),range(25))
10. plt.xlim(0,24)
11. plt.ylabel('概率密度')
12. plt.xlabel('停车时间/h')
13. plt.show()
```

输出结果如图8-15所示。

---

① Guidon S, Becker H, Axhausen K. Avoiding stranded bicycles in free-floating bicycle-sharing systems: using survival analysis to derive operational rules for rebalancing[C]//2019 IEEE Intelligent Transportation Systems Conference (ITSC). IEEE, 2019: 1703-1708.

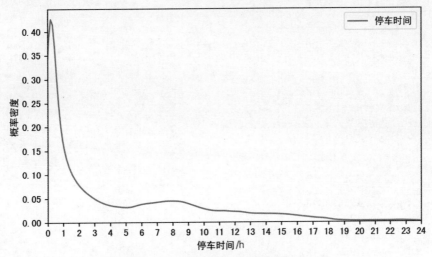

图8-15 单次停车时长的概率密度分布

单次停车时长的整体分布为双峰型，一个高峰的单次停车时长在1h内，这部分单车的利用相对高效，另一个高峰则在6～18h之间，这部分单车利用则相对低效。

城市中的不同区域内共享单车的利用效率不同，我们可以对一定区域范围内的停车时间做一定的统计集计，计算其均值或中位数作为反映单车利用效率的ToB指标。由前面单次停车时长的概率密度可以看到，部分单车的停车时间较长，如果计算均值，则这部分长时间停车的数据则会拉高整体的平均值，因此这里选取中位数更为合适。这里为了简便计算，在地理空间上以经纬度小数点保留三位小数的方式进行集计。代码如下。

```
1. In [8-26]:
2. #经纬度小数点保留三位小数
3. data_tob = data_stop[['slon','slat','stoptime']].round(3).copy()
4. #集计每个小范围内停车时间中位数
5. data_tob = data_tob.groupby(['slon','slat'])['stoptime'].quantile(0.5).reset_
   index()
```

将上面集计的ToB指标进行地图可视化，以颜色深浅表示ToB的值大小。

```
1. In [8-27]:
2. #创建图框
3. import matplotlib as mpl
4. import matplotlib.pyplot as plt
5. import transbigdata as tbd
6. fig     = plt.figure(1,(8,8),dpi = 300)
7. ax      = plt.subplot(111)
8. plt.sca(ax)
9. #添加地图底图
10. bounds  = [121.166, 31.006, 121.8, 31.483]
11. tbd.plot_map(plt,bounds,zoom = 12,style = 4)
12. #定义色条colormap
13. pallete_name = "BuPu"
14. colors = sns.color_palette(pallete_name, 3)
15. colors.reverse()
```

```
16. cmap = mpl.colors.LinearSegmentedColormap.from_list(pallete_name, colors)
17. vmax = data_tob['stoptime'].quantile(0.95)
18. norm = mpl.colors.Normalize(vmin=0, vmax=vmax)
19. #绘制散点图
20. plt.scatter(data_tob['slon'],data_tob['slat'],
21.          s = 0.1,alpha = 1,c = data_tob['stoptime'],cmap = cmap,norm=norm)
22. #添加比例尺和指北针
23. tbd.plotscale(ax,bounds = bounds,textsize = 10,compasssize = 1,accuracy = 2000,
    rect = [0.66,0.93])
24. plt.axis('off')
25. plt.xlim(bounds[0],bounds[2])
26. plt.ylim(bounds[1],bounds[3])
27. plt.title('单车利用效率')
28. #绘制colorbar
29. cax = plt.axes([0.03, 0.33, 0.02, 0.3])
30. plt.colorbar(cax=cax)
31. plt.title('ToB/min')
32. plt.show()
```

输出结果如图8-16所示。

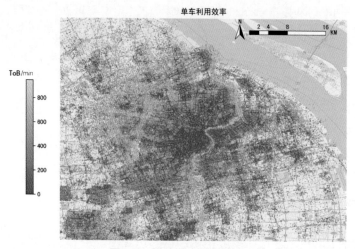

图8-16　共享单车利用效率

　　观察全市整体的单车利用效率分布，可以看到中心城区的ToB显著更低，表明单车利用率更高。从中也可以明显看出高利用率的单车沿路网分布，其原因也很好理解。在路边停车时，单车被下一个人骑走的几率也相对更高，单车利用效率也更高。而如果单车停放在封闭小区内，或用车需求较小的郊区范围，则单车的利用率也更低。

8.4　轨道衔接出行识别

　　在城市交通系统中，共享单车的一个重要作用是与轨道交通网络衔接，解决出行的"最后一千米"需求。因此，讨论共享单车与轨道网络的衔接现状就尤为重要。在这一节中，将共享单车骑行数据与轨道站点匹配，分析轨道站点与共享单车的衔接情况。

首先面临的第一个问题是，如何识别与地铁站衔接的骑行订单？主要的思路为，用阈值筛选起点或终点在地铁站点一定距离范围内的骑行订单，如果起点或终点一端在地铁站附近，另一端距离地铁站较远，则可以认为这一骑行订单为地铁站衔接出行。

将上面的思路实际实现时，又会遇到另一个问题（图8-17）：如何为每个GPS点匹配至最近的地铁站点？最近的地铁站点距离有多远？

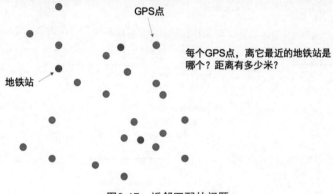

图8-17　近邻匹配的问题

常规的思路是，对每一个GPS点，计算它到所有地铁站的距离，然后找到最近的那一个地铁站，如图8-18所示。假设有n个地铁站，每一个GPS点需要计算n次距离，所以这种思路的算法复杂度为$O(n)$。

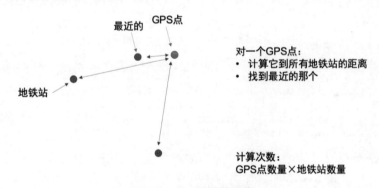

图8-18　逐一匹配的思路

如果有100万个数据点和400个地铁站，则全部匹配需要计算4亿次。在其他场景下，可能也会遇到匹配的两者数据量都非常大的情况。在大规模的数据情况下，上面这种逐一匹配的思路显然效率是非常低的。

8.4.1　KDTree空间搜索算法的原理

如何减少上面空间近邻匹配任务的计算量呢？KDTree（K-Dimensional Tree）算法可以解决我们的问题。KDTree的思路是，将需要匹配的K维空间点建立K维树空间索引，在近邻匹配时，输入的点在树中快速检索，即可找到最近邻的点。

以GPS数据点与地铁站匹配为例，我们的目标是对每个GPS点检索地铁站点，匹配至最近的那一个。因此，这里需要实现的是对地铁站建立二维地理空间中的空间索引。

二维空间下，空间索引的建立过程如图8-19所示，依据一定的顺序将点依次插入，每次插入时以横向或纵向的线分割空间（一维情况下分割空间的为点，二维的为线，三维的为面，四维以上的则为超平面）。在所有的点都插入后，二维的空间索引就已经建立好了。

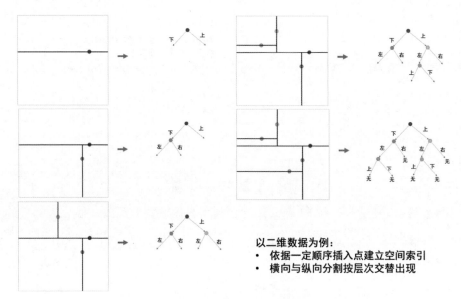

图8-19　KDTree空间索引的建立

给定GPS数据点，查询与其距离最近点的过程即为最近邻搜索。将数据点输入建立好的空间索引进行近邻查找时，从树的根节点开始依次往下查找，进行深度优先遍历。顺着"搜索路径"，很快能找到最近邻的近似点，也就是与待查询点处于同一个子空间的叶子节点。然后再回溯搜索路径，并判断搜索路径上的节点的其他子节点空间中是否可能有距离查询点更近的数据点，如果有可能，则需要跳到其他子节点空间中去搜索（将其他子节点加入搜索路径）。重复这个过程直到搜索路径为空。

例如，在图8-20的例子中，我们输入GPS点★再进行空间搜索，搜索路径过程如下。

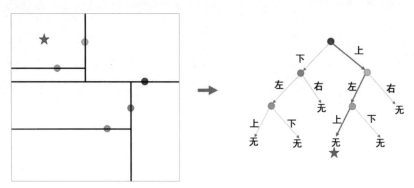

图8-20　KDTree空间搜索

（1）从根节点●开始，搜索路径经过●，最后到达●，此时搜索路径中节点为<●●●>。

（2）首先以●作为最近邻点，计算★到●的距离。

（3）然后回溯到父节点●，判断在●的其他子空间中是否可能存在距离查询点更近的数据点。以★为圆心，以★到●的距离为半径做圆，发现这个圆与●的其他子空间并不相交，因此不必进入其他子空间中搜索。

（4）再回溯到根节点●，再做同样的圆，发现与●的其他子空间并不相交，因此不必进入其他子空间中搜索

（5）搜索结束，得到●为距离★最近的点。

在这个搜索过程中，通过划分平面的方式，避免让★与所有的点逐一比较，成功减少了计算复杂度。

在对地铁站建立二维树的时候，逐次插入点建立空间索引，插入点的顺序会影响算法的复杂度。

假设在最好的情况下，每次插入点都能够将其他剩余的点均匀地分为两半，则KDTree的算法复杂度为$O(\log_2 n)$，也就是将n个点每次都分成两半，构成的树深度是$\log_2 n$，算法在进行空间搜索时需要进行比较的次数为$\log_2 n$左右。在最坏的情况下，KDTree建立索引，每次插入点时，其他剩余的点都只在一个子空间中，树的深度是n，算法复杂度为$O(n)$，与前面的逐一匹配相同。因此，在KDTree建立索引时，会先对点以一定规则进行排序再进行树的构建，算法的复杂度介于$O(\log_2 n)$和$O(n)$之间。

8.4.2　KDTree 的代码实现

在SciPy中，提供了scipy.spatial.KDTree和scipy.spatial.cKDTree算法。在SciPy 1.6.0版本之前，这两个方法存在差异，但现在这两者已经完全一致，只是为了向后兼容而同时保留两个方法名称。利用KDTree方法，可以构建以下函数，其输入是表A与表B两个DataFrame与各自经纬度列名。函数中对表B建立空间索引，再为表A中的每一行记录匹配表B中的最近点，并用前面定义的getdistance函数计算距离，代码如下。

```
1. In [8-28]:
2. #定义函数，用cKDTree匹配点与点、点与线
3. import numpy as np
4. from scipy.spatial import cKDTree
5. #定义KDTree的函数
6. def ckdnearest(dfA_origin,dfB_origin,Aname = ['slon','slat'],Bname = ['lon','lat']):
7.     gdA = dfA_origin.copy()
8.     gdB = dfB_origin.copy()
9.     from scipy.spatial import cKDTree
10.    #为gdB表的点建立KDTree
11.    btree = cKDTree(gdB[Bname].values)
12.    #在gdB的KDTree中查询gdA的点，dist为距离，idx为gdB中离gdA最近的坐标点
```

```
13.     dist,idx = btree.query(gdA[Aname].values,k = 1)
14.     #构建匹配的结果
15.     gdA['dist'] = dist
16.     gdA['index'] = idx
17.     gdB['index'] = range(len(gdB))
18.     gdf = pd.merge(gdA,gdB,on = 'index')
19.     #计算
20.     gdf['dist'] = getdistance(gdf[Aname[0]],gdf[Aname[1]],gdf[Bname[0]],gdf
        [Bname[1]])
21.     return gdf
```

上述利用SciPy包提供的cKDTree算法实现的近邻匹配功能也在TransBigData包中有相应的方法。

```
1. In [8-29]:
2. import transbigdata as tbd
3. #点匹配点，输入两个DataFrame，分别指定经纬度列名，为表A匹配表B中最近点，并计算距离
4. tbd.ckdnearest(dfA_origin, dfB_origin, Aname=['lon', 'lat'], Bname=['lon', 'lat'])
```

上面所定义的方法为针对DataFrame的匹配方法，TransBigData包同时也提供了针对GeoDataFrame的点与点、点与线匹配方法。

```
1. In [8-30]:
2. #点匹配点，输入两个GeoDataFrame，gdfA、gdfB均为点，该方法会为gdfA表连接上gdfB中最近
   #的点，并计算距离
3. tbd.ckdnearest_point(gdA, gdB)
4. #点匹配线，输入两个GeoDataFrame，其中，gdfA为点，gdfB为线，该方法会为gdfA表连接上gdfB
   #中最近的线，并计算距离
5. tbd.ckdnearest_line(gdfA, gdfB)
```

8.4.3　KDTree识别轨道衔接出行

接下来，实际使用KDTree算法将骑行的起终点与地铁站点相匹配，首先读取地铁站点，并去重。

```
1. In [8-31]:
2. #读取轨道站点数据
3. metro_station = pd.read_csv(r'data/metro_station.csv')
4. metro_station = metro_station.drop_duplicates(subset= 'stationnames')
5. metro_station = metro_station[['stationnames','lon','lat']]
```

为骑行数据的起终点分别匹配最近的地铁站。

```
1. In [8-32]:
2. #匹配距离骑行起点最近的地铁站
3. metro_station.columns = ['o_station','o_lon','o_lat']
4. data_move_metro = ckdnearest(data_move_cleaned,metro_station,Aname = ['slon','slat'],
   Bname = ['o_lon','o_lat'])
5. data_move_metro = data_move_metro.rename(columns = {'dist':'o_dist'})
```

```
6. #匹配距离骑行终点最近的地铁站
7. metro_station.columns = ['d_station','d_lon','d_lat']
8. data_move_metro = ckdnearest(data_move_metro,metro_station,Aname = ['elon','elat'],
   Bname = ['d_lon','d_lat'])
9. data_move_metro = data_move_metro.rename(columns = {'dist':'d_dist'})
10. data_move_metro
```

输出结果如图8-21所示。

	0	1
BIKE_ID	713ED78F8DC33233E0533C0BA8C09291	713ED78FC8833233E0533C0BA8C09291
stime	2018-09-01 03:58:11	2018-09-01 12:58:12
slon	121.492	121.489
slat	31.2092	31.2107
etime	2018-09-01 04:16:05	2018-09-01 13:04:48
elon	121.477	121.478
elat	31.2222	31.2193
distance	2027.83	1362.86
duration	1074	396
o_dist	362.711	643.054
index	70	70
o_station	南浦大桥	南浦大桥
o_lon	121.495	121.495
o_lat	31.2106	31.2106
d_dist	249.538	217.342
d_station	老西门	老西门
d_lon	121.479	121.479
d_lat	31.2211	31.2211

图8-21 骑行订单近邻匹配结果

上述代码中，将骑行起点与终点分别与地铁站点匹配，匹配结果中展示了起点最近的地铁站、经纬度与距离（o_station、o_lon、o_lat、o_dist）以及终点最近的地铁站、经纬度与距离（d_station、d_lon、d_lat、d_dist）。

在匹配结果中，GPS点无论离最近的地铁站有多远，都会将最近的站点匹配上并出现在记录中。因此，下一步需要对距离进行筛选，保留起终点距离地铁站一定距离范围内的出行。这里设定100m距离为衔接距离，筛选代码如下。

```
1. In [8-33]:
2. #筛选距离地铁站100m范围内的出行数据
3. data_move_metro = data_move_metro[(data_move_metro['o_dist']<100)|
4.              (data_move_metro['d_dist']<100)]
5. data_move_metro.iloc[:2].T
```

输出结果如图8-22所示。

	18	61
BIKE_ID	713ED791E0D03233E0533C0BA8C09291	713ED7A1E4B13233E0533C0BA8C09291
stime	2018-09-01 06:16:01	2018-09-01 06:00:32
slon	121.496	121.493
slat	31.2103	31.2069
etime	2018-09-01 06:30:00	2018-09-01 06:11:21
elon	121.481	121.48
elat	31.2194	31.2205
distance	1790.94	1958.41
duration	839	649
o_dist	88.565	495.218
index	70	70
o_station	南浦大桥	南浦大桥
o_lon	121.495	121.495
o_lat	31.2106	31.2106
d_dist	225.07	63.4008
d_station	老西门	老西门
d_lon	121.479	121.479
d_lat	31.2211	31.2211

图8-22　地铁站点衔接的共享单车出行

其中保留了起点或终点距离地铁站100m内的骑行订单，即为地铁站点的共享单车衔接需求。

8.4.4　轨道衔接单车骑行范围分析

前面成功提取出与地铁站衔接的共享单车骑行出行订单信息。在这一节中，以单一的地铁站点为对象，提取其衔接范围并做可视化分析。

首先，选取地铁站点"同济大学"站，提取衔接单车骑行订单的另一端所在位置（起点在站点附近，则提取终点位置，终点在站点附近，则提取起点位置），合并放入表中。这里将地铁站点名称定义为station变量，如果要提取其他地铁站，则直接改变station变量的站点名称即可。提取的代码如下。

```
1. In [8-34]:
2. #选取某站点
3. station = '同济大学'
4. #提取地铁站衔接出行的另一端点分布
5. tmp1 = data_move_metro[(data_move_metro['o_station']==station)&(data_move_
   metro['o_dist']<=100)][['elon','elat']]
6. tmp2 = data_move_metro[(data_move_metro['d_station']==station)&(data_move_
   metro['d_dist']<=100)][['slon','slat']]
7. tmp1.columns = ['lon','lat']
8. tmp2.columns = ['lon','lat']
9. points = pd.concat([tmp1,tmp2])
```

此时，points表中记录的即为骑行衔接需求的点分布信息。我们将其构成GeoDataFrame，并简要绘制其分布。

```
1. In [8-35]:
2. #转换为GeoDataFrame
3. points = gpd.GeoDataFrame(points)
4. points['geometry'] = gpd.points_from_xy(points['lon'],points['lat'])
5. points.plot()
```

输出结果如图8-23所示。

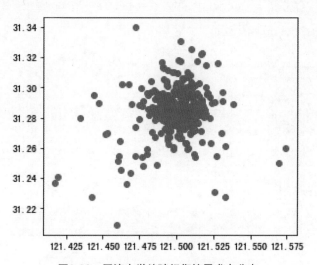

图8-23　同济大学站骑行衔接需求点分布

另外，还需要获取地铁站点所在的位置，以便后面可视化时在图上进行标记。

```
1. In [8-36]:
2. #读取轨道站点数据
3. metro_station = pd.read_csv(r'data/metro_station.csv')
4. metro_station = metro_station.drop_duplicates(subset= 'stationnames')
5. #提取这个站点的记录
6. thisstop = metro_station[metro_station['stationnames']==station]
7. thisstop = gpd.GeoDataFrame(thisstop)
8. thisstop['geometry'] = gpd.points_from_xy(thisstop['lon'],thisstop['lat'])
9. thisstop
```

输出结果如图8-24所示。

	stationnames	linename	lon	lat	geometry
92	同济大学	地铁10号线(新江湾城-虹桥火车站)	121.502067	31.284578	POINT (121.50207 31.28458)

图8-24　选中的地铁站点信息

依据这一地铁站的位置，可以设定显示范围的大小。

```
1. In [8-37]:
2. #取得这个站点的位置
3. lon_thisstop = thisstop['lon'].iloc[0]
```

```
4. lat_thisstop = thisstop['lat'].iloc[0]
5. #确定显示范围
6. bounds = [lon_thisstop-0.03,lat_thisstop-0.03,lon_thisstop+0.03,lat_thisstop+0.03]
```

然后，对地铁衔接需求进行可视化，并标注地铁站点所在位置，加载地图底图。

```
1. In [8-38]:
2. import matplotlib.pyplot as plt
3. fig = plt.figure(1,(6,5),dpi = 300)
4. ax = plt.subplot(111)
5. plt.sca(ax)
6. #加载底图
7. import transbigdata as tbd
8. #绘制底图
9. tbd.plot_map(plt,bounds,zoom = 14,style = 4)
10. #地铁衔接需求绘制
11. points.plot(ax = ax,markersize = 1)
12. #标注地铁站点
13. thisstop.plot(ax = ax,c = 'red',markersize = 8,zorder = 2,label = station+'地铁站')
14. plt.legend()
15. #设置显示范围
16. plt.axis('off')
17. ax.set_xlim(bounds[0],bounds[2])
18. ax.set_ylim(bounds[1],bounds[3])
19. plt.show()
```

输出结果如图8-25所示。

图8-25　同济大学地铁站单车骑行衔接需求分布

至此，已经提取出单车衔接需求的分布，并进行了点可视化。

接下来，再利用seaborn包提供的kdeplot方法绘制单车需求的二维核密度分布情况。在使用kdeplot方法绘制时，需要首先剔除距离过远的离群点，避免核密度估计时出现错误。

```
1. In [8-39]:
2. #剔除距离过远的点,否则核密度估计可能会出错
3. points = points[(points['lon']>bounds[0])&
4. (points['lat']>bounds[1])&
5. (points['lon']<bounds[2])&
6. (points['lat']<bounds[3])]
```

对站点单车骑行衔接需求进行核密度估计并可视化，代码如下。

```
1.  In [8-40]:
2.  import matplotlib.pyplot as plt
3.  fig = plt.figure(1,(6,5),dpi = 300)
4.  ax = plt.subplot(111)
5.  plt.sca(ax)
6.  #加载底图
7.  import transbigdata as tbd
8.  bounds = [lon_thisstop-0.05,lat_thisstop-0.05,lon_thisstop+0.05,lat_thisstop+
    0.05]
9.  #绘制底图
10. tbd.plot_map(plt,bounds,zoom = 13,style = 4)
11. #标注地铁站点
12. tisstop.plot(ax = ax,c = 'blue',markersize = 8,zorder = 2,label = station+
    '地铁站')
13. plt.legend()
14. #设置显示范围
15. plt.axis('off')
16. ax.set_xlim(bounds[0],bounds[2])
17. ax.set_ylim(bounds[1],bounds[3])
18. plt.title(station+'地铁站共享单车衔接范围')
19. #设置色条
20. import matplotlib
21. cmapname = 'autumn_r'
22. cmap = matplotlib.cm.get_cmap(cmapname)
23. cax = plt.axes([0.08, 0.4, 0.02, 0.3])
24. #色条的标题
25. plt.title('核密度')
26. import seaborn as sns
27. #绘制二维核密度图
28. sns.kdeplot(points['lon'],points['lat'], #指定x与y坐标所在的列
29.             data = points,
30.             alpha = 0.8,                  #透明度
31.             gridsize = 180,               #绘图精细度,越高越慢
32.             bw = 0.1,                     #高斯核大小(经纬度),越小越精细
33.             cmap = cmap,                  #定义colormap
34.             ax = ax,                      #指定绘图位置
35.             shade=True,                   #等高线间是否填充颜色
36.             shade_lowest=False,           #最底层不显示颜色
37.             cbar=True,                    #显示colorbar
38.             cbar_ax=cax,                  #指定colorbar位置
```

```
39.                  zorder = 1                          #控制绘图顺序，使其不会挡住地铁站点
40.              )
41. plt.show()
```

输出结果如图8-26所示。

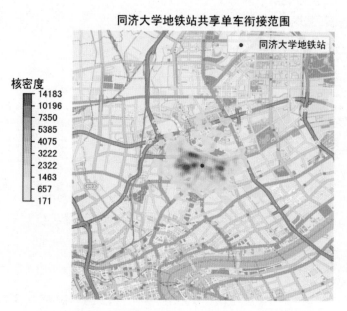

图8-26　同济大学地铁站共享单车衔接范围的核密度可视化

8.5　本章习题

1. 将本章中所介绍的数据处理内容在本地环境中实现。
2. 选取某一地铁站，分别从空间与时间两个层面分析周边单车衔接需求的时变情况。

第9章
公交GPS数据——城市公交运行状况分析

在本章中，将以城市地面公交的GPS数据为对象，将数据与公交线路站点地理信息进行空间匹配，从而获取公交车辆的运行状态。基于运行状态所绘制的公交车辆运行图，将识别公交车辆的到离站信息并对公交的运行计算指标。经过前面章节的练习，我们已经对Python数据处理有一定了解。在本章的内容中，将应用一些更复杂的方法。同时也把TransBigData包融入整个处理过程中，更灵活高效地处理数据，节省所需的代码量。

9.1 公交 GPS 数据简介

城市公交车GPS数据也是交通领域中常见的一种数据源，由公交车辆的车载GPS定位器以一定采样间隔采集，然后传输到公交公司进行信息管理汇总。公交公司会有内部信息平台能够实时监控公司旗下所有公交车辆的位置，接入城市交通大数据平台后，能够为公众发布公交车的到离站信息。

通过公交车GPS数据，可以获取到公交车辆的运行状态，识别到离站信息，并对公交运营情况做出评价，分析拥堵常发路段，进而为城市公共交通服务质量的提升提供改善建议。此外，部分城市的公交刷卡数据能够与公交车辆相对应，通过到离站信息则可以进一步判断公交刷卡的上下车站点。

公交GPS数据的字段如表9-1所示，不同公司的数据字段可能存在差异。数据中最重要的字段是车牌号码（VehicleId）、时间（GPSDateTime）、线路名（LineName）与经纬度（Lon、Lat）。部分数据可能带有前后站点到站信息（NextLevel、PrevLevel）与上下行方向（ToDir），这部分信息是由公交车司机人工报站时产生的，其准确性有待验证。通过公交车辆的运行轨迹其实也可以推断出车辆上下行与到离站信息，也可获得精确的停站时间。考虑到部分城市的公交数据可能不存在前后站点信息字段，本章中使用基于GPS位置进行空间匹配的方法识别到离站信息，方法更加通用。

表9-1　公交GPS数据的字段

字 段 名	样 例	说 明
VehicleId	沪D-R7103	车牌号码
GPSDateTime	2018-08-27 12:43:24	数据的采集时间
LineName	71	线路名称
NextLevel	2	前一个站点的编号

字　段　名	样　　例	说　　明
PrevLevel	1	后一个站点的编号
ToDir	1	上下行方向
Lon	121.522	GPS经度
Lat	31.323	GPS纬度

本章中使用的数据为上海市公交71路的GPS数据，数据的时间段是在2019年1月17日一天内的24h。公交71路为中运量公交线路，穿行于上海市区东西交通主动脉，是上海延安路的骨干线路之一。公交线路全程配备公交专用道，全天24h对社会车辆封闭。它穿越大半个上海主城区，在2019年线路日均客运量超过5万乘次，是上海日客运量最高的线路，同时又因早晚高峰全程运行时间不超过1h，被称为"路面地铁"。

下面导入相关包并读取公交GPS数据。

```
1. In [9-1]:
2. import pandas as pd
3. import numpy as np
4. import geopandas as gpd
5. import transbigdata as tbd
6. #读取GPS数据
7. BUS_GPS= pd.read_csv(r'data/busgps.csv',header = None)
8. BUS_GPS.columns = ['GPSDateTime', 'LineId', 'LineName', 'NextLevel', 'PrevLevel',
   'Strlatlon', 'ToDir', 'VehicleId', 'VehicleNo', 'unknow']
9. BUS_GPS.head(5)
```

输出结果如图9-1所示。

	GPSDateTime	LineId	LineName	NextLevel	PrevLevel	Strlatlon	ToDir	VehicleId	VehicleNo	unknow
0	2019-01-16 23:59:59	7100	71	2	1	121.335413,31.173188	1	沪D-R7103	Z5A-0021	1
1	2019-01-17 00:00:00	7100	71	2	1	121.334616,31.172271	1	沪D-R1273	Z5A-0002	1
2	2019-01-17 00:00:00	7100	71	24	23	121.339955,31.173025	0	沪D-R5257	Z5A-0020	1
3	2019-01-17 00:00:01	7100	71	14	13	121.409491,31.20433	0	沪D-R5192	Z5A-0013	1
4	2019-01-17 00:00:03	7100	71	15	14	121.398615,31.200253	0	沪D-T0951	Z5A-0022	1

图9-1　数据概况

数据中，GPSDateTime字段为字符串存储的时间，需要转换为pandas中的datetime时间格式以便后续进行时间处理。

```
1. In [9-2]:
2. #时间转换为datetime格式
3. BUS_GPS['GPSDateTime'] = pd.to_datetime(BUS_GPS['GPSDateTime'])
```

同时，经纬度信息则以字符串形式存储于Strlatlon列中，需要进行切分，并转换坐标系。

```
4. In [9-3]:
5. #切分经纬度的字符串
6. BUS_GPS['lon'] = BUS_GPS['Strlatlon'].apply(lambda r:r.split(',')[0])
```

```
7.  BUS_GPS['lat'] = BUS_GPS['Strlatlon'].apply(lambda r:r.split(',')[1])
8.  #坐标系转换
9.  BUS_GPS['lon'],BUS_GPS['lat'] = tbd.gcj02towgs84(BUS_GPS['lon'].astype(float),
    BUS_GPS['lat'].astype(float))
```

公交车辆会遵循特定线路运行，公交线路的线型与公交站点所在位置也是进行地图匹配与到离站信息识别的重要依据，可以通过网络地图平台获取。我们也将线路与站点地理信息数据读取如下。

```
1.  In [9-4]:
2.  #读取公交线数据
3.  shp = r'data/busline.json'
4.  line = gpd.GeoDataFrame.from_file(shp,encoding = 'gbk')
5.  line.plot()
```

输出结果如图9-2所示。

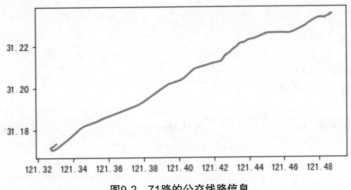

图9-2　71路的公交线路信息

接着读取公交站点信息。

```
1.  In [9-5]:
2.  #读取公交站点数据
3.  shp = r'data/busstop.json'
4.  stop = gpd.GeoDataFrame.from_file(shp,encoding = 'gbk')
5.  stop.plot()
```

输出结果如图9-3所示。

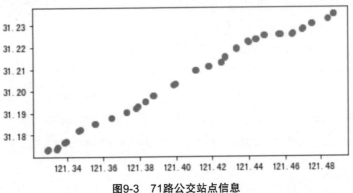

图9-3　71路公交站点信息

9.2 公交 GPS 数据的预处理

在这一节中，要对公交GPS数据进行预处理。

首先，拿到数据时，需要对数据的质量进行分析。其中最关键的是数据的采样间隔，不同采样间隔的GPS数据中能够分析的内容也不同。如图9-4所示，其中比较了不同采样间隔下，数据对公交的一次到离站行为的描述。如果公交GPS的采样间隔能够达到1s采集1条数据，就可以得到公交车辆运行的详细工况信息，可以进行精细准确的车辆延误分析。如果15~20s采样1条数据，则可以估计出相对较为准确的到站离站时间、停站时间、路段的平均运行车速等。而如果30s以上采样1条数据，那么车辆的到站时间、单趟的运行时间只能进行粗略的估计。

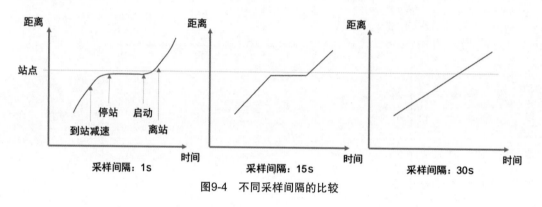

图9-4 不同采样间隔的比较

9.2.1 采样间隔

首先是数据采样间隔的统计。在数据采集时，每辆公交车辆上车载GPS定位器向公交公司的系统传输定位信息，系统收到数据后存储数据。在这一流程中难免会发生一定的网络传输问题或数据传输错误，导致同一车辆在同一时刻向系统提交了多条记录，这些同一时刻的记录存在会影响我们对采样间隔的判断。

因此，在统计之前，首先需要以数据中的车辆ID与GPS时间字段为基准进行去重，每一辆车在每一个时刻只保留一条记录。代码如下。

```
1. In [9-6]:
2. #一辆车在一个时刻只保留一条记录
3. BUS_GPS_clean = BUS_GPS.drop_duplicates(subset = ['VehicleId','GPSDateTime'])
```

然后，我们对数据统计采样间隔，注意此时统计的是每一辆车前后数据的时间差。统计的思路则同样是将数据依据车辆ID与时间排序后，用shift方法将数据的车辆ID与时间列整体往上移动一行赋值给新的变量，使每一行数据中同时存在这条数据与下一条数据的信息，然后再做差比较。代码如下。

```
1. In [9-7]:
2. #采样间隔的统计
3. BUS_GPS_clean = BUS_GPS_clean.sort_values(by = ['VehicleId','GPSDateTime'])
4. #将数据复制一份，避免计算采样间隔时影响到数据
5. BUS_GPS_tmp = BUS_GPS_clean.copy()
6. #将下一条数据上移一行
7. BUS_GPS_tmp['VehicleId1'] = BUS_GPS_tmp['VehicleId'].shift(-1)
8. BUS_GPS_tmp['GPSDateTime1'] = BUS_GPS_tmp['GPSDateTime'].shift(-1)
9. #计算时间差，即采样间隔
10. BUS_GPS_tmp['duration'] = (BUS_GPS_tmp['GPSDateTime1']-BUS_GPS_tmp
    ['GPSDateTime']).dt.total_seconds()
11. #仅保留同一辆车的记录
12. BUS_GPS_tmp = BUS_GPS_tmp[BUS_GPS_tmp['VehicleId1']==BUS_GPS_tmp['VehicleId']]
13. #采样间隔
14. BUS_GPS_tmp[['duration']]
```

输出结果如图9-5所示。其中，每一次GPS数据采样的间隔即为表中的一行记录。

	duration
3283	20.0
3304	15.0
3315	15.0
3326	15.0
3336	30.0
...	...
123391	15.0
123411	19.0
123450	15.0
123472	15.0
123495	5.0

125345 rows × 1 columns

图9-5　数据的采样间隔

上面的采样间隔计算也在TransBigData包中提供了同样的方法（tbd.sample_duration），只需输入数据，指定车辆ID与时间所在的列即可，代码如下。

```
1. In [9-8]:
2. #使用tbd.sample_duration方法，输入车辆ID与时间所在列，同样可计算数据采样间隔
3. sample_duration = tbd.sample_duration(BUS_GPS_clean,col=['VehicleId',
   'GPSDateTime'])
```

输出结果与图9-5一致。接下来，对计算出的采样间隔列进行核密度估计并可视化，选取的采样间隔在0～60s范围内。

```
1. In [9-9]:
2. import matplotlib.pyplot as plt
3. plt.rcParams['font.sans-serif']=['SimHei']
4. plt.rcParams['font.serif'] = ['SimHei']
```

```
5. plt.rcParams['axes.unicode_minus']=False
6. import seaborn as sns
7. fig        = plt.figure(1,(7,4),dpi = 250)
8. ax1        = plt.subplot(111)
9. #采样间隔的核密度分布
10. sns.kdeplot(sample_duration[sample_duration['duration']<60]['duration'])
11. plt.xlim(0,60)
12. plt.xticks(range(0,60,5),range(0,60,5))
13. plt.xlabel('采样间隔(秒)')
14. plt.ylabel('概率密度分布')
15. plt.show()
```

输出结果如图9-6所示。

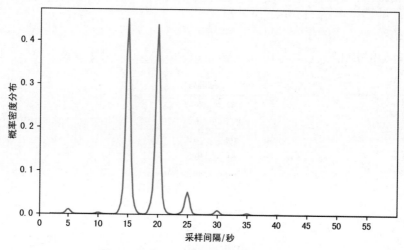

图9-6　公交GPS的采样间隔概率密度分布

从图9-6中可以看到，该数据集的采样间隔在15s、20s的比例较大，这一采样间隔的数据不能详细观测车辆的运行工况，但也足够我们进行公交的到离站信息识别。

除了采样间隔外，数据的总量、个体总数、个体数据量等都是初步了解数据质量的重要指标。可以直接利用TransBigData包中提供的tbd.data_summary方法，统计数据的各类信息并打印出来。

```
1. In [9-10]:
2. #使用tbd.data_summary可以输出数据概况
3. tbd.data_summary(BUS_GPS_clean,col=['VehicleId', 'GPSDateTime'],show_sample_
   duration=True)
4.
5. Out [9-10]:
6. 数据量
7. -----------------
8. 数据总量 : 125386 条
9. 个体总量 : 41 个
10. 个体数据量均值 : 3058.2 条
11. 个体数据量上四分位 : 3554.0 条
12. 个体数据量中位数 : 3186.0 条
```

13. 个体数据量下四分位 : 2748.0 条
14.
15. 数据时间段
16. ------------------
17. 开始时间 : 2019-01-16 23:59:59
18. 结束时间 : 2019-01-17 23:59:48
19.
20. 个体采样间隔
21. ------------------
22. 均值 : 20.76 秒
23. 上四分位 : 20.0 秒
24. 中位数 : 19.0 秒
25. 下四分位 : 15.0 秒

9.2.2　地图匹配

公交车辆都需要沿着固定线路运行。但永远不要期待有完美的数据，数据中很可能会出现偏离路线的数据，其产生的原因可能是数据漂移，也可能是车辆的临时调配、临时检修等，这部分数据在进行正式分析之前需要进行剔除。因此，下一步是对数据与公交线路的地理信息进行地图匹配，剔除不在公交线路周边一定距离范围内的数据。

在做地图匹配之前，可以进一步清洗数据。在数据中，如果有某个体在同一位置连续发出数据，这些数据的产生时间不同，但其个体ID、位置等信息均相同，则中间的数据实际上是冗余的，删除这些信息并不会影响我们对个体轨迹的判断，只保留这些数据中的首条和末条即可。删除这些在同一位置所发出的冗余数据在大部分情况下能够极大地减少数据量，提升后续计算处理的效率。

首先，观察剔除前的数据量。

```
1. In [9-11]:
2. len(BUS_GPS_clean)
3.
4. Out [9-11]:
5. 125386
```

然后，使用tbd.clean_same方法，输入数据，并指定个体ID、时间、经纬度的列名（可再额外加需要比对的列名），即可删除冗余数据。

```
1. In [9-12]:
2. #删除信息与前后数据相同的数据以减少数据量
3. #某个体连续n条数据除了时间以外其他信息都相同，则只保留首末两条数据
4. BUS_GPS_clean = tbd.clean_same(BUS_GPS_clean,col=['VehicleId', 'GPSDateTime', 'lon',
   'lat'])
5. len(BUS_GPS_clean)
6.
7. Out [9-12]:
8. 66362
```

剔除冗余数据后的数据量仅剩之前的53%，而实际上数据中包含的轨迹信息并没有差异。需要注意的是，剔除冗余数据的操作应该在计算采样间隔之后，在剔除冗余后计算采样间隔反映的并非原始数据的采样间隔。

下一步，进行地图匹配。在匹配时，将GPS数据和公交线路数据都转换到投影坐标系下，方便计算真实的距离。首先将GPS数据转换为GeoDataFrame格式，生成数据点的地理信息列，并转换数据坐标系。

```
1. In [9-13]:
2. #将数据转换为GeoDataFrame,以便进行地图匹配
3. BUS_GPS_clean['geometry'] = gpd.points_from_xy(BUS_GPS_clean['lon'],BUS_GPS_
   clean['lat'])
4. BUS_GPS_clean = gpd.GeoDataFrame(BUS_GPS_clean)
5. #转换坐标系为投影坐标系,方便后面计算距离
6. BUS_GPS_clean.crs = {'init':'epsg:4326'}
7. BUS_GPS_clean_2416 = BUS_GPS_clean.to_crs(epsg = 2416)
8. BUS_GPS_clean.plot()
```

输出结果如图9-7所示。

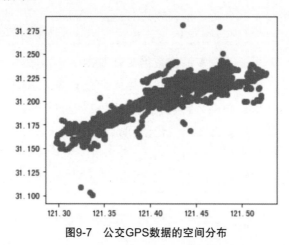

图9-7　公交GPS数据的空间分布

对公交线路的地理信息文件也转换为投影坐标系。

```
1. In [9-14]:
2. #转换坐标系为投影坐标系,方便后面计算距离
3. line.crs = {'init':'epsg:4326'}
4. line_2416 = line.to_crs(epsg = 2416)
5. #公交线路数据的几何线型
6. lineshp = line_2416['geometry'].iloc[0]
7. linename = line_2416['name'].iloc[0]
8. lineshp
```

输出结果如图9-8所示。

图9-8　公交线路几何线型

确保GPS数据点和公交线路的线型都在同一坐标系下后，对两者进行地图匹配。与前面用轨道站点切分轨道线路的思路类似，这里地图匹配的思路是：将公交GPS通过project方法投影至公交线路上最近的位置处，再用interpolate方法插值得到最近位置点的几何图

形作为地图匹配的结果，最后再比较原始数据点与匹配数据点两者之间的距离以便后续筛选，原理如图9-9所示。

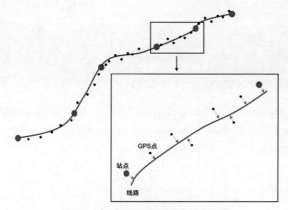

图9-9 公交GPS数据地图匹配原理

地图匹配的代码如下。

```
1. In [9-15]:
2. #利用project方法，将数据点投影至公交线路上
3. BUS_GPS_clean_2416['project'] = BUS_GPS_clean_2416['geometry'].apply
   (lambda r:lineshp.project(r))
4. #原始的坐标点存储在一个字段中
5. BUS_GPS_clean_2416['geometry_orgin'] = BUS_GPS_clean_2416['geometry']
6. #利用interpolate方法，生成匹配的坐标点
7. BUS_GPS_clean_2416['geometry'] = BUS_GPS_clean_2416['project'].apply
   (lambda r:lineshp.interpolate(r))
8. #计算原始点和匹配点之间的距离
9. BUS_GPS_clean_2416['diff'] = BUS_GPS_clean_2416.apply(lambda r:r['geometry_
   orgin'].distance(r['geometry']),axis = 1)
10. BUS_GPS_clean_2416.iloc[:2].T
```

输出结果如图9-10所示。

	74598	3283
GPSDateTime	2019-01-17 15:28:02	2019-01-17 05:29:42
LineId	7100	7100
LineName	71	71
NextLevel	255	2
PrevLevel	65535	1
StrIatIon	121.440188,31.278699	121.334823,31.173047
ToDir	85	1
VehicleId	沪D-98307	沪D-R0725
VehicleNo	S2S-0280	Z5A-0026
unknow	1	1
lon	121.436	121.33
lat	31.2805	31.175
geometry	POINT Z (40638176.34723669 3456965.583697459 0)	POINT Z (40626750.36846606 3450952.923432704 0)
project	3690.93	17513
geometry_orgin	POINT (40636641.67102075 3463007.168189095)	POINT (40626821.29103737 3451199.041353025)
diff	6233.46	256.133

图9-10 地图匹配结果

在地图匹配过程中，为每个GPS数据点匹配到公交线路上距离最近的位置，并计算出其距离。接下来对距离进行核密度分布的估计。

```
1. In [9-16]:
2. #绘制距离分布的核密度分布
3. import matplotlib.pyplot as plt
4. import seaborn as sns
5. fig     = plt.figure(1,(7,4),dpi = 250)
6. ax1     = plt.subplot(111)
7. #核密度分布
8. sns.kdeplot(BUS_GPS_clean_2416[BUS_GPS_clean_2416['diff']<1000]['diff'])
9. plt.xticks(range(0,1000,100),range(0,1000,100))
10. plt.show()
```

输出结果如图9-11所示。

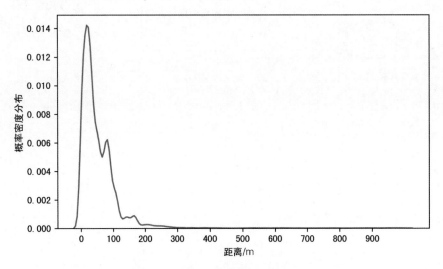

图9-11 GPS点距离的概率密度分布

从图9-11中可以看到，大部分的GPS点都距离公交线路200m内。对比前面图9-7也可以观察到仅有少部分的数据点偏离公交线路，这部分数据点为异常点，应该予以剔除。下面以200m为阈值，筛选保留距离公交线路200m以内的坐标点，代码如下。

```
1. In [9-17]:
2. #只筛选保留距离公交线路200m内的坐标点
3. BUS_GPS_clean_2416 = BUS_GPS_clean_2416[BUS_GPS_clean_2416['diff']<200]
4. #地图匹配后的匹配点
5. BUS_GPS_clean_2416.plot()
```

输出结果如图9-12所示。此时所显示的数据点位置已经在前面的地图匹配操作中被替换为公交线路上距离最近的匹配点。

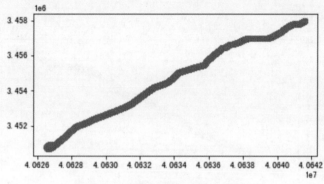

图9-12　地图匹配后的数据点分布

可以观察进行距离筛选后保留的数据点原始位置的分布情况，代码如下。

```
1. In [9-18]:
2. #地图匹配后的原始点
3. tmp = BUS_GPS_clean_2416[['geometry_orgin']]
4. tmp.columns = ['geometry']
5. gpd.GeoDataFrame(tmp).plot()
```

输出结果如图9-13所示，保留数据点的原始位置均在公交线路周边。

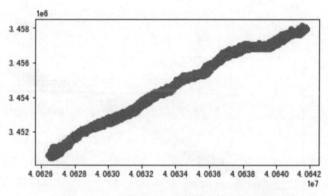

图9-13　距离筛选后保留数据点的原始位置

在前面的操作中剔除了距离公交线路线型200m外的所有数据点。实际上，也可以给定以公交线路线型为中心向外辐射200m的缓冲区（buffer）作为研究范围，使用TransBigData包中tbd.clean_outofshape方法，传入数据与研究范围则会剔除研究范围外的数据。TransBigData包的数据处理方法都需要数据的坐标系为地理坐标系。因此，首先对公交线路转换至投影坐标系，生成200m的缓冲区，再转换回地理坐标系。

```
1. In [9-19]:
2. #对公交线路做缓冲区
3. line.crs = {'init':'epsg:4326'}
4. line_buffer = line.to_crs(epsg = 2416)
5. line_buffer['geometry'] = line_buffer.buffer(200)
6. line_buffer = line_buffer.to_crs(epsg = 4326)
7. line_buffer.plot()
```

输出结果如图9-14所示。

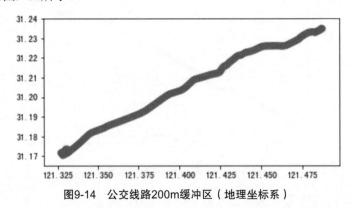

图9-14　公交线路200m缓冲区（地理坐标系）

然后，将数据与缓冲区范围输入tbd.clean_outofshape方法，指定数据中经纬度所在的列，即可剔除给定范围外的数据，代码如下。

```
1. In [9-20]:
2. #tbd.clean_outofshape方法剔除公交线路缓冲区范围外的数据
3. BUS_GPS_clean_2 = tbd.clean_outofshape(BUS_GPS_clean,line_buffer,col = ['lon',
   'lat'],accuracy = 100)
4. BUS_GPS_clean_2.plot()
```

输出结果如图9-15所示。

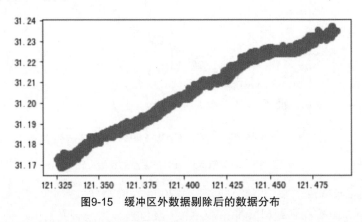

图9-15　缓冲区外数据剔除后的数据分布

这一方法的匹配原理是先将数据进行栅格化，再将栅格与给定范围对应，从而确定数据是否在范围内。以栅格进行对应能够极大地减少匹配所需的计算量，但栅格大小选择会导致数据匹配结果存在一定误差。在tbd.clean_outofshape方法中可以通过accuracy参数控制栅格大小以控制数据匹配的精确程度。

9.3　公交车辆运行图绘制

在公交GPS数据中，如果将数据时间作为x坐标，公交车所在的位置作为y坐标，在图上将车辆的GPS点用线连起来，就得到了车辆的运行图。从运行图上，可以精确地判断公交车在什么时刻发车，什么时刻到站，在公交运行线路的哪一个位置出现了延误，车辆运行时的车速等信息。在后面的公交车辆到离站信息识别中，也将依托于公交车辆运行图，从公交车辆的运行轨迹中进行识别。

9.3.1　单辆车的运行图绘制

接下来，单独提取其中的一辆公交车进行运行图绘制，首先将前面清洗好的公交车数据赋值给BUS_GPS变量。

```
1. In [9-21]:
2. BUS_GPS = BUS_GPS_clean_2416.copy()
```

提取其中第一辆车的数据。

```
1. In [9-22]:
2. #获取车辆ID表,放进list
3. VehicleId = list(BUS_GPS['VehicleId'].drop_duplicates())
4. #选取第一辆车的数据
5. tmp = BUS_GPS[BUS_GPS['VehicleId'] == VehicleId[0]]
```

以时间为横轴，公交车辆所在的位置为纵轴，绘制公交运行图。

```
1. In [9-23]:
2. #绘制第一辆车的运行图
3. import numpy as np
4. import matplotlib.pyplot as plt
5. import seaborn as sns
6. fig     = plt.figure(1,(7,4),dpi = 250)
7. ax1     = plt.subplot(111)
8. #绘制运行图
9. plt.plot(tmp['GPSDateTime'],tmp['project'])
10. plt.show()
```

输出结果如图9-16所示。

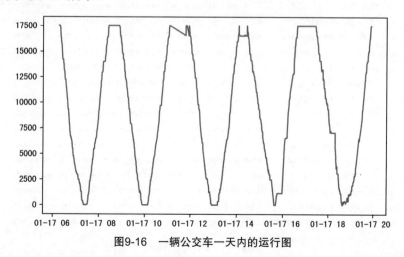

图9-16　一辆公交车一天内的运行图

　　仔细观察图9-16的公交运行图，会发现其中有部分地方容易出现突变的情况（例如终点站申昆路枢纽前）。其产生的原因是地图匹配错误，可以从图 9-8的公交线路线型上看到公交线路在终点站时需要转一个180°的弯进入车场，当车辆停放在车场内时，GPS数据的距离误差会导致它被错误地匹配到车场外的马路上。不过，在这种匹配错误出现较少时，对后续到离站识别的影响不大，在识别结果中再进行算法调整即可。

　　接下来，在上面的运行图中标注上公交站点所在的位置，以便观察公交具体的到离站信息。首先提取公交站点数据，同样对其做地图匹配，得到站点在线路上所处的位置，代码如下。

```
1.  In [9-24]:
2.  #标记站点位置
3.  import geopandas as gpd
4.  #读取公交站点数据
5.  shp = r'data/busstop.json'
6.  stop = gpd.GeoDataFrame.from_file(shp,encoding = 'gbk')
7.  #转换坐标
8.  stop.crs = {'init':'epsg:4326'}
9.  stop = stop.to_crs(epsg = 2416)
10. #地图匹配
11. stop['project'] = stop['geometry'].apply(lambda r:lineshp.project(r))
12. stop = stop[stop['linename'] == linename]
13. stop
```

输出结果如图9-17所示。

	linename	stopname	lat	lon	geometry	project
0	71路(延安东路外滩-申昆路枢纽站)	延安东路外滩	31.232760	121.483252	POINT (40641596.952 3458003.743)	0.000000
1	71路(延安东路外滩-申昆路枢纽站)	西藏中路	31.228843	121.471204	POINT (40640440.524 3457538.236)	1281.080261
2	71路(延安东路外滩-申昆路枢纽站)	黄陂北路	31.226289	121.466207	POINT (40640037.316 3457270.104)	1768.983693
3	71路(延安东路外滩-申昆路枢纽站)	成都北路	31.224169	121.460679	POINT (40639509.755 3457022.725)	2352.613247
4	71路(延安东路外滩-申昆路枢纽站)	茂名北路	31.224245	121.453549	POINT (40638802.002 3456998.598)	3063.642630
5	71路(延安东路外滩-申昆路枢纽站)	上海展览中心	31.223671	121.445507	POINT (40638010.148 3456902.242)	3869.162441
6	71路(延安东路外滩-申昆路枢纽站)	常德路	31.221882	121.440474	POINT (40637528.345 3456691.831)	4395.548556
7	71路(延安东路外滩-申昆路枢纽站)	华山路	31.221176	121.436915	POINT (40637182.303 3456601.864)	4753.958500
8	71路(延安东路外滩-申昆路枢纽站)	镇宁路	31.218242	121.430528	POINT (40636577.340 3456265.283)	5462.531742
9	71路(延安东路外滩-申昆路枢纽站)	江苏路	31.214177	121.424154	POINT (40635984.535 3455810.149)	6213.357033
10	71路(延安东路外滩-申昆路枢纽站)	番禺路	31.211678	121.421874	POINT (40635782.586 3455537.660)	6555.848612
11	71路(延安东路外滩-申昆路枢纽站)	定西路	31.209811	121.414912	POINT (40635110.205 3455310.622)	7277.556519
12	71路(延安东路外滩-申昆路枢纽站)	凯旋路	31.208161	121.407848	POINT (40634425.594 3455106.044)	7992.234223
13	71路(延安东路外滩-申昆路枢纽站)	娄山关路	31.201765	121.396564	POINT (40633368.134 3454384.474)	9287.609321
14	71路(延安东路外滩-申昆路枢纽站)	水城南路	31.196678	121.384656	POINT (40632236.097 3453797.792)	10577.160749
15	71路(延安东路外滩-申昆路枢纽站)	虹许路	31.193970	121.380070	POINT (40631807.315 3453493.188)	11103.125073
16	71路(延安东路外滩-申昆路枢纽站)	虹梅路	31.191712	121.376140	POINT (40631439.214 3453238.765)	11550.877588
17	71路(延安东路外滩-申昆路枢纽站)	剑河路	31.189366	121.369870	POINT (40630839.847 3452964.836)	12210.644864
18	71路(延安东路外滩-申昆路枢纽站)	虹井路	31.186827	121.361546	POINT (40630038.476 3452661.591)	13067.453843
19	71路(延安东路外滩-申昆路枢纽站)	外环路	31.184085	121.352768	POINT (40629194.034 3452335.066)	13973.479634
20	71路(延安东路外滩-申昆路枢纽站)	航东路	31.181573	121.345073	POINT (40628454.826 3452037.569)	14771.527923
21	71路(延安东路外滩-申昆路枢纽站)	航新新路	31.176441	121.336835	POINT (40627686.701 3451462.740)	15739.840225
22	71路(延安东路外滩-申昆路枢纽站)	吴宝路	31.173390	121.332338	POINT (40627269.813 3451122.810)	16277.953833
23	71路(延安东路外滩-申昆路枢纽站)	申昆路枢纽站	31.172392	121.326950	POINT (40626744.852 3450994.423)	17512.985950

图9-17　公交站点信息

在公交运行图上，用浅灰色的线标注出站点所在的位置，并在y轴对应位置处标上站点名称。同时，放大运行图中的某个时间段，观察车辆运行情况，代码如下。

```
1.  In [9-25]:
2.  import matplotlib.pyplot as plt
3.  import seaborn as sns
4.  fig      = plt.figure(1,(8,8),dpi = 250)
5.  ax1      = plt.subplot(111)
6.  #绘制运行图
7.  plt.plot(tmp['GPSDateTime'],tmp['project'])
8.  #灰色线标注站点位置
9.  for i in range(len(stop)):
10.     project = stop['project'].iloc[i]
11.     stopname = stop['stopname'].iloc[i]
12.     plt.plot([pd.to_datetime('2019-01-17 00:00:00'),
13.             pd.to_datetime('2019-01-18 00:00:00')],
14.             [project,project],'k--',lw=0.2)
15.  #标记站点名字
16.  plt.yticks(stop['project'],stop['stopname'])
17.  #设定时间范围
18.  plt.xlim(pd.to_datetime('2019-01-17 08:30:00'),
19.          pd.to_datetime('2019-01-17 10:30:00'))
20.  plt.show()
```

输出结果如图9-18所示。

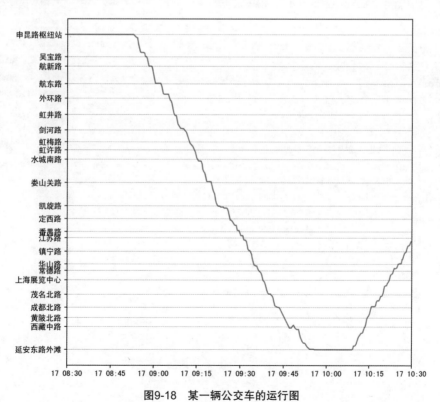

图9-18 某一辆公交车的运行图

运行图中曲线的斜率代表的是公交车辆在此时的运行速度，从图中可以清楚地看到在公交站点所在的位置附近，公交运行曲线会有一小段时间曲线斜率较小，代表公交车辆到站、停站与离站的过程，如图9-19所示。

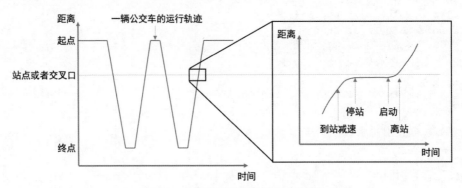

图9-19　公交车运行图中的到离站过程

9.3.2　多辆车的运行图绘制

接下来，对所有的车辆在同一张图上绘制运行图，并用不同颜色的线区分车辆。这里利用plt.plot方法绘制车辆的运行轨迹，多次运行plt.plot方法时，程序会自动在内置色盘中找到颜色，使每次绘制的颜色不同，代码如下。

```
1. In [9-26]:
2. #绘制所有车的运行图
3. import matplotlib.pyplot as plt
4. import seaborn as sns
5. fig      = plt.figure(1,(8,8),dpi = 250)
6. ax1      = plt.subplot(111)
7. #标注站点所在的位置
8. for i in range(len(stop)):
9.     project = stop['project'].iloc[i]
10.     stopname = stop['stopname'].iloc[i]
11.     plt.plot([pd.to_datetime('2019-01-17 00:00:00'),
12.             pd.to_datetime('2019-01-18 00:00:00')],
13.             [project,project],'k--',lw=0.2)
14. #每辆车绘制一条运行图的曲线
15. for Vehicle in BUS_GPS['VehicleId'].drop_duplicates():
16.     tmp = BUS_GPS[BUS_GPS['VehicleId'] == Vehicle]
17.     plt.plot(tmp['GPSDateTime'],tmp['project'])
18. #标记站点名字
19. plt.yticks(stop['project'],stop['stopname'])
20. #设定时间范围
21. plt.xlim(pd.to_datetime('2019-01-17 08:30:00'),
22.         pd.to_datetime('2019-01-17 10:30:00'))
23. plt.show()
```

输出结果如图9-20所示。

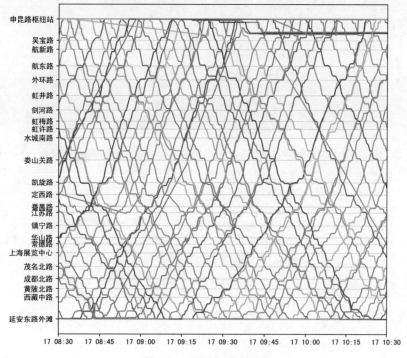

图9-20 多辆车的运行图

我们已经将所有车辆的运行轨迹都绘制在同一个图中，后面也将基于此运行图识别车辆的到离站信息。但图中仍然存在一些不合常规的斜线，它们的出现是数据缺失导致，如图9-21所示。车辆GPS信号可能会在一段时间内丢失，此时车辆虽然继续行驶，但数据中已经不存在相应的记录。在车辆下一次出现时，以上面方法绘制出的运行图会导致异常的斜线连接丢失信号前的最后一条记录与重新出现的第一条记录。这部分异常情况需要剔除，以避免对后续识别的影响。

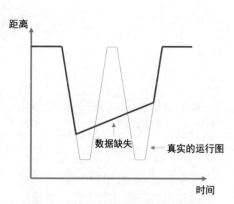

图9-21 数据缺失导致运行图绘制错误

剔除以上异常情况的方法也很简单，设定一个时间阈值，如果车辆没有数据的时间超出这个时间（即两条相邻数据时间间隔超过阈值），则将车辆编号为新车。这一步操作的思路是：为表增加临时列flag，如果数据与下一条数据的时间间隔大于设定阈值或者下一条记录为另一辆车，则该列值为True，否则为False；然后对flag列累加求和，得到的值即为车辆的新编号。这里设定时间阈值为半小时，代码如下。

```
1. In [9-27]:
2. #对车辆重新编号
3. BUS_GPS['GPSDateTime1'] = BUS_GPS['GPSDateTime'].shift()
4. BUS_GPS['VehicleId1'] = BUS_GPS['VehicleId'].shift()
5. #如果时间间隔大于30min,则认为是新的车
```

```
6.  duration = 30*60
7.  #此时两个条件：时间间隔大于30min或者本来这一条记录就是新车
8.  BUS_GPS['flag'] = ((BUS_GPS['VehicleId1']!=BUS_GPS['VehicleId'])|
9.                     ((BUS_GPS['GPSDateTime']-BUS_GPS['GPSDateTime1']).dt.total_seconds
                        ()>duration)).astype(int)
10. #重新编号
11. BUS_GPS['VehicleId_new'] = BUS_GPS['flag'].cumsum()
```

上面的操作也可以用tbd.id_reindex方法实现，给定时间阈值（timegap参数，单位秒）与时间所在的字段名称（timecol参数），即可实现对车辆的重新编号。为对比前后编号的结果，将编号后的表赋值给变量BUS_GPS_reindex，代码如下。

```
1.  In [9-28]:
2.  BUS_GPS_reindex = tbd.id_reindex(BUS_GPS,'VehicleId',timegap = 1800,timecol =
    'GPSDateTime')
```

对比编号前后的车辆编号总数。

```
1.  In [9-29]:
2.  len(BUS_GPS['VehicleId'].drop_duplicates())
3.
4.  Out [9-29]:
5.  40
6.
7.  In [9-30]:
8.  len(BUS_GPS_reindex['VehicleId_new'].drop_duplicates())
9.
10. Out [9-30]:
11. 140
```

在重新编号前，总共有40辆车。当数据中超过半小时没有出现的车辆被编号为新车辆后，总共有140辆车。对这140辆车绘制运行图。

```
1.  In [9-31]:
2.  #绘制所有车的运行图
3.  import matplotlib.pyplot as plt
4.  import seaborn as sns
5.  fig       = plt.figure(1,(8,8),dpi = 250)
6.  ax1       = plt.subplot(111)
7.  #标注站点所在位置的横线
8.  for i in range(len(stop)):
9.      project = stop['project'].iloc[i]
10.     stopname = stop['stopname'].iloc[i]
11.     plt.plot([pd.to_datetime('2019-01-17 00:00:00'),
12.               pd.to_datetime('2019-01-18 00:00:00')],
13.              [project,project],'k--',lw=0.2)
14. #每辆车绘制一条运行图的曲线
15. for Vehicle in BUS_GPS_reindex['VehicleId_new'].drop_duplicates():
16.     tmp = BUS_GPS_reindex[BUS_GPS_reindex['VehicleId_new'] == Vehicle]
17.     plt.plot(tmp['GPSDateTime'],tmp['project'])
18. #标记站点名字
```

```
19. plt.yticks(stop['project'],stop['stopname'])
20. #设定时间范围
21. plt.xlim(pd.to_datetime('2019-01-17 08:30:00'),
22.         pd.to_datetime('2019-01-17 10:30:00'))
23. plt.show()
```

输出结果如图 9-22所示。可以看到，前面异常斜线的问题已经解决。

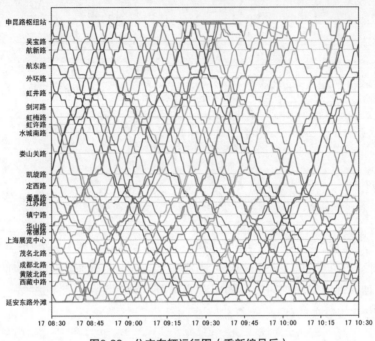

图9-22　公交车辆运行图（重新编号后）

在后续的公交到离站识别中，也将基于重新编号的车辆运行图进行到离站识别，因此将重新编号的车辆ID列取代原始车辆ID列，在tbd.id_reindex方法中设定suffix参数为空字符串即可，代码如下。

```
1. In [9-32]:
2. BUS_GPS = tbd.id_reindex(BUS_GPS,'VehicleId',timegap = 1800,timecol = 'GPSDate
   Time',suffix = '')
```

9.4　公交到离站信息识别

9.4.1　识别思路

从公交车GPS数据中获取车辆的到离站信息是相关研究的基础性工作之一，基于公交车辆的到离站信息才能够对车辆的运行状况进行评价。同时，后续如果与IC刷卡数据结合，也需要有车辆的到离站具体信息才能够判断IC刷卡的上车站点。

本章中，对车辆到离站信息的识别判断主要基于前面所绘制的车辆运行图。识别的原理如图9-23所示。在车辆到达站点附近时，会经历一个到站减速、停站、启动加速，再离站，在图中呈S形曲线。如果对站点周边的一定距离范围内做缓冲区（Buffer），则呈现为如图中所示的灰色长条形区域。只要取公交运行图与灰色区域的交集，则可以识别出曲线的起终点位置作为到站与离站点，同时查看到离站点横坐标位置即可得到车辆的到站与离站时间。

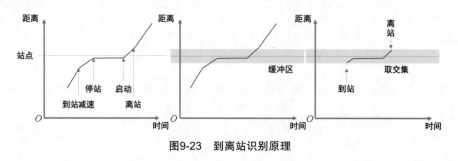

图9-23　到离站识别原理

9.4.2　单辆车到离站识别的代码实现

接下来将前面所讲的到离站识别思路实现。首先提取一辆公交车的运行轨迹图进行到离站识别，成功识别后再将识别算法应用到每一辆公交车上，即可完成整个数据集的到离站识别。

在识别之前，将数据的时间转换为相对观测时段开始时间经过的秒数，字段中数据类型为数值型，也方便后续的计算。

```
1. In [9-33]:
2. #将时间转换为距离观测时段开始时间经过了多少秒
3. BUS_GPS['time_st'] = (BUS_GPS['GPSDateTime']-pd.to_datetime('2019-01-17 00:00:00')).
   dt.total_seconds()
4. #保留部分列
5. BUS_project = BUS_GPS[['VehicleId','time_st','project']]
6. BUS_project
```

输出结果如图9-24所示。

	VehicleId	time_st	project
0	0	22558.0	17512.985950
1	0	22573.0	17512.985950
2	0	22708.0	17512.985950
3	0	22728.0	17460.926648
4	0	22744.0	17372.771452
...	...	...	...
63997	138	69895.0	17330.830394
63998	138	69920.0	17377.850876
63999	138	69935.0	17512.985950
64000	138	69955.0	17512.985950
64001	139	81890.0	17512.985950

64002 rows × 3 columns

图9-24　用于到离站识别的数据准备

接下来准备用于到离站识别的数据，选取其中某一辆车的轨迹进行识别。

```
1. In [9-34]:
2. #选取某一辆车
3. car = 2
4. tmp = BUS_project[BUS_project['VehicleId']==car]
```

对这一辆车，选取其中一个公交站点的到离站情况进行识别。我们以起点站申昆路枢纽站为例，首先获取这一站点在公交线路上的位置。

```
1. In [9-35]:
2. #选取某一个站点
3. stopname = '申昆路枢纽站'
4. position = stop[stop['stopname'] == stopname]['project'].iloc[0]
5. position
6.
7. Out [9-35]:
8. 17512.98594955427
```

依据前面所提到的思路，下一步对站点所在位置构建横线，对横线上下做缓冲区得到长条状的多边形（Polygon），并用这一多边形裁剪车辆运行图所构成的折线，得到两者相交部分的线型。相交部分的获取可以使用Shapely中几何对象的intersection方法，其原理如图9-25所示。在理想情况下，相交部分的每一段折线即为公交车辆的一次到离站过程。

Object.**intersection**(other)

给定A对象和B对象，intersection方法能够在A对象上找出它与B对象相交的部分，并返回

图9-25　Shapely中几何对象的intersection方法

代码的实现如下。

```
1. In [9-36]:
2. #对站点周边做100m缓冲区
3. stopbuffer = 100
4. #对站点生成缓冲区，类型为polygon
5. buffer_polygon = LineString([[0,position],
6.                              [24*3600,position]]).buffer(stopbuffer)
7. #生成车辆轨迹的linestring
8. bus_linestring = LineString(tmp[['time_st','project']].values)
9. #提取车辆轨迹与buffer的交集
10. line_intersection = bus_linestring.intersection(buffer_polygon)
```

输出结果如图9-26所示。首先对站点周边100m范围做缓冲区，得到buffer_polygon的多边形对象；再生成车辆运行图bus_linestring的线对象，利用bus_linestring对象的intersection方法，取得它与buffer_polygon相交的部分。

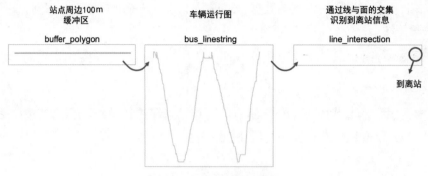

图9-26　车辆到离站的提取

此时，获取的line_intersection对象即为车辆的到离站信息，它可能会存在三种情况：①车辆没有到离站信息，此时line_intersection对象的几何内容为空，可以用is_empty方法进行判断；②车辆仅有一次到离站，产生的结果只有一条线段，则line_intersection对象的类型为线段（LineString）；③车辆有多次到离站的情况，此时产生的结果则为多条线段，每条线段代表一次到离站，line_intersection对象的类型为多线（MultiLineString），处理时需要将其中的多条线段拆开处理，其中每一条线段作为一次到离站。对这三种情况，在代码中必须分别设置处理逻辑，避免出现报错。提取到离站信息的代码如下。

```
1. In [9-37]:
2. #从中提取其中的到离站轨迹
3. if line_intersection.is_empty:
4.     pass
5. else:
6.     #将每次到站的信息放入list中
7.     if type(line_intersection) == shapely.geometry.linestring.LineString:
8.         arrive = [line_intersection]
9.     else:
10.         arrive = list(line_intersection)
11. #构建为DataFrame
12. arrive = pd.DataFrame(arrive)
13. #取每次到离站时间
14. arrive['arrivetime']= arrive[0].apply(lambda r:r.coords[0][0])
15. arrive['leavetime']= arrive[0].apply(lambda r:r.coords[-1][0])
16. arrive
```

输出结果如图9-27所示。其中，共识别出5次到离站。

	0	arrivetime	leavetime
0	LINESTRING (42441.44185528011 17412.9859495542...	42441.441855	42648.356886
1	LINESTRING (42939.47782107216 17412.9859495542...	42939.477821	42970.877278
2	LINESTRING (50719.82289707468 17412.9859495542...	50719.822897	50724.395159
3	LINESTRING (52005.92046799509 17412.9859495542...	52005.920468	52033.181903
4	LINESTRING (59832.42927475676 17412.9859495542...	59832.429275	59918.000000

图9-27　到离站信息提取结果

然而，以上面方法识别的到离站信息可能还会存在一定问题。如果在一次到离站的过程中，公交车辆由于GPS信号受到干扰而导致数据漂移，则可能会将一次到离站的信息识别为多次到离站。这里，解决方案还是使用时间阈值法，短时间内再次识别车辆到达这一站点时，需要将它考虑为同一次到离站过程，取第一段的最初点，与最后一段的最末点作为本次到站和离站的信息，如图9-28所示。

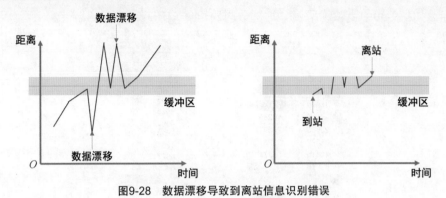

图9-28　数据漂移导致到离站信息识别错误

上述思路如何实现？如何将短时间内的多次到离站合并为一次？一个比较简单的思路是对到离站的记录进行逐行遍历，每行对前后到离站时间差进行比较，如果小于时间阈值 Δt 则合并。这种思路是可行的，但它涉及数据的逐行遍历，对每行数据的操作逻辑也较为复杂，写成代码的工作量较大也容易出错。

这里可以换一种思路：将复杂的数据处理任务分为多个子任务，每个子任务用表运算实现，就能够避免逐行遍历，极大地提升数据处理效率。同时，将处理任务解构为多个子任务，逻辑也更加清晰，方便代码的编写。

首先，需要明确的是，这一数据处理任务的输入与输出分别是什么？是以何种形式存储的？图9-29显示的是数据处理任务的输入与输出情况，图中的样例数据中，输入的数据共有10次到离站，而其中第2次、第7次、第9次与第10次到离站的时间非常接近，到站与上一次离站的时间间隔较短，需要与前面合并为同一次到离站。在第8、9、10行，也特意设置了连续多条记录需要合并的情况。最后的输出则是将前面提到的多次到站合并，最后得到总计6次到离站。

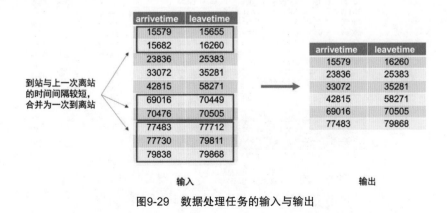

图9-29　数据处理任务的输入与输出

如何将这一处理任务分解为多个可用列运算解决的子任务呢？

首先，输入的数据实际上为矩阵存储形式（透视表），表中的两列数据分别代表的是到站与离站时间，两者其实都是时间，我们也需要对它们的值进行比较，但它们却不在同一列中。这种存储形式并不适合进行列运算处理，需要将它转换为以二维表形式存储的数据，将到站与离站时间存放在同一列中，再增加一列标识每一行数据分别是到站时间还是离站时间，如图9-30中步骤①所示。这部分思路可回顾图2-27。

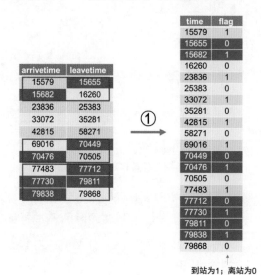

图9-30　步骤①：数据表存储形式的修改

对短时间的多次到离站，需要保留其中第一次的到站与最后一次的离站信息。在图9-31中，已经将需要剔除的数据标为灰色。经过步骤①后，将数据的存储形式转换为二维表格形式，观察需要剔除的数据可以发现，需要剔除的是：与下一条到站记录相差在时间阈值Δt内的离站记录A；记录A的下一条记录B。因此在步骤②中，创建flag_1列标记记录A，创建flag_2列标记记录B，然后在步骤③中剔除记录A与B，如图9-31所示。

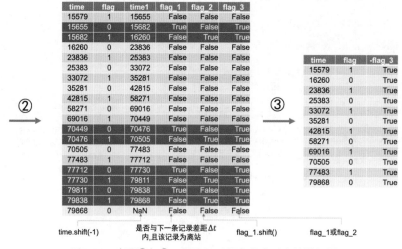

图9-31　步骤②与③：剔除短时间内多次到离站的记录

最后，在步骤④中，将数据再转换为矩阵存储的数据透视表形式，得到结果，如图9-32所示。

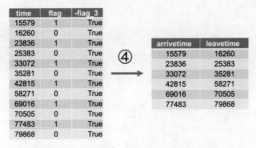

图9-32 步骤④：数据存储形式转换

接下来，用代码实现上述思路。

```
1. In [9-38]:
2. #定义时间阈值
3. mintime = 5*60
4. #步骤①
5. a = arrive[['arrivetime']]
6. a.columns = ['time']
7. a['flag'] = 1
8. b = arrive[['leavetime']]
9. b.columns = ['time']
10. b['flag'] = 0
11. c = pd.concat([a,b]).sort_values(by = 'time')
12. #步骤②
13. c['time1'] = c['time'].shift(-1)
14. c['flag_1'] = ((c['time1']-c['time'])<mintime)&(c['flag']==0)
15. c['flag_2'] = c['flag_1'].shift().fillna(False)
16. c['flag_3'] = c['flag_1']|c['flag_2']
17. #步骤③
18. c = c[-c['flag_3']]
19. #步骤④
20. arrive_new = c[c['flag'] == 1][['time']]
21. arrive_new.columns = ['arrivetime']
22. arrive_new['leavetime'] = list(c[c['flag'] == 0]['time'])
23. arrive_new['stopname'] = stopname
24. arrive_new['VehicleId'] = car
25. arrive_new
```

输出结果如图9-33所示。图9-27中的5次到离站中，第1次离站与第2次到站的时间差在时间阈值以内，因此这两次到离站在结果中被合并为一次，最终结果为4次到离站。

	arrivetime	leavetime	stopname	carid
0	42441.441855	42970.877278	申昆路枢纽站	2
2	50719.822897	50724.395159	申昆路枢纽站	2
3	52005.920468	52033.181903	申昆路枢纽站	2
4	59832.429275	59918.000000	申昆路枢纽站	2

图9-33 经过合并后的到离站信息

9.4.3　多辆车到离站信息的批量识别

前面成功实现一辆公交车一次到站的到离站识别，接下来只需要对每辆公交车的每个站点进行到离站识别即可。每次识别得到的结果为如图9-33所示的数据表，在每次循环过程中，将识别的结果放入list中，最后再使用pd.concat将所有的到离站表合并为一个表，循环代码如下。

```
In [9-39]:
from shapely.geometry import LineString,Polygon
import shapely
#定义一个空的list存储识别结果
ls = []
#对每一辆车遍历
for car in BUS_project['VehicleId'].drop_duplicates():
    #提取车辆轨迹
    tmp = BUS_project[BUS_project['VehicleId'] == car]
    #如果车辆数据点少于1个,则无法构成轨迹
    if len(tmp)>1:
        #对每一个站点识别
        for stopname in stop['stopname'].drop_duplicates():
            #提取站点位置
            position = stop[stop['stopname'] == stopname]['project'].iloc[0]
            #通过缓冲区与线段交集识别到离站轨迹
            stopbuffer = 100
            buffer_polygon = LineString([[0,position],
                                [24*3600,position]]).buffer(stopbuffer)
            bus_linestring = LineString(tmp[['time_st','project']].values)
            line_intersection = bus_linestring.intersection(buffer_polygon)
            #整理轨迹,提取到离站时间
            if line_intersection.is_empty:
                #如果为空,则说明车辆没有到站信息
                continue
            else:
                if type(line_intersection) == shapely.geometry.linestring.
                LineString:
                    arrive = [line_intersection]
                else:
                    arrive = list(line_intersection)
        arrive = pd.DataFrame(arrive)
        arrive['arrivetime']= arrive[0].apply(lambda r:r.coords[0][0])
        arrive['leavetime']= arrive[0].apply(lambda r:r.coords[-1][0])
        #通过时间阈值筛选到离站信息
        a = arrive[['arrivetime']]
        a.columns = ['time']
        a['flag'] = 1
        b = arrive[['leavetime']]
        b.columns = ['time']
        b['flag'] = 0
        c = pd.concat([a,b]).sort_values(by = 'time')
```

```
42.          c['time1'] = c['time'].shift(-1)
43.          c['flag_1'] = ((c['time1']-c['time'])<mintime)&(c['flag']==0)
44.          c['flag_2'] = c['flag_1'].shift().fillna(False)
45.          c['flag_3'] = c['flag_1']|c['flag_2']
46.          c = c[-c['flag_3']]
47.          arrive_new = c[c['flag'] == 1][['time']]
48.          arrive_new.columns = ['arrivetime']
49.          arrive_new['leavetime'] = list(c[c['flag'] == 0]['time'])
50.          arrive_new['stopname'] = stopname
51.          arrive_new['VehicleId'] = car
52.          #合并数据
53.          ls.append(arrive_new)
54. #合成一个大表
55. arrive_info = pd.concat(ls)
56. arrive_info
```

输出结果如图9-34所示。

	arrivetime	leavetime	stopname	carid
0	26455.190625	27059.640265	延安东路外滩	1
1	35620.861973	36565.049221	延安东路外滩	1
0	26013.694977	26132.508582	西藏中路	1
1	27275.815178	27328.546259	西藏中路	1
2	35197.337448	35354.974472	西藏中路	1
...	...	...	...	...
2	59763.044150	59802.220063	吴宝路	139
3	69695.586899	69741.522897	吴宝路	139
0	48986.000000	49469.867232	申昆路枢纽站	139
1	57167.093811	59530.732425	申昆路枢纽站	139
3	69923.899995	69955.000000	申昆路枢纽站	139

8953 rows × 4 columns

图9-34　车辆到离站信息的识别结果

至此，已经成功地为全部公交车辆识别出车辆的到离站信息。

在TransBigData包中，也将上述识别方法集成至tbd.busgps_arriveinfo方法中。只需要传入公交GPS、线路与站点数据，即可识别出公交的到离站信息。用法如下。

```
1. In [9-40]:
2. arrive_info2 = tbd.busgps_arriveinfo(BUS_GPS,line,stop)
3. arrive_info2
```

输出结果如图9-35所示。tbd.busgps_arriveinfo方法会对公交GPS数据做一定的预处理，因此在默认参数下与前面的识别结果会存在少许差异。同时，它也会将时间由秒数取整后转换为datatime格式，这里暂不做转换，以便后续计算。

	arrivetime	leavetime	stopname	VehicleId
0	2019-01-17 07:19:42	2019-01-17 07:31:14	延安东路外滩	0
1	2019-01-17 09:53:08	2019-01-17 10:09:34	延安东路外滩	0
0	2019-01-17 07:13:23	2019-01-17 07:15:45	西藏中路	0
1	2019-01-17 07:34:24	2019-01-17 07:35:38	西藏中路	0
2	2019-01-17 09:46:18	2019-01-17 09:50:22	西藏中路	0
...	...	...	...	...
2	2019-01-17 19:24:54	2019-01-17 19:25:55	申昆路枢纽站	136
0	2019-01-17 10:46:08	2019-01-17 10:47:30	延安东路外滩	138
0	2019-01-17 10:59:54	2019-01-17 11:02:31	西藏中路	138
0	2019-01-17 07:39:56	2019-01-17 07:42:02	延安东路外滩	139
0	2019-01-17 08:01:10	2019-01-17 08:05:11	西藏中路	139

8958 rows × 4 columns

图9-35　tbd包的到离站信息识别结果

9.5　公交运行指标

9.5.1　单程耗时与运营速度

基于前面所识别的到离站信息，就可以进一步讨论公交车辆运行的各类指标。首先是公交车辆的单程耗时，其统计方法是从离站信息表中为每辆车提取起点站的出发时间与终点站的到达时间，相邻的一对记录即可构成单程的一趟出行。将到达时间减去出发时间，则可以得到车辆的单程耗时。我们为车辆的上行方向提取单程耗时，并标记车辆每趟运行的出发时间。

```
1. In [9-41]:
2. #上行
3. #将起终点的信息提取后合并到一起
4. #终点站的到达时间
5. a = arrive_info[arrive_info['stopname'] == '延安东路外滩'][['arrivetime','stopname',
   'VehicleId']]
6. #起点站的离开时间
7. b = arrive_info[arrive_info['stopname'] == '申昆路枢纽站'][['leavetime','stopname',
   'VehicleId']]
8. a.columns = ['time','stopname','VehicleId']
9. b.columns = ['time','stopname','VehicleId']
10. #合并信息
11. c = pd.concat([a,b])
12. #排序后提取每一单程的出行时间
13. c = c.sort_values(by = ['VehicleId','time'])
14. for i in c.columns:
15.     c[i+'1'] = c[i].shift(-1)
```

```
16.  #提取以申昆路枢纽站为起点,延安东路外滩为终点的趟次
17.  c = c[((c['VehicleId'] == c['VehicleId1'])&
18.      (c['stopname']=='申昆路枢纽站')&
19.      (c['stopname1']=='延安东路外滩'))]
20.  #计算该趟出行的持续时间
21.  c['duration'] = c['time1'] - c['time']
22.  #标识该趟出行的时间中点在哪个时刻
23.  c['shour'] = ((c['time']+c['time1'])/7200).astype(int)
24.  c['hue'] = '申昆路枢纽站—延安东路外滩'
25.  #储存为c1变量
26.  c1 = c.copy()
```

同样,对下行方向计算单程耗时,并与上行方向的计算结果拼成一个大表,代码如下。

```
1.  In [9-42]:
2.  #下行
3.  a = arrive_info[arrive_info['stopname'] == '申昆路枢纽站'][['arrivetime','stopname','VehicleId']]
4.  b = arrive_info[arrive_info['stopname'] == '延安东路外滩'][['leavetime','stopname','VehicleId']]
5.  a.columns = ['time','stopname','VehicleId']
6.  b.columns = ['time','stopname','VehicleId']
7.  c = pd.concat([a,b])
8.  c = c.sort_values(by = ['VehicleId','time'])
9.  for i in c.columns:
10.     c[i+'1'] = c[i].shift(-1)
11.  c = c[((c['VehicleId'] == c['VehicleId1'])&(c['stopname']=='延安东路外滩')&(c['stopname1']=='申昆路枢纽站'))]
12.  c['duration'] = c['time1'] - c['time']
13.  c['shour'] = ((c['time']+c['time1'])/7200).astype(int)
14.  c['hue'] = '延安东路外滩—申昆路枢纽站'
15.  c2 = c.copy()
16.  onewaytime = pd.concat([c1,c2])
```

输出结果如图9-36所示。

	time	stopname	VehicleId	time1	stopname1	VehicleId1	duration	shour	hue
0	22736.701145	申昆路枢纽站	0	26455.190625	延安东路外滩	0.0	3718.489480	6	申昆路枢纽站-延安东路外滩
1	32011.986725	申昆路枢纽站	0	35620.861973	延安东路外滩	0.0	3608.875248	9	申昆路枢纽站-延安东路外滩
0	42970.877278	申昆路枢纽站	1	46561.146952	延安东路外滩	1.0	3590.269675	12	申昆路枢纽站-延安东路外滩
3	52033.181903	申昆路枢纽站	1	56269.512227	延安东路外滩	1.0	4236.330325	15	申昆路枢纽站-延安东路外滩
0	62761.608444	申昆路枢纽站	2	66987.316198	延安东路外滩	2.0	4225.707754	18	申昆路枢纽站-延安东路外滩
...	...	...	...	...	...	...	...	...	...
1	66321.198628	延安东路外滩	134	70813.189035	申昆路枢纽站	134.0	4491.990407	19	延安东路外滩-申昆路枢纽站
0	34114.588496	延安东路外滩	137	37537.020373	申昆路枢纽站	137.0	3422.431877	9	延安东路外滩-申昆路枢纽站
1	43543.742514	延安东路外滩	137	46880.007279	申昆路枢纽站	137.0	3336.264765	12	延安东路外滩-申昆路枢纽站
0	53726.126639	延安东路外滩	138	57167.093811	申昆路枢纽站	138.0	3440.967173	15	延安东路外滩-申昆路枢纽站
1	64269.477993	延安东路外滩	138	69923.899995	申昆路枢纽站	138.0	5654.422002	18	延安东路外滩-申昆路枢纽站

366 rows × 9 columns

图9-36 公交的单程耗时

在TransBigData包中也有相应的方法，输入到离站信息表与起终点站点名称，并指定车辆与站点名称所在列名，即可算出单程耗时。

```
1. In [9-43]:
2. onewaytime = tbd.busgps_onewaytime(arrive_info2,
3.                                    start = '延安东路外滩',#起点站名
4.                                    end = '申昆路枢纽站',#终点站名
5.                                    col = ['VehicleId','stopname'])#车辆ID与
                                                                    #站点列名
```

以出发小时为横轴，单程耗时为纵轴，以上下行方向为分组，绘制单程耗时的箱形图分布，代码如下。

```
1. In [9-44]:
2. #绘制耗时分布箱形图
3. import matplotlib.pyplot as plt
4. import seaborn as sns
5. fig     = plt.figure(1,(8,4),dpi = 250)
6. ax1     = plt.subplot(111)
7. sns.boxplot(x = 'shour',y = onewaytime['duration']/60,
8.              hue = 'hue',data = onewaytime)
9. plt.ylabel('始发站至终点站耗时(分钟)')
10. plt.xlabel('时段')
11. plt.ylim(0)
12. plt.show()
```

输出结果如图9-37所示。

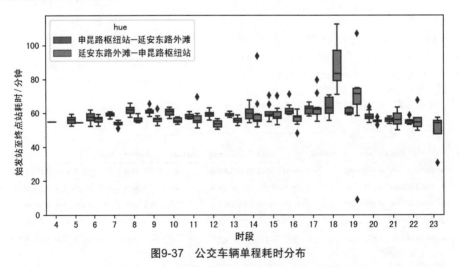

图9-37　公交车辆单程耗时分布

接下来计算运营速度，将公交线路距离的长度除以单程所需时间即可得到运营车速。

```
1. In [9-45]:
2. #公交线的长度
3. lineshp.length
4.
5. Out [9-45]:
```

```
6.  17512.98594955427
7.
8.  In [9-46]:
9.  #车速单位转换为km/h
10. c['speed'] = (lineshp.length/c['duration'])*3.6
11. #筛选去掉车速过快的异常记录
12. c = c[c['speed']<=60]
```

同样，绘制不同时段运营速度分布的箱形图。

```
1.  In [9-47]:
2.  #运营速度分布
3.  import matplotlib.pyplot as plt
4.  import seaborn as sns
5.  fig     = plt.figure(1,(8,4),dpi = 250)
6.  ax1     = plt.subplot(111)
7.  sns.boxplot(x = 'shour',y = 'speed',hue = 'hue',data = c)
8.  plt.ylabel('运营速度( km/h )')
9.  plt.xlabel('时段')
10. plt.ylim(0)
11. plt.show()
```

输出结果如图9-38所示。

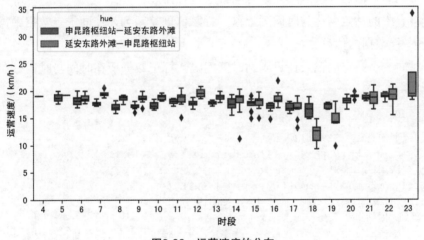

图9-38 运营速度的分布

从单程耗时与运营速度的分布中，可以观察到该线路公交全程的运行时间约60min，而全程的平均运营车速为17~20km/h。一般来说，没有专用道的常规公交的运营车速在10~13km/h。该线路公交具有全程公交专用道，在安全设施、信号优先、人员培训等方面均有一定优化，其运行速度相比其他常规地面公交具有显著提升。

同时，从图9-37与图9-38中对耗时与速度在一日中的分布也可以看到，71路公交在早高峰能够保持较高的运营速度，但在晚高峰18—19时，其运营车速略有下降，其中延安东路外滩至申昆路枢纽站方向的车速下降更为明显，未来可以有针对性地优化提升这一部分的运营车速。

9.5.2　到站间隔

基于到离站信息表，可以更进一步计算每个站点的公交到站时间间隔。一条公交线路上，同一个站点的上行与下行到站时间间隔可能不同，也需要将上下行分开进行讨论。在前面识别到离站信息时，并没有标注出上下行的方向。这里可以依据前后到离站站点位置判断车辆上下行方向，代码如下。

```
1. In [9-48]:
2. #到站时间间隔需要区分上行、下行,因此在这里要识别上行下行,为每个站点标上所在位置
3. arrive_info = pd.merge(arrive_info.sort_values(by = ['VehicleId','arrivetime']),
   stop[['stopname','project']],on ='stopname')
4. #排序
5. arrive_info = arrive_info.sort_values(by = ['VehicleId','arrivetime'])
6. arrive_info['VehicleId1'] = arrive_info['VehicleId'].shift()
7. arrive_info['project1'] = arrive_info['project'].shift()
8. tmp = arrive_info[arrive_info['VehicleId1'] == arrive_info['VehicleId']]
9. #通过对比起终点位置判断上行还是下行
10. tmp['ToDir'] = (tmp['project1']>tmp['project']).astype(int)
```

接下来计算同一个站点相邻两次到离站的时间间隔，思路与前面类似的计算任务相同。

（1）将到离站信息表按照站点、时间升序进行排序。

（2）将表中的站点名称与时间列上移一行赋值创建新列，使同一行数据中同时包含此行数据与下一行数据的信息。

（3）对同一个站点的记录计算到站时间间隔，标记数据所在时间与时段。

代码如下。

```
1. In [9-49]:
2. #对上行计算各站点的到站时间间隔
3. tmp1 = tmp[tmp['ToDir']==1].sort_values(by = ['stopname','arrivetime'])
4. tmp1['arrivetime1'] = tmp1['arrivetime'].shift(-1)
5. tmp1['stopname1'] = tmp1['stopname'].shift(-1)
6. tmp1 = tmp1[tmp1['stopname1'] == tmp1['stopname']]
7. #计算到站时间间隔
8. tmp1['duration'] = tmp1['arrivetime1'] - tmp1['arrivetime']
9. #标记数据所在时间
10. tmp1['shour'] = (tmp1['arrivetime']/3600).astype('int')
11. #分别区分早晚高峰和平峰数据
12. tmp1.loc[(tmp1['shour'] == 7)|
13.          (tmp1['shour'] == 8)|
14.          (tmp1['shour'] == 9),'hue'] = '早高峰'
15. tmp1.loc[(tmp1['shour'] == 18)|
16.          (tmp1['shour'] == 19),'hue'] = '晚高峰'
17. tmp1.loc[-((tmp1['shour'] == 7)|
18.          (tmp1['shour'] == 8)|
19.          (tmp1['shour'] == 9)|
20.          (tmp1['shour'] == 18)|
21.          (tmp1['shour'] == 19)),'hue'] = '平峰'
```

以站点名称作横轴,以到站时间间隔作纵轴,再以不同时段作为分类,对到站时间间隔绘制箱形图。在boxplot方法中还需要定义order参数,保证x轴方向站点按顺序排列。代码如下。

```
1. In [9-50]:
2. # 到站时间间隔绘制
3. import matplotlib.pyplot as plt
4. import seaborn as sns
5. fig      = plt.figure(1,(8,4),dpi = 250)
6. ax1      = plt.subplot(111)
7. sns.boxplot(x='stopname',
8.              y=tmp1['duration']/60,
9.              data = tmp1,
10.             hue = 'hue',
11.             order = stop['stopname'])# 设定x轴方向站点的排列顺序
12. plt.ylabel('到站时间间隔(分钟)')
13. plt.xlabel('站点')
14. plt.ylim(0)
15. plt.xticks(rotation = 90)
16. plt.show()
```

输出结果如图9-39所示。上行方向公交车辆从申昆路枢纽站点出发,因此该站点不存在到站的记录。

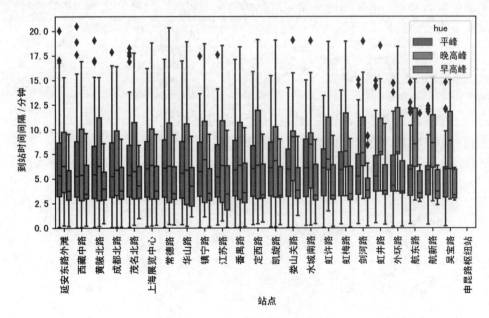

图9-39 上行方向到站时间间隔

同样,可以绘制下行方向的到站时间间隔分布,如图9-40所示。其中下行方向公交车辆从延安东路外滩出发,因此该站点不存在到站的记录。

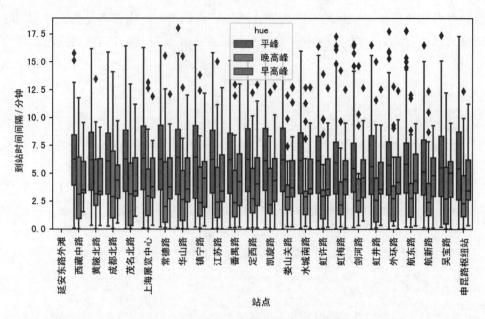

图9-40　下行方向站点到离站时间间隔分布

从上行下行方向的到离站时间间隔分布上可以明显看到上下行的潮汐现象明显，上行方向晚高峰耗时相比早高峰更高，下行方向则正好相反。

需要注意的是，到站时间间隔还受到发车频次的影响。71路公交车在早晚高峰会增加发车班次以降低到站时间间隔，下行方向的平峰时间的到站间隔也相对更长。

9.6　本章习题

1. 将本章中所介绍的数据处理内容在本地环境中实现。
2. 请自定义指标对公交运行的稳定性进行描述。
3. 试分析公交运行的延误高发路段。

第10章
TransBigData——交通时空大数据处理、分析可视化工具

10.1　TransBigData 简介

TransBigData是一个为交通时空大数据处理、分析和可视化而开发的Python包，由笔者独立开发（如图10-1所示）。TransBigData为处理常见的交通时空大数据（如出租车GPS数据、共享单车数据和公交车GPS数据）提供了快速而简洁的方法。TransBigData为交通时空大数据分析的各个阶段提供了多种处理方法，代码简洁、高效、灵活、易用，可以用简洁的代码实现复杂的数据任务。

图10-1　TransBigData工具

对于特定类型的数据，TransBigData还提供了针对特定处理需求的方法，如从出租车GPS数据中提取出租车行程的起点和终点信息（OD），从公交车GPS数据中识别到离站信息等。

TransBigData的技术特点如下。

（1）面向交通时空大数据分析不同阶段的处理需求提供不同处理功能。

（2）代码简洁、高效、灵活、易用，通过简短的代码即可实现复杂的数据任务。

在安装TransBigData之前，需要确保已经安装了可用的GeoPandas包。如果已经安装了GeoPandas，直接在命令提示符中运行下面的代码即可安装。

```
1. pip install -U transbigdata
```

安装完成后，在Python中运行如下代码即可导入TransBigData包。

```
1. import transbigdata as tbd
```

10.2　TransBigData 的方法介绍

目前，TransBigData的主要功能如下。

（1）数据质量分析：提供快速获取数据集一般信息的方法，包括数据量、时间段和采样间隔。

（2）数据预处理：提供清洗多种类型的数据错误的方法。

（3）数据栅格化：提供在研究区域内生成多种类型的地理网格（矩形网格、六角形网格）的方法。提供快速算法将GPS数据映射到生成的网格上。

（4）数据聚合集计：提供将GPS数据和OD数据聚合到地理多边形的方法。

（5）数据可视化：内置的可视化功能，利用可视化包keplergl，用简单的代码在Jupyter Notebook上交互式地可视化数据。

（6）轨迹数据处理：提供处理轨迹数据的方法，包括从GPS点生成轨迹线型、轨迹增密等。

（7）地图底图：提供在Matplotlib上加载显示Mapbox地图底图的方法。

（8）坐标转换与计算：提供各类特殊坐标系的坐标转换功能，也提供由经纬度快速估算实际距离的方法。

本节中，将提供TransBigData的方法速查表，列出方法名称与功能描述，方便读者了解TransBigData的整体情况。本节中以TransBigData的0.4.7版本中提供的方法为例，后续迭代更新中部分方法名称或功能可能会有所调整，具体需要以正式文档为准。

10.2.1　数据质量分析与数据预处理

在数据质量分析方面，TransBigData提供了快速获取数据集概况的方法，包括数据量、时间段和采样间隔。在数据预处理方面，TransBigData提供清洗多种类型的数据错误的方法，包括剔除研究范围外的数据、剔除漂移数据、剔除冗余数据等，具体方法如表10-1所示。

表10-1　数据质量分析与数据预处理方法（TransBigData）

方　　法	描　　述
transbigdata.data_summary	输入数据，输出数据概况，包括数据量、数据时间段、数据采样间隔等信息
transbigdata.clean_same	剔除冗余数据。如果某个体连续n条数据除了时间以外其他信息都相同，则可以只保留其中的首末两条数据
transbigdata.clean_drift	剔除漂移数据。如果某条数据与前后的速度都大于某一速度阈值，但前后数据之间的速度却小于速度阈值，则会将其剔除
transbigdata.clean_outofbounds	输入数据以及研究范围的左下右上经纬度坐标，剔除超出研究范围的数据

续表

方　　法	描　　述
transbigdata.clean_outofshape	输入数据以及研究范围的GeoDataFrame，剔除超出研究区域的数据
transbigdata.id_reindex	对数据的ID列重新编号： （1）相同ID的新编号相同 （2）依据表中的顺序，如果前面编号过的个体再次出现，则给予新的编号 （3）如果个体在一段时间内没有数据，则下次出现时编号为新的个体
transbigdata.id_reindex_disgap	对数据的ID列重新编号，如果相邻两条记录超过距离，则将个体赋予新的编号
transbigdata.clean_traj	轨迹数据清洗组合拳。剔除漂移数据，同时对一定时间没有出现、相邻两条记录超过一定距离的个体重新编号
transbigdata.clean_taxi_status	剔除出租车数据中载客状态瞬间变化的记录。如果对同一辆车的某一条记录，上一条记录与下一条记录的载客状态都与本条记录不同，则本条记录删去

10.2.2　数据栅格化

基于本书前面所介绍的栅格划分方法，TransBigData提供了在研究区域内生成多种类型的栅格的方法，也提供了算法能够将GPS数据快速映射到生成的网格上，TransBigData中提供的栅格处理体系如图10-2所示。

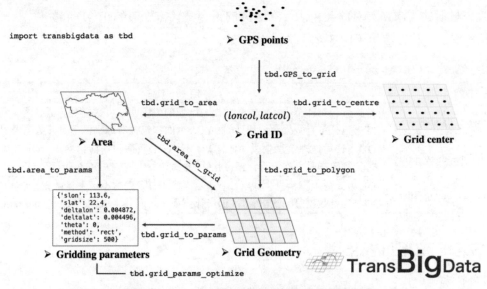

图10-2　TransBigData中提供的栅格数据处理体系

同时，TransBigData也对工业界常用的geohash（地理网格编码）及六角形网格提供了支持，具体方法如表10-2所示。

表10-2　数据栅格化方法（TransBigData）

方　　法	描　　述
transbigdata.area_to_grid	给定研究范围，生成研究范围内的方形栅格
transbigdata.area_to_params	给定研究范围与栅格大小，生成栅格参数
transbigdata.GPS_to_grid	将GPS数据至栅格。输入数据的经纬度列与栅格参数，输出对应的栅格编号
transbigdata.grid_to_centre	由栅格编号计算栅格中心点经纬度。输入数据的栅格编号与栅格参数，输出对应的栅格中心点
transbigdata.grid_to_polygon	由栅格编号生成栅格的几何信息列。输入数据的栅格编号与栅格参数，输出对应的地理信息列
transbigdata.grid_to_area	将数据对应至矢量面。输入带有栅格经纬度编号的数据，矢量图形与栅格化参数，输出数据栅格，并至矢量图形
transbigdata.grid_to_params	从栅格几何信息中重新计算出栅格参数
transbigdata.grid_params_optimize	提供了三种优化栅格参数的方法
transbigdata.geohash_encode	geohash编码功能。输入经纬度与精度，输出经纬度所在的geohash编码
transbigdata.geohash_decode	geohash解码功能。输入经纬度与精度，输出geohash编码
transbigdata.geohash_togrid	geohash网格生成。输入geohash编码，输出geohash网格的地理信息图形Series列
transbigdata.hexagon_grids	生成研究范围内的六边形渔网

10.2.3　数据聚合集计

在日常的数据处理需求中，经常会遇到需要将GPS数据或OD数据对应至交通小区或行政区划矢量面的需求。针对此类需求，在数据的聚合集计方面TransBigData提供了三个方法快速实现，具体方法如表10-3所示。

表 10-3　数据聚合集计方法（TransBigData）

方　　法	描　　述
transbigdata.dataagg	数据聚合集计至小区。输入数据与区域的矢量面，将数据对应至小区，输出结果包括带有数据量统计列的小区矢量面和包含对应小区信息的数据表
transbigdata.odagg_grid	OD集计与地理信息生成（栅格）。输入OD数据与栅格化参数，OD表中的每一行数据是一次出行，栅格化OD并集计后生成OD的GeoDataFrame
transbigdata.odagg_shape	OD集计与地理信息生成（小区）。输入OD数据与小区矢量数据，OD表中的每一行数据是一次出行，OD集计到小区之间并生成OD的GeoDataFrame

10.2.4　数据可视化

TransBigData包中，数据可视化模块提供了一个与交互可视化包keplergl连接的桥梁。使用此功能前，需要先安装Python的keplergl包。

```
1. pip install keplergl
```

如果要在Jupyter Notebook中显示可视化，则需要勾选jupyter-js-widgets（可能需要另外安装）和keplergl-jupyter两个插件（如图10-3所示）。

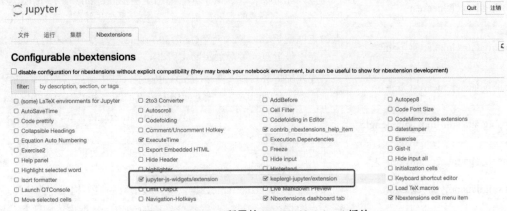

图10-3　keplergl所需的Jupyter Notebook插件

TransBigData中提供了几个数据可视化的函数，向其中传入数据与相关参数后，可以调用keplergl的可视化功能，在Jupyter Notebook中显示可交互式的数据可视化效果，具体方法如表10-4所示。

表10-4　数据可视化方法（TransBigData）

方　　法	描　　述
transbigdata.visualization_data	数据分布可视化。输入数据点，栅格集计并可视化
transbigdata.visualization_trip	动态轨迹可视化。输入轨迹数据与列名，生成轨迹动态可视化
transbigdata.visualization_od	OD分布可视化。输入OD数据与列名，进行栅格集计，生成可视化

10.2.5　轨迹数据处理

在轨迹处理部分，TransBigData提供了几个处理轨迹数据的方法，包括从GPS点生成轨迹线型、轨迹增密、轨迹稀疏化等，具体方法如表10-5所示。

表10-5　轨迹数据处理方法（TransBigData）

方　　法	描　　述
transbigdata.points_to_traj	输入多个个体的轨迹点数据，为每一个体生成轨迹线型的GeoDataFrame
transbigdata.traj_densify	对轨迹点进行增密。设定时间阈值，利用时空插值，以原始轨迹点数据为依据，每隔一定时间生成一个轨迹点
transbigdata.traj_sparsify	轨迹稀疏化。轨迹数据采样间隔过高的时候，数据量太大，不便于分析。这个函数可以将采样间隔扩大，缩减数据量

10.2.6　GIS处理方法

TransBigData中还集成了部分常用的GIS处理方法，包括点与线的近邻匹配、打断线、合并面、置信椭圆等，具体方法如表10-6所示。

表10-6　GIS处理方法（TransBigData）

方　　法	描　　述
transbigdata.ckdnearest	点与点匹配近邻。输入两个含有经纬度的DataFrame，分别指定经纬度列名，前一个表的点匹配后一个表中最近点，并添加距离字段dist
transbigdata.ckdnearest_point	点与点匹配近邻。输入两个GeoDataFrame，为前一个表的点匹配后一个表中最近点，并添加距离字段dist
transbigdata.ckdnearest_line	点与线匹配近邻。输入两个GeoDataFrame，其中，gdfA为点，gdfB为线，该方法会为gdfA表连接上gdfB中最近的线，并添加距离字段dist
transbigdata.splitline_with_length	将超过一定阈值的线打断。输入线GeoDataFrame要素，打断为不超过一定长度的小线段
transbigdata.merge_polygon	对面进行分组合并。输入多边形GeoDataFrame数据，以及分组列名col，对不同组别进行分组的多边形进行面合并
transbigdata.polyon_exterior	输入多边形GeoDataFrame数据，对多边形取外边界构成新多边形
transbigdata.ellipse_params	输入点数据与置信度，获取置信椭圆的参数，包括中心点坐标、短轴、长轴、角度、面积、扁率
transbigdata.ellipse_plot	输入置信椭圆的参数，绘制置信椭圆

10.2.7　地图底图加载

在Matplotlib中添加地图底图、比例尺与指北针的功能，具体方法如表10-7所示。

表10-7　地图底图加载方法（TransBigData）

方　　法	描　　述
transbigdata.plot_map	在Matplotlib中添加地图底图
transbigdata.plotscale	在Matplotlib中为底图添加指北针和比例尺

10.2.8　坐标转换与距离计算

提供各类特殊坐标系数据之间的转换与距离计算的方法，具体方法如表 10-8所示。

表10-8　坐标转换与距离计算方法（TransBigData）

方　　法	描　　述
transbigdata.gcj02tobd09	各类特殊坐标系数据之间的转换，近似估算结果
transbigdata.bd09togcj02	
transbigdata.wgs84togcj02	
transbigdata.gcj02towgs84	
transbigdata.wgs84tobd09	
transbigdata.bd09towgs84	
transbigdata.bd09mctobd09	
transbigdata.transform_shape	对地理要素整体做坐标转换
transbigdata.getdistance	由经纬度，近似换算实际距离（m）

10.2.9　数据获取

提供公交线路与地铁线路的线型与站点、行政区划矢量面的快速获取方法，具体方法如表10-9所示。

表10-9　数据获取方法（TransBigData）

方　　法	描　　述
transbigdata.getbusdata	通过输入城市与关键词，获取公交线路与地铁线路的线型与站点
transbigdata.getadmin	输入关键词与高德地图ak，抓取行政区划的矢量面

10.3　TransBigData 使用示例

这一节中，提供两个使用TransBigData进行数据处理的实例，方便读者快速掌握使用TransBigData进行交通时空大数据处理的思路。

前面章节中详细地介绍了出租车数据的整个处理过程。TransBigData包已经将前面的大部分处理步骤都高度集成，下面简要介绍如何使用TransBigData包，调用其中的函数实现对出租车GPS数据的快速处理。

1. 数据清洗与栅格化

首先引入TransBigData包，并读取数据。

```
1. In [10-1]:
2. import transbigdata as tbd
3. import pandas as pd
4. import geopandas as gpd
5. #读取数据
6. data = pd.read_csv('TaxiData-Sample.csv',header = None)
7. data.columns = ['VehicleNum','time','lon','lat','OpenStatus','Speed']
8. #读取研究范围区域信息
9. sz = gpd.read_file(r'sz/sz.shp')
```

TransBigData包集成了数据预处理的常用方法。其中，**tbd.clean_outofshape**方法输入数据和研究范围区域信息，筛选剔除研究范围外的数据。而**tbd.clean_taxi_status**方法则可以剔除前面所提到的载客状态瞬间变化的记录。在使用预处理的方法时，需要传入相应的列，代码如下。

```
1. In [10-2]:
2. #数据预处理
3. #剔除研究范围外的数据,计算原理是在方法中先栅格化后栅格匹配研究范围后实现对应。因此这里需要
   #同时定义栅格大小,越小则精度越高
4. data = tbd.clean_outofshape(data, sz, col=['lon', 'lat'], accuracy=500)
5. #剔除出租车数据中载客状态瞬间变化的记录
6. data = tbd.clean_taxi_status(data, col=['VehicleNum', 'time', 'OpenStatus'])
```

然后，再使用TransBigData包的栅格化功能对数据进行栅格化并集计，这一方法与前面章节所提到的栅格化的方法相同。如果要使用TransBigData工具进行栅格化，则首先需要确定栅格化的参数（可以理解为定义了一个栅格坐标系）。

```
1. In [10-3]:
2. #栅格化
3. #定义范围,获取栅格化参数
4. bounds = [113.75, 22.4, 114.62, 22.86]
5. params = tbd.area_to_params(bounds,accuracy = 500)
6. params
7.
8. Out [10-3]:
9. {'slon': 113.75,
10. 'slat': 22.4,
11. 'deltalon': 0.00487168144644911,
12. 'deltalat': 0.0044966052064422906,
13. 'theta': 0,
14. 'method': 'rect',
15. 'gridsize': 500}
```

此时输出的栅格化参数params的内容代表了栅格坐标系的原点坐标与单个栅格的经纬度长宽。

取得栅格化参数后，可以使用tbd.GPS_to_grid方法将GPS对应至栅格。该方法会生成LONCOL列与LATCOL列，并由这两列共同指定数据所对应的栅格。

```
1. In [10-4]:
2. #将GPS栅格化
3. data['LONCOL'],data['LATCOL'] = tbd.GPS_to_grid(data['lon'],data['lat'],params)
```

下一步集计栅格内的数据量，并为栅格生成地理几何图形，构建GeoDataFrame。

```
1. In [10-5]:
2. #聚合集计栅格内数据量
3. grid_agg = data.groupby(['LONCOL','LATCOL'])['VehicleNum'].count().reset_index()
4. #生成栅格的几何图形
5. grid_agg['geometry'] = tbd.grid_to_polygon([grid_agg['LONCOL'],grid_agg['LATCOL']],params)
6. #转换为GeoDataFrame
7. import geopandas as gpd
8. grid_agg = gpd.GeoDataFrame(grid_agg)
9. #绘制栅格
10. grid_agg.plot(column = 'VehicleNum',cmap = 'autumn_r')
```

输出结果如图10-4所示。

对于一个正式的数据可视化图来说，还需要添加底图、色条、指北针和比例尺。用tbd.plot_map加载地图底图，并用tbd.plotscale添加指北针和比例尺。

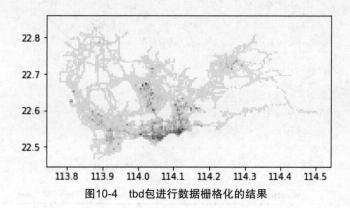

图10-4　tbd包进行数据栅格化的结果

```
1. In [10-6]:
2. import matplotlib.pyplot as plt
3. fig =plt.figure(1,(8,8),dpi=300)
4. ax =plt.subplot(111)
5. plt.sca(ax)
6. #加载地图底图
7. #tbd.plot_map(plt,bounds,zoom = 11,style = 11)
8. #添加行政区划边界
9. sz.plot(ax = ax,edgecolor = (0,0,0,0),facecolor = (0,0,0,0.1),linewidths=0.5)
10. #定义色条位置
11. cax = plt.axes([0.04, 0.33, 0.02, 0.3])
12. plt.title('Data count')
13. plt.sca(ax)
14. #绘制数据
15. grid_agg.plot(column = 'VehicleNum',cmap = 'autumn_r',ax = ax,cax = cax,legend =
    True)
16. #添加指北针和比例尺
17. tbd.plotscale(ax,bounds = bounds,textsize = 10,compasssize = 1,accuracy = 2000,
    rect = [0.06,0.03],zorder = 10)
18. plt.axis('off')
19. plt.xlim(bounds[0],bounds[2])
20. plt.ylim(bounds[1],bounds[3])
21. plt.show()
```

输出结果如图10-5所示。

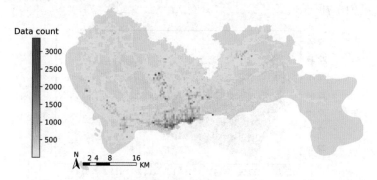

图10-5　tbd包绘制的出租车GPS数据分布

2. OD提取与集计

TransBigData包也支持直接从出租车GPS数据中提取出OD。

```
1. In [10-7]:
2. #从GPS数据提取OD
3. oddata = tbd.taxigps_to_od(data,col = ['VehicleNum','time','Lng','Lat','Open
   Status'])
4. oddata
```

输出结果如图10-6所示。

	VehicleNum	stime	slon	slat	etime	elon	elat
427075	22396	00:19:41	114.013016	22.664818	00:23:01	114.021400	22.663918
131301	22396	00:41:51	114.021767	22.640200	00:43:44	114.026070	22.640266
417417	22396	00:45:44	114.028099	22.645082	00:47:44	114.030380	22.650017
376160	22396	01:08:26	114.034897	22.616301	01:16:34	114.035614	22.646717
21768	22396	01:26:06	114.046021	22.641251	01:34:48	114.066048	22.636183
...	...	...	...	...	...	...	...
57666	36805	22:37:42	114.113403	22.534767	22:48:01	114.114365	22.550632
175519	36805	22:49:12	114.114365	22.550632	22:50:40	114.115501	22.557983
212092	36805	22:52:07	114.115402	22.558083	23:03:27	114.118484	22.547867
119041	36805	23:03:45	114.118484	22.547867	23:20:09	114.133286	22.617750
224103	36805	23:36:19	114.112968	22.549601	23:43:12	114.089485	22.538918

5337 rows × 7 columns

图10-6   tbd包提取的出租车OD

TransBigData包提供的栅格化方法可以让我们快速地进行栅格化定义，只需要修改accuracy参数，即可快速定义不同大小粒度的栅格。重新定义一个2km×2km的栅格坐标系，将其参数传入tbd.odagg_grid方法对OD进行栅格化并集计生成GeoDataFrame。

```
1. In [10-8]:
2. #重新定义栅格，获取栅格化参数
3. params = tbd.area_to_params(bounds,accuracy = 2000)
4. #栅格化OD并集计
5. od_gdf = tbd.odagg_grid(oddata,params)
6. od_gdf.plot(column = 'count')
```

输出结果如图10-7所示。

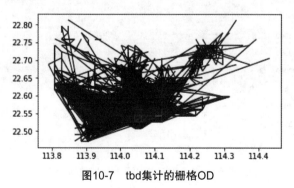

图10-7   tbd集计的栅格OD

添加地图底图、色条与比例尺指北针：

```
1. In [10-9]:
2. #创建图框
3. import matplotlib.pyplot as plt
4. fig =plt.figure(1,(8,8),dpi=300)
5. ax =plt.subplot(111)
6. plt.sca(ax)
7. #添加地图底图
8. #tbd.plot_map(plt,bounds,zoom = 11,style = 11)
9. sz.plot(ax = ax,edgecolor = (0,0,0,0),facecolor = (0,0,0,0.2),linewidths=0.5)
10. #绘制colorbar
11. cax = plt.axes([0.05, 0.33, 0.02, 0.3])
12. plt.title('Data count')
13. plt.sca(ax)
14. #绘制OD
15. od_gdf.plot(ax = ax,column = 'count',cmap = 'Blues_r',linewidth = 0.5,vmax=10,
    cax = cax,legend = True)
16. #添加比例尺和指北针
17. tbd.plotscale(ax,bounds = bounds,textsize = 10,compasssize = 1,accuracy=2000,
    rect = [0.06,0.03],zorder = 10)
18. plt.axis('off')
19. plt.xlim(bounds[0],bounds[2])
20. plt.ylim(bounds[1],bounds[3])
21. plt.show()
```

输出结果如图10-8所示。

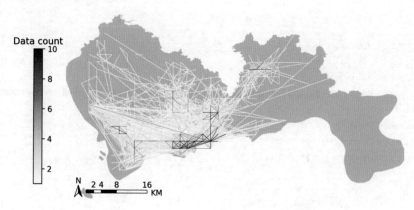

图10-8 TransBigData绘制的栅格OD数据

同时，TransBigData包也提供了将OD直接集计到区域间的方法。

```
1. In [10-10]:
2. #OD集计到区域
3. #方法1：在不传入栅格化参数时，直接用经纬度匹配
4. od_gdf = tbd.odagg_shape(oddata,sz,round_accuracy=6)
5. #方法2：传入栅格化参数时，程序会先栅格化后匹配以加快运算速度，数据量大时建议使用
6. od_gdf = tbd.odagg_shape(oddata,sz,params = params)
7. od_gdf.plot(column = 'count')
```

输出结果如图10-9所示。

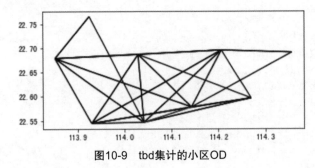

图10-9　tbd集计的小区OD

加载地图底图并调整出图参数。

```
In [10-11]:
#创建图框
import matplotlib.pyplot as plt
import plot_map
fig =plt.figure(1,(8,8),dpi=300)
ax =plt.subplot(111)
plt.sca(ax)
#添加地图底图
#tbd.plot_map(plt,bounds,zoom = 12,style = 4)
sz.plot(ax = ax,edgecolor = (0,0,0,0),facecolor = (0,0,0,0.2),linewidths=0.5)
#绘制colorbar
cax = plt.axes([0.05, 0.33, 0.02, 0.3])
plt.title('count')
plt.sca(ax)
#绘制OD
od_gdf.plot(ax = ax,vmax = 100,column = 'count',cax = cax,cmap = 'autumn_r',
    linewidth = 1,legend = True)
#添加比例尺和指北针
tbd.plotscale(ax,bounds = bounds,textsize = 10,compasssize = 1,accuracy=2000,
    rect = [0.06,0.03],zorder = 10)
plt.axis('off')
plt.xlim(bounds[0],bounds[2])
plt.ylim(bounds[1],bounds[3])
plt.show()
```

输出结果如图10-10所示。

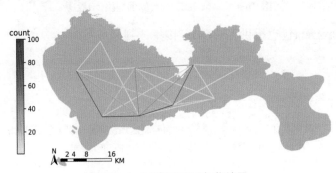

图10-10　区域间OD可视化结果

3. 交互可视化

在TransBigData中，可以对出租车数据使用简单的代码快速进行可视化。tbd.visualization_data方法可以实现数据分布的可视化，将数据传入该方法后，TransBigData会首先对数据点进行栅格集计，然后生成数据的栅格，并将数据量映射至颜色上，代码如下。

```
1. In [10-12]:
2. #可视化数据点分布
3. tbd.visualization_data(data,col = ['lon','lat'],accuracy=1000,height = 500)
```

输出结果如图10-11所示。

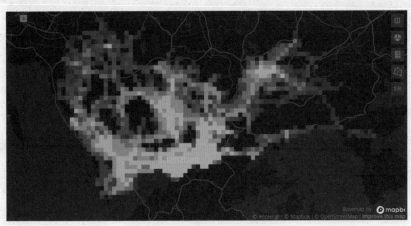

图10-11　数据分布的栅格可视化

对于出租车数据中所提取出的出行OD，也可使用tbd.visualization_od方法实现OD的弧线可视化。该方法也会对OD数据进行栅格集计，生成OD弧线，并将OD出行量映射至颜色上，代码如下。

```
1. In [10-13]:
2. #可视化数据点分布
3. tbd.visualization_od(oddata,accuracy=2000,height = 500)
```

输出结果如图10-12所示。

图10-12　OD分布的弧线可视化

对个体级的连续追踪数据，**tbd.visualization_trip**方法可以将数据点处理为带有时间戳的轨迹，并用keplergl动态展示，代码如下。

```
1. In [10-14]:
2. #动态可视化轨迹
3. tbd.visualization_trip(data,col = ['lon','lat','VehicleNum','time'],height = 500)
```

输出结果如图10-13所示。单击其中的"播放"按钮，可以看到出租车运行的动态轨迹效果。

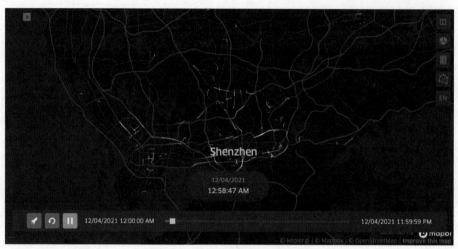

图10-13　出租车轨迹动态可视化

10.4　本章习题

尝试使用TransBigData包实现前面章节中出租车GPS数据的时间、空间完整性评估与出行特征分析。

方法篇

第11章

聚　　类

本章中将学习聚类（Clustering）①。聚类是数据挖掘领域的一大重要分支，也可以说是大数据领域最常用的分析工具了。本章介绍最常用的几个聚类方法，包括K-means、DBSACN和层次聚类，这三个方法分别代表了三个常见的聚类思路。同时，本章也列举了应用DBSCAN分析共享单车停车热点的实际分析案例。

11.1　什么是聚类

首先，聚类是什么呢？聚类是将物理或抽象对象的集合分成由类似的对象组成的多个类的过程。简单来说，就是把研究对象依据各自的属性分为多个类别，也叫"簇"（Clusters）。

对聚类算法来说，我们告诉它的只有数据样本的属性，没有标签（每一个数据样本都不知道属于哪个类别）。输入数据后，聚类算法自己对数据的属性特征分析并"理解"，从中学习到怎么去把样本区分开，并形成类别。因此，聚类是一种无监督学习，也就是：我们没有事先给予样本标签来"监督"算法。

由聚类所生成的簇是一组数据对象的集合，这些对象与同一个簇中的对象彼此相似，与其他簇中的对象相异。"物以类聚，人以群分"，在自然科学和社会科学中，存在着大量的聚类问题。

聚类分析的基本原理是根据观测对象自身的属性，用数学方法按照某种相似性或相异性指标，定量地确定观测对象之间的亲疏关系，并按照亲疏程度对观测对象进行组别划分。聚类分析的目标是使同一个组别中的对象具有尽可能高的相似性，而不同组别的对象相似性较低。为了得到比较合理的聚类结果，首先需要选取适当的指标来描述对象之间的亲疏关系，其次则需要选择合适的聚类算法，包括划分方法、层次方法、基于密度的方法以及基于模型的方法等均是可供选择的算法。

聚类分析已经广泛地应用于很多领域。在交通领域，面临新型城镇化和快速机动化的挑战，在许多情况下仅凭过往经验和专业知识不能准确地对研究对象进行分类，聚类分析作为无监督学习算法已经成为城市交通大数据分析中的常用方法之一。在城市交通数据分析中，聚类分析的主要功能包括简化表征和归并聚焦两个方面。

---

① 在方法篇中，本书对算法的介绍会更加侧重于用容易理解的语言与图示让读者轻松理解算法的原理，避免出现大量公式。

（1）简化表征：即简化观测对象的属性表征以便于关联分析。借助"物以类聚"的特点，将海量研究对象多样的模式类型和繁杂的关联关系归结为有限类型，从而为关联关系创造条件。

（2）归并聚焦：即对观测对象进行分类归并以便于案例剖析。由于城市交通呈现纷繁复杂的状态和变化，将需要研究的问题归并为有限的类型，既可以聚焦小样本问卷调查的调查对象，也有助于通过深入案例剖析发现内在规律。

下面介绍三个常见聚类算法的原理，这三个算法分别代表了三种常见的聚类思路。

11.2 K 均值聚类

在聚类分析中，基于划分的聚类方法是最简单、最基础的方法之一。这种划分思路是：如果要将样本分为 k 类，则划定 k 个区域（ k 小于样本数），其中每个分区表示一个簇，落在区域内的样本属于同一类。

具体来说，划分方法根据类簇数 k ，首先创建初始簇，将样本归类到簇中，然后采用一定的迭代方法更新类簇的划分区域，通过把样本从一个簇移动到另一个簇来改进划分，直到收敛。

为了避免基于划分的聚类方法穷举所有可能的划分，大多数基于划分的聚类算法都采用了启发式的方法，即渐进地提高聚类质量，逼近局部最优解，而不是直接通过某种特定的公式计算出结果。

K 均值（ K-means）聚类即是最为常用的划分方法，算法的流程如图11-1所示。使用 K-means 算法将数据分为 k 类的算法过程如下。

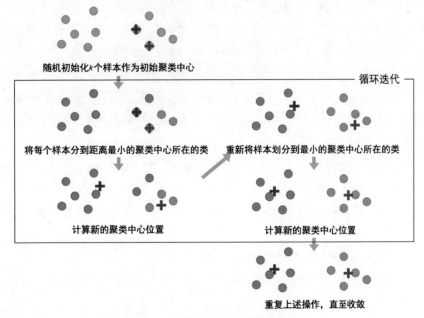

图11-1 K-means聚类的算法过程

（1）选择初始化的k个样本作为初始聚类中心。

（2）针对数据集中的每个样本，计算它们到这k个聚类中心的距离，并将每个样本分到距离最小的聚类中心所对应的类中。

（3）重新计算每个类簇的中心点位置。

（4）重复（2）、（3）两个步骤，直到达到某个中止条件收敛（迭代次数、最小误差变化等）。

K-means方法很适合发现中小规模数据集中的球状簇，在处理大数据集时，也能够保证较好的伸缩性。

然而，K-means方法具有如下缺点。

（1）K-means方法需要事先指定簇数k，且不同k值设定对聚类结果影响较大。针对这一缺点，可以事先确定k值的近似范围，通过比较由不同k值得到的聚类结果，确定最佳的k值。

（2）K-means方法不适合太离散的分类、样本类别不平衡的分类、非凸形状的分类。

（3）K-means方法对于噪声和离群点比较敏感，少量的异常值即可对均值产生极大的影响。

11.3 密度聚类 DBSCAN

基于密度的聚类方法则是另一种解决思路：在样本维度所构成的空间中，以样本分布的密度大小来划分类簇。基于密度的聚类方法可以发现任意形状的簇，在时空大数据的场景下，密度聚类也经常用于地理空间点分布聚集区域的识别。

DBSCAN（Density-Based Spatial Clustering of Applications with Noise，具有噪声的基于密度的聚类方法）是最常用的一种基于密度的空间聚类算法。它能将具有足够高密度的区域划分为簇，并可以在带有噪声的空间数据库中发现任意形状的聚类。

DBSCAN算法中主要有两个参数需要事先确定，扫描半径（eps或ε）和最小包含点数（minPoints或MinPts）。基于这两个参数，DBSCAN算法定义了以下三类样本点。

（1）核心点：以该样本点为中心，ε邻域（以ε为半径的范围）内的样本点数量大于或等于MinPts个。

（2）边缘点：以该样本点为中心，ε邻域内的样本点数量小于MinPts个，但其中包含核心点。

（3）离群点：以该样本点为中心，ε邻域内的样本点数量小于MinPts个，且不包含核心点。

DBSCAN算法还对样本间的关系进行了如下的定义。

（1）直接密度可达：对于核心点p_1和样本p_2，如果p_2在p_1的ε邻域内，就称p_2是从p_1关于ε和MinPts的"直接密度可达"。

（2）密度可达：如果两个点不是"直接密度可达"，但可以通过多个"直接密度可达"的关系到达,则可称为"密度可达"。例如,p_1与p_2"直接密度可达",p_2与p_3"直接密度可达",但p_1与p_3不是"直接密度可达",则它们是"密度可达"的关系。

(3)密度相连:如果两个点不是"密度可达",但可以通过多个"密度可达"的关系到达,则可称为"密度相连"。

基于上面的定义,DBSCAN算法的流程如图11-2所示,具体步骤如下。

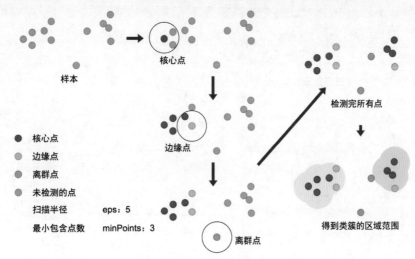

图11-2 DBSCAN算法示意图

算法开始时,DBSCAN算法随机取出一个未处理的点进行归类。如果取出的这个点是核心点,则找出所有和这个点密度相连的对象,形成一个簇。如果没有密度相连的对象,则再随机取出一个未处理的点,重复上述过程,直到D中所有对象都被归类并分到类簇中。

DBSCAN算法虽然能够识别出任意形态的类簇,但对扫描半径ε和最小包含点数MinPts的参数选取很敏感,选取不同参数可能导致结果相差甚远。ε增大与MinPts减小会让DBSCAN算法识别出的类簇数增加。在调整这两个参数时,如果要保持类簇数在同一水平,则需要增大ε的同时提高MinPts或减小ε的同时减小MinPts。

11.4 层次聚类 Hierarchical

基于层次的聚类方法则是另一种常见的聚类思路,将样本划分成不同层次的簇。层次聚类方法的基本思想是:通过某种相似性测度计算节点或类簇之间的相似性(或距离),并依据分裂或凝聚方式构建树状图,再根据实际需求横切树状图,获得类簇。

对层次聚类来说,最核心问题是如何度量不同类簇之间的距离。常见的类簇间距离度量方法有以下四种(图11-3)。

最近点距离(single):两个类簇中最近的样本距离视为两个类簇之间的距离。

最远点距离(complete):两个类簇中最远的样本距离视为两个类簇之间的距离。

平均距离（average）：两个类簇样本平均位置的距离视为两个类簇之间的距离。

误差平方和增量（ward）：为了衡量两个类簇合并前后样本分布的变化情况，提出了误差平方和（Error Sum of Squares，ESS）的概念。在一维情况下，ESS的计算方法为：

$$\text{ESS} = \sum_{i=1}^{n} x_i - \frac{1}{n}\left(\sum_{i=1}^{n} x_i\right)^2 \tag{11.1}$$

ESS实际上就是n倍的方差。两个类簇的合并后误差平方和减去合并前的误差平方和，即得到误差平方和增量。这一指标可以用于描述合并两个类簇的"代价"。

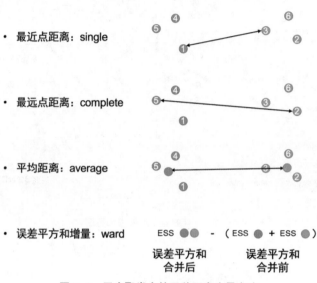

图11-3　层次聚类中的四种距离度量方法

在层次聚类的实际应用中，距离度量方法大多选择ward与average方法。

定义了距离度量方法后，就可以开始进行层次聚类。层次聚类方法可以分为以下两种。

（1）自上而下的分裂方法：初始将所有样本划分在同一个簇中，再依次将簇细分为更小的簇，直到每个样本成为单独的簇，或者满足某个终止条件。

（2）自下而上的凝聚方法：初始将每一个样本作为单独的簇，逐次合并相似的样本或簇，直到所有的簇合并为一组，或者满足某个终止条件。

这两者一般用的比较多的是由下向上的凝聚方法。选定聚类方法后，可以根据相似度从强到弱连接相应节点对，形成树状图。

图11-4显示了以最近点距离和最远点距离的方法对同一个数据集生成层次聚类树状图的结果。在每一次凝聚时，会选定距离最小的两个样本或类簇进行合并，同时将合并距离作为纵坐标绘制在树状图上。直到所有点都合并为一个整体时，层次聚类算法结束。

最近点距离：

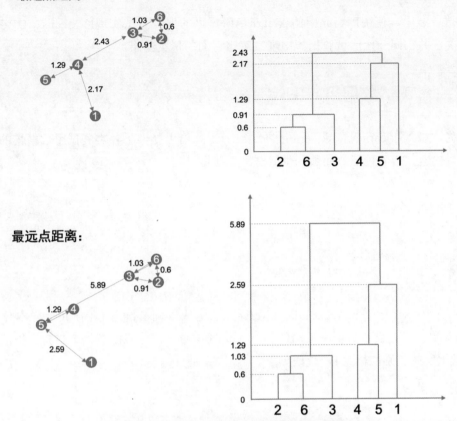

最远点距离：

图11-4　以最近点与最远点距离构建的层次聚类树

得到树状图后，再根据实际需求横切树状图即可获得聚类结果，如图11-5所示。通过调整切分标准，可以控制聚类最后划分的簇数。

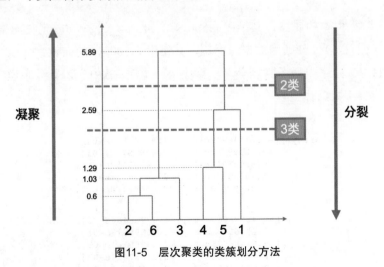

图11-5　层次聚类的类簇划分方法

11.5 实例：基于 sklearn 包的聚类算法的实现

在这一节中，使用Python中的sklearn包所提供的聚类方法实现K-Means、DBSCAN和层次聚类，并在同一份测试数据集中观察对比它们的聚类结果。

11.5.1 测试数据集的生成

首先，引入sklearn包，sklearn中的datasets工具箱也提供了各类测试用数据集的生成方法，可以快速生成各种形态的数据供算法测试使用。

```
1. In [11-1]:
2. #引入NumPy包
3. import numpy as np
4. #引入sklearn包
5. import sklearn
6. #引入sklearn包中的数据集生成工具
7. import sklearn.datasets
```

可以使用sklearn.datasets.make_circles方法生成以同心圆分布的500个样本数据（n_samples参数），并设定数据中噪声的比例（noise参数），生成的数据会带有数据的样本属性X及数据所属类别的标签Y，代码如下。

```
1. In [11-2]:
2. #生成同心圆分布数据
3. X,Y = sklearn.datasets.make_circles(n_samples=500,noise=0.1,factor=0.2)
4. X.shape,Y.shape
5.
6. Out[11-2]:
7. ((500, 2), (500,))
```

其中，X为数据样本的属性，其维度为500×2的矩阵，代表500个样本，每个样本有两个维度的属性（图11-6）。Y则为数据的标签，其维度为500×1的向量，代表了每个样本所属的组别（图11-7）。聚类为无监督学习，算法从样本属性X中学习其分布模式得到分组信息，而不需要依赖于数据标签Y。

```
X
array([[-9.01846973e-01,  4.99440584e-01],
       [-2.42198107e-01,  2.07998778e-01],
       [ 6.52125315e-01, -1.04928059e+00],
       [-1.19933704e-01,  2.33169114e-01],
       [ 7.36688418e-01,  7.66402448e-01],

                    ...

       [-9.46584666e-01,  1.83788464e-01],
       [-9.24766691e-01, -2.70598619e-01],
       [-5.83465725e-01, -7.19965167e-01],
       [ 8.28892252e-01, -6.21857414e-01],
       [-3.90443254e-01, -9.44869816e-01]])
```

图11-6 生成的数据属性

Y

```
array([0, 0, 0, 1, 1, 0, 0, 1, 0, 0, 0, 0, 1, 1, 0, 0, 1, 1, 0, 0, 1, 1,
       1, 1, 1, 1, 0, 0, 0, 0, 1, 1, 0, 0, 1, 1, 1, 0, 0, 0, 1, 0, 1, 0,
       1, 1, 0, 0, 1, 0, 0, 0, 1, 1, 1, 1, 1, 1, 0, 0, 1, 0, 0, 0, 1, 1,
       0, 1, 0, 1, 0, 1, 0, 0, 1, 0, 0, 0, 0, 1, 1, 1, 0, 0, 0, 0, 1, 1,
       1, 1, 1, 1, 0, 1, 0, 0, 1, 0, 1, 1, 0, 1, 1, 1, 0, 0, 0, 0, 0, 0,
       0, 0, 0, 1, 0, 0, 0, 0, 0, 1, 0, 1, 1, 0, 1, 1, 0, 1, 1, 1, 0, 0,
       1, 0, 1, 0, 1, 0, 1, 0, 1, 0, 0, 1, 0, 0, 1, 0, 1, 0, 1, 0, 0, 0,
       1, 1, 1, 1, 1, 0, 1, 1, 0, 1, 1, 1, 0, 1, 1, 0, 1, 0, 1, 0, 0, 0,
       0, 1, 1, 0, 1, 1, 0, 1, 0, 0, 0, 1, 0, 1, 1, 0, 0, 0, 0, 1, 0, 1,
       1, 0, 0, 0, 0, 0, 0, 1, 1, 0, 1, 0, 1, 1, 1, 1, 0, 1, 1, 0, 0, 1,
       1, 0, 1, 1, 1, 1, 0, 0, 1, 1, 0, 0, 1, 0, 1, 1, 1, 0, 1, 0, 1, 1,
       1, 1, 1, 0, 1, 1, 1, 1, 1, 0, 1, 0, 1, 0, 0, 1, 1, 1, 1, 0, 0, 1,
       1, 0, 1, 1, 1, 0, 0, 0, 0, 1, 1, 1, 0, 0, 0, 1, 1, 0, 1, 0, 0, 1,
       0, 1, 0, 1, 0, 0, 1, 0, 1, 1, 0, 1, 1, 1, 0, 1, 0, 1, 1, 0, 1, 0,
       1, 1, 1, 1, 0, 0, 0, 1, 1, 0, 0, 1, 0, 1, 0, 1, 1, 1, 1, 1, 1, 0,
       0, 1, 1, 1, 1, 1, 1, 0, 1, 0, 0, 0, 1, 1, 1, 0, 0, 1, 1, 0, 1, 1,
       0, 0, 0, 1, 0, 1, 1, 1, 1, 1, 0, 0, 0, 1, 1, 0, 1, 0, 1, 0, 1, 0,
       0, 0, 0, 1, 1, 0, 0, 0, 1, 0, 0, 0, 1, 0, 0, 1, 0, 1, 0, 0, 1, 0,
       0, 1, 0, 1, 1, 1, 0, 0, 0, 1, 1, 1, 1, 1, 0, 1, 0, 1, 1, 0, 0, 1,
       0, 1, 1, 1, 1, 0, 0, 1, 0, 1, 1, 0, 1, 0, 1, 0, 0, 0, 0, 1, 0, 0,
       1, 1, 1, 0, 0, 1, 1, 0, 1, 0, 0, 0, 1, 0, 0, 0, 0, 1, 0, 0, 0,
       1, 0, 1, 1, 0, 0, 0, 1, 0, 0, 1, 1, 0, 1, 0, 0, 1, 0, 1, 0, 0, 0,
       0, 1, 0, 0, 0, 1, 1, 1, 0, 0, 0, 1, 1, 0, 1, 1])
```

图11-7　生成的数据标签

　　将样本属性***X***的两个维度分别对应横坐标与纵坐标，以样本标签作为颜色映射分组可视化。

```
1. In [11-3]:
2. #将X的两列作为坐标，将Y作为颜色区分，可视化数据
3. import matplotlib.pyplot as plt
4. plt.scatter(X[:,0],X[:,1],c = Y)
5. plt.show()
```

输出结果如图11-8所示。

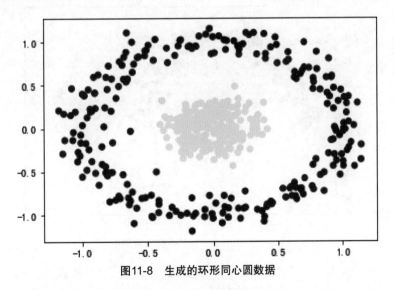

图11-8　生成的环形同心圆数据

　　sklearn.datasets工具箱中也同样提供了其他的数据生成方法。例如，make_blobs方法能够生成多个簇聚集分布的数据，每个簇中的数据高斯分布。

```
1. In [11-4]:
2. #生成高斯分布的斑块数据
3. X,Y = sklearn.datasets.make_blobs(n_samples = 500,random_state = 3)
```

生成的数据如图11-9所示。

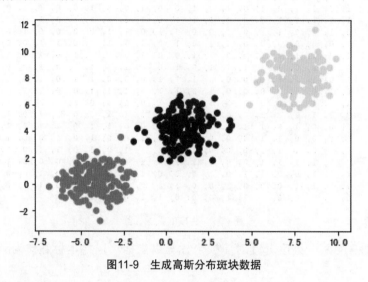

图11-9　生成高斯分布斑块数据

make_moons方法则可以生成月牙形分布的簇。

```
1. In [11-5]:
2. #生成月牙分布数据
3. X,Y = sklearn.datasets.make_moons(n_samples = 500,noise = 0.1,random_state = 3)
```

生成的数据如图11-10所示。

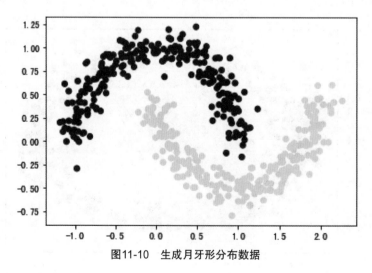

图11-10　生成月牙形分布数据

上面生成的三种数据集形态各异，不同聚类方法在不同数据集上也会产生不同的结果。

11.5.2 聚类方法的实现

下面以环形同心圆数据为例实现三种聚类方法。从sklearn的cluster工具包中导入三种模型的方法：

```
1. In [11-6]:
2. #导入三个模型的方法
3. from sklearn.cluster import KMeans,DBSCAN,AgglomerativeClustering
```

首先实现K-Means聚类，创建一个K-Means模型，并在创建时定义好模型参数。这里定义聚类簇数为2。然后将样本属性X输入模型进行训练，最后输出模型结果标签。

```
1. In [11-7]:
2. #K-Means模型，创建模型时需要定义簇数
3. n_clusters_ = 2
4. model = KMeans(n_clusters = n_clusters_)
5. #数据训练模型
6. model.fit(X)
7. #模型输出聚类结果
8. Y_kmeans = model.labels_
9. Y_kmeans
```

输出结果如图11-11所示，分别代表各样本所属的类簇。

```
array([0, 1, 1, 1, 0, 0, 0, 0, 0, 1, 0, 0, 1, 1, 1, 1, 0, 0, 1, 1, 1, 0,
       1, 1, 1, 1, 0, 0, 0, 1, 0, 1, 1, 1, 0, 0, 1, 0, 0, 1, 1, 1, 0, 1,
       0, 0, 0, 0, 0, 1, 1, 0, 1, 1, 0, 1, 0, 1, 1, 1, 1, 1, 1, 0, 1, 1,
       0, 0, 0, 1, 0, 0, 0, 0, 0, 0, 0, 1, 1, 1, 0, 1, 0, 0, 1, 0, 1, 0,
       0, 0, 1, 0, 1, 1, 0, 0, 0, 1, 1, 1, 0, 1, 1, 1, 1, 0, 0, 0, 0, 1,
       0, 0, 0, 0, 1, 0, 0, 0, 0, 1, 1, 1, 1, 0, 1, 1, 1, 1, 0, 0, 0, 0, 1,
       1, 1, 1, 0, 1, 0, 0, 0, 0, 0, 1, 0, 1, 1, 1, 0, 1, 1, 0, 1, 0, 0,
       1, 1, 1, 0, 1, 0, 1, 1, 0, 1, 0, 1, 0, 1, 0, 1, 0, 0, 0, 0, 1,
       1, 0, 1, 1, 0, 1, 0, 0, 0, 0, 1, 0, 1, 1, 1, 0, 1, 1, 1, 0, 1, 0,
       1, 0, 0, 0, 1, 0, 0, 1, 1, 0, 1, 0, 1, 1, 0, 1, 1, 0, 0, 0, 1, 0,
       1, 1, 1, 1, 1, 0, 1, 0, 1, 0, 0, 0, 1, 0, 1, 1, 1, 0, 1, 1, 0,
       1, 0, 0, 1, 1, 0, 0, 1, 1, 1, 0, 1, 0, 0, 0, 0, 0, 1, 0, 1, 1, 0,
       1, 1, 0, 1, 0, 0, 1, 1, 0, 0, 0, 1, 1, 1, 0, 1, 0, 1, 0, 0, 1, 1,
       1, 0, 0, 1, 0, 1, 1, 1, 1, 0, 0, 0, 1, 0, 1, 1, 1, 0, 1, 1, 0,
       0, 1, 0, 1, 0, 1, 1, 0, 0, 1, 0, 0, 0, 1, 0, 0, 1, 1, 1, 1, 1,
       0, 1, 1, 0, 0, 1, 0, 1, 1, 1, 0, 0, 0, 0, 1, 0, 1, 0, 0, 0, 1, 0,
       0, 0, 1, 0, 0, 0, 0, 1, 0, 0, 0, 0, 1, 1, 1, 1, 1, 0, 1, 0, 0, 1,
       0, 1, 0, 1, 1, 1, 0, 1, 0, 0, 0, 1, 1, 1, 0, 0, 0, 1, 1, 1, 1,
       1, 0, 0, 1, 1, 0, 1, 0, 0, 1, 0, 1, 0, 0, 0, 1, 1, 1, 0, 0, 1, 1,
       1, 0, 0, 1, 1, 0, 1, 0, 0, 0, 1, 1, 0, 1, 1, 1, 0, 0, 0, 1, 0, 1,
       1, 1, 0, 0, 0, 1, 1, 1, 1, 1, 1, 1, 1, 0, 1, 1, 1, 0, 1, 0, 1, 0, 0,
       0, 1, 1, 1, 0, 1, 0, 1, 0, 1, 0, 1, 1, 0, 0, 1], dtype=int32)
```
图11-11 模型输出的聚类结果

在使用不同模型进行聚类时，程序的基本结构不变，只需要改变创建模型部分的代码，同时输入模型的基本参数即可。

使用DBSCAN算法对数据进行聚类，同样创建模型并输入数据训练模型。在创建DBSCAN模型时，需要定义模型的参数搜索半径以及最小样本数，代码如下。

```
1. In [11-8]:
2. #DBSCAN模型，创建模型时需要定义搜索半径及最小点数
3. model = DBSCAN(eps=1, min_samples=10)
4. #数据训练模型
5. model.fit(X)
6. #模型输出聚类结果
7. Y_dbscan = model.labels_
```

层次聚类模型也可通过同样的方式实现，创建模型时则需要定义距离计算方法与聚类类簇数，代码如下。

```
1. In [11-9]:
2. #层次聚类模型
3. #设置分层聚类距离计算方法
4. linkages = ['ward', 'average', 'complete', 'single']
5. #指定聚类类簇数量
6. n_clusters_ = 2
7. model = AgglomerativeClustering(linkage=linkages[3],n_clusters=n_clusters_)
8. #数据训练模型
9. model.fit(X)
10. #模型输出聚类结果
11. Y_AgglomerativeClustering = model.labels_
```

11.5.3 聚类结果的比较

接下来，将原始数据的分组标签与三个聚类方法产生的结果可视化进行比较，代码如下。

```
1. In [11-10]:
2. import matplotlib.pyplot as plt
3. fig = plt.figure(1,(10,8),dpi = 300)
4. ax1 = plt.subplot(221)
5. #绘制原始数据
6. plt.scatter(X[:,0],X[:,1],c = Y)
7. plt.title('原始数据')
8. #绘制聚类后的结果
9. ax2 = plt.subplot(222)
10. plt.scatter(X[:,0],X[:,1],c = Y_kmeans)
11. plt.title('K-means聚类结果')
12. ax2 = plt.subplot(223)
13. plt.scatter(X[:,0],X[:,1],c = Y_dbscan)
14. plt.title('DBSCAN聚类后的结果')
15. ax2 = plt.subplot(224)
16. plt.scatter(X[:,0],X[:,1],c = Y_AgglomerativeClustering)
17. plt.title('层次聚类后的结果')
18. plt.show()
```

输出结果如图11-12所示。

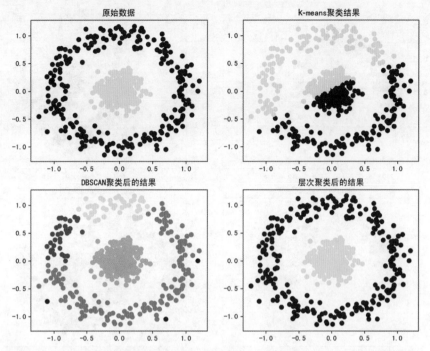

图11-12 三种聚类结果的比较（环形同心圆数据）（参数取值为：K-Means簇数取2；DBSCAN搜索半径取1，最小样本数取10；层次聚类类簇数取2，距离计算法取最近点距离）

对另外两种数据也同样应用三种方法聚类，并调整适合的参数，结果如图11-13与图11-14所示。

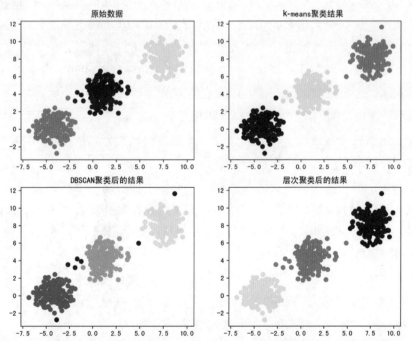

图11-13 三种聚类结果的比较（高斯分布斑块数据）（参数取值为：K-Means簇数取3；DBSCAN搜索半径取1，最小样本数取10；层次聚类类簇数取3，距离计算法取最近点距离）

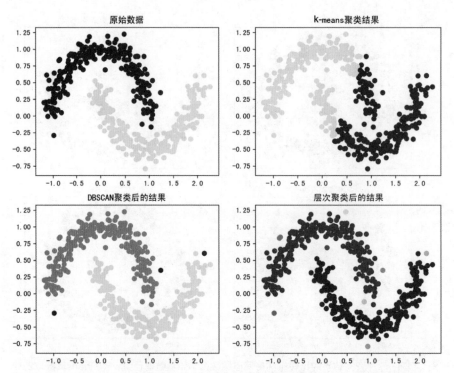

图11-14　三种聚类结果的比较（月牙形分布数据）（参数取值为：K-Means簇数取2；
DBSCAN搜索半径取0.2，最小样本数取10；层次聚类类簇数取10，距离计算法取最近点距离）

对比三种数据的三种聚类方法，不同方法对不同数据的适应性不同。

K-means算法只适用于各簇之间的分布存在明显差异、分布较为均匀的数据，对环形同心圆、月牙形数据这类异形数据的识别结果较差。使用K-means算法聚类之前，一定要注意样本的各维度需要经过标准化，才能够在同一水平下进行比较。例如，某数据样本的维度一的数值变化范围为0～1，维度二的变化范围为10 000～20 000，由于K-means算法依赖于数据样本属性之间计算欧式距离，维度二会对样本间距离带来巨大影响，而维度一的则可以说微不足道，聚类的结果则只依赖于维度二。

DBSCAN方法则非常依赖于参数的设置，不同参数设置会直接影响DBSCAN的识别结果的类簇大小与样本密度。在环形同心圆数据中，内圈的簇密度明显大于外圈环的簇，因此以DBSCAN识别时，内圈的簇更容易形成一个整体，而外圈则会被分为好几个簇。由此也可以看出，DBSCAN对簇的密度比较敏感，如果数据在某些地方形成簇，但密度不够，则这些样本会被识别为离群点。DBSCAN擅长识别形态独特异形簇，也是三种聚类算法中唯一能够直接判别离群点的方法。

层次聚类算法则需要考虑点之间距离的衡量方式。上面代码中，距离衡量方法均设置为single，即以类簇中最近点的距离作为类簇之间的距离。在这一设置下数据则容易将离群点划分为单独类簇，因为离群点离其他所有簇的距离都很大。

层次聚类法与K-means一样需要事先设定聚类的簇数，且结果对簇数的设定相当敏感。层次聚类法对类簇的分布密度并不敏感，能够区分密度不同的异形簇。

从三种数据来看，以高斯分布的斑块数据在三种聚类方法下都能够准确地区分，而这种类型的聚类任务也是我们经常遇到的。在实际应用中，针对样本提取特征后聚类的任务，我们更希望类簇中样本特征相近，像测试数据集中环形与月牙形的异形簇较少出现。我们拿到的数据样本很可能本身并不存在明显的类簇；即便存在类簇，多数情况下也呈现为类簇中样本属性值相近。同时，类簇与类簇之间的密度也可能差异较大。在这种思路下，聚类方法通常采用K-means、层次聚类、高斯混合模型（Gaussian Mixture Model）等方法。这些方法中，用一种方法聚类得到的结果，通常用另一种方法调整到合适的参数也能取得比较接近的效果。相比之下，DBSCAN密度聚类则更适用于地理空间数据的聚类，在11.6节中将以实例进行讨论说明。

11.6 实例：DBSCAN 密度聚类算法识别共享单车停车聚集区域

在共享单车的实际运营中，常常面临以下问题：高峰期重点起点区域车辆不够、市民无车可用，同时部分终点区域车辆饱和甚至堆积。要优化调度解决共享单车目前面临的困境，首先需要知道哪些重点区域存在停车车辆饱和的情况，为下一步优化决策工作提供参考和支撑。

在这一节中，将使用DBSCAN密度聚类算法对共享单车的停车聚集区域进行识别。DBSCAN算法以数据样本点的密度为依据进行聚类，通过设定参数可以调整停车热点区域的范围大小与停车密度，因此非常适合应用在这一课题中。

11.6.1 共享单车停车存量识别

在识别停车聚集区域之前，首先需要识别并整理停车数据。我们需要知道在某一个时间点，全市的共享单车都分别停在哪些地方。在前面章节中介绍了从共享单车订单数据中识别停车信息的方法，在这一节中基于停车信息表，提取并整理某一时刻的停车分布，为后续的停车聚集区域识别做准备。首先导入必备的包：

```
1. In [11-11]:
2. import pandas as pd
3. import numpy as np
4. import geopandas as gpd
```

读取共享单车停车信息表数据：

```
1. In [11-12]:
2. #读取共享单车停车数据
3. data_stop = pd.read_csv(r'data/data_stop.csv')
```

该数据与图8-8展示的数据一致。数据中，每一行数据是共享单车的一次停车行为，记录中包含停车的开始与结束时间。当我们要提取某一个时间的停车数据时，只需要提取停车开始时间在这之前、停车结束时间在这之后的数据即可。前面章节讨论过，在提取停车需求时，停车状态开始与结束时的坐标可能存在差异，原因可能是共享单车公司的调度与GPS坐标漂移等。这里，我们选取停车开始时的位置作为停车需求，提取的代码如下。

```
1. In [11-13]:
2. #指定一个时间点
3. t = '2018-09-01 08:00:00'
4. #提取这个时间点在停车的记录
5. stopdata = data_stop[(data_stop['stime']<=t)&(data_stop['etime']>=t)]
6. #只保留经纬度信息
7. stopdata = stopdata[['slon','slat']]
8. stopdata.head(5)
```

输出结果如图11-15所示。

在使用DBSCAN进行密度聚类之前，还需要将停车分布的经纬度信息转换为地理坐标系下的米制坐标，DBSCAN的搜索半径参数才能够设定为实际的距离。转换坐标系前需要将数据转换为GeoDataFrame，才能定义坐标系并转换，代码如下。

	slon	slat
2	121.478864	31.210943
7	121.506383	31.233793
10	121.520447	31.192164
27	121.582154	31.132554
30	121.516492	31.188203

图11-15　停车分布的经纬度信息

```
1. In [11-14]:
2. #对每行数据生成数据点
3. stopdata['geometry'] = gpd.points_from_xy(stopdata['slon'],stopdata['slat'])
4. #转换为GeoDataFrame
5. stopdata = gpd.GeoDataFrame(stopdata)
6. #绘制数据
7. stopdata.plot()
```

输出结果如图11-16所示。

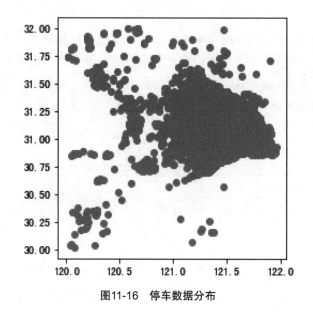

图11-16　停车数据分布

将数据转换为投影坐标系，并提取其中的*xy*坐标。

```
1.  In [11-15]:
2.  #把数据由地理坐标系wgs84转换为投影坐标系
3.  stopdata.crs = {'init':'epsg:4326'}
4.  stopdata = stopdata.to_crs(epsg = 2416)
5.  #获取投影坐标系下数据的坐标
6.  stopdata['x'] = stopdata.geometry.x
7.  stopdata['y'] = stopdata.geometry.y
8.  #数据转换回wgs84
9.  stopdata = stopdata.to_crs(epsg = 4326)
10. stopdata
```

输出结果如图11-17所示。此时，提取出来的*x*与*y*坐标单位为m，输入DBSCAN后可直接以m为单位设定距离作为搜索半径。

	slon	slat	geometry	x	y
2	121.478864	31.210943	POINT (121.47886 31.21094)	4.064094e+07	3.455366e+06
7	121.506383	31.233793	POINT (121.50638 31.23379)	4.064346e+07	3.457913e+06
10	121.520447	31.192164	POINT (121.52045 31.19216)	4.064493e+07	3.453337e+06
27	121.582154	31.132554	POINT (121.58215 31.13255)	4.065090e+07	3.446809e+06
30	121.516492	31.188203	POINT (121.51649 31.18820)	4.064456e+07	3.452893e+06
...	...	...	...	...	...
1846458	121.366222	31.197491	POINT (121.36622 31.19749)	4.063022e+07	3.453736e+06
1846459	121.228656	31.039258	POINT (121.22866 31.03926)	4.061730e+07	3.436036e+06
1846464	121.249120	31.036140	POINT (121.24912 31.03614)	4.061926e+07	3.435712e+06
1846471	121.241067	31.060370	POINT (121.24107 31.06037)	4.061846e+07	3.438391e+06
1846475	121.517134	31.126466	POINT (121.51713 31.12647)	4.064471e+07	3.446047e+06

322934 rows × 5 columns

图11-17 停车需求点的投影坐标提取

11.6.2 DBSCAN识别共享单车停车聚集区域

接下来，将停车数据分布输入DBSCAN密度聚类算法，可以通过调整搜索半径与最小样本数来控制单车聚集区的大小与数量。设定搜索半径为200m，最小样本数为100个，代表核心点半径200m内必须有100辆单车停车才能被识别聚类类簇，代码如下。

```
1.  In [11-16]:
2.  #导入DBSCAN的包
3.  from sklearn.cluster import DBSCAN
4.  #设定参数，搜索半径200m，最小样本数100个
5.  model = DBSCAN(eps=200, min_samples=100)
6.  #把模型应用到数据中
7.  model.fit(stopdata[['x','y']].values)
```

```
8. #得到模型的结果,每个点属于哪个簇
9. Y_ = model.labels_
10. #把模型的结果赋值到数据上
11. stopdata['group'] = Y_
```

上面的代码对停车需求的每一个样本点都增加了一列（group列），标记它所属的类簇编号。我们可以统计每个类簇的样本数据量：

```
1. In [11-17]:
2. #查看每个簇的数据量
3. stopdata.groupby(['group'])['x'].count()
```

输出结果如图11-18所示。其中，组名为-1的样本点为离群点。

```
group
-1      204416
 0        3800
 1         490
 2         769
 3         450
        ...
271        104
272         46
273        108
274        121
275        100
Name: x, Length: 277, dtype: int64
```

图11-18　每个簇的数据量统计

对识别出来的停车聚集区域进行可视化，代码如下。

```
1. In [11-18]:
2. import matplotlib.pyplot as plt
3. fig = plt.figure(1,(10,8),dpi = 300)
4. ax = plt.subplot(111)
5. plt.sca(ax)
6. #加载底图
7. import transbigdata as tbd
8. bounds = [121.166, 30.966, 121.8, 31.483]
9. tbd.plot_map(plt,bounds,zoom = 11)
10. #绘制DBSCAN识别的类簇(排除离群点)
11. stopdata[stopdata['group']!=-1].plot(column = 'group',ax = ax,markersize = 2)
12. #设置显示范围
13. plt.axis('off')
14. ax.set_xlim(bounds[0],bounds[2])
15. ax.set_ylim(bounds[1],bounds[3])
16. #添加比例尺指北针
17. tbd.plotscale(ax,bounds = bounds,textsize = 10,compasssize = 1,accuracy=2000,
    rect = [0.08,0.08])
18. plt.show()
```

输出结果如图11-19所示。

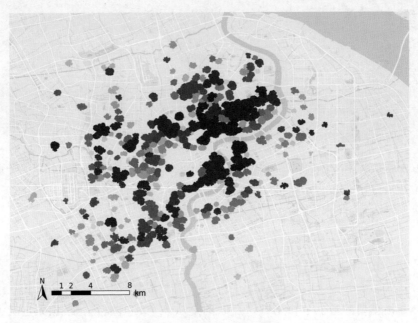

图11-19 停车热点聚集区域

观察识别出的停车热点分布，可以看到在市中心区域的停车热点较为集中，而且容易出现连成片的停车聚集区域。而郊区的停车热点则较为分散。除中心城区连成片状的热点区域外，其他热点区域的识别结果形状都较为类似，这是由DBSCAN算法的搜索半径决定的。DBSCAN算法中搜索半径与最小样本数会直接影响我们所识别的热点区域形态与停车需求的大小。在本案例的基础上，可以进一步通过改变参数识别出不同层级、不同形态、不同热度的停车热点区域，并进行对比讨论分析。

11.7 本章习题

本章中所介绍的三个聚类方法的思路分别是什么？分别适用于何种场景？

第12章
分　类

本章中将介绍分类（Classification）算法。分类是数据挖掘领域的另一大重要分支，它的目的是找一个函数判断输入数据所属的类别，可以是二类别问题（是/不是），也可以是多类别问题（在多个类别中判断输入数据具体属于哪一个类别）。

12.1　什么是分类

分类是一种重要的数据分析形式，反映的是从一个数据集到一组预先定义的、非交叠的类别的映射过程。一般而言，分类是一个两阶段过程，包括构建分类模型的学习阶段和使用模型预测新数据的分类阶段。

学习：我先告诉算法，苹果有什么特征，梨有什么特征，让算法学习。

在学习阶段中，算法通过分析或从训练集学习来构造分类器，从而形成从训练集到类标号的映射过程。这一映射过程通常以分类规则、决策树或数学公式的形式表示，这些规则不但可以用来对以后的新数据进行预测，也能对数据内容提供更为全面的理解。

预测：我给分类算法一个水果，算法告诉我，这是苹果还是梨。

在预测阶段中，使用模型或分类器进行分类，并对分类器的预测准确率进行评估，如果分类器的准确率是可以接受的，则可以用它对类标号未知的数据元组进行分类。在准确率评估时，为了避免过拟合，需要使用独立于训练元组的检验元组，并由检验元组和与它们相关联的类标号组成检验集，通过计算分类器在给定检验集上的准确率即可对分类器的准确率进行评估。

聚类和分类是两个容易混淆的概念。分类与聚类最主要的区别如下。

（1）分类是监督学习：程序事先知道这些水果是苹果或者梨。分类器的学习是在被告知每个训练元组的类标号的"监督"下进行的，分类是一个监督学习过程。

（2）聚类是无监督学习：程序不知道水果是什么品种，它只负责把相似的水果分在一起。聚类算法中每个训练元组的类标号是未知的，且类别的个数也可能事先不知道。

聚类和分类的其他区别如表12-1所示。

表12-1 聚类与分类的差异

聚 类	分 类
无监督式数据	监督式数据
并不高度重视训练集	高度重视训练集
只用无标签数据集	无标签数据和有标签数据两者皆有
目的是找出数据中的相似之处	目的是确认数据属于哪个类别
只有一步	包含学习和预测两步
确定边界条件不是最重要的	在操作步骤中,确定边界条件至关重要
通常不涉及预测	涉及预测
不需要知道类别信息	需要预先知道类别信息
用于根据数据中的模式进行分组	用于将新样本分配到已知类别中

12.2 分类算法的介绍

这一节中,将介绍几类最常用的分类算法思路。

12.2.1 K邻近

K邻近(K-Nearest Neighbor,KNN)算法是分类技术中最简单的方法之一,其原理如图12-1所示。它的思路非常简单:如果一个样本在特征空间中的K个最相似最邻近的样本中的大多数属于某一个类别,则该样本也属于这个类别。该方法只依据最邻近的一个或者几个样本的类别来决定待分样本所属的类别。

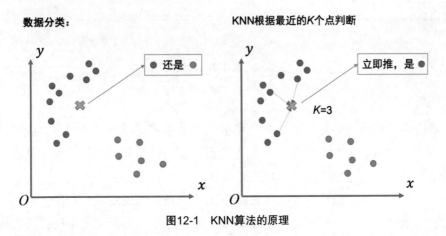

图12-1 KNN算法的原理

为了避免属性取值差异过大对距离计算结果产生干扰,通常在计算距离前需要对每个属性的值进行规范化处理,把属性值变换到[0,1]区间。

12.2.2　支持向量机

支持向量机（Support Vector Machine，SVM）是一种对线性和非线性数据进行分类的方法。

1. 线性支持向量机

以最简单的线性支持向量机（LinearSVM）为例，如图12-2所示两种类别的样本，线性支持向量机就是找到一条线能够将两种类别完全分开（图12-2（a）中的硬间隔），这条线被称为决策边界。决策边界可能会有很多种选择，因此，最优的决策边界选取的目标应该是使两类样本中距离决策边界最近的点（图12-2（a）中的支持向量）与决策边界的距离（间隔）尽可能远。这便是支持向量机最核心的思路，在此基础上，支持向量机再针对不同数据情况提出了一定的优化与改进。

然而数据可能不一定完美，例如图12-2（b）中，橘色点包围了一个蓝色点。此时并不能找到一个线性的决策边界能够把数据完全地分割开。此时，就有必要出现软间隔，把条件放宽，允许个别样本点出现在间隔中。线性支持向量机的目标变为两个：①保持间隔尽可能大；②样本过界的距离尽可能小。将这两个目标变为一个目标函数，则需要引入一个松弛变量（参数C），用以调整这两者的重要程度，即软间隔"软"的程度。

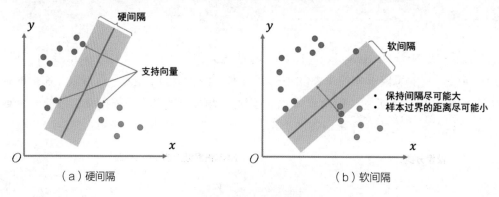

（a）硬间隔　　　　　　　　　　　　　（b）软间隔

图12-2　线性支持向量机

2. 非线性支持向量机

前面举的例子中两类数据样本分布是完全线型可分或大部分线性可分的情况，用线性SVM就可以取得比较好的划分结果。但如果遇到不规则分布的类簇，例如，蓝色点把橘色点完全包围住的情况，线性SVM就无法产生很好的结果了。

解决这种线性不可分的样本分类问题，SVM的思路是通过定义一定的核函数，把源数据变换到较高维空间，发现能够分离数据的超平面，超平面的两边是不同类别的样本，如图12-3所示。

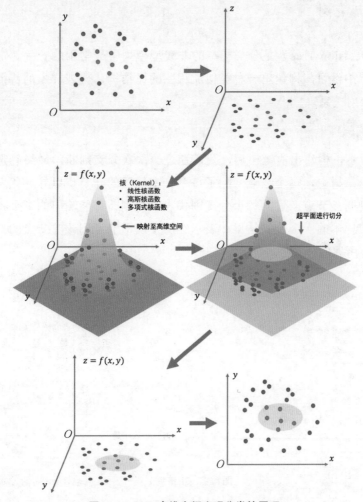

图12-3　SVM高维空间实现分类的原理

常见的核函数有线性核函数、高斯核函数、多项式核函数等。其中，高斯核函数需要定义参数γ，以确定高斯核的"带宽"。γ越大时，高斯核会变得又高又瘦，更容易出现过拟合的情况。

参数C与参数γ是SVM中的两个最主要的参数，参数C决定SVM的决策软边界"软"的程度，即对误差的宽容度，而参数γ则决定在使用高斯核映射高维空间时高斯核的形态，如图12-4所示。

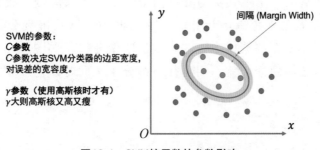

图12-4　SVM核函数的参数影响

12.2.3　决策树

决策树（Decision Tree）是分类模型的非线型模型中最常用的一种。决策树是模型从样本的分布规律中学习，构建出一种类似流程图的树结构，代表样本的特征属性与样本所属分类之间的映射关系。

1.决策树的原理

如图12-5所示，构建出决策树后，我们通过一次次分支判断，最终确定样本的结果是什么类型。在决策树中，每个节点（除了每个分支最后的叶节点以外）代表对样本的某一特征属性进行判断；节点产生的每个分支则代表该次判断可能输出的某个特征属性取值；每个叶节点存放样本的一个分类结果，表示经历了从根节点到该叶节点的完整路径后，模型判断样本应该所属的分类。

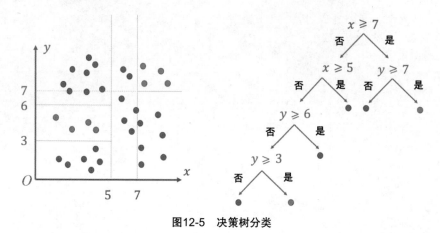

图12-5　决策树分类

决策树的原理非常简单，决策树的任务实际上就是寻找纯净划分的过程，即每次划分以后，不同分支中的样本都尽可能纯净（绝大部分样本都属于同一类别）。

但有一点需要注意。如果没有限制决策树的深度，任由它生长，那么最终决策树的分支可能会特别多。决策树可以对输入的每一个样本都构建出单独的分支，这样判断出来的结果在样本上就能够达到100%的正确率。然而，这样构建出来的决策树是"过拟合"的，只适合样本数据集，用在别的数据集上效果就会非常差，显然这并不是想要的结果。

为了避免这种情况，思路其实与支持向量机中的"软间隔"类似，我们把条件放软，给予一定的误差允许范围，让算法的目的变为能够正确划分尽量多的样本的同时取得尽量少的误差。在决策树中，这种做法叫做剪枝，如图12-6所示。如果一个分支下面的样本已经足够纯净，就不用再往下细分了。同时，也还要加入对分支过多的惩罚。

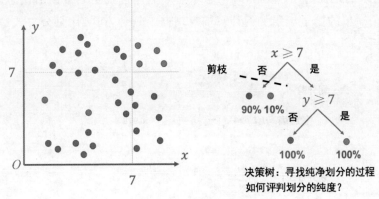

图12-6 决策树的剪枝

2. 划分纯度的评价

既然决策树的任务是寻找纯净划分的过程，那么关键的一个问题就是：如何评判决策树划分的纯度？

熵（Entropy）是物理学中常用的概念，它用来表示一个系统"内在的混乱程度"，熵值越高，则系统越混乱。把熵的概念延伸到信息论中，则出现了信息熵（Information Entropy）的概念，用于衡量信息的不确定度，也就是决策树中的样本集合的纯度。

如果某一个数据集中的样本只有一个类型，那么在其中随机取一个样本，所属的类型都只有一种可能，因此它的信息不确定度为0；反之，如果数据集中的每个样本都属于不同的类型，我们随机取出一个样本时，并不能确定它属于哪一个类型，信息的不确定度很高。这种不确定度就可以用信息熵来衡量，它的计算公式为：

$$H(D) = -\sum_{k=1}^{n} p(C_k) \log_2 p(C_k) \tag{12.1}$$

其中，$H(D)$为样本集合D的信息熵，$p(C_k)$为属于类别k的样本的概率。

而决策树中，如果对一个样本集合进行一次划分，集合就变成了两部分。此时，信息熵也会受到影响。条件熵（Conditional Entropy）就是用于衡量某一个划分方式下样本的熵，它的计算公式为：

$$H(D|A) = \sum_{a \varepsilon A} p(a) H(D|A=a) \tag{12.2}$$

其中，$H(D|A)$为样本集合D在A划分方式下的条件熵，$p(a)$则是在A划分方式下，a这一部分占A的比例。

决策树中最常用的ID3算法采用的划分纯度评价指标是信息增益（Information Gain），它评价的是决策树创建划分可以带来纯度的提高，也就是信息熵的下降程度。其计算公式为：

$$G(D,A) = H(D) - H(D|A) \tag{12.3}$$

ID3算法追求的是在每一次划分时信息增益最大，也就是划分前后信息熵减少最多。图12-7举了一个简单的例子展示如何计算信息增益。划分方式2比划分方式1具有更大的信息增益，因此更优。

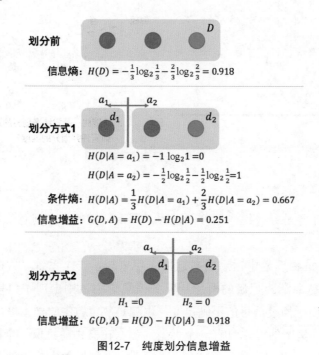

图12-7　纯度划分信息增益

不过，以信息增益为指标实际上只追求了划分的纯净程度这一个目标，如果一次划分时多切几刀，每个子集中的纯度都很高，信息熵较小，则可以保证这次划分的信息增益大。但这种方式容易产生前面所说的过拟合现象，必须要引入对分支过多的惩罚。

决策树改进的C4.5算法则采用了信息增益率（Gain Ratio，又称为信息增益比）作为划分纯度指标，它在信息增益的基础上加上了对树分支过多情况的惩罚。

在一次划分时，将一个集合切分为m个子集。如果将切分前的集合作为整体，我们切分的不同子集定义为不同类别，则也可以用信息熵来定义这次切分导致的信息熵增加：

$$H_A(D) = -\sum_{i=1}^{m} p(d_i) \log_2 p(d_i) \tag{12.4}$$

其中，$p(d_i)$表示的是以A方式进行切分后，子集i中样本所占整体的比例。这一指标又被称为切分信息（Split Info）。我们希望切分信息的值较小，所以信息增益率在信息增益的基础上除以切分信息，公式如下：

$$G_r(D, A) = \frac{G(D, A)}{H_A(D)} \tag{12.5}$$

图12-8显示的是两种划分方式下的信息增益率，通过引入切分信息对树分支过多的情况进行惩罚，信息增益率追求的是信息增益尽量大的同时切分信息尽量小。

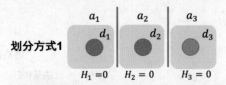

划分方式1

$H_1 = 0$ $H_2 = 0$ $H_3 = 0$

信息增益：$G(D, A) = H(D) - H(D|A) = 0.918$

信息增益率：$G_r(D, A) = \dfrac{G(D, A)}{H_A(D)} = \dfrac{0.918}{1.099} = 0.836$ **分支过多**

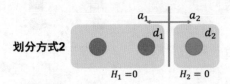

划分方式2

$H_1 = 0$ $H_2 = 0$

信息增益：$G(D, A) = H(D) - H(D|A) = 0.918$

信息增益率：$G_r(D, A) = \dfrac{G(D, A)}{H_A(D)} = \dfrac{0.918}{0.637} = 1.441$

图12-8 信息增益率

3. 决策树的优势

相较于其他分类方法，决策树归纳尤其适用于对于城市交通应用领域的数据挖掘，主要因为决策树具有以下优势。

（1）不需要先验知识，探索式的知识发现过程。

大数据和移动通信数据的自身特性决定了我们不可能全面获取与个体活动相关的所有信息，难以验证已获取信息与实际情况之间的差距。在先验知识不完备的情况下，利用决策树归纳，可以进行一些探索式的知识发现。

（2）模型可读性好，便于实现人机结合。

交通学科需要一个人机交互的过程，所使用的模型需要有助于理解和实现，这样的特殊需求是神经网络等数据挖掘方法不能实现的。而决策树本身可读性很好，富有逻辑性，易于理解和实现，能够有能力去理解模型输出结果所表达的意义。从数学角度来说，很容易根据输出结果推出相应的逻辑表达式。

（3）算法效率高，便于实现过程性监控。

从算法和效率上来看，决策树的算法不需要很多数据预处理工作。对于大数据来说，能够在短时间内对大型数据源做出可行而且效果良好的结果，能够在城市的演化过程中，实时对模型进行更新，实现过程性的监控。在效率方面，也远远领先于支持向量机和深度学习模型。

12.2.4　随机森林

随机森林（Random Forest）是建立在决策树基础上的一种分类方法，它通过学习和组合一系列决策树分类器来提高总体准确率。随机森林的原理如图12-9所示。随机森林是一种集成学习方法，即建立几个模型组合，集成为一个模型来解决分类问题。集成模型首先生成多个分类器/模型，各自独立地学习和做出分类。然后将这些分类器结合成一个分类器，吸取大家的优点，使得最终的分类器优于任何一个单分类器的效果。

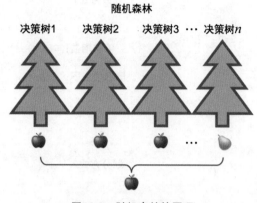

图12-9　随机森林的原理

随机森林想象组合分类器中的每一个分类器都是一棵决策树，将分类器的集合视为"森林"。随机森林用数据随机选取及特征随机选取的方式构建多个互不关联的决策树，每棵树在对样本分类时产生的结果都相当于一次投票。最后随机森林考虑所有决策树的投票结果，为样本做出最终的判断。

12.2.5　逻辑回归

逻辑回归（Logistic回归）是一种广义的线性回归分析模型，它经常也被用于二分类的预测模型。逻辑回归的主要思路是通过样本的各种属性特征构建一个综合评分，再将综合评分通过激活函数（一般选用Sigmoid函数）映射到0～1的区间用以表示预测概率，最后通过某一概率阈值（一般取0.5），确定样本预测属于哪一种类别。

举个例子，如果对水果观测n个特征（例如大小、形状、颜色、味道等）并转换为分数，想要通过这n个特征训练一个逻辑回归模型帮我们分类，区分这个水果到底是苹果还是梨。逻辑回归首先做的是将水果各项特征的分数加权求和再加上基本分，构成一个综合评分：

$$u = b + w_1 x_1 + w_2 x_2 + ... + w_n x_n = b + \boldsymbol{w}^{\mathrm{T}} \boldsymbol{x} \tag{12.6}$$

其中，$\boldsymbol{x} = (x_1, x_2, ..., x_n)^{\mathrm{T}}$为各特征的分数，$\boldsymbol{w}^{\mathrm{T}} = (w_1, w_2, ..., w_n)$为各特征的权重，$b$为截距，也就是基本分。有了综合评分后，需要把综合评分转换为它是苹果还是梨的概率。所以，这里引入Sigmoid函数，将评分u映射到0～1区间：

$$p = \frac{1}{1 + e^{-(w^{\mathrm{T}}x+b)}} \tag{12.7}$$

最后，定义$p > 0.5$时为梨，$p \leqslant 0.5$时为苹果，这样，一个逻辑回归模型就建立好了，如图12-10所示。

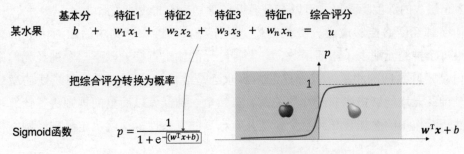

$$\begin{array}{ccccccc} \text{基本分} & \text{特征1} & \text{特征2} & \text{特征3} & \text{特征n} & \text{综合评分} \\ \text{某水果} \quad b & + \ w_1x_1 & + \ w_2x_2 & + \ w_3x_3 & + \ w_nx_n & = & u \end{array}$$

把综合评分转换为概率

Sigmoid函数 $\quad p = \dfrac{1}{1+e^{-(w^{\mathrm{T}}x+b)}}$

图12-10 逻辑回归的思路

在逻辑回归中,要输入模型去训练参数w^{T}和b,且这几个参数对所有的水果来说都是相同的。

逻辑回归是非常简单的一个分类模型,它也具有很强的可解释性。实际上,如果把Sigmoid函数变换一下,可以发现逻辑回归的思路与交通中常用的Logit模型最原始的形式非常相似。而另一方面,机器学习领域中常用的深度神经网络是由大量神经元连接起来构成,其中,每个神经元就是一个逻辑回归模型。其实可以这样理解,逻辑回归模型往可解释性方向发展,就出现了交通中常用的Logit、MultiLogit、NestLogit、OrderLogit、Probit等模型,在保留可解释性的情况下,调整模型使其更加符合某些预设的条件;而逻辑回归模型如果往预测准确性的方向发展,引入适应各种预测需求的机制,则又发展出深度神经网络、CNN、RNN、LSTM、Transformer等机器学习模型。

12.2.6 人工神经网络

人工神经网络也是分类算法的其中一种,要深入了解神经网络的内容,涉及的知识非常多,但这一部分并非本书的重点,限于篇幅,这里仅做简单的介绍。

如同12.2.5节所提到,神经网络中的每个神经元是一个逻辑回归模型,通过将多个神经元以某种方式连接在一起,一个神经元的输出对接另一个神经元的输入,就可以构建出包含多个层次的神经网络模型,如图12-11所示。神经网络中的神经元分有不同的层次,分为输入层、隐藏层与输出层。其中,隐藏层可以包含多个层次,当层次多时,模型很"深",又被称为深度学习神经网络。

近几年深度神经网络大热,神经网络通

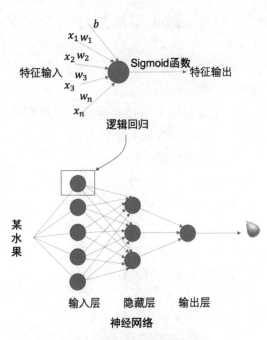

图12-11 逻辑回归与神经网络之间的关系

过构建多个层次的深度隐藏层，可以充分逼近任意复杂的非线性关系。

为什么神经网络能够成为分类预测模型的主流？关键在于其中的激活函数，想象一下，如果每个神经元缺少了激活函数，一个神经元的输出直接输入下一个神经元，则整个模型仅仅是矩阵之间的相乘，其描述的内容永远是线性的。在加入了非线性的激活函数后，每个神经元均能够描述非线性的关系。虽然单一神经元以简单的规则进行计算，但大量非线性相互作用的叠加会导致整个模型具有极高的复杂性，这就决定了神经网络模型的上限极高。

而近几年，神经网络模型成为主流，也与下面的两个原因密不可分。

（1）大规模数据的支持：近年来，用户产生的数据量大幅增加，能够获取到大量数据去训练神经网络，在大规模数据的加持下，即便是设计较简单的神经网络模型也能够产生较好的效果。

（2）计算能力的提升：神经网络应用到的很多是向量（1维）、矩阵（2维）、张量（n维）的数据运算，而计算机计算能力提高，开发出了针对高维数据计算的图形处理单元（GPU）使得我们能够非常快地训练非常复杂的神经网络。

在这两个条件的叠加下，神经网络模型逐渐变成"万金油"，只要无脑堆训练数据，堆模型中的神经元数量和深度，神经网络就能够超越其他传统的分类算法。

12.3 分类模型的评价

介绍完最常见的几类分类模型，这一节中讨论一下如何评价分类模型的好坏。

12.3.1 数据集的划分与交叉验证

在分类模型中，会遇到两种最常见结果，一种叫过拟合（Overfitting），另外一种叫欠拟合（Under-fitting）。

过拟合是指为了使得模型预测效果好，而使模型变得过度严格。其表现出来的特征是，模型在训练数据上能够获得比其他假设更好的拟合，但是在训练数据外的数据集上却不能很好地拟合数据。

欠拟合则与过拟合是另一个极端，模型在训练样本中提取出来的特征比较少，导致训练出来的模型不能很好地分类，甚至测试样本本身都无法被高效地识别。

以两个维度特征的二分类问题为例，可以将整个二维平面上的每一个位置都输入模型进行预测，将预测出的结果以颜色显示，可以绘制出决策边界，如图12-12所示，图中展示了欠拟合、正好、过拟合的三种情况。

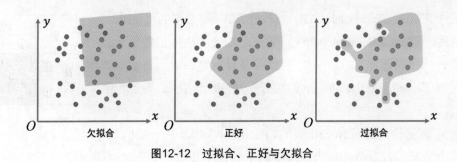

图12-12 过拟合、正好与欠拟合

为了避免过拟合情况的出现，通常会采用将数据集划分为不同子集，并轮流充当训练集和检验集，这种形式也被称为交叉验证（Cross-validation）。常见的数据验证形式如下。

Holdout验证：Holdout验证方法是最基本的方法。将给定数据随机地划分为两个子集：训练集（Train Set）和测试集（Test Set）。训练集用于训练分类模型，测试集则用于评估模型的准确率。

然而，在训练模型时，经常需要给模型调整参数以获得最好的结果。调整参数时依据的是模型评估的准确率。这也就出现了另一个问题：我们在测试集上进行模型结果评估，再以评估的结果调整模型的参数，那么这个参数可能也是过拟合的，仅适合于测试集。

因此，在训练集和测试集之外，有时候还会采用验证集（Validation Set），在验证集上调整模型参数。验证集参与了人工调参，不能用来最终评判模型。模型的效果还是由测试集来判断。这样，就把模型的训练、调参、检验三个步骤的工作分给三个不同的数据集。它们三者之间的比例通常为训练集50%、验证集和测试集各25%。

但从严格意义上来说，Holdout验证并非交叉验证方法，因为数据并没有交叉使用。Holdout验证仅使用部分数据进行模型的训练，且最终获取的分类器模型将极大程度依赖于训练集和测试集的划分方法。

K-Fold验证：K-Fold验证是一种交叉验证方法，它将原始数据分成K组，将每个子集数据分别做一次测试集，其余的K-1组子集数据作为训练集，这样会得到K个模型。这K个模型分别在验证集中评估结果，最后的误差加和平均得到交叉验证误差。此时，模型就能够在多次训练中使用上全部的数据。

12.3.2 混淆矩阵

在评价分类模型时，混淆矩阵是一个常用的概念。混淆矩阵也称误差矩阵，是表示精度评价的一种标准格式，对n分类的模型用$n \times n$的矩阵形式来表示。

混淆矩阵每一列代表了预测类别，每一列的总数表示预测为该类别的数据的数目；每一行代表了数据的真实归属类别，每一行的数据总数表示该类别的数据实例的数目。

以二分类的情况为例，两个类别其中一个是感兴趣的主要的类别，称为正元组，另一个类别则称为负元组，则可以定义下面四类情况。

真正例/真阳性（True Positive, TP）：被分类器正确分类的正元组。

假负例/假阴性（False Negative, FN）：被错误地标记为负元组的正元组。

假正例/假阳性（False Positive, FP）：被错误地标记为正元组的负元组。

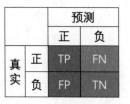

图12-13　混淆矩阵

真负例/真阴性（True Negative, TN）：被分类器正确分类的负元组。

这四类情况的数量分别代表混淆矩阵中的四个数值，如图12-13所示。

在此基础上，可以得到一些评估分类器的度量指标，如表12-2所示。

表12-2　评估分类器的度量指标

名　称	计　算　方　法	描　述
精确率（Precision）	TP/（TP+FP）	预测正的有多少原来是正
召回率（Recall，灵敏度，真阳性率，TPR）	TP/（TP+FN）	原来正的有多少预测是正
准确率（Accuracy）	（TP+TN）/（TP+FN+FP+TN）	预测成功的比例
特异度（Specificity）	TN/（TN+FP）	原来负的有多少预测是负
F1-值（F1-score）	2×TP/（2×TP+FP+FN）	精确率和召回率的调和平均数，最大为1，最小为0。在比赛时常用

12.3.3　ROC 曲线和 AUC 值

ROC曲线（Receiver Operating Characteristic，受试者工作特征曲线）是一种能够反映分类模型性能的曲线。

ROC曲线所在的坐标平面中，纵轴表示召回率（TPR=TP/（TP+FN）），横轴则表示假正例率（FPR=FP/（FP+TN）），给定一个分类模型和它的阈值，就能从所有样本的类标号真实值和预测值计算出一个（TPR，FPR）坐标点。通过将阈值从0到1逐步增加，就可以在坐标系上绘制出ROC曲线。

我们以苹果和梨的二分类问题为例，假设模型对5个水果的预测结果中，概率如图12-14所示。给定一个概率阈值，当输入一个水果后输出的概率超过这个阈值时，我们认为这个水果是苹果，反之则为梨。将阈值从0逐步提高到1，则模型会经历全部预测是苹果到全部预测是梨的过程。在这个过程中，任取一个阈值，都能够计算出此时模型的TPR和FPR值。将它们绘制在坐标系上，就得到了ROC曲线。

真实情况	模型预测是🍎的概率	阈值：0	阈值：0.3	阈值：0.8	阈值：1
🍎	0.9	🍎	🍎	🍎	🍐
🍎	0.7	🍎	🍎	🍐	🍐
🍐	0.9	🍎	🍎	🍎	🍐
🍐	0.2	🍎	🍐	🍐	🍐
🍐	0.1	🍎	🍐	🍐	🍐

图12-14　某分类模型的预测结果

坐标系上，从（0,0）到（1,1）的对角线称为识别率线，它表示随机预测的结果（图12-15）。将坐标平面划分为两个区域，在这条线以上的点代表了一个好的分类结果（胜过随机分类），而在这条线以下的点代表了差的分类结果（劣于随机分类）。因此，ROC曲线如果在这条对角线之上，则表示模型预测结果比完全随机好，反之则比完全随机还差。

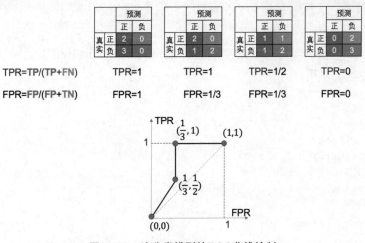

图12-15　该分类模型的ROC曲线绘制

AUC（Area Under Curve）值指的就是ROC曲线下方面积大小。它也表示表示随机抽取一个正元组和一个负元组，分类器预测结果TPR大于FPR的概率。AUC值越大的分类器，分类的效果越好，如图12-16所示。

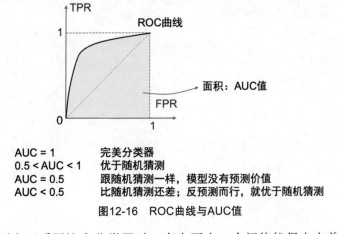

AUC = 1	完美分类器
0.5 < AUC < 1	优于随机猜测
AUC = 0.5	跟随机猜测一样，模型没有预测价值
AUC < 0.5	比随机猜测还差；反预测而行，就优于随机猜测

图12-16　ROC曲线与AUC值

若AUC=1，则表示采用这个分类器时，存在至少一个阈值能得出完美预测。

当0.5<AUC<1时，则表示分类结果优于随机分类，妥善设置分类器模型的阈值，能得到较好的预测结果。

若AUC=0.5，表示分类器的预测结果相当于随机猜测，模型没有预测价值。

当AUC<0.5时，表示分类器的预测结果比随机猜测还差，反预测的结果还要优于分类器的预测结果。

12.4 实例：基于 sklearn 包的分类算法的实现

Python的sklearn包已经为我们提供了各类常见分类算法的工具，在这一节中，将在同一份数据中使用不同分类算法进行模型分类，并观察对比它们的结果。

12.4.1 分类算法实现与决策边界绘制

首先，引入sklearn包。与之前的测试数据集相同，使用datasets工具箱快速生成各种形态的数据供算法测试使用。

```
1. In [12-1]:
2. import numpy as np
3. import sklearn
4. import sklearn.datasets
5. #设置np的输出格式，保留两位小数
6. np.set_printoptions(threshold=10,precision=2,suppress=True)
7. #月牙形数据
8. X,Y = sklearn.datasets.make_moons(n_samples=500,noise = 0.1,random_state=3)
```

分类算法为监督学习，需要将样本的属性X与样本的分组标签Y输入算法，算法会学习X与Y之间的关系，从样本属性推测样本的分组标签。模型训练好后输入测试样本的属性，模型会进行预测，最后输出的预测结果即为样本所在的分组。因此，与聚类方法不同，分类方法在训练（fit）时需要向模型中同时输入X与Y的信息。

接下来用sklearn自带方法创建KNN模型，设定参数，并训练模型，代码如下。

```
1. In [12-2]:
2. #导入KNN模型工具包
3. from sklearn.neighbors import KNeighborsClassifier
4. #设定模型参数
5. model = KNeighborsClassifier(n_neighbors = 100)
6. #训练模型
7. model.fit(X,Y)
```

决策边界可以帮助我们更清晰地理解分类模型的效果。对于二维属性的数据，可以将数据的两个维度分别对应横纵坐标，在平面中将数据绘制出来。如果将整个二维平面空间上以一定微小的间隔取点，让这些点铺满整个平面，然后输入模型，模型为每个点预测结果，判断它们属于哪个组别，再对输出的结果进行可视化，以不同颜色代表不同分组就可以得到模型的决策边界。

这里，定义一个绘制模型决策边界的函数，代码如下。

```
1. In [12-3]:
2. #绘制模型决策边界
3. def testmodel(model):
4.     #生成数据点铺满整个范围
```

```
5.    x_min,x_max = X[:,0].min()-1,X[:,0].max()+1
6.    y_min,y_max = X[:,1].min()-1,X[:,1].max()+1
7.    xx,yy = np.meshgrid(np.linspace(x_min,x_max,100),np.linspace(y_min,y_max,100))
8.    #模型预测整个范围内的数据
9.    Z = model.predict(np.array([xx.reshape(1,-1)[0],yy.reshape(1,-1)[0]]).T)
10.    Z = Z.reshape(xx.shape)
11.    from matplotlib.colors import ListedColormap
12.    plt.figure(1,(8,8))
13.    #绘制决策边界
14.    cmap_light = ListedColormap(['#FFAAAA', '#AAFFAA', '#AAAAFF'])
15.    plt.pcolormesh(xx,yy,Z,cmap = cmap_light)
16.    #绘制原始数据的散点图
17.    cmap_bold = ListedColormap(['#FF0000','#00FF00','#0000FF'])
18.    plt.scatter(X[:,0],X[:,1],c = Y,cmap = cmap_bold)
19.    plt.show()
20. testmodel(model)
```

输出结果如图12-17所示，KNN模型将整个二维平面切分为两块。

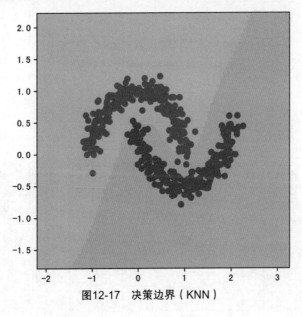

图12-17　决策边界（KNN）

12.4.2　分类模型的代码实现

接下来，对月牙形数据采用不同的分类模型训练，并绘制各自的决策边界，对比不同模型的性能。

```
1. In [12-4]:
2. #线形SVM
3. from sklearn.svm import LinearSVC
4. model = LinearSVC(C = 1)    #设定SVM的参数，此时没有高斯核，因此只有C参数
5. model.fit(X,Y)
6. testmodel(model)
```

```
7.  #SVM
8.  from sklearn.svm import SVC
9.  model = SVC(C = 1,gamma = 1000)              #设定SVM的参数
10. model.fit(X,Y)
11. testmodel(model)
12. #决策树
13. from sklearn.tree import DecisionTreeRegressor
14. model = DecisionTreeRegressor(max_depth = 8)  #设定决策树最大深度
15. model.fit(X,Y)
16. testmodel(model)
17. #随机森林
18. from sklearn.ensemble import RandomForestClassifier
19. model = RandomForestClassifier()             #建立默认参数的随机森林模型
20. model.fit(X,Y)
21. testmodel(model)
22. #逻辑回归
23. from sklearn.linear_model import LogisticRegression
24. model = LogisticRegression()                 #建立默认参数的逻辑回归模型
25. model.fit(X,Y)
26. testmodel(model)
27. #神经网络
28. from sklearn.neural_network import MLPClassifier
29. model = MLPClassifier()                       #建立默认参数的神经网络模型
30. model.fit(X,Y)
31. testmodel(model)
```

输出结果如图12-18所示。

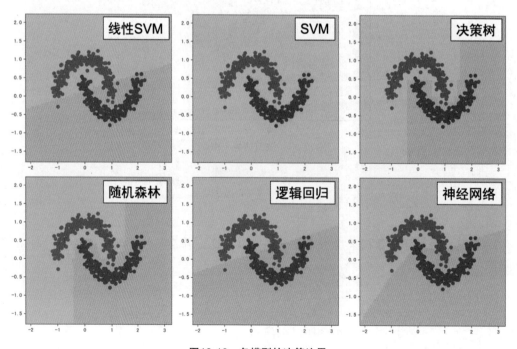

图12-18　各模型的决策边界

12.4.3 模型评价

对模型的评价，sklearn中也提供了分类模型的ROC曲线与AUC值的计算方法。对模型使用model.predict_proba方法，输入数据的样本，输出结果则为数据属于各分组的概率。对于二分类的情况，选取模型预测数据类别为1的概率（第二列），定义为Y_proba变量，代码如下。

```
1. In [12-5]:
2. #预测输出概率
3. Y_proba = model.predict_proba(X)[:,1]
4. Y_proba
5. Out[]:
6. array([0.01, 0.79, 0.2 , ..., 0.38, 0.02, 0.97])
```

利用roc_curve与auc工具，输入数据的真实分类Y与预测概率Y_proba，即可计算出数据的伪阳性率（False Positive Rate，FPR）与真阳性率（True Positive Rate，TPR）的变化情况。计算AUC值，绘制ROC曲线，代码如下。

```
1. In [12-6]:
2. from sklearn.metrics import roc_curve,auc
3. #生成ROC曲线的数据
4. FPR,TPR,_ = roc_curve(Y,Y_proba)
5. #AUC值
6. auc(FPR,TPR)
7.
8. Out[]:
9. 0.982832
10.
11. In [12-7]:
12. #绘制ROC曲线
13. plt.figure(1,(5,5),dpi = 300)
14. plt.plot(FPR,TPR)
15. plt.xlabel('FPR')
16. plt.ylabel('TPR')
17. plt.title('ROC')
18. plt.show()
```

输出结果如图12-19所示。

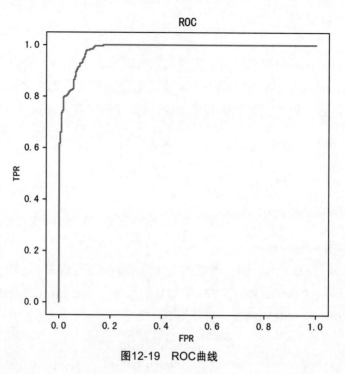

图12-19　ROC曲线

　　这里，计算获得的AUC值非常接近1，是否说明这个模型的结果非常好呢？实际上，前面代码中没有划分训练集、验证集与测试集，而是在同一个数据集中进行训练、测试，这样得到的结果很可能是过拟合的。在分类模型的实际应用中需要进行数据的交叉验证，感兴趣的读者可自行尝试。

12.5　本章习题

　　1. 本章介绍的几种分类方法的思路分别是什么？

　　2. 如何评估分类模型的效果？如何避免分类模型过拟合？

第13章
降维与矩阵分解

本章将学习降维（Dimensionality Reduction，DR）。降维是数据挖掘领域的一个重要分支，也是在分析高维度数据时常用的工具之一。本章介绍几个常用的数据降维方法，包括主成分分析、奇异值分解、非负矩阵分解、鲁棒主成分分析。这几个方法看似非常复杂，但实际上只要有一些线性代数的基础就能够很容易理解。同时，这几个方法也经常被用在交通领域时空大数据的分析上，本章也列举了应用矩阵分解分析出租车需求模式的实际案例，方便读者更好地进行理解应用。

13.1 什么是降维

在科幻作家刘慈欣的科幻小说《三体Ⅲ·死神永生》中有一个概念：降维攻击。人类费劲力气挣扎，结果却被一张"小纸片"二向箔触发了三维降至二维的攻击，把整个太阳系二维化了。降维攻击到底是怎么样的一种体验？如果了解机器学习里的降维，就很容易理解了。

想象一下手中有一批三维数据，我们可以随心所欲地计算转换这批数据。通过强大的数据处理能力与降维算法，可以把三维的数据降至二维或者一维，这个过程其实就是对数据实施了降维攻击。

降维到底是什么呢？

降维是将数据从高维空间转换到低维空间，把原本高维的数据以低维进行存储与表示，低维数据能够保留原始数据的一些有意义的属性。在理想情况下，经过降维后，低维数据表示的信息能够完美地接近高维数据。

降维有什么用呢？

至少有以下几个作用。

（1）降维能够减少数据存储所需的时间和存储空间。在数据存储时，只需要存储低维度数据，即可代表高纬度数据中的大部分信息。

（2）降维能够消除数据集中相关性强的维度，减少数据的冗余，在输入某些机器学习模型时也能够改善模型效果。

（3）当数据降到二维或者三维时，能够帮助我们对数据进行可视化，方便我们理解数据特征分布的差异。

（4）在时空大数据中，降维还可以把数据的时空矩阵进行分解为简单模式的叠加，帮助我们理解时空数据的变化规律，在本章的案例中将详细解析。

更进一步考虑，在降维时我们追求的是什么？

前面提到"经过降维后，低维数据表示的信息能够完美地接近高维数据"。那么，这里的"信息"是什么呢？什么信息是有用的，是我们想要保留的？什么信息是无用的，是我们想要剔除的？这取决于实际的数据处理业务需求。

举一个例子，时空大数据中包含每个个体的时空轨迹信息，如果设计出某个算法规则，从轨迹信息中推断出个体的居住地信息，这是不是也可以算是一种降维呢？个体的轨迹数据是一个高维度信息，而识别居住地的算法认为，轨迹数据中有用信息就是个体的居住地，其他的出行活动、停留等信息都是无用的数据噪声，那么居住地识别算法就可以认为是一种降维算法了。同样的道理，如果给图像识别的模型输入一张图片，模型输出的结果识别出这张图片是一只猫，那么这个模型所做的事情就是把高维图片数据降维成一个字——猫。

从这个角度来看，在时空大数据处理时的大部分操作都是在高维度的原始数据中提取特征，也就是说，在数据处理时我们大部分时间其实都是在给数据降维。而在这其中最关键的点是："信息"是什么？而与之对应的"噪声"是什么？

13.2　主成分分析

13.2.1　PCA 是什么

主成分分析（Principal Component Analysis，PCA）是最基础也最常见的数据降维算法。对PCA来说，数据中没有噪声，所有的信息算法都想尽办法保留。也就是，算法追求的是低维数据表示的信息能够最完美地接近高维数据。

为方便理解，这里考虑如图13-1所示的一个特殊情况，假设要将一份正好排列成直线的二维数据降维为一维数据，每个数据点均有x与y两个维度的信息。如何进行降维呢？构建一个新的坐标系，使其原点落在数据的中心，坐标系的x轴方向正好与数据排列的方向一致。在用新坐标系存储数据时，除新坐标系的原点与角度之外，同样需要存储数据点在新坐标系上的坐标。但由于数据在新坐标系y轴上的坐标均为0，即便不存储这个维度，也不会丢失信息。也就是，在新的坐标系下，原本二维的数据只需要存储一个维度的信息，就可以将数据完美地重构出来，这便实现了二维到一维的降维。

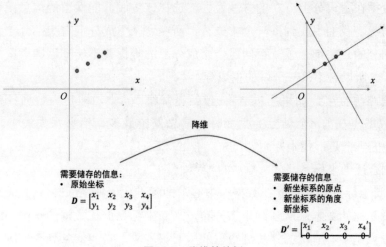

图13-1　降维的特例

当然，我们的数据通常不会完美地排成一条直线，那么降维的任务就变为：为数据找到一个新坐标系，在这个坐标系的帮助下可以用最少的维度存储最多的信息。而这便是PCA算法要做的事情，PCA算法中，新坐标系的坐标轴方向即为主成分，把新坐标系的x轴和y轴方向称为主成分。

怎么样选择一个最好的坐标系？什么样的主成分才是最好的？图13-2中对一份数据提供了三个主成分，同时也绘制了如果只保留一个主成分方向的信息时重构出来的新数据。从图上可以看到，3号主成分重构出来的新数据与原始数据是最接近的，此时数据在主成分上分布的方差最大，保留的信息也最多。

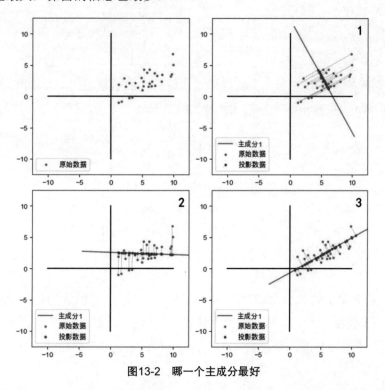

图13-2　哪一个主成分最好

为什么数据在主成分上分布的方差最大，选择该主成分能保留的信息就最多呢？考虑另一种极端情况，我们也找到了一个主成分，而在这个主成分上有大部分点分布的距离很近，甚至大部分的点重都合了。存储这个主成分上的坐标并不能把这些点区分开，它们的信息都丢失了，所以这不是一个好的主成分。

把这个思路再推广，如果用PCA将n维数据降维到m维，即是为数据找到一个新坐标系，当存储数据点在前m个轴上的坐标时，信息保留最多，信息损失最小。简而言之，PCA算法在做的事情是：找坐标系。

为了找到合适的坐标系，PCA算法的步骤如下。

（1）把新坐标系的原点放在数据的中心，即标准化（Normalizing）。这是因为PCA最基础的假设是原始数据服从多维正态分布，当新坐标系放在数据的正中心时，数据对于新坐标系的原点是中心对称的。找到数据的中心很容易，当我们拿到数据时，就已经能算出数据的中心点位置。

（2）以原点旋转坐标系以找到最合适的坐标系。这一步即是PCA最关键的一点，如何确定坐标系旋转的最佳角度？

13.2.2　PCA 的原理与求解

1. 数据的线性变换

在讲PCA的原理之前，有必要复习一下数据的线性变换。先以二维数据为例，如果把一份二维数据写成以下矩阵形式：

$$D = \begin{bmatrix} x_1 & x_2 & x_3 & x_4 \\ y_1 & y_2 & y_3 & y_4 \end{bmatrix} \tag{13.1}$$

其中，D矩阵的每一列表示一个数据样本，每一行表示数据的一个维度。让D矩阵左乘一个对角阵S，即S的主对角线之外的元素皆为0，例如：

$$S = \begin{bmatrix} a & 0 \\ 0 & b \end{bmatrix} \tag{13.2}$$

结果为：

$$D' = SD = \begin{bmatrix} ax_1 & ax_2 & ax_3 & ax_4 \\ by_1 & by_2 & by_3 & by_4 \end{bmatrix} \tag{13.3}$$

对应到数据中，代表的是原始数据的x轴方向伸缩了a倍，y轴方向伸缩了b倍。当我们对数据D左乘S时，数据进行了线性变换。线性变换的定义是，把一个向量空间里的向量映射到另一个向量空间里的另一个向量。D中的每一个数据点可以认为是从原点指向数据点的一个向量d。在线性代数中，基（也称为基底）是描述、刻画向量空间的基本工具，在进行线性变换前，原有坐标系的基是$i = \begin{bmatrix} 1 & 0 \end{bmatrix}^T$和$j = \begin{bmatrix} 0 & 1 \end{bmatrix}^T$，$D$中所存储的每一个数据点的向量$d$描述的是：

$$d = \begin{bmatrix} x_1 \\ y_1 \end{bmatrix} = x_1 \begin{bmatrix} 1 \\ 0 \end{bmatrix} + y_1 \begin{bmatrix} 0 \\ 1 \end{bmatrix} = x_1 \boldsymbol{i} + y_1 \boldsymbol{j} \tag{13.4}$$

而在左乘$\boldsymbol{S}$后，数据的基从$\boldsymbol{i} = \begin{bmatrix} 1 & 0 \end{bmatrix}^{\mathrm{T}}$和$\boldsymbol{j} = \begin{bmatrix} 0 & 1 \end{bmatrix}^{\mathrm{T}}$变换到了$\hat{\boldsymbol{i}} = \begin{bmatrix} a & 0 \end{bmatrix}^{\mathrm{T}}$和$\hat{\boldsymbol{j}} = \begin{bmatrix} 0 & b \end{bmatrix}^{\mathrm{T}}$，而数据也映射到了$\hat{\boldsymbol{i}}$和$\hat{\boldsymbol{j}}$代表的新向量空间里的新向量$\boldsymbol{d}'$上：

$$\boldsymbol{d}' = \boldsymbol{S} \begin{bmatrix} x_1 \\ y_1 \end{bmatrix} = x_1 \begin{bmatrix} a \\ 0 \end{bmatrix} + y_1 \begin{bmatrix} 0 \\ b \end{bmatrix} = x_1 \hat{\boldsymbol{i}} + y_1 \hat{\boldsymbol{j}} \tag{13.5}$$

线性变换即是一种运动，让每一个输入向量（数据）都移动到对应输出向量的位置，如图13-3所示。

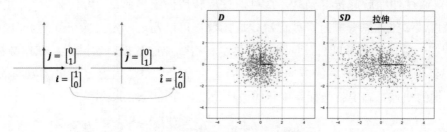

图13-3 线性变换：伸缩

同样，如果让数据$\boldsymbol{D}$左乘矩阵$\boldsymbol{R}$，而$\boldsymbol{R}$恰好是一个正交矩阵，并且可以写为：

$$\boldsymbol{R} = \begin{bmatrix} \cos\theta & -\sin\theta \\ \sin\theta & \cos\theta \end{bmatrix} \tag{13.6}$$

则此时数据的基从$\boldsymbol{i} = \begin{bmatrix} 1 & 0 \end{bmatrix}^{\mathrm{T}}$和$\boldsymbol{j} = \begin{bmatrix} 0 & 1 \end{bmatrix}^{\mathrm{T}}$变换到了$\hat{\boldsymbol{i}} = \begin{bmatrix} \cos\theta & \sin\theta \end{bmatrix}^{\mathrm{T}}$和$\hat{\boldsymbol{j}} = \begin{bmatrix} -\sin\theta & \cos\theta \end{bmatrix}^{\mathrm{T}}$，正好为$\boldsymbol{i}$和$\boldsymbol{j}$逆时针旋转$\theta°$，如图13-4所示。

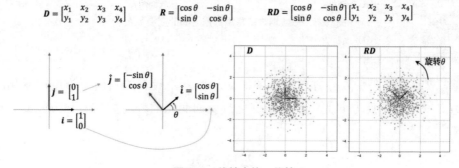

图13-4 线性变换：旋转

另外还要注意$\boldsymbol{R}$为正交矩阵，有如下性质：

$$\boldsymbol{R}^{\mathrm{T}} = \begin{bmatrix} \cos\theta & \sin\theta \\ -\sin\theta & \cos\theta \end{bmatrix} = \boldsymbol{R}^{-1} \tag{13.7}$$

2. 白数据

PCA是怎么实现的呢？前面提到，PCA最基础的假设是原始数据服从多维正态分布（Normal Distribution），又称高斯分布（Gaussian Distribution）。数据的两个维度也可能存在一定相关性，若数据的x维和y维存在正相关，那么x维属性增大时，y维属性也有增大的趋势，数据在坐标系上的分布是往左上倾斜的；如果是负相关，则是往右上倾斜。那么把新坐标系的原点移动至数据中心后，数据可以通过线性变换转换为一份白数据，即数据在x轴和y轴方向均服从标准正态分布，且数据的x维和y维不相关。把白数据表示为D，把要降维的数据表示为D'（经过标准化后），如图13-5所示（图中D'的x维和y维正相关），则两者之间的互相转换可表示为：

$$RSD = D' \tag{13.8}$$

$$D = S^{-1}R^{-1}D' \tag{13.9}$$

即D可通过伸缩后旋转得到D'，D'可通过旋转后伸缩得到D。为什么呢？在PCA假设原始数据服从多维正态分布时，就已决定原始数据可以通过一定变换得到一份白数据，也可认为存在一份白数据可以通过伸缩旋转再平移得到原始数据。实际上，在白数据D伸缩时，就已经确定了方差最大的方向，而紧接着的旋转，即是确定方差最大方向的角度。PCA最关键的一点是确定新坐标系旋转的最佳角度，在这里即是求R。

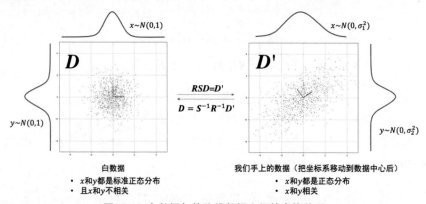

图13-5 白数据与待降维数据之间的变换关系

3. 协方差矩阵

如何求R？这里要引入协方差矩阵的概念。协方差代表的是两个维度在变化的过程中是同方向变化还是反方向变化？同向变化或反向变化的程度如何？协方差的计算方式如下。

$$Cov(x, y) = \frac{\sum_{i=1}^{n}(x_i - \bar{x})(y_i - \bar{y})}{n-1} \tag{13.10}$$

当x增大时，y也有增大的趋势，即x与y正相关，则$Cov(x, y) > 0$；如果负相关，则$Cov(x, y) < 0$；如果x与y不相关，则$Cov(x, y) = 0$。另外，一个维度自己与自己的协方差即

为标准差：

$$\text{Cov}(x,x) = \frac{\sum\limits_{i=1}^{n}(x_i - \bar{x})^2}{n-1} \tag{13.11}$$

对一份二维数据，其协方差矩阵即为：

$$C = \begin{bmatrix} \text{Cov}(x,x) & \text{Cov}(y,x) \\ \text{Cov}(x,y) & \text{Cov}(y,y) \end{bmatrix} \tag{13.12}$$

在数据进行伸缩变换与旋转变换时，协方差矩阵也会随之改变。图13-6显示了三份数据的协方差。最左边的即是白数据，其协方差矩阵正好为一个单位矩阵。

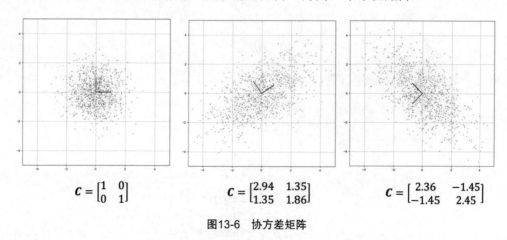

$$C = \begin{bmatrix} 1 & 0 \\ 0 & 1 \end{bmatrix} \qquad C = \begin{bmatrix} 2.94 & 1.35 \\ 1.35 & 1.86 \end{bmatrix} \qquad C = \begin{bmatrix} 2.36 & -1.45 \\ -1.45 & 2.45 \end{bmatrix}$$

图13-6 协方差矩阵

实际上，协方差矩阵可以用来描述多维高斯分布，多维变量 $X = (x_1, x_2, \cdots, x_n)$ 的联合概率密度函数为：

$$f(X) = \frac{1}{(2\pi)^{d/2}|C|^{1/2}} e^{-1/2(X-u)^{\text{T}}C(X-u)} \tag{13.13}$$

其中，d 为变量维度，$u = \begin{bmatrix} \bar{x}_1 & \bar{x}_2 & \dots & \bar{x}_n \end{bmatrix}^{\text{T}}$ 为各维度的均值，而 C 为协方差矩阵。从中可以看出，高斯分布的参数包括：

（1）各维度的均值 u 表示高斯分布的中心点。

（2）协方差矩阵 C 表示高斯分布的形态。

二维高斯分布的数据主要集中于椭圆内，而三维高斯分布的数据则集中在椭球内。

4. PCA的求解

主成分分析里面最重要的一句话就是：协方差矩阵的特征向量，就是PCA的主成分！为什么呢？下面来推导一下。

对经过标准化后的数据 D，有 $\bar{x} = \bar{y} = 0$，数据将式（13.10）与式（13.11）代入式（13.12）可得协方差矩阵为：

$$C = \begin{bmatrix} \dfrac{\sum\limits_{i=1}^{n} x_i^2}{n-1} & \dfrac{\sum\limits_{i=1}^{n} x_i y_i}{n-1} \\[4mm] \dfrac{\sum\limits_{i=1}^{n} x_i y_i}{n-1} & \dfrac{\sum\limits_{i=1}^{n} y_i^2}{n-1} \end{bmatrix}$$

$$= \frac{1}{n-1} \begin{bmatrix} x_1 & x_2 & x_3 & x_4 \\ y_1 & y_2 & y_3 & y_4 \end{bmatrix} \begin{bmatrix} x_1 & y_1 \\ x_2 & y_2 \\ x_3 & y_3 \\ x_4 & y_4 \end{bmatrix}$$

$$= \frac{1}{n-1} DD^{\mathrm{T}} \tag{13.14}$$

而对于数据D'，协方差矩阵为：

$$C' = \frac{1}{n-1} D'D'^{\mathrm{T}}$$

$$= \frac{1}{n-1} RSD(RSD)^{\mathrm{T}}$$

$$= RS\left(\frac{1}{n-1} DD^{\mathrm{T}}\right)S^{\mathrm{T}}R^{\mathrm{T}}$$

$$= RSCS^{\mathrm{T}}R^{\mathrm{T}} \tag{13.15}$$

其中，C为白数据D的协方差矩阵，正好为单位矩阵，有：

$$C' = RSS^{\mathrm{T}}R^{\mathrm{T}} \tag{13.16}$$

令$L = \begin{bmatrix} \lambda_1 & 0 \\ 0 & \lambda_2 \end{bmatrix}$，$\lambda_1 = a^2$，$\lambda_2 = b^2$，则：

$$C' = RLR^{-1} \tag{13.17}$$

$$C'R = RL \tag{13.18}$$

我们把R写成列向量组成的矩阵：

$$R = \begin{bmatrix} v_1 & v_2 \end{bmatrix} \tag{13.19}$$

则可得：

$$C'\begin{bmatrix} v_1 & v_2 \end{bmatrix} = \begin{bmatrix} v_1 & v_2 \end{bmatrix}\begin{bmatrix} \lambda_1 & 0 \\ 0 & \lambda_2 \end{bmatrix} \tag{13.20}$$

$$C'v_i = \lambda_i v_i \tag{13.21}$$

经过上面的一番公式推导可以得到，数据D'协方差矩阵C'的特征向量就是要求的R矩阵。

再考虑白数据D经过伸缩再旋转后变为数据D'这个过程。白数据D在x与y方向上服从标准正态分布，标准差为1。在第一步的伸缩过程中，白数据左乘S，在x方向上伸缩a倍、在y方向上伸缩b倍时，x方向标准差变为a^2，y方向变为b^2。接着，伸缩过后的白数据左乘R旋转，得到数据D'，原来的x和y方向变为新坐标系的方向。因此，协方差矩阵C'的特征向量即是数据D'在主成分方向上的标准差，如图13-7所示。

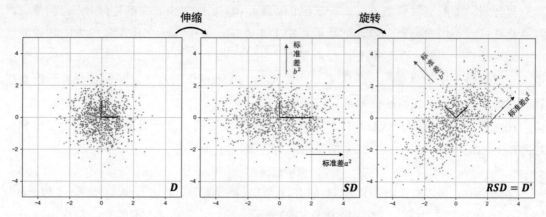

图13-7 拉伸与旋转过程中标准差的变化

总结一下，如果希望对一份数据进行PCA降维，步骤如图13-8所示。

（1）首先，对数据进行标准化，使数据的中心点落在原点。

（2）然后，对标准化后的数据求协方差矩阵。

（3）协方差矩阵的特征向量为新坐标系的主成分方向。

（4）协方差矩阵的特征值为数据在主成分方向上的方差。

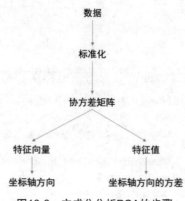

图13-8 主成分分析PCA的步骤

5. 通过奇异值分解SVD求解PCA主成分

在前面PCA的求解过程中，需要找到样本协方差矩阵C的最大k个特征向量，分别代表前k个主成分，保留数据在前k个主成分上的投影信息以实现降维。在这个过程中需要先求出协方差矩阵，当样本数多、样本特征数也多的时候，这个计算量还是很大的。

有没有计算量较小的算法呢？可以引入奇异值分解SVD，把数据分解为：

$$D^\mathrm{T}=U\Sigma V^\mathrm{T}$$

（13.22）

这里，D^T是一个$m \times n$的矩阵，m是样本数量，n是样本的属性，U与V分别为$m \times m$和$n \times n$的正交矩阵，Σ是一个$m \times n$的矩阵，它除了对角线外其他元素都为0。此时，V矩阵就是前面PCA所要求的R矩阵，在本章后面讲解奇异值分解时会更加详细地讨论。

当用SVD分解数据以求解PCA的主成分时，有以下好处。

有一些SVD的实现算法可以先不求出协方差矩阵C也能求出右奇异矩阵V。也就是说，PCA算法可以不用做特征分解，而是通过SVD来完成，这个方法在样本量很大的时候能够很有效地降低计算量（大数据分析时经常会产生非常庞大的矩阵，在矩阵相关的数据分析中，计算量是一个很重要的考虑因素）。实际上，sklearn包的PCA算法的背后真正的实现就是用的SVD，而不是特征值分解。

注意到PCA仅使用了SVD的右奇异矩阵V，没有使用到左奇异值矩阵U，那么左奇异值矩阵U有什么用呢？对式（13.22）的左右两边转置，可以得到

$$D = U\Sigma^T V^T \tag{13.23}$$

从这个形式可以看出，实际上式（13.23）代表的是对D矩阵进行SVD分解，U即是D矩阵进行PCA降维的主成分。对矩阵D^T，SVD分解出的V矩阵是对数据的列降维的主成分，而U矩阵是对数据的行降维的主成分。

6. PCA的数据重构

前面说过，进行主成分分析PCA降维以后需要存储的信息就变成了：新坐标系的原点、新坐标系的角度与数据在新坐标系上的坐标。

不过，前面PCA的步骤介绍时，只介绍了怎么获得新坐标系的原点与角度，如何获取数据在新坐标系上的坐标呢？实际上只需要把坐标系往顺时针方向旋转θ即可，见图13-9，即：

$$D_n = R^{-1} D' \tag{13.24}$$

PCA将n维数据降维到m维时，即使只保留新坐标D_n的前m维，$m+1$维及以后的维度坐标设置为0，再左乘R逆时针旋转回去即实现了数据的重构。

$$D'_{n \to m} = R D_{n \to m} \tag{13.25}$$

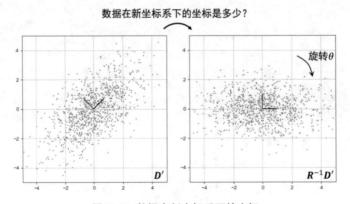

图13-9　数据在新坐标系下的坐标

13.2.3 PCA 的代码实现

1.生成测试数据

这里用Python的NumPy包实现PCA降维。首先导入NumPy包，并设定NumPy的输出格式，运行以下代码。

```
1. In [13-1]:
2. #导入NumPy包
3. import numpy as np
4. #设置NumPy的输出格式
5. np.set_printoptions(threshold=100,precision= 2,suppress=True)
6. #给定随机种子，在同一随机条件下，每次随机的结果相同
7. np.random.seed(0)
```

接着生成一份测试用数据集，其中包含10个样本点，后面的代码将在此数据集上应用PCA降维。在前面做PCA推导时，2维数据被表示为$2 \times n$的矩阵，而在NumPy和pandas中，我们习惯让数据表示为$n \times 2$的矩阵或者数据表，其中行表示样本，列表示属性。为方便计算，代码中同时存储两种形式的变量，在$2 \times n$的矩阵变量名后加T以区分。

```
1. In [13-2]:
2. #生成测试用数据
3. data = np.random.uniform(1,10,(10,2))
4. data[:,1:] = 0.5*data[:,0:1]+np.random.uniform(-2,2,(10,1))
5. #转置数据，行代表数据维度，列代表数据样本
6. dataT = data.T
7. dataT
8.
9. Out[13-2]:
10. array([[5.94, 6.42, 4.81, 4.94, 9.67, 8.13, 6.11, 1.64, 1.18, 8.  ],
11.        [4.88, 4.41, 2.25, 3.59, 3.31, 4.62, 1.63, 2.6 , 0.68, 3.66]])
```

创建好数据样本后，用Python中Matplotlib包的plt.scatter()函数为数据绘制散点图，以便观察数据的分布情况。

```
1. In [13-3]:
2. #绘制数据分布
3. import matplotlib.pyplot as plt
4. plt.figure(1,(5,5))
5. #绘制数据点
6. plt.scatter(data[:,0],data[:,1])
7. #绘制坐标轴
8. plt.plot([-10,10],[0,0],c = 'k')
9. plt.plot([0,0],[-10,10],c = 'k')
10. #设置显示范围
11. plt.xlim(-15,15)
12. plt.ylim(-15,15)
13. plt.show()
```

输出结果如图13-10所示。

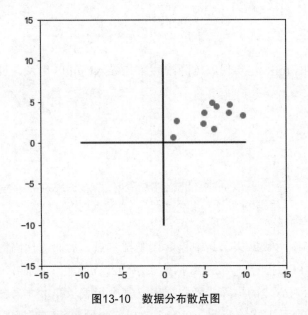

图13-10　数据分布散点图

在进行PCA之前，首先需要对数据进行标准化，使数据的中心点落在原点。

```
1. In [13-4]:
2. #数据的中心点位置
3. x_,y_ = data.mean(axis = 0)
4. x_,y_
5.
6. Out[13-4]:
7. (5.685096211179629, 3.163553448943638)
8.
9. In [13-5]:
10. #数据标准化
11. data_norm = data-data.mean(axis = 0)
12. data_normT = data_norm.T
13. data_normT
14.
15. Out[13-5]:
16. array([[ 0.25,  0.74, -0.87, -0.75,  3.99,  2.44,  0.43, -4.05, -4.5 ,
17.          2.32],
18.        [ 1.72,  1.25, -0.91,  0.43,  0.15,  1.46, -1.53, -0.57, -2.49,
19.          0.5 ]])
```

2. 求解PCA主成分

根据式（13.14）对标准化后的数据求协方差矩阵。

```
1. In [13-6]:
2. #求协方差矩阵
3. n = len(data_norm)
4. C = 1/(n-1)*np.dot(data_normT,data_norm)
```

```
5. C
6.
7. Out[13-6]:
8. array([[7.33, 2.22],
9.        [2.22, 1.86]])
```

NumPy包中也有np.cov()函数能够求解协方差矩阵。

```
1. In [13-7]:
2. #np.cov求解协方差矩阵
3. np.cov(data_normT)
4.
5. Out[13-7]:
6. array([[7.33, 2.22],
7.        [2.22, 1.86]])
```

接着，再对协方差矩阵求解特征值和特征向量，特征值代表数据在新坐标系的主成分方向上的方差，也反映了主成分上携带信息量的大小。对特征向量需要再依据特征值从小到大排序后构成矩阵R。

```
1. In [13-8]:
2. #协方差矩阵的特征值和特征向量
3. vals,vecs = np.linalg.eig(C)
4. #根据特征值从大到小排序
5. vals = vals[np.argsort(-vals)]
6. vecs = vecs[:,np.argsort(-vals)]
7. #特征值
8. vals
9.
10. Out[13-8]:
11. array([8.12, 1.08])
12.
13. In [13-9]:
14. #特征向量
15. R=vecs
16. R
17.
18. Out[13-9]:
19. array([[ 0.94, -0.33],
20.        [ 0.33,  0.94]])
```

矩阵R的列即代表了主成分方向，也是新坐标系的坐标轴方向。

上面的代码复现了PCA算法原理推导过程。不过，在Python中还有另外两种方法可以求得PCA主成分。第一种是通过np.linalg.svd()方法，奇异值分解SVD求解PCA主成分。

```
1. In [13-10]:
2. #采用奇异值分解工具np.linalg.svd对数据进行分解
3. U,vals,VT = np.linalg.svd(data_norm)
4. #V矩阵
5. V = VT.T
6. V
```

```
7.
8. Out[13-10]:
9. array([[-0.94,  0.33],
10.         [-0.33, -0.94]])
```

也可以通过sklearn的PCA降维工具求解主成分。

```
1. In [13-11]:
2. from sklearn.decomposition import PCA
3. #创建一个PCA模型，指定主成分为2个
4. pca = PCA(n_components=2)
5. #用数据训练这个PCA模型
6. pca.fit(data)
7. #把训练好的PCA模型应用在数据上，求得数据在各主成分上的投影距离
8. Y = pca.fit_transform(data)
9. #在模型参数中提取出主成分
10. vecs = pca.components_.T
11. vecs
12.
13. Out[13-11]:
14. array([[-0.94,  0.33],
15.         [-0.33, -0.94]])
```

这里得到的主成分与前面计算的矩阵*R*在数值上有一定区别，主成分1的方向正好相反。矩阵*R*代表的是主成分的方向，而方向用向量表示，正反方向实际上代表的意义完全相同。

将新坐标系绘制在散点图上。

```
1. In [13-12]:
2. import matplotlib.pyplot as plt
3. plt.figure(1,(5,5),dpi = 200)
4. #绘制原始数据
5. plt.scatter(data[:,0],data[:,1])
6. #绘制新坐标系的坐标轴的长度
7. size = 10
8. #绘制新坐标系的坐标轴，并将坐标轴平移到数据的中心点位置
9. plt.plot([-size*vecs[:,0][0]+x_,size*vecs[:,0][0]+x_],
10.          [-size*vecs[:,0][1]+y_,size*vecs[:,0][1]+y_],label = '主成分1')
11. plt.plot([-size*vecs[:,1][0]+x_,size*vecs[:,1][0]+x_],
12.          [-size*vecs[:,1][1]+y_,size*vecs[:,1][1]+y_],label = '主成分2')
13. #绘制原始坐标轴
14. plt.plot([-10,10],[0,0],c = 'k')
15. plt.plot([0,0],[-10,10],c = 'k')
16. plt.legend()
17. plt.xlim(-15,15)
18. plt.ylim(-15,15)
19. plt.show()
```

输出结果如图13-11所示。

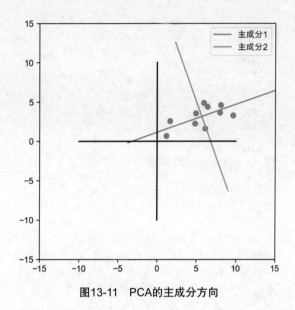

图13-11　PCA的主成分方向

可以看出，PCA找到的新坐标系能够成功捕捉到数据分布方差最大的方向。

3. 数据的降维与重构

接下来将2维的数据降维到1维，并只保留一个主成分，用这1维的信息重构数据。由式（13.24），计算出数据在新坐标系下的坐标。

```
 1. In [13-13]:
 2. #计算数据在新坐标系下的坐标
 3. DnewT = np.dot(R.T,data_normT)
 4. #只保留主成分1上的信息，主成分2的坐标设置为0
 5. DnewT[1:,:] = 0
 6. Dnew = DnewT.T
 7. DnewT
 8.
 9. Out[13-13]:
10. array([[ 0.81,  1.11, -1.13, -0.56,  3.81,  2.79, -0.11, -4.  , -5.07,
11.          2.35],
12.        [ 0.  ,  0.  ,  0.  ,  0.  ,  0.  ,  0.  ,  0.  ,  0.  ,  0.  ,
13.          0.  ]])
```

DnewT变量存储了数据在新坐标系下的坐标。此时让它只保留第一个维度的信息，第二个维度的数据全部变为0，再根据式（13.25）重构数据。

```
 1. In [13-14]:
 2. #重构数据
 3. D_T = np.dot(R,DnewT)
 4. D_T = (D_T.T + data.mean(axis = 0)).T
 5. D_ = D_T.T
 6. D_T
 7.
 8. Out[13-14]:
```

```
9. array([[6.45, 6.73, 4.62, 5.16, 9.27, 8.31, 5.58, 1.91, 0.9 , 7.9 ],
10.        [3.44, 3.54, 2.79, 2.98, 4.44, 4.09, 3.13, 1.83, 1.47, 3.95]])
```

将重构的数据添加到图中。

```
1. In [13-15]:
2. import matplotlib.pyplot as plt
3. plt.figure(1,(5,5),dpi = 200)
4. #绘制原始的数据
5. plt.scatter(data[:,0],data[:,1],label = '原始数据')
6. #绘制重构的数据
7. plt.scatter(D_[:,0],D_[:,1],label = '重构数据')
8. #绘制新的坐标轴，坐标轴方向是vecs[:,0][0]和vecs[:,0][1]，坐标轴平移到数据的中心点位置
9. size = 10
10. plt.plot([-size*vecs[:,0][0]+x_,size*vecs[:,0][0]+x_],
11.          [-size*vecs[:,0][1]+y_,size*vecs[:,0][1]+y_],label = '主成分1')
12. plt.plot([-size*vecs[:,1][0]+x_,size*vecs[:,1][0]+x_],
13.          [-size*vecs[:,1][1]+y_,size*vecs[:,1][1]+y_],label = '主成分2')
14. #绘制原始坐标轴
15. plt.plot([-10,10],[0,0],c = 'k')
16. plt.plot([0,0],[-10,10],c = 'k')
17. plt.legend()
18. plt.xlim(-15,15)
19. plt.ylim(-15,15)
20. plt.show()
```

输出结果如图13-12所示。

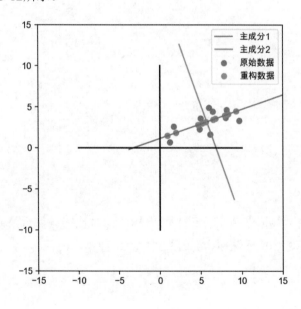

图13-12　PCA重构的数据

至此，已经实现了一遍PCA的算法流程，成功地将数据由2维降到1维。

4. 数据噪声对PCA结果的影响

对PCA来说，数据中没有噪声，算法追求的是低维数据表示的信息能够最完美地接近高维数据，也因此PCA的结果很容易受到数据噪声的影响。这里在上面的数据中加入一个噪声点。

```
1. In [13-16]:
2. #如果在数据中加入异常值,定义一个角度放入异常值,修改参数i即可加入不同的噪声
3. i = 720
4. i = 2*i/360*np.pi
5. data_outsider=np.array([np.sin(i)*5*i/(2*np.pi),np.cos(i)*5*i/(2*np.pi)])
6. data = np.vstack((data,data_outsider))
7. data_outsider
8.
9. Out[13-16]:
10. array([-0., 10.])
```

再进行PCA。

```
1. In [13-17]:
2. #计算主成分
3. from sklearn.decomposition import PCA
4. pca = PCA(n_components=2)
5. pca.fit(data)
6. Y = pca.fit_transform(data)
7. vecs = pca.components_.T
8. #可视化
9. import matplotlib.pyplot as plt
10. plt.figure(1,(5,5))
11. #绘制原始数据
12. plt.scatter(data[:,0],data[:,1],label = '原始数据')
13. #标记噪声
14. plt.scatter([data_outsider[0]],[data_outsider[1]],c = 'r',label = '噪声')
15. size = 10
16. #绘制PCA的坐标轴
17. plt.plot([-size*vecs[:,0][0]+x_,size*vecs[:,0][0]+x_],
18.         [-size*vecs[:,0][1]+y_,size*vecs[:,0][1]+y_],label = '主成分1')
19. plt.plot([-size*vecs[:,1][0]+x_,size*vecs[:,1][0]+x_],
20.         [-size*vecs[:,1][1]+y_,size*vecs[:,1][1]+y_],label = '主成分2')
21. #绘制原始坐标轴
22. plt.plot([-10,10],[0,0],c = 'k')
23. plt.plot([0,0],[-10,10],c = 'k')
24. plt.legend()
25. plt.xlim(-15,15)
26. plt.ylim(-15,15)
27. plt.show()
```

输出结果如图13-13所示，一个噪声点就能大幅影响PCA的结果。

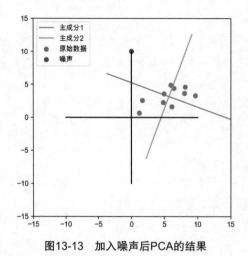

图13-13　加入噪声后PCA的结果

13.3　奇异值分解

在前面讲PCA的求解时，略微提到了奇异值分解（Singular Value Decompositionm，SVD），在PCA降维时可以用SVD分解的右奇异矩阵表示PCA的主成分。

SVD分解是在机器学习领域应用较为广泛的算法之一，也是学习机器学习算法绕不开的基石之一。SVD算法主要用在降维算法中的特征分解、推荐系统、自然语言处理计算机视觉等领域。在时空大数据中，SVD分解也可以用来分解时空矩阵，将时空矩阵拆分成多个简单的时空变化模式相互叠加。

13.3.1　SVD 是什么

首先来介绍一下SVD的形式。其实奇异值分解中的奇异值就是前面PCA旋转伸缩时各坐标轴伸缩的倍数，也就是S矩阵中的a和b。而奇异值SVD分解则是一个能适用于任意矩阵的分解方法，对于任意矩阵M总是存在一个奇异值分解：

$$M = U\Sigma V^{\mathrm{T}}$$

（13.26）

假设M是一个$m \times n$的矩阵，那么得到的左奇异矩阵U是一个$m \times n$的正交矩阵，U里面的正交向量被称为左奇异向量。Σ是一个$m \times n$的对角矩阵，它对角线上是奇异值，除了对角线外其他都为0。一般会将Σ上的奇异值按从大到小的顺序排列。右奇异矩阵V是一个$n \times n$的正交矩阵，V里面的正交向量被称为右奇异向量。

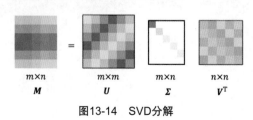

图13-14　SVD分解

如何理解SVD？还是考虑简单的2维情况，M，U，Σ，V均为2×2的矩阵。在前面介绍数据的线性变换时提到：如果一个线性变换是对角阵，它可以理解为坐标轴方向的伸缩变换；如果一个线性变换是正交矩阵，那么它可以理解为围绕坐标轴原点的旋转变换。这里U和V矩阵可视为旋转变换，Σ为伸缩变换。那么，SVD分解即可理解为把任意一种线性变换M拆分为旋转-拉伸-旋转的三个变换，见图13-15。

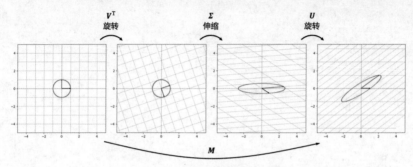

图13-15 线性变换的SVD分解

另一种理解方式也可将U与V这两个正交矩阵视为两个线性空间上的正交基，分别为$U = \begin{bmatrix} u_1 & u_2 \end{bmatrix}$与$V = \begin{bmatrix} v_1 & v_2 \end{bmatrix}$，因为

$$\Sigma = \begin{bmatrix} a & 0 \\ 0 & b \end{bmatrix} \tag{13.27}$$

则有

$$U\Sigma = \begin{bmatrix} au_1 & bu_2 \end{bmatrix} \tag{13.28}$$

如果对正交基V进行线性变换M后，得到的向量仍然正交，但长度不同，正好为$U\Sigma$，则有

$$MV = U\Sigma \tag{13.29}$$

等式两边同时右乘V^T即可得到：

$$M = U\Sigma V^T \tag{13.30}$$

这一几何变换过程如图13-16所示。

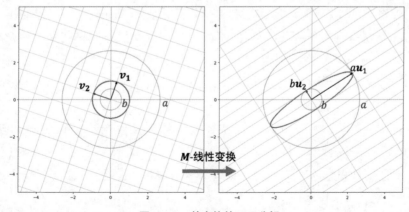

图13-16 基变换的SVD分解

13.3.2　SVD 的求解

1. SVD的求解方法

首先还是来推导一下。考虑M为$m \times n$矩阵的情况（$m \leqslant n$）。如果计算$M^T M$，有：

$$
\begin{aligned}
M^T M &= \left(U \Sigma V^T \right)^T U \Sigma V^T \\
&= V \Sigma U^T U \Sigma V^T \\
&= V \Sigma \Sigma V^T
\end{aligned}
\tag{13.31}
$$

这里的$\Sigma = \begin{bmatrix} a & 0 \\ 0 & b \end{bmatrix}$就是PCA中的$S$矩阵，同样令$L = \begin{bmatrix} \lambda_1 & 0 \\ 0 & \lambda_2 \end{bmatrix}$，$\lambda_1 = a^2$，$\lambda_2 = b^2$，则：

$$M^T M = VLV^T \tag{13.32}$$

$$M^T MV = VL \tag{13.33}$$

将V矩阵视作由列向量组成的矩阵$V = \begin{bmatrix} v_1 & v_2 & \dots \end{bmatrix}$，则可以得到：

$$M^T M v_i = \lambda_i v_i \tag{13.34}$$

所以，v_i为$M^T M$的特征向量，λ_i为$M^T M$的特征值，而Σ对角线上的奇异值则为$M^T M$或MM^T特征值的平方根，V为$M^T M$的特征向量组成的矩阵。同样，如果对MM^T也用上面的推导方法也能够得到：

$$MM^T U = UL \tag{13.35}$$

即U矩阵为MM^T的特征向量组成的矩阵。

总结一下，如果希望对一个矩阵进行SVD分解，SVD的步骤如下。

（1）对$M^T M$求特征向量构成矩阵V。

（2）对$M^T M$的特征值求平方根得到奇异值。

（3）将奇异值放在对角线上，构成$m \times n$的对角阵Σ。

（4）通过$M = U \Sigma V^T$反推出U矩阵，即$M \Sigma V^{-1} = U$。当$m \neq n$时，Σ非方阵，Σ^{-1}为矩阵的广义逆矩阵。

（5）如果奇异值仅有前r个不为0，则U矩阵只有前r个列向量是正交向量组，$r+1$以后的列向量均为0，这里就需要由前r个列向量的正交向量组扩充成正交基，使U矩阵成为正交矩阵。

这里有一点必须注意，我们能不能在对求$M^T M$的特征向量得到V的同时求MM^T的特征向量得到U，再拼凑成一个$M = U \Sigma V^T$？

答案是不能。在求解特征向量时，特征向量的正负方向不影响求解。但用在SVD中，对向量的正负是敏感的。同时对$M^T M$和MM^T求V和U时，进行了两次独立的特征分解，这两次分解没有联系，无法同时保证特征向量的正负，因而重构出来的矩阵可能是错的。

换一种说法，一个矩阵的SVD分解有多种解，而求M^TM的特征向量得到V时获得的是解1的V矩阵，而求MM^T的特征向量得到U时获得的是解2的U矩阵，V矩阵和U矩阵来自不同的解，对应不上，自然也就无法构成正确的SVD分解了。

2. SVD与PCA的联系

前面PCA的时候提到，SVD分解中的V矩阵就是主成分的方向，为什么呢？SVD与PCA有什么区别与联系呢？

其实这两者是对同一个降维算法从不同的角度进行描述。在上面的推导过程中提到M^TM或MM^T时，是不是有点熟悉？没错，跟协方差矩阵很像。数据D的协方差矩阵为$C = \dfrac{1}{n-1}DD^T$，由公式（13.23）也可以知道，$M=D^T$，所以D的协方差矩阵为$C = \dfrac{1}{n-1}M^TM$。同时又讲到，PCA中协方差矩阵的特征向量就是主成分的方向，也就是SVD分解中的V矩阵。

在上面SVD分解最基本的形式中，Σ矩阵的大小为$m \times n$矩阵，与原始的M矩阵是一样大的。在这里如果假设$m > n$，而由于Σ矩阵是一个对角矩阵，它在$n+1$行后的元素都为0。所以也可以将SVD改写，也就是：

$$M_{m \times n} = U_{m \times m} \Sigma_{m \times n} V_{n \times n}^T \tag{13.36}$$

改写为：

$$M_{m \times n} = U_{m \times n} \Sigma_{n \times n} V_{n \times n}^T \tag{13.37}$$

而同时也提到，SVD分解时的右奇异矩阵即是PCA的主成分，奇异值则是前面PCA旋转伸缩时各坐标轴伸缩的倍数，也就是S矩阵中的a和b。

再回忆一下PCA，比较各主成分上携带信息的大小时，用的是标准差，而标准差即是a^2与b^2，也是数据协方差矩阵的特征值。在前面的PCA主成分分析时，降维的思路是把重要的坐标轴（主成分）方向的信息给保留，不重要的轴方向的信息删除。如果将Σ上的奇异值按从大到小的顺序排列时，每个奇异值代表的是一个主成分所携带的信息大小，V^T矩阵的每一行代表了对列降维时主成分的方向，U矩阵的每一列代表了对行降维时主成分的方向。所以，让Σ只保留前r个特征值，V^T矩阵只保留前r行，U只保留前r列时，即

$$M_{m \times n} \approx U_{m \times r} \Sigma_{r \times r} V_{r \times n}^T \tag{13.38}$$

上面的过程就实现了降维，如图13-17所示。需要注意的是，在降维过程中丢弃了$r+1$以后的维度时，这部分的信息就丢失了，也因此用前r个维度重构出来的矩阵与原始矩阵并不完全相等，而是近似相等。

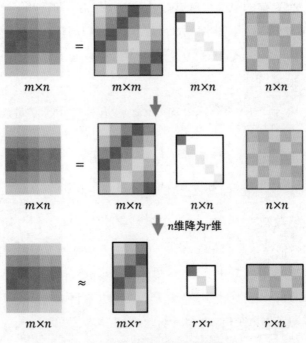

图13-17　SVD分解实现降维

3. SVD分解中的"模式"

在图13-17中，还可以进一步把SVD分解拆分。如果把U和V都理解为列向量u_i和v_i构成的矩阵，那么SVD分解可以进一步拆解为：

$$M = USV^\mathrm{T} = \sum_{i=1}^{n}\delta_i u_i v_i^\mathrm{T} \qquad （13.39）$$

其中，$u_i v_i$是秩为1的矩阵，δ_i为奇异值。从这个形式可以看出，M矩阵可以分解为n个秩为1的矩阵的叠加，每个矩阵的权重为δ_i。这每个矩阵代表一种矩阵的分布"模式"：

$$\delta_i u_i v_i^\mathrm{T} \qquad （13.40）$$

这一过程见图13-18（图13-18中灰度与色彩仅是帮助理解SVD分解时里面的结构，在实际SVD的矩阵分解时并不会把颜色简单地分为灰度与色彩的组合）。为方便理解，将列向量u_i表示为灰度，v_i表示为不同的颜色。在图中，每个秩为1的模式$u_i v_i^\mathrm{T}$以不同的颜色、不同的灰度有规律地进行排列。每个模式中，u_i表示各行的排列规律，v_i^T表示各列的排列规律。δ_i表示了每个模式的权重，在这里也可以理解为每个模式的透明度。最后每个模式的颜色叠加起来，就变成了原始矩阵M。

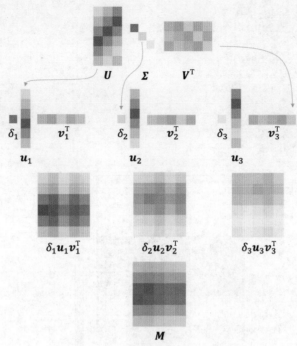

图13-18　SVD分解中的"模式"

13.3.3　SVD 的代码实现

1.生成测试数据

这里用Python的NumPy包实现SVD分解以加深对该算法的理解。首先生成测试用的数据集，运行以下代码。

```
1. In [13-18]:
2. #导入NumPy包
3. import numpy as np
4. #设置NumPy的输出格式
5. np.set_printoptions(threshold=100,precision= 2,suppress=True)
6. #定义测试数据
7. M = np.array([[1,1,1,2,1],
8.               [2,3,2,4,2],
9.               [8,8,8,16,8],
10.              [9,9,9,12,9],
11.              [4,4,4,8,4],
12.              [2,2,2,4,2]])
```

然后将矩阵绘制出来，以颜色深浅来代表矩阵中各元素的大小。后面的操作中要多次用到这个绘图操作，所以这里同时也把这一绘图代码定义为一个函数，方便后面绘制。

```
1. In [13-19]:
2. #定义可视化函数,方便后续矩阵绘制
```

```
3. def plotM(M,vmax):
4.     import matplotlib.pyplot as plt
5.     #绘制矩阵
6.     plt.imshow(M,vmin = -vmax,vmax = vmax,cmap = 'seismic')
7.     #显示颜色的色条
8.     plt.colorbar()
9.     plt.show()
10. plotM(M,M.max())
```

输出结果如图13-19所示。

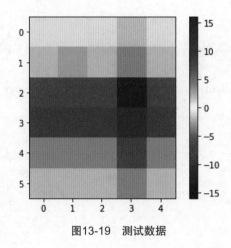

图13-19　测试数据

在我们设计的测试数据中，矩阵的分布非常有规律，矩阵的第四列是其他列的两倍左右，但又不严格遵守这一规律。用m_{ij}表示M中第i行第j列的元素，测试数据中在前面讲的规律上，又在m_{22}增加了1，在m_{44}减少了6。

正式开始分解之前，请先想象一下，如果要提取出矩阵中最显著的分布模式，怎么样的结果是比较合理的？理想的结果是，SVD算法能将矩阵把行和列变化的简单规律提取为一个模式，把m_{22}增加和m_{44}减少的值提取为其他的模式。

2. 求解SVD分解

接下来在测试数据上应用SVD分解，利用NumPy自带SVD工具实现，也就是numpy.linalg.svd()方法，运行下面的代码。

```
1. In [13-20]:
2. #SVD分解
3. U,vals,VT =np.linalg.svd(M)
4. V = VT.T
5. U,vals,V
6.
7. Out[13-20]:
8. (array([[-0.08, -0.07, -0.02,  0.99,  0.01,  0.  ],
9.         [-0.18, -0.04,  0.98,  0.  ,  0.  ,  0.  ],
10.        [-0.66, -0.55, -0.14, -0.1 ,  0.49,  0.  ],
11.        [-0.63,  0.77, -0.08, -0.  , -0.  ,  0.  ],
12.        [-0.33, -0.27, -0.07, -0.04, -0.78, -0.45],
```

```
13.             [-0.16, -0.14, -0.04, -0.02, -0.39,  0.89]]),
14.   array([34.26,  3.28,  0.85,  0. ,  0. ]),
15.   array([[-0.38,  0.33, -0.29,  0.82,  0. ],
16.           [-0.38,  0.31,  0.87,  0. , -0. ],
17.           [-0.38,  0.33, -0.29, -0.41,  0.7 ],
18.           [-0.65, -0.76, -0.01, -0. , -0. ],
19.           [-0.38,  0.33, -0.29, -0.4 , -0.71]]]))
```

将奇异值放在对角线上，构成对角阵Σ。

```
20. In [13-21]:
21. Sigma = np.array([[vals[0],0,0,0,0],
22.                    [0,vals[1],0,0,0],
23.                    [0,0,vals[2],0,0],
24.                    [0,0,0,vals[3],0],
25.                    [0,0,0,0,vals[4]],
26.                    [0,0,0,0,0]])
27. Sigma
28.
29. Out[13-21]:
30. array([[34.26,  0. ,  0. ,  0. ,  0. ],
31.        [ 0. ,  3.28,  0. ,  0. ,  0. ],
32.        [ 0. ,  0. ,  0.85,  0. ,  0. ],
33.        [ 0. ,  0. ,  0. ,  0. ,  0. ],
34.        [ 0. ,  0. ,  0. ,  0. ,  0. ],
35.        [ 0. ,  0. ,  0. ,  0. ,  0. ]])
```

然后通过USV^T重构矩阵。

```
1. In [13-22]:
2. #乘回去看看是不是能够构成原始矩阵
3. M_=np.dot(np.dot(U,Sigma),V.T)
4. M_
5.
6. Out[13-22]:
7. array([[ 1.,  1.,  1.,  2.,  1.],
8.        [ 2.,  3.,  2.,  4.,  2.],
9.        [ 8.,  8.,  8., 16.,  8.],
10.       [ 9.,  9.,  9., 12.,  9.],
11.       [ 4.,  4.,  4.,  8.,  4.],
12.       [ 2.,  2.,  2.,  4.,  2.]])
```

3. 可视化SVD分解出的模式

SVD分解中，M矩阵可以分解为n个秩为1的矩阵$\delta_i u_i v_i^T$的叠加，每个矩阵代表一种矩阵的分布"模式"。接下来，在前面SVD分解结果的U矩阵和V矩阵中提取出u_i与v_i向量，重构SVD分解中的各模式矩阵进行可视化。绘制第一个模式重构的矩阵$\delta_1 u_1 v_1^T$，运行以下代码。

```
1. In [13-23]:
2. #绘制第一个模式重构的矩阵
3. M1 = vals[0]*np.dot(U[:,0:1],V[:,0:1].T)
```

```
4. #可视化出来
5. plotM(M1,M.max())
```

输出结果如图13-20所示。

可以看到，模式1构建出的矩阵已经非常接近于原始矩阵（图13-19），显示的已经是行和列变化的简单规律。

下一步，对u_1与v_1向量的值绘制柱状图可视化。注意：前面计算模式重构矩阵时，提取向量时用的是U[:,0:1]和V[:,0:1]，这样提取出来的结果为$m \times 1$和$n \times 1$的矩阵，可用于矩阵运算。而在后面绘制向量绘制柱状图时用的是U[:,0]和V[:,0]，提取出的结果为向量，用于绘制柱状图。

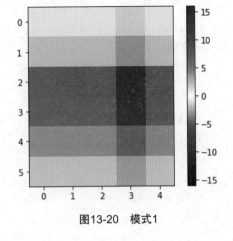

图13-20　模式1

```
1.  In [13-24]:
2.  #对这两个向量绘制柱状图
3.  import matplotlib.pyplot as plt
4.  fig = plt.figure(1,(10,3),dpi = 100)
5.  #绘制u1向量的柱状图
6.  ax1 = plt.subplot(121)
7.  plt.sca(ax1)
8.  plt.bar(range(6),-U[:,0])
9.  plt.title('$u_1$')
10. #绘制v1向量的柱状图
11. ax2 = plt.subplot(122)
12. plt.sca(ax2)
13. plt.bar(range(5),-V[:,0])
14. plt.title('$v_1$')
15. plt.show()
```

SVD分解出来的U[:,0]和V[:,0]的值均为负，在这里两个向量前各加一个负号使其值均为正，以方便观察理解，此时重构的模式矩阵 $\delta_1 u_1 v_1^{\mathrm{T}}$ 不变。输出结果如图13-21所示。

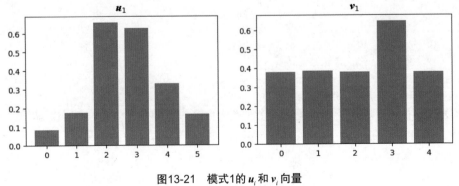

图13-21　模式1的 u_i 和 v_i 向量

u_1与v_1分别表示的是这一模式中行和列的分布规律。

同样，重构第二个模式，并可视化。第二个模式表示的是原始矩阵减去模式1后，还隐藏着的最明显的分布规律。

```
1. In [13-25]:
2. #绘制第二个模式重构的数据
3. M2 = vals[1]*np.dot(U[:,1:2],V[:,1:2].T)
4. plotM(M2,M.max())
```

输出结果见图13-22。

可以看到，模式2构建出来的矩阵中的值相比模式1小了很多，这是因为模式1已经能够代表矩阵的大部分信息了，模式2更像是在模式1的基础上对矩阵的值进行"微调"。

对u_2与v_2向量的值绘制柱状图可视化。

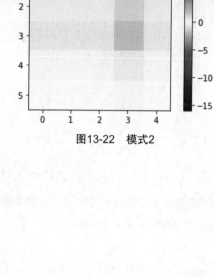

图13-22　模式2

```
1. In [13-26]:
2. import matplotlib.pyplot as plt
3. fig = plt.figure(1,(10,3),dpi = 100)
4. ax1 = plt.subplot(121)
5. #绘制u2向量的柱状图
6. plt.sca(ax1)
7. plt.bar(range(6),-U[:,1])
8. plt.title('$u_2$')
9. #绘制v2向量的柱状图
10. ax2 = plt.subplot(122)
11. plt.sca(ax2)
12. plt.bar(range(5),-V[:,1])
13. plt.title('$v_2$')
14. plt.show()
```

输出结果见图13-23。

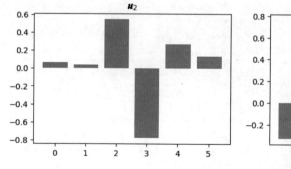
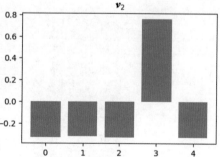

图13-23　模式2的u_i和v_i向量

需要注意的是，模式矩阵为u_2与v_2向量相乘而构成，在观察这两个向量所揭示的行列分布规律时，两者正负需要共同考虑。观察u_2与v_2向量可以看到u_2向量在第三行正值较大，第四行负值较大，而v_2向量在第四列的正值较大。两个向量相乘后这一模式主要影响的就是矩阵m_{43}与m_{44}的值，模式2在模式1的基础上，主要为矩阵m_{43}的值增加一定数值，为m_{44}减少一定数值。前面介绍测试数据的时候，只有对m_{44}减少了6，m_{43}的值并没有减少，为什么模式2会揭示出与m_{43}有关的模式呢？

原因是，对PCA和SVD来说，离群值会对最终分解的结果造成较大的影响，对m_{44}减少6时，实际上带动了模式1的u_1与v_1中相应的行与列的值降低，最终乘出来模式1重构的m_{43}比原始矩阵的值少，所以在模式2中也会对它予以"补偿"。从这点也可以看出，PCA与SVD抵抗数据噪声的能力较弱。

13.4 非负矩阵分解

13.4.1 什么是 NMF

1. NMF的原理

在对前面SVD的实际操作中可以观察到，SVD分解的u_i和v_i向量中均有可能同时出现正负值。如果把SVD应用在时空大数据分析中，虽然从矩阵的变化模式上可以对正负进行解释，但仍然不够直观。

非负矩阵分解（Non-negative Matrix Factorization，NMF）是由Lee和Seung于1999年在 *Nature* 上提出的一种矩阵分解方法[①]。从它的名字也可以看出来，这种矩阵分解方法产生的结果都是非负的。

它的基本思想可以简单描述为：对于任意给定的一个非负$m \times n$矩阵M，NMF算法能够寻找到非负$m \times r$矩阵W和非负$r \times n$矩阵H，使得$M=WH$成立，从而将一个非负的矩阵分解为两个非负矩阵的乘积，如图13-24所示。NMF算法需要选定参数r，r的取值为$1 \leq r \leq \min(m,n)$。

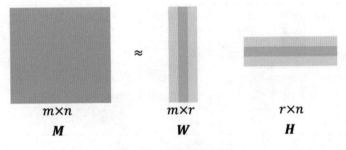

$$m \times n \qquad m \times r \qquad r \times n$$
$$M \qquad\qquad W \qquad\qquad H$$

图13-24 非负矩阵分解

NMF的求解是算法通过构建W和H矩阵后进行迭代，一步步逼近M，当计算得到的两个矩阵W和H收敛时，就说明分解成功。原矩阵和分解之后两个矩阵的乘积并不要求完全相等，可以存在一定程度上的误差。

---

① Lee D D, Seung H S. Learning the parts of objects by non-negative matrix factorization[J]. Nature, Nature Publishing Group, 1999, 401(6755): 788–791.

如果将W和H矩阵分别看成列向量与行向量分别构成的矩阵，则NMF与SVD形式非常类似，一样可以视作对原始M矩阵拆解为r个秩为1的矩阵的叠加，即

$$M \approx WH = \sum_{i=1}^{r} w_i h_i^{\mathrm{T}} \tag{13.41}$$

这一过程也可以参考图13-25。

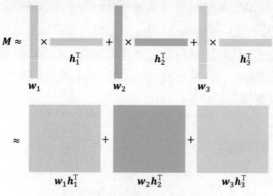

图13-25　非负矩阵分解的拆解

此时，每一个$w_i h_i^{\mathrm{T}}$矩阵也可视为"模式"，w_i描述了模式的行分布规律，h_i^{T}描述了模式的列分布规律。

2. NMF的求解

如何求解NMF呢？NMF目前的解法是一种数值解，而不是解析解。数值解和解析解是什么呢？数值解是在特定条件下通过近似计算得出来的一个数值，NMF就属于数值解；而解析解就是给出解的具体函数形式，从解的表达式中就可以算出任何对应值，SVD和PCA就属于解析解。数值解需要多次迭代，解析解直接能够通过公式计算答案，也因此数值解所需的计算量通常远大于解析解。

NMF的提出者们设计了一种基于乘法更新规则的求解方法，算法的具体步骤如下。

（1）初始化：W和H随机取值，并且要求为非负矩阵。

（2）更新：从第k次迭代到第$k+1$次迭代时W和H的计算公式为：

$$H_{[i,j]}^{k+1} \leftarrow H_{[i,j]}^{k} \frac{\left(\left(W^k\right)^{\mathrm{T}} M\right)_{[i,j]}}{\left(\left(W^k\right)^{\mathrm{T}} W^k H^k\right)_{[i,j]}} \tag{13.42}$$

$$W_{[i,j]}^{k+1} \leftarrow W_{[i,j]}^{k} \frac{\left(M \left(H^{k+1}\right)^{\mathrm{T}}\right)_{[i,j]}}{\left(W^k H^{k+1} \left(H^{k+1}\right)^{\mathrm{T}}\right)_{[i,j]}} \tag{13.43}$$

（3）收敛：直到W和H的数值达到稳定状态。

思路就是把W和H中的每个值都看成未知数，通过不停的迭代使得算出来的值接近其真正的解。

关于NMF，还有以下几点需要注意。

（1）在SVD分解时，能够通过奇异值确定每一主成分包含的信息大小，而对规律分布明显的数据，SVD分解出的不同模式之间通常奇异值的差异比较明显，少数的几种模式就可以代表矩阵的大部分信息。但在NMF中，每一种模式的大小可能差异并不明显，每一种模式重构出来的矩阵的量级可能相近。

（2）r的选择会对NMF分解的结果产生较大影响，上面算法中的更新过程中是计算矩阵W和H内的每个元素，并不是矩阵乘法。r的值增大时，需要求解的数值也会增加，计算量也会大幅提高。在实际应用NMF时，也需要在分解前对矩阵的模式数量有一定的预判。

（3）NMF求解算法实际上是求解$M=WH$这一分解形式下的近似解，因此即便是在r相同的情况下，它的解也会有多种可能，这取决于初始值的选取与求解算法。

13.4.2　NMF 的代码实现

1. 生成测试数据

这里用Python的sklearn.decomposition工具包中的NMF方法实现非负矩阵分解。首先生成测试用的数据集，与前面SVD分解时用的数据相同。运行以下代码。

```
1. In [13-27]:
2. #生成测试用矩阵数据
3. M = np.array([[1,1,1,2,1],
4.               [2,3,2,4,2],
5.               [8,8,8,16,8],
6.               [9,9,9,12,9],
7.               [4,4,4,8,4],
8.               [2,2,2,4,2]])
```

2. 求解NMF

使用NMF方法分解矩阵，并求解矩阵W和H。sklearn包中的NMF方法被包装为一个模型，在使用时，首先需要设定模型的参数，其中，n_components参数就是前面的r，该值设定的越大，所需的计算量也越大。NMF有很多求解方法，其求解结果也与初始值相关，init参数设置为random时，初始的参数设定为随机的非负矩阵。

```
1. In [13-28]:
2. #引入NMF方法
3. from sklearn.decomposition import NMF
4. #定义NMF模型，给定参数r=2
5. model = NMF(n_components=2, init='random', random_state=0)
6. #模型训练
7. model.fit(M)
8. #模型测试，得到W矩阵和H矩阵
9. W = model.transform(M)
10. H = model.components_
```

```
11.
12. In [13-29]:
13. W
14.
15. Out[13-29]:
16. array([[0.48, 0.05],
17.        [0.96, 0.31],
18.        [3.81, 0.4 ],
19.        [2.86, 2.84],
20.        [1.91, 0.2 ],
21.        [0.95, 0.1 ]])
22.
23. In [13-30]:
24. H
25.
26. Out[13-30]:
27. array([[1.97, 2.  , 1.97, 4.2 , 1.97],
28.        [1.18, 1.17, 1.18, 0.  , 1.18]])
```

重构矩阵**WH**，并可视化。

```
1. In [13-31]:
2. # 重构矩阵
3. M_ = np.dot(W,H)
4. M_
5.
6. Out[13-31]:
7. array([[ 1.  ,  1.01,  1.  ,  2.  ,  1.  ],
8.        [ 2.24,  2.27,  2.24,  4.01,  2.24],
9.        [ 7.97,  8.1 ,  7.97, 16.  ,  7.97],
10.        [ 8.98,  9.06,  8.98, 12.  ,  8.98],
11.        [ 3.98,  4.05,  3.98,  8.  ,  3.98],
12.        [ 1.99,  2.03,  1.99,  4.  ,  1.99]])
13.
14. In [13-32]:
15. # 绘制重构的矩阵
16. plotM(M_,M.max())
```

输出结果如图13-26所示。

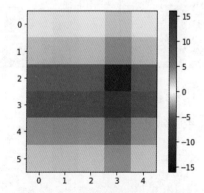

图13-26 非负矩阵分解后重构的矩阵

对比重构矩阵和原始矩阵，可以看到最终重构的结果与原始矩阵还是有些差异，但从总体上看与原始矩阵近似。可以通过修改NMF模型中算法迭代的次数max_iter参数与收敛判断阈值tol参数使求解结果更加接近原始矩阵。

3. 可视化NMF分解出的模式

与前面SVD分解结果类似，对NMF分解的W和H矩阵提取出w_i与h_i向量，重构模式矩阵进行可视化。绘制第一个模式重构的矩阵$w_1 h_1^T$，运行以下代码。

```
1. In [13-33]:
2. #特征1重构的矩阵
3. M1 = np.dot(W[:,:1],H[:1,:])
4. plotM(M1,M.max())
```

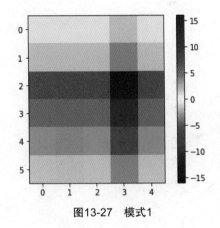

图13-27　模式1

输出结果如图13-27所示。

可视化w_i与h_i向量。

```
1. In [13-34]:
2. #模式1的w1与h1向量可视化
3. import matplotlib.pyplot as plt
4. fig = plt.figure(1,(10,3),dpi = 100)
5. ax1 = plt.subplot(121)
6. plt.sca(ax1)
7. plt.bar(range(6),W[:,0])
8. plt.title('$w_1$')
9. ax2 = plt.subplot(122)
10. plt.sca(ax2)
11. plt.bar(range(5),H[0,:])
12. plt.title('$h_1$')
13. plt.show()
```

输出结果如图13-28所示。

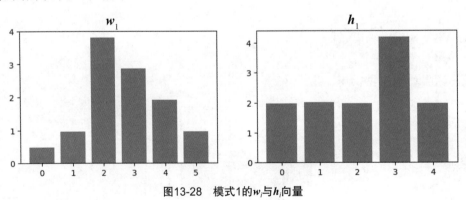

图13-28　模式1的w_i与h_i向量

同样，重构第二个模式，并可视化。

```
1. In [13-35]:
2. #特征2重构的矩阵
3. M2 = np.dot(W[:,1:2],H[1:2,:])
4. plotM(M2,M.max())
```

输出结果如图13-29所示。

```
1. In [13-36]:
2. #特征2的w2与h2向量可视化
3. import matplotlib.pyplot as plt
4. fig = plt.figure(1,(10,3),dpi = 100)
5. ax1 = plt.subplot(121)
6. plt.sca(ax1)
7. plt.bar(range(6),W[:,1])
8. plt.title('$w_2$')
9. ax2 = plt.subplot(122)
10. plt.sca(ax2)
11. plt.bar(range(5),H[1,:])
12. plt.title('$h_2$')
13. plt.show()
```

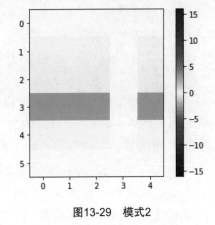

图13-29 模式2

输出结果如图13-30所示。

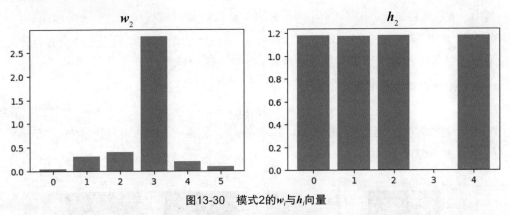

图13-30 模式2的w_i与h_i向量

对比SVD与NMF的求解结果，两者存在较大的差异。

从直观上看，SVD是先由少量的模式构建出最主要的分布规律，然后再用剩下的模式进行"微调"，模式与模式之间的大小差异较大。而NMF则是将矩阵分解为多个主要的模式叠加，如图13-31所示。

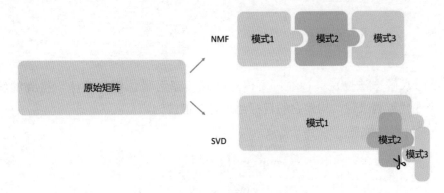

图13-31 SVD与NMF的差异

13.5 鲁棒主成分分析

13.5.1 为什么要有 RPCA

前面介绍的PCA算法有一个很明显的缺点，就是它的结果非常容易受到噪声的干扰。我们也在代码中测试了对数据中加入噪声后的主成分分析结果，在总共10个点的数据中只要加入1个噪声点，就会对求解出来的主成分造成很大的影响。PCA降维很容易受到异常值的影响，SVD同样也存在这个问题。

怎么解决这个问题呢？鲁棒主成分分析（Robust Principal Component Analysis，RPCA）应运而生，它的思路非常巧妙也顺理成章。RPCA把原始矩阵分解为：

$$M \approx L + S \tag{13.44}$$

其中，L是低秩矩阵，跟前面的SVD类似，是几种简单模式的叠加；S是稀疏矩阵，整个矩阵里的大部分都是0元素，只有少部分非0。RPCA的最大特点就是引入了S矩阵，让S矩阵承担了异常值部分，这样分解出来的L矩阵就会比较稳定。

注意到上面$L+S$矩阵的大小近似等于M矩阵，因此可以定义噪声矩阵：

$$N = M - L - S \tag{13.45}$$

N矩阵的量级大小应该远远小于M、L和S矩阵。因此，RPCA将M分解为L、S和N三个矩阵的叠加，如图13-32所示。

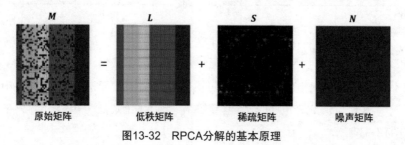

图13-32　RPCA分解的基本原理

13.5.2 RPCA 的求解

RPCA的求解方法也是一种通过不停迭代逐步逼近最优解的解法，得到的解是数值解。对这个迭代过程来说，构建它的目标函数是关键的一步。

RPCA的目标函数是：

$$\min_{L,S} \mathrm{rank}(L) + \lambda \|S\|_0$$
$$\mathrm{s.t} M = L + S \tag{13.46}$$

这里目标函数可以看成两部分，$\mathrm{rank}(L)$指的是低秩矩阵的秩，秩代表的是分解出来模式的数量。秩越少，就可以用少数的模式去代表矩阵的大部分信息。而$\|S\|_0$代表的是S矩

阵的L0范数（L0 Norm），也就是S矩阵里面非零元素的个数。$\|S\|_0$越小就说明矩阵里大部分的元素都是0，S矩阵也就变得越稀疏了。同时追求L矩阵的秩少和S矩阵稀疏这两个目标时，$\operatorname{rank}(L)$和$\|S\|_0$可能不在一个数量级上，所以要引入λ参数平衡这两个目标。

但是上述模型求解比较麻烦，因为它的下面还存在一个约束$M=L+S$。怎么办呢？拉格朗日乘子法（Lagrange Multiplier）可以解决这个问题，它是一种经典的求解条件极值的解析方法，可将所有约束的优化模型问题转换为无约束极值问题的求解。通过拉格朗日乘子法把约束也变成目标函数中的一部分，然后不停迭代求目标函数的最优解。

实际上，这个操作就是让上面的N矩阵最小化，并把这个最小化的目标也作为一项放进目标函数里。不过，N是一个矩阵，怎么判断它的大小呢？我们肯定希望里面的每一个元素越接近于0越好。一般来说，衡量一个矩阵的大小量级会用F范数（Frobenius Norm），也就是矩阵里面所有元素的平方和再开方：

$$\|N\|_F = \sqrt{\sum_{i=1}^{m}\sum_{j=1}^{n} n_{ij}^2} \tag{13.47}$$

所以，RPCA的目标函数就可以写成：

$$\min_{L,S} \operatorname{rank}(L) + \lambda \|S\|_0 + \mu \|M - L - S\|_F \tag{13.48}$$

这里的系数λ和μ被称为拉格朗日乘子。

然而，理想很丰满，现实却很残酷。上面的目标函数很难确定合适的系数λ和μ用来求解最优解，$\operatorname{rank}(L)$和$\|S\|_0$这两者都是非凸函数，也很难求解。

上面介绍的RPCA目标函数的求解也被称为主成分追踪（Principal Component Pursuit，PCP）[1]，它有很多求解的改进算法，改进点通常是在目标函数和求解迭代过程两方面。这里简要介绍增广拉格朗日方法（Augmented Lagrange Method，ALM），它改进目标函数，同时在拉格朗日方法的基础上添加了二次惩罚项，从而使得转换后的问题能够更容易求解。目标函数变为：

$$\min_{L,S} \|L\|_* + \lambda \|S\|_1 + \langle Y, M - L - S \rangle + \frac{\mu}{2} \|M - L - S\|_F^2 \tag{13.49}$$

其中，目标函数发生了一些改变：矩阵L的秩$\operatorname{rank}(L)$被改为L的核范数（Nuclear Norm），代表了矩阵的奇异值之和，表示为$\|L\|_*$。最小化核范数也可以近似地使矩阵低秩，而且它是一个凸优化问题，容易迭代求解。目标函数中引入的Y为二次惩罚的拉格朗日乘子矩阵，$\langle\cdot,\cdot\rangle$则代表向量的内积。同时，目标函数的$\|S\|_0$也被改为$\|S\|_1$，也就是$S$矩阵的L1范数（L1 Norm）。L1范数是指向量中各个元素绝对值之和，也有个美称叫"稀疏规则算子"（Lasso Regularization）：

$$\|S\|_1 = \sum_{i=1}^{m}\sum_{j=1}^{n} |s_{ij}| \tag{13.50}$$

① Candès E J, Li X, Ma Y, et al. Robust principal component analysis?[J]. Journal of the ACM (JACM), 2011, 58(3): 1–37.

L1范数是L0范数的最优凸近似，它比L0范数容易优化求解。求L1范数的最小值时，也能使得**S**成为稀疏矩阵。

PCP求解算法迭代过程较为复杂烦琐，感兴趣的读者可以查阅PCP的相关文献，本书不做过多讨论。

13.5.3　RPCA 的代码实现

在这一节中，用Python代码实现PCP算法。首先生成测试用数据（图13-33），给一个低秩矩阵中的每个元素加上随机值。

```
1. In [13-37]:
2. #定义测试数据
3. M = np.array([[1,1,1,2,1],
4.               [2,2,2,4,2],
5.               [8,8,8,16,8],
6.               [9,9,9,18,9],
7.               [4,4,4,8,4],
8.               [2,2,2,4,2]])+np.random.randn(6,5)
9. plotM(M,M.max())
```

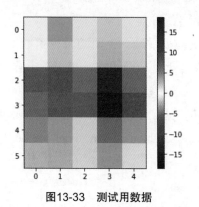

图13-33　测试用数据

定义RPCA的PCP求解法。

```
1. In [13-38]:
2. #实现principal component pursuit (PCP)算法
3. #定义求解F范数的函数
4. def frobenius_norm(M):
5.     return np.linalg.norm(M, ord='fro')
6. #定义求压缩算子的函数
7. def shrink(M, tau):
8.     return np.sign(M) * np.maximum((np.abs(M) - tau), np.zeros(M.shape))
9. #定义求奇异值阈值的函数
10. def svd_threshold(M, tau):
11.     U, S, V = np.linalg.svd(M, full_matrices=False)
12.     return np.dot(U, np.dot(np.diag(shrink(S, tau)), V))
13. #定义rpca求解函数
14. def rpca(M,max_iter = 1000):
```

```
15.    #初始化参数
16.    S = np.zeros(M.shape)              #初始化稀疏矩阵S
17.    Y = np.zeros(M.shape)              #初始化二次惩罚的拉格朗日乘子矩阵
18.    #设定两个拉格朗日乘子
19.    lmbda = 1 / np.sqrt(np.max(M.shape))
20.    mu = np.prod(M.shape) / (4 * np.linalg.norm(M, ord=1))
21.    mu_inv = 1 / mu
22.    tol = 1E-7 * frobenius_norm(M)     #收敛判定容差
23.    iter = 0                           #迭代次数
24.    err = np.Inf                       #与原始矩阵的误差,即N矩阵的傅里叶范数
25.    Sk = S
26.    Yk = Y
27.    Lk = np.zeros(M.shape)
28.    while (err > _tol) and (iter < max_iter):
29.        Lk = svd_threshold(
30.            M - Sk + mu_inv * Yk, mu_inv)                          #更新L矩阵
31.        Sk = shrink(
32.            M - Lk + (mu_inv * Yk), mu_inv * lmbda)                #更新S矩阵
33.        Yk = Yk + mu * (M - Lk - Sk)                               #更新Y矩阵
34.        err = frobenius_norm(M - Lk - Sk)
35.        iter += 1
36.        if (iter > max_iter) or (err <= tol):     #收敛或达到最大迭代,此时,
                                                     #输出迭代次数与误差
37.            print('迭代: {0}, 误差: {1}'.format(iter, err))
38.    L = Lk
39.    S = Sk
40.    return L,S
41.
42. #应用rpca求解
43. L,S = rpca(M)
44.
45. #绘制求解结果
46. plotM(L,M.max())
47. plotM(S,M.max())
48.
49. Out[13-38]:
50. 迭代: 147, 误差: 3.658774774342701e-06
```

输出结果如图13-34和图13-35所示。

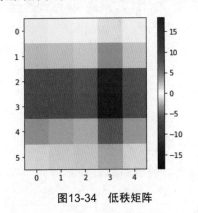

图13-34 低秩矩阵

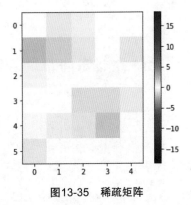

图13-35 稀疏矩阵

观察求解出的 **L**、**S** 和 **N** 三个矩阵：

```
1. In [13-39]:
2. #低秩矩阵的奇异值
3. np.linalg.svd(L)[1]
4.
5. Out[13-39]:
6. array([35.3 ,0.97,0.  ,0.  ,0.  ])
7.
8. In [13-40]:
9. #稀疏矩阵
10. S
11.
12. Out[13-40]:
13. array([[ 0.  ,  0.83, -0.46,  0.  , -0.08],
14.        [-2.12,  1.61, -0.85,  0.  ,  0.93],
15.        [ 0.39,  0.  ,  0.  ,  0.14, -0.  ],
16.        [ 0.  ,  0.  ,  1.17,  1.24,  0.77],
17.        [ 0.23, -0.69, -0.92,  1.91,  0.  ],
18.        [-0.72,  0.  ,  0.1 ,  0.  , -0.  ]])
19.
20. In [13-41]:
21. #噪声矩阵
22. N = M-L-S
23. N
24.
25. Out[13-41]:
26. array([[ 0.,  0., -0., -0.,  0.],
27.        [ 0.,  0., -0., -0.,  0.],
28.        [ 0., -0., -0.,  0.,  0.],
29.        [-0.,  0.,  0.,  0.,  0.],
30.        [ 0.,  0.,  0.,  0., -0.],
31.        [-0., -0.,  0.,  0., -0.]])
```

对低秩矩阵 **L**，其奇异值前两个非0，秩为2；对稀疏矩阵 **S**，矩阵中有较多元素为0；噪声矩阵 **N** 中的值也均接近0。至此，便实现了RPCA的求解。

13.6　实例：利用 SVD 分解分析出租车需求模式

13.6.1　矩阵分解如何帮助理解时空矩阵

1. 交通时空矩阵

在交通时空大数据中，经常会遇到交通需求的时空矩阵，这些时空矩阵同时有时间与空间信息，例如表13-1和表13-2。表13-1把每条路每小时的流量存储在矩阵中，每一行表示一个小时，每一列则表示一条路；表13-2把常见的OD矩阵转换为时空矩阵的形式，每一行表示一天，每一列表示一个OD对；表13-3也类似，把城市中的打车需求聚合至矩阵中，行为小时，列代表栅格。这些矩阵的共同特征是，它们的行和列分别表示的是时间和空间维度。

表13-1 道路流量的时空矩阵

时　间	道　路　A	道　路　B	……	道　路　Z
0时	100辆车	80辆车	……	11辆车
1时	80辆车	85辆车	……	12辆车
……	……	……	……	……
23时	65辆车	75辆车		17辆车

表13-2 城际出行OD的时空矩阵

日　期	上海—昆山	上海—太仓	……	南京—苏州
2018-11-1	100人	120人	……	10人
2018-11-2	120人	125人	……	12人
……	……	……	……	……
2018-11-30	85人	95人		7人

表13-3 出租车打车需求的时空矩阵

时　间	栅　格　1	栅　格　2	……	栅格6000
0时	上车10人	上车8人	……	上车11人
1时	上车20人	上车9人	……	上车12人
……	……	……	……	……
23时	上车65人	上车75人		上车17人

2. 时空矩阵分析难点

如果我们有一个月，一整年的OD信息，当我们拿到这些矩阵的时候，怎么分析呢？相比传统典型日OD矩阵来说，时空OD矩阵包含更多的信息，但也带来如何使用的问题。对它做平均值？那未免也太浪费数据了，通过简单求取数学平均值忽略了过多的时间变化特征信息，显然并不是合理的处理方式。这样的矩阵是非常庞大的，可以对每个时间段做一个需求分布的GIS图，但这样的几十张图摆在一起，用肉眼看图说话也只能看出个大概的趋势。

以出租车的打车需求为例，在分析之前，可以很肯定地知道，城市中出租车的打车需求肯定是白天多晚上少，可能有早晚两个高峰。但是除此之外，打车需求还有别的什么变化规律吗？会不会这些其他的需求变化规律被隐藏在早晚高峰中了呢？

例如，某个大型活动举办，在举办时间段可能活动举办场地周边地区的打车需求都相比往常有所增加。但可能周边地区本来的需求就已经很大，需求的增加相比起总量并不明显；或者大型活动在平峰举办，需求的增加反映在数据中只是从高峰变为平峰时下降得没那么快，如图13-36所示；另外，大型活动所影响的可能只是城市中的局部地区，这些局部地区相比起整个城市只占很小的比例。

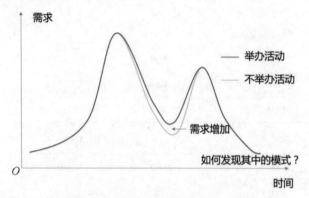

图13-36　如何发现隐藏在数据中的"模式"

交通时空矩阵分析的难点如下。

（1）如何获取到其中存在的变化特征或者规律？

这些时空矩阵内通常会隐藏着一定的规律变化模式。例如，观测一天24h的车流量，它呈现以天为周期的变化规律。而这一规律又不是唯一的规律。例如五一节假日，某些地方的交通出行量相比往常增加，节假日过后，这些交通出行又回归到原本的周期性变化。那么五一节假日的这部分出行增加又是一种规律。

（2）这些变化特征或者规律的时空变化如何观测与衡量？

上面观测到的规律，其时间与空间特征往往是有关联的。节假日里交通出行量出现了增加的规律特征，这些增加可能出现在特定的时段和特定的地点。时空变化是密不可分的，也因此分析这些变化规律必须把时间维度和空间维度同时一起分析。

3. 矩阵分解如何挖掘时空矩阵中的模式

那么，如何发现隐藏在数据中的"规律"或者"模式"呢？

以SVD为代表的矩阵分解方法则正好可以解决上面提到的难点。将时空矩阵进行SVD分解后，就可以将时空矩阵分解为多个以简单规律构成的矩阵叠加。而且，通常来说，交通领域的时空矩阵的变化规律都很强，用少数的模式即可代表其中的大部分信息。分解出来的每个模式中，u_i表示各模式在时间上的变化规律，而v_i^T则表示空间上的变化规律。

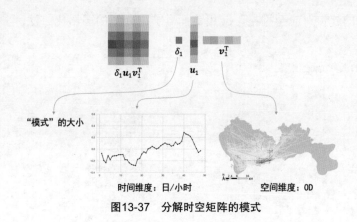

图13-37 分解时空矩阵的模式

13.6.2 利用SVD分解分析出租车需求模式

出租车作为城市中交通系统的一部分，其打车需求也有着一定的变化规律。从出租车GPS数据中，可以很方便地提取出每个栅格在每个时间段的打车需求，也就是上车的人数。一个城市中可能有几千个栅格，一天也可以分为几十个时间段，那么从数据中即可获取到时间段数×栅格数大小的时空矩阵，如表13-3所示。

如同13.6.1节所说，以SVD为代表的矩阵分解算法可以帮助我们从庞大的时空矩阵中挖掘需求"模式"的时空变化规律。在这个实例中，将SVD分解应用在出租车数据上，提取并分析出租车需求模式的时空变化。

1.数据整理

要在数据上应用SVD分解，首先需要把数据整理成矩阵的形式，即表13-3。这里，我们分析的需求是每个时刻每个栅格的上车人数：时间维度是小时，空间维度是栅格，统计的出行需求则是上车人数，也就是出租车OD从这里开始的数量。

读取之前章节中整理好的出租车OD数据：

```
1. In [13-42]:
2. #读取出租车OD数据
3. import pandas as pd
4. TaxiOD = pd.read_csv(r'TaxiOD.csv')
5. TaxiOD.head(5)
```

输出结果如图13-38所示。

	VehicleNum	Stime	SLng	SLat	ELng	ELat	Etime
0	22223	00:03:23	114.167465	22.562468	114.225235	22.552750	00:10:48
1	22223	00:11:33	114.227150	22.554167	114.229218	22.560217	00:15:19
2	22223	00:17:13	114.231354	22.562166	114.255798	22.590967	00:29:06
3	22223	00:36:45	114.240196	22.563650	114.119965	22.566668	00:54:42
4	22223	01:01:14	114.135414	22.575933	114.166748	22.608267	01:08:17

图13-38 出租车OD数据

把出租车OD的起点对应至栅格，应用前面章节中介绍的栅格化方法。

```
1.  In [13-43]:
2.  #对出租车的上客地点栅格化
3.  import math
4.  #划定栅格划分范围
5.  lon1 = 113.75194
6.  lon2 = 114.624187
7.  lat1 = 22.447837
8.  lat2 = 22.864748
9.  latStart = min(lat1, lat2);
10. lonStart = min(lon1, lon2);
11. #定义栅格大小（单位m）
12. accuracy = 500;
13. #计算栅格的经纬度增加量大小△Lon和△Lat
14. deltaLon = accuracy * 360 / (2 * math.pi * 6371004 * math.cos((lat1 + lat2) *
    math.pi / 360));
15. deltaLat = accuracy * 360 / (2 * math.pi * 6371004);
16. #出租车数据栅格化
17. TaxiOD['SLONCOL'] = ((TaxiOD['SLng'] - (lonStart - deltaLon / 2))/deltaLon).
    astype('int')
18. TaxiOD['SLATCOL'] = ((TaxiOD['SLat'] - (latStart - deltaLat / 2))/deltaLat).
    astype('int')
19. TaxiOD.head(5)
```

输出结果如图13-39所示。

	VehicleNum	Stime	SLng	SLat	ELng	ELat	Etime	SLONCOL	SLATCOL
0	22223	00:03:23	114.167465	22.562468	114.225235	22.552750	00:10:48	85	25
1	22223	00:11:33	114.227150	22.554167	114.229218	22.560217	00:15:19	98	24
2	22223	00:17:13	114.231354	22.562166	114.255798	22.590967	00:29:06	98	25
3	22223	00:36:45	114.240196	22.563650	114.119965	22.566668	00:54:42	100	26
4	22223	01:01:14	114.135414	22.575933	114.166748	22.608267	01:08:17	79	28

图13-39　出租车OD起点栅格化结果

提取上车时间中的小时信息，即时间维度，并对时间和空间维度进行聚合集计。

```
1.  In [13-44]:
2.  #提取数据中的小时
3.  TaxiOD['Hour'] = TaxiOD['Stime'].apply(lambda r:r.split(':')[0])
4.  #集计每小时每个格子的需求量
5.  Gridcount = TaxiOD.groupby(['Hour','SLONCOL','SLATCOL'])['VehicleNum'].
    count().reset_index()
6.  #将两列栅格编号合并成为一列
7.  Gridcount['grid_id'] = Gridcount['SLONCOL'].astype(str)+'|'+Gridcount['SLATCOL'].
    astype(str)
8.  Gridcount.head(5)
```

集计结果如图13-40所示。

	Hour	SLONCOL	SLATCOL	VehicleNum	grid_id
0	00	-428	74	1	-428|74
1	00	-393	114	1	-393|114
2	00	-380	118	1	-380|118
3	00	-374	119	1	-374|119
4	00	-97	159	1	-97|159

图13-40 时间与空间维度集计结果

此时数据存储的形式是每一行数据存储了哪个时间段（Hour列），哪个栅格（grid_id列），上车多少人（VehcileNum列）。需要把它转换为行表示时间、列表示空间的矩阵形式，而这个功能使用透视表df.pivot()方法就很容易做到。

```
1. In [13-45]:
2. #利用数据透视表功能将数据转换为矩阵
3. Gridmatrix = Gridcount.pivot(index = 'Hour',columns = 'grid_id',values =
   'VehicleNum')
4. Gridmatrix.head(10)
```

时空矩阵如图13-41所示。

grid_id	-101|156	-10|119	-10|85	-11|111	-11|122	-11|85	-11|86	-1272|-451	-13|88	-143|275	...	9|61	9|64	9|65	9|66	9|67	9|68	9|69	9|70	9|79	9|82
Hour																					
00	NaN	NaN	NaN	NaN	NaN	NaN	NaN	NaN	NaN	NaN	...	NaN	NaN	NaN	NaN	NaN	1.0	NaN	NaN	NaN	NaN
01	NaN	NaN	NaN	NaN	NaN	NaN	NaN	NaN	NaN	NaN	...	NaN	NaN	NaN	NaN	NaN	NaN	NaN	NaN	NaN	NaN
02	NaN	NaN	NaN	NaN	NaN	NaN	NaN	NaN	1.0	NaN	...	NaN	2.0	NaN	NaN	NaN	NaN	NaN	NaN	NaN	NaN
03	NaN	NaN	NaN	NaN	NaN	NaN	NaN	NaN	NaN	NaN	...	NaN	NaN	1.0	NaN	NaN	NaN	NaN	NaN	NaN	NaN
04	NaN	NaN	NaN	NaN	NaN	NaN	NaN	NaN	NaN	NaN	...	NaN	NaN	NaN	NaN	NaN	1.0	NaN	NaN	NaN	NaN
05	NaN	NaN	NaN	NaN	NaN	NaN	NaN	NaN	NaN	NaN	...	NaN	NaN	NaN	NaN	NaN	NaN	NaN	NaN	NaN	NaN
06	NaN	NaN	NaN	NaN	NaN	NaN	NaN	NaN	NaN	NaN	...	NaN	NaN	NaN	NaN	NaN	NaN	NaN	NaN	NaN	NaN
07	NaN	NaN	NaN	NaN	1.0	NaN	1.0	NaN	NaN	NaN	...	NaN	NaN	NaN	NaN	NaN	NaN	NaN	NaN	NaN	NaN
08	NaN	NaN	NaN	NaN	NaN	NaN	NaN	NaN	NaN	NaN	...	NaN	2.0	NaN	1.0	NaN	NaN	NaN	NaN	NaN	NaN
09	NaN	NaN	NaN	NaN	NaN	NaN	NaN	NaN	NaN	NaN	...	NaN	NaN	NaN	NaN	NaN	NaN	NaN	NaN	NaN	1.0

图13-41 时空矩阵

观察上面的矩阵会发现，绝大部分的值都为NaN空值。这是因为数据中，在整个城市范围内可能有大部分的栅格只在某些时段有打车需求。这样的矩阵输入模型肯定是不行的，需要对空值进行处理。这里有以下两种思路。

（1）对矩阵中的空值全部补为0，表示没有打车需求，然后将所有栅格构成的时空矩阵输入SVD。

（2）对矩阵中只保留部分需求较大的栅格作为分析对象，这样矩阵就只剩下少量的空值，对空值补0后再输入SVD。

这里采用第二种思路，原因是第一种思路中产生的矩阵会包含大量的0，矩阵非常稀疏，输入SVD后挖掘出的模式可能会被这些大量的0影响。另外，如果一个栅格只有偶尔一两个打车需求，那么其实研究它的意义就不大了。

通过df.isnull()函数判断矩阵中的值是否为空。由于Python中，True在求和中值为1，

False为0，直接对列求和即可得到每个栅格有多少个时间段的数据为空值。

```
1.  In [13-46]:
2.  #统计每个栅格有多少天的数值为空值
3.  nulldays = Gridmatrix.isnull().sum()
4.  nulldays
5.
6.  Out[13-46]:
7.  grid_id
8.  -101|156    23
9.  -10|119     23
10. -10|85      23
11. -11|111     23
12. -11|122     23
13.             ..
14. 9|68        21
15. 9|69        19
16. 9|70        20
17. 9|79        23
18. 9|82        23
19. Length: 3553, dtype: int64
```

保留空值数少于5的列，即栅格在一天中至少有20h有打车需求才被保留。并用0补充矩阵中的空值。

```
1.  In [13-47]:
2.  #保留空值数少于5的栅格，也就是矩阵中的列
3.  retaindays = nulldays[nulldays<5].index
4.  #补充空值为0
5.  Gridmatrix = Gridmatrix[retaindays].fillna(0)
6.  Gridmatrix.head(10)
```

输出结果如图13-42所示。

grid_id Hour	100|26	100|59	100|60	100|61	100|62	100|63	101|61	101|62	101|67	102|59	...	98|63	98|67	99|25	99|57	99|58	99|59	99|60	99|61	99|62	99|63
00	2.0	20.0	13.0	2.0	8.0	1.0	5.0	55.0	6.0	1.0	...	4.0	3.0	6.0	1.0	3.0	12.0	7.0	12.0	11.0	3.0
01	2.0	9.0	4.0	2.0	0.0	0.0	1.0	63.0	1.0	3.0	...	3.0	2.0	2.0	0.0	6.0	3.0	1.0	2.0	6.0	1.0
02	1.0	7.0	0.0	1.0	5.0	2.0	0.0	35.0	3.0	1.0	...	2.0	1.0	6.0	1.0	6.0	7.0	0.0	2.0	6.0	1.0
03	2.0	2.0	0.0	1.0	3.0	0.0	1.0	33.0	0.0	3.0	...	0.0	0.0	3.0	0.0	0.0	1.0	0.0	3.0	2.0	1.0
04	0.0	2.0	0.0	0.0	0.0	0.0	0.0	12.0	0.0	0.0	...	1.0	0.0	2.0	0.0	3.0	2.0	0.0	0.0	3.0	0.0
05	1.0	1.0	1.0	0.0	1.0	1.0	1.0	4.0	0.0	0.0	...	4.0	0.0	1.0	0.0	1.0	2.0	1.0	0.0	0.0	0.0
06	0.0	3.0	1.0	2.0	1.0	2.0	0.0	5.0	2.0	0.0	...	2.0	0.0	2.0	0.0	2.0	1.0	0.0	3.0	3.0	0.0
07	1.0	15.0	2.0	2.0	5.0	6.0	1.0	6.0	3.0	2.0	...	15.0	3.0	5.0	4.0	1.0	10.0	7.0	9.0	14.0	7.0
08	1.0	32.0	6.0	7.0	9.0	4.0	4.0	10.0	1.0	3.0	...	22.0	5.0	11.0	4.0	5.0	24.0	16.0	31.0	22.0	5.0
09	5.0	40.0	16.0	13.0	6.0	3.0	6.0	16.0	4.0	1.0	...	29.0	4.0	14.0	5.0	11.0	16.0	14.0	22.0	24.0	13.0

图13-42 筛选后的时空矩阵

现在时空矩阵即我们想要输入到SVD分解的矩阵，而目前它仍然是DataFrame对象，需要将它转换为NumPy中的array对象，用df.values即可实现。

```
1.  In [13-48]:
```

```
2.  #提取表中的值, 变为 NumPy 中的矩阵
3.  M = Gridmatrix.values
4.  M
5.
6.  Out[13-48]:
7.  array([[ 2., 20., 13., ..., 12., 11.,  3.],
8.         [ 2.,  9.,  4., ...,  2.,  6.,  1.],
9.         [ 1.,  7.,  0., ...,  2.,  6.,  1.],
10.        ...,
11.        [ 1., 57., 39., ..., 26., 29.,  4.],
12.        [ 5., 53., 50., ..., 52., 31.,  8.],
13.        [ 7., 48., 40., ..., 29., 20.,  2.]])
14.
15. In [13-49]:
16. #矩阵的大小
17. M.shape
18.
19. Out[13-49]:
20. (24, 1000)
```

2. SVD分解时空矩阵

接下来，对时空矩阵进行SVD分解。在结果中，同时调整u_i和v_i的正负，保持u_i向量中绝对值最大的值为正。

```
1.  In [13-50]:
2.  #进行 SVD 分解
3.  import numpy as np
4.  U,sigma,VT = np.linalg.svd(M)
5.  #调整 ui 和 vi 向量的正负, 保持 ui 向量中绝对值最大者为正
6.  for i in range(U.shape[0]):
7.      ui = U[:,i]
8.      flag = np.sign(ui[abs(ui) == abs(ui).max()])
9.      U[:,i] = flag*U[:,i]
10.     VT[i,:] = flag*VT[i,:]
```

比较各模式的奇异值大小，以最大的奇异值为1，其他奇异值按比例缩放标准化，用以表示其量级大小，并绘制碎石图。

```
1.  In [13-51]:
2.  #绘制奇异值变化的碎石图
3.  #标准化奇异值
4.  nsigma = (sigma/sum(sigma)).round(3)
5.  #创建图
6.  import matplotlib.pyplot as plt
7.  plt.figure(1,(6,4),dpi = 200)
8.  #绘制奇异值量级变化的曲线
9.  plt.plot(range(0,len(nsigma)+1),[1]+list(nsigma),'k-',range(0,len(nsigma)+1),
    [1]+list(nsigma),'k.')
10. plt.grid()
11. plt.title('奇异值变化碎石图')
```

```
12. plt.xlabel('奇异值')
13. plt.ylabel('量级')
14. plt.show()
```

奇异值变化碎石图如图13-43所示。

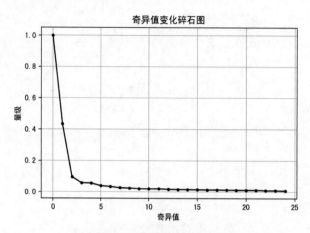

图13-43　奇异值变化碎石图

碎石图的曲线下降非常快，前两个奇异值的量级较大，从第三个奇异值开始量级大小开始趋于稳定。也就是说，这个时空矩阵只需要用2～3个模式就可以代表矩阵中的大部分信息。

3. 时空向量可视化

选取SVD分解出的第一个模式，对其时空向量分别可视化。先设定变量i代表可视化第几个模式，这样后续只需要修改i的值就能可视化不同的模式。这里提取出U矩阵中的u_i向量后，该向量只是1维的数值，还需要对应到Gridmatrix变量的index才能知道每个数值代表的是哪个时间段的信息。

```
1. In [13-52]:
2. #选取第i个模式
3. i = 0
4. #提取时间向量，与矩阵的index对应，创建DataFrame
5. U_pattern = pd.DataFrame([U[:,i],Gridmatrix.index]).T
6. #更改数据的列名
7. U_pattern.columns = ['U','Hour']
8. U_pattern['Hour'] = U_pattern['Hour'].astype(int).astype(str)
9. U_pattern.head(5)
```

时间向量的信息如图13-44所示。

对时间向量绘制柱状图与折线图可视化。为什么这里同时用柱状图与折线图？前面可视化章节中讲到，柱状图突出的是数据之间的对比，而折线图突出的是数据的趋势。在这里同时想知道空间向量在什么时间段的值较大，另外也关注它随时间的变化趋势，因此在可视化中同时绘制柱状图与折线图。运行以下代码。

```
1. In [13-53]:
```

	U	Hour
0	0.239965	0
1	0.179038	1
2	0.135818	2
3	0.103156	3
4	0.0741515	4

图13-44　时间向量的信息

```
2.  #绘制时间向量
3.  #创建图
4.  import matplotlib.pyplot as plt
5.  fig      = plt.figure(1,(7,4),dpi = 250)
6.  ax       = plt.subplot(111)
7.  #绘制柱状图和折线图
8.  plt.bar(U_pattern['Hour'],U_pattern['U'])
9.  plt.plot(U_pattern['Hour'],U_pattern['U'],'k',lw = 1)
10. #设定图参数
11. plt.ylim(-0.5,0.5)
12. plt.xticks(size = 6)
13. plt.yticks(size = 6)
14. plt.xlabel('时间')
15. plt.ylabel('$u_i$')
16. plt.title('模式'+str(i+1)+'的时间分布')
17. plt.show()
```

模式1的时间分布如图13-45所示。

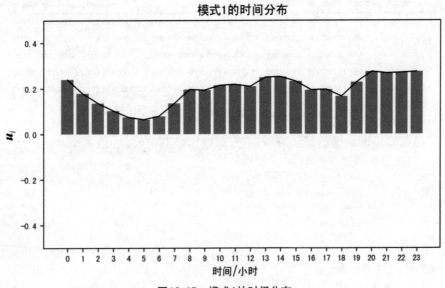

图13-45　模式1的时间分布

接下来对空间向量可视化。首先读取栅格和行政区划的地理信息文件，方便后续的地图可视化。

```
1.  In [13-54]:
2.  import geopandas as gpd
3.  #读取栅格地理信息文件
4.  grid = gpd.GeoDataFrame.from_file(r'gis/grid.shp',encoding = 'utf-8')
5.  #读取行政区划边界文件
6.  sz = gpd.GeoDataFrame.from_file(r'gis/sz.shp',encoding = 'utf-8')
```

同样，从V矩阵中获取的v_i向量还要与Gridmatrix变量的columns对应，才能够知道其中的每个数值代表的是哪个栅格。同时，将v_i向量与栅格信息对应，在栅格的GeoDataFrame表后添加v_i向量的信息。

```
1.  In [13-55]:
2.  #选取第i个空间向量，与矩阵的columns对应，得到栅格信息
3.  V_pattern = pd.DataFrame([VT.T[:,i],Gridmatrix.columns]).T
4.  #更改数据的列名
5.  V_pattern.columns = ['V','grid_id']
6.  #拆分出栅格信息
7.  V_pattern['LONCOL'] = V_pattern['grid_id'].apply(lambda r:r.split('|')[0]).
    astype(int)
8.  V_pattern['LATCOL'] = V_pattern['grid_id'].apply(lambda r:r.split('|')[1]).
    astype(int)
9.  #需要将V值转换为float对象，后面的可视化才能识别出数值
10. V_pattern['V'] = V_pattern['V'].astype(float)
11. #与栅格地理信息连接
12. grid_toplot = pd.merge(grid,V_pattern,on = ['LONCOL','LATCOL'])
13. grid_toplot.head(5)
```

输出结果如图13-46所示。

	LONCOL	LATCOL	HBLON	HBLAT	geometry	V	grid_id
0	10	63	113.798230	22.728875	POLYGON ((113.79579 22.72663, 113.79579 22.731...	0.003246	10|63
1	11	39	113.803102	22.620956	POLYGON ((113.80067 22.61871, 113.80067 22.623...	0.001650	11|39
2	11	54	113.803102	22.688405	POLYGON ((113.80067 22.68616, 113.80067 22.690...	0.002053	11|54
3	12	39	113.807975	22.620956	POLYGON ((113.80554 22.61871, 113.80554 22.623...	0.002273	12|39
4	12	40	113.807975	22.625453	POLYGON ((113.80554 22.62320, 113.80554 22.627...	0.262600	12|40

图13-46　栅格地理信息上添加了对应的空间向量信息

最后，绘制栅格的地理信息，并以颜色深浅代表空间向量的值大小。

```
1.  In [13-56]:
2.  #创建图
3.  import matplotlib.pyplot as plt
4.  fig = plt.figure(1,(8,4),dpi = 250)
5.  ax = plt.subplot(111)
6.  plt.sca(ax)
7.  #设定地理范围
8.  bounds = [113.6,22.4,114.8,22.9]
9.  #设定色条最大值
10. vmax = abs(grid_toplot['V']).quantile(0.9)
11. #绘制栅格
12. grid_toplot.plot(ax = ax,column = 'V',cmap = 'seismic',vmin = -vmax,vmax = vmax,)
13. #绘制深圳边界
14. sz.plot(ax = ax,edgecolor = (0,0,0,0),facecolor = (0,0,0,0.1),linewidths=0.5)
15. #设置显示范围
16. plt.axis('off')
17. ax.set_xlim(bounds[0],bounds[2])
18. ax.set_ylim(bounds[1],bounds[3])
19. #加上标题
20. plt.title('模式'+str(i+1)+'的空间分布')
21. #设置色条
22. plt.imshow([[-vmax,vmax]], cmap='seismic')
23. cax = plt.axes([0.14, 0.4, 0.02, 0.3])
```

```
24. plt.colorbar(cax=cax)
25. plt.title('$v_i$')
26. plt.show()
```

模式1的空间分布如图13-47所示。

图13-47　模式1的空间分布

至此就已经实现了一个模式的时空向量可视化，修改前面的参数i，即可绘制不同模式的时空向量。

13.6.3　结果分析

对SVD分解的结果提取前三个模式的时间与空间分布进行可视化，结果见图13-48。

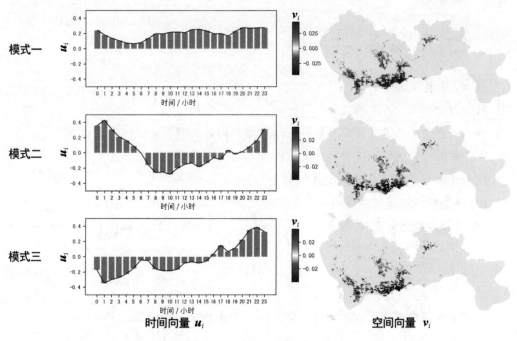

图13-48　SVD分解的前三个模式

这几种模式分别揭示了什么需求？如何分析呢？

在模式1中，u_i与v_i的值全部为正。实际上对大部分交通时空矩阵，SVD结果的第一个模式都是这样类似的情况。也就是前面说的，SVD会用第一个模式描述矩阵大体上的分布规律，然后再通过后面的模式对分布规律进行"微调"。通过u_i向量可以看出这一模式在时间上呈现白天多，夜间少的分布；而空间上则遍布城市的核心区，颜色越深表示需求越大。

模式2在时间分布上夜间为正，白天为负；而空间上则大体上是罗湖（老城区）为正，新城区（福田区南山区）为负。在这里，时间的负值与空间上的负值相乘得正，也就表明模式2表示的是在老城区在夜间需求更多和新城区在白天需求更多的模式。这两者正好存在反方向变化的规律，因此会被归类在同一个模式中。

模式3在时间分布上凌晨至下午为负，晚高峰到夜间为正；空间分布则在中心城区为负，罗湖区田贝南山区深圳湾、后海商圈附近为正。说明该模式揭示的需求模式白天在前者更多，夜间则在后者更多。

更深入细致的分析还需要再放大地图，并结合用地性质、POI与实际的地理区位等信息，根据模式所表现的内容推测其包含的需求类型。

在上面的实例中，介绍了如何应用矩阵分解的思路挖掘提取隐藏在交通时空矩阵中的"模式"。但是，矩阵分解这种分析思路也存在一定的缺点。首先，它将个体的数据集计为群体进行考虑，分解出来的模式无法追溯到个体；另外，从时空矩阵中分解出的模式通常需要依据其时空分布规律来猜测可能的交通需求类型，这也需要我们对数据存在一定的理解才能够进行合理解读。

13.7 本章习题

1. PCA之前数据为什么要进行标准化？

2. PCA为什么追求方差最大化？

3. PCA降维之后的维度和原本的特征维度如何构建关联？

4. SVD中的"模式"指的是什么？

5. NMF分解出的模式如何判断量级大小？

6. RPCA的低秩矩阵与稀疏矩阵在交通时空矩阵中分别扮演什么角色？

7. 为什么对交通时空矩阵应用矩阵分解后，用少数的模式即可代表其中的大部分信息？

8. 在实例中，除前2～3个模式外，可视化后面的几个模式，其中是否有可解释的规律。

9. 在实例中，尝试用不同的矩阵分解算法分解出租车需求矩阵，并分析结果。

第14章
空间统计

交通时空大数据中，我们所接触、处理的数据本质上都是连续采样的带有空间信息的数据点。数据的地理空间特征分析是交通时空大数据领域所讨论的重要课题方向，而空间统计就是强有力的工具之一。而空间统计所讨论的对象，就是含有一定地理位置信息的地理要素。

14.1 什么是空间统计

14.1.1 空间统计简介

空间统计的核心是通过地理空间位置建立数据间的统计关系，研究数据在空间上的分布、相关性、热点聚集等关系。空间统计学的出现源自于地理学家沃尔多·托布勒（Waldo Tobler）于1970年提出的地理学第一定律（Tobler's First Law of Geography，TFL）：

"Everything is related to everything else, but near things are more related than distant things."（任何事物之间都互相关联，而离得近的事物比起离得远的事物关联更紧密。）

如何理解呢？以前面章节所讨论的与轨道站点衔接的共享单车出行需求分布为例。在地理空间上，这些需求点会集中分布在地铁站点周边；而距离地铁站远的地方，单车衔接的需求也会减少。如果划分栅格来统计，地铁站附近的栅格内统计到的需求都普遍较多，离地铁站远的栅格内统计到的需求普遍较少。地铁站附近的栅格相互之间离得近，所以它们统计出来的需求量也更加接近，如图14-1所示。这也就是TFL告诉我们的现象，空间上越近的事物拥有越强的相似程度。

图14-1 地铁衔接的共享单车出行需求

不过，TFL所说的内容有些抽象，如果要用数学模型来描述，还有一些问题需要回答。

（1）怎么样才算"离得近"呢？如何把"近"转换为数值表示？这是14.2节所讨论

的内容。

（2）从整体上看，不同数据的分布符合TFL的程度不同。从局部上看，数据集可能在某些局部地区更符合TFL，有的地区则不太符合。怎么用指标去描述呢？这是14.3节所讨论的内容。

（3）既然我们知道离得近的空间数据的属性可能会比较接近，能否在回归模型中加入周围地理空间数据的属性特征，使得模型能够更准确地估计出地理要素的属性呢？这是14.4节所讨论的内容。

本章将从上面三个方面介绍空间统计的相关内容。

14.1.2　PySAL：在 Python 中实现空间统计

本章中的空间统计方法都将由Python实现。在Python中，PySAL（Python Spatial Analysis Library）包提供了空间统计的功能。PySAL是一个面向地理空间数据科学的库，它支持空间分析高级应用程序的开发，例如，空间簇与异常点的检测、空间自相关与热点分析、地理空间回归与统计建模、空间计量经济学、探索性时空数据分析等。

PySAL由多个子模块构成，主要包括以下四大模块。

Lib：底层支持库，即libpysal，提供了空间关系权重获取、地理空间数据读写、空间数据处理的基础功能。

Explore：探索性空间数据分析模块，主要用来度量与分析地理空间数据的分布模式，包括esda（空间自相关）、giddy（空间马尔可夫链）、inequality（空间不均衡度量方法）、pointpats（空间点分布模式）、segregation（空间分离分析方法）、spaghetti（基于网络的空间数据分析）等子模块。

Model：模型模块，用各种线性、广义线性、广义加性和非线性模型对数据中的空间关系进行建模，包括mgwr（地理加权回归）、spglm（广义线性回归模型）、spint（空间相互作用过程）、spreg（空间自相关回归）、spvcm（多级空间相关方差分量模型）、tobler（空间插值）。

Viz：可视化模块，包括mapclassify（地图可视化配色分组）、splot（PySAL分析结果的可视化接口）。

14.2　空间关系权重

14.2.1　空间关系权重的定义

与传统非空间统计分析的重要区别是，空间统计分析将空间关系直接整合到算法中。这也就涉及空间统计中的第一个问题：空间关系的权重如何定义？

我们很自然会联想到，地理要素之间的距离可以代表空间关系。但如果要将空间关系输入统计模型中作为权重，我们希望的是越近的地理要素，权重越大，越远的则权重越小。而对距离来说则正好相反，越近的地理要素，距离越小。因此，在执行空间统计分析任务之前，需要在多种空间关系权重定义方法中挑选其中一种。这些方法大多建立在距离的基础上，对距离与空间关系权重建立一定的函数关系。

常见的空间关系权重的定义方法包括反距离、核函数、固定距离、无差别区域、K最近邻、面邻接、Delaunay三角测量等（图14-2），下面逐一介绍。

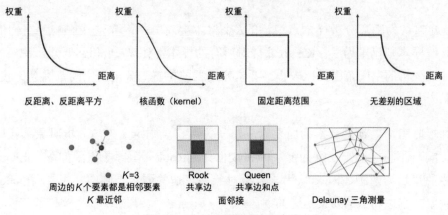

图14-2 空间关系权重定义方法

1. 反距离、反距离平方

距离与空间关系权重呈反比例关系，距离越近权重越大，距离越远权重越小。不过，直接用反比例函数则会导致两个要素距离非常近时权重极大，影响模型效果。

2. 核函数

核函数（Kernel）在前面可视化章节中简要地介绍过，在实际应用中最常用的是高斯分布（正态分布）的核函数，公式如下。

$$w_{ij} = e^{-\frac{1}{2}\left(\frac{d_{ij}}{b}\right)^2} \tag{14.1}$$

其中，w_{ij}是地理要素i与j之间的空间关系权重，d_{ij}为i与j之间的距离，b则为带宽（Bandwidth，bw），带宽决定了核函数的形态，如图14-3所示。

带宽越大，权重随距离的增加衰减得越慢，每个地理要素的空间关系影响范围越远；带宽越小，权重随距离的增加衰减越快，每个地理要素的空间关系影响范围越近。

3. 固定距离

设定一定的距离阈值，在两个地理要素距离在阈值以内时，要素之间具有相等的空间关系权重。超过

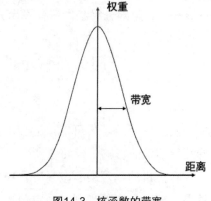

图14-3 核函数的带宽

距离阈值以外的地理要素的权重则为零。设定固定距离阈值时，我们认为距离样本点超过一定距离的地理要素不会对分析对象造成影响。

4. 无差别区域

无差别区域将前面的反距离模型和固定距离模型合并为一个分段函数。距离阈值内的所有地理要素的权重都相同。超过距离阈值后，权重会快速下降。

5. K最近邻

K最近邻认为距离分析样本点最近的K个样本会对分析对象造成影响，它们的权重一致，而其他样本则权重为零。K最近邻会对所有的样本都计算K个相邻要素，在要素密度高的位置处，分析的空间范围会比较小。要素密度稀的位置，分析的空间范围会比较大。

6. 面邻接

面邻接时考虑的地理要素为面要素，空间关系权重则定义为与分析对象邻接的面要素会造成影响，不临接的则权重为零。面邻接也分为Rook（国际象棋中的车）与Queen（国际象棋中的皇后）两种，Rook认为与分析对象共享边的要素是它的邻居，而Queen则认为与分析对象共享边和点的要素是它的邻居。

7. Delaunay三角测量

了解Delaunay三角测量，则需要先了解泰森多边形。泰森多边形又叫Voronoi图，是对空间平面的一种剖分，其特点如下。

（1）每个泰森多边形内仅含有一个离散点数据。

（2）泰森多边形内的点到相应离散点的距离最近。

（3）位于泰森多边形边上的点到其两边的离散点的距离相等。

通过点要素或要素质心创建泰森多边形后，将泰森多边形上应用面临接，就是Delaunay三角测量所定义的空间权重。Delaunay三角测量可确保每个要素至少具有一个相邻要素。

连接相邻泰森多边形中的要素点，可以得到Delaunay三角网，由一系列相连的但不重叠的三角形组成，而且这些三角形的外接圆不包含这个面域的其他任何点。这也被称为Delaunay三角剖分算法，在有限元分析以及图形学中有很多应用。

14.2.2 空间关系权重的选择

空间关系权重定义方法的选择主要取决于研究对象。例如，要分析共享单车需求的聚集程度，使用反距离可能最适合。但是，如果要评估某一地块相邻地块的用地性质对其交通出行需求的影响，则面邻接可能是描述空间关系的更好选择。

在分析的地理要素较多时，在空间关系权重的模型的选择上，会选择表现邻接关系的模型，即以一定的规则（固定距离、KNN、面邻接、Delaunay三角测量等）判断每个地理要素的"邻居"。如果两个地理要素之间是"邻居",它们的空间关系权重为1,其他情况则为0。以邻接关系进行考虑时,算法可以只对地理要素的"邻居"进行计算,可以显著降低后续空间统计算法的计算量,提升运算速度。

14.2.3 Python 中空间关系权重的获取

Python的PySAL中,空间关系权重是最基础最底层的方法,由子模块libpysal提供支持。在本节中,将用libpysal实现空间关系权重矩阵的获取,首先导入必要的包。

```
1. In [14-1]:
2. #导入 PySAL 的子模块 libpysal
3. import libpysal
4. import pandas as pd
5. import numpy as np
6. import geopandas as gpd
7. import transbigdata as tbd
```

本节中,以前面章节中提取的同济大学地铁站的衔接需求分布数据为例。分析思路是将研究区域划分栅格,将数据点进行对应至栅格,再以栅格为研究对象进行空间统计分析。这里使用TransBigData包将数据进行栅格化后聚合集计,以栅格为地理要素,获取栅格之间的空间关系权重,首先读取数据:

```
1. In [14-2]:
2. #读取共享单车停车数据
3. data_stop = pd.read_csv(r'data/bicycle_points.csv')
4. data_stop.head(5)
```

	lon	lat
0	121.472519	31.273511
1	121.479947	31.258949
2	121.485236	31.266860
3	121.488845	31.290549
4	121.489748	31.290124

输出结果如图14-4所示。

利用TransBigData包对数据进行栅格化,并统计每个栅格的数据量,生成每个栅格的地理图形,转换为GeoDataFrame,代码如下。

图14-4 衔接需求点数据

```
1.  In [14-3]:
2.  #数据进行栅格化集计
3.  #定义范围,获取栅格化参数
4.  lat1sh = 30.9666667;
5.  lat2sh = 31.4833333;
6.  lon1sh = 121.166667;
7.  lon2sh = 121.9;
8.  bounds = [lon1sh,lat1sh,lon2sh,lat2sh]
9.  params = tbd.area_to_params(bounds,accuracy = 500)
10. #将GPS栅格化
11. data_stop['LONCOL'],data_stop['LATCOL'] = tbd.GPS_to_grid(data_stop['lon'],
    data_stop['lat'],params)
12. #统计每个栅格有多少数据量
13. data_count = data_stop.groupby(['LONCOL','LATCOL'])['lon'].count().rename
    ('count').reset_index()
```

```
14.  # 生成栅格地理图形
15.  data_count['geometry'] = tbd.grid_to_polygon([data_count['LONCOL'],data_count
     ['LATCOL']],params)
16.  # 转为 GeoDataFrame
17.  data_count = gpd.GeoDataFrame(data_count)
18.  data_count.head(5)
```

输出结果如图14-5所示。

	LONCOL	LATCOL	count	geometry
0	1616	1973	1	POLYGON ((121.47135 31.26955, 121.47622 31.269...
1	1616	1975	1	POLYGON ((121.47135 31.27855, 121.47622 31.278...
2	1616	1977	1	POLYGON ((121.47135 31.28754, 121.47622 31.287...
3	1617	1969	1	POLYGON ((121.47622 31.25157, 121.48109 31.251...
4	1617	1970	1	POLYGON ((121.47622 31.25606, 121.48109 31.256...

图14-5　栅格数据

将栅格统计的数据量映射至颜色并绘制（图14-6）。

```
1.  In [14-4]:
2.  data_count.plot(column = 'count')
```

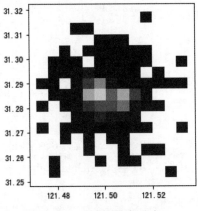

图14-6　栅格的空间分布

接下来，通过libpysal包进行空间关系权重的计算。首先需要将栅格数据转换为投影坐标系，以便在空间关系权重模型中输入实际距离作为参数，代码如下。

```
1.  In [14-5]:
2.  # 转换投影坐标系以便以距离计算空间权重
3.  data_count.crs = {'init':'epsg:4326'}
4.  data_count_2416 = data_count.to_crs(epsg = '2416')
```

接下来，以固定距离范围方法，设定距离参数为1000m，计算空间关系权重。

```
5.  In [14-6]:
6.  # 固定距离范围 : 1000m
7.  wq = libpysal.weights.DistanceBand.from_dataframe(data_count_2416,1000)
```

上面的代码将空间关系权重的信息存储在wq变量中。以固定距离范围方法所获取的空间关系在默认情况下会判断输入样本中两两之间的关系，如果它们之间的距离在设定距离范围内则将它们认定为邻居，空间关系权重的值设定为1。可以通过wq.neighbors和wq.weights参数分别查看地理要素的邻居与空间关系权重的大小。wq.plot方法则可以将邻接关系绘制出来，接下来将栅格与邻接关系绘制可视化。

```
1. In [14-7]:
2. import matplotlib.pyplot as plt
3. fig = plt.figure(1,(5,5),dpi = 100)
4. ax = plt.subplot(111)
5. #绘制栅格
6. data_count_2416.plot(ax = ax,edgecolor='grey', facecolor='w')
7. #绘制邻接关系
8. wq.plot(data_count_2416, ax=ax,
9.         edge_kws=dict(color='r', linestyle=':', linewidth=1),
10.         node_kws=dict(marker=''))
11. plt.axis('off')
12. plt.show()
```

输出结果如图14-7所示。

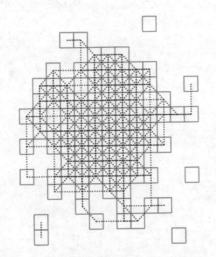

图14-7 固定距离范围（1000m）的邻接关系

libpysal也提供了其他几种空间关系权重的计算方法。

```
1. In [14-8]:
2. #K近邻：KNN
3. wq = libpysal.weights.KNN.from_dataframe(data_count_2416,k=3)
4. #面临接：Rook
5. wq = libpysal.weights.Rook.from_dataframe(data_count_2416)
6. #面临接：Queen
7. wq = libpysal.weights.Queen.from_dataframe(data_count_2416)
```

对于Delaunay三角测量的邻接关系，libpysal也提供了相应的方法，它所接受的是点坐标数据。因此，首先需要对栅格获取中心点的x与y坐标信息，才能输入该方法，代码如下。

```
1. In [14-9]:
2. #整理栅格中心点信息
3. points = np.array([data_count_2416.centroid.x.values,
4.                    data_count_2416.centroid.y.values]).T
5. #Delaunay三角测量
6. wq = libpysal.weights.contiguity.Voronoi(points)
```

同时，libpysal也提供了从点生成泰森多边形的方法，代码如下。

```
1. In [14-10]:
2. #生成泰森多边形
3. region_df, point_df = libpysal.cg.voronoi.voronoi_frames(points)
```

最后，对泰森多边形与Delaunay三角测量的邻接关系进行可视化，代码如下。

```
1. In [14-11]:
2. import matplotlib.pyplot as plt
3. fig = plt.figure(1,(5,5),dpi = 100)
4. ax = plt.subplot(111)
5. #绘制泰森多边形
6. region_df.plot(ax=ax, color='blue',edgecolor='black', alpha=0.3)
7. point_df.plot(ax=ax, color='red')
8. #绘制邻接关系
9. wq.plot(data_count_2416, ax=ax,
10.        edge_kws=dict(color='r', linestyle=':', linewidth=1),
11.        node_kws=dict(marker=''))
12. plt.axis('off')
13. plt.show()
```

输出结果如图14-8所示。

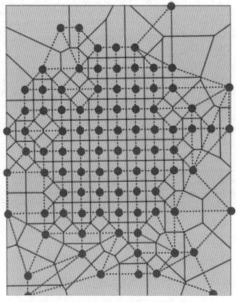

图14-8　Delaunay三角测量的邻接关系

14.3 空间自相关与热点分析

14.3.1 空间自相关

1. 空间自相关的原理

前面介绍地理学第一定律TFL时提到，离得近的事物比起离得远的事物关联更紧密。在空间数据中反映出来的现象是，两两要素之间如果离得越近，空间关系权重大，则它们的属性值关联越紧密，这种性质就是空间自相关。注意，这里的关联紧密可以是正相关，也可以是负相关，下面以一个例子来说明。

（1）想象一下我们在一个教室中，每个同学有自己的座位（地理要素的空间位置）与考试的分数（地理要素的属性值）。如果考试分数高的"学霸"同学的位置倾向于聚集在一起，分数低的"学渣"同学的位置也聚集在一起，可以说这个教室中的同学考试分数与他们座位的位置存在比较大的关联，即数据集存在较强的空间自相关，且为空间正相关，数据的分布呈现聚集的趋势。

（2）如果到另一个教室中，学霸和学渣们随机分布，看不出明显的规律，那么同学的考试分数与他们座位的位置关系并不大，则数据集为空间不相关，数据的分布为随机。

（3）再考虑另一种极端，老师想让学霸带带学渣，因此刻意地安排了同学们的座位，让每个学霸的前后左右都是学渣，每个学渣的前后左右都是学霸。那么，此时教室中同学考试分数与他们座位的位置其实也存在比较大的关联，数据集存在较强的空间自相关，但表现为负相关，数据的分布呈现分散的趋势。

这三个教室中的空间自相关属性是不同的，如何衡量空间自相关的强弱呢？莫兰指数（Moran's I）就是空间统计中用来衡量空间自相关的统计量。莫兰指数又分为全局莫兰指数（Global Moran's I）[1]和局部莫兰指数（Local Moran's I）[2]，分别由澳大利亚统计学家帕克·莫兰（Patrick Moran）与美国亚利桑那州立大学地理与规划学院院长卢卡·安瑟伦（Luc Anselin）提出，如图14-9所示。

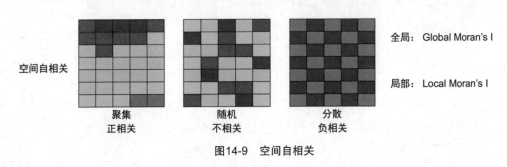

图14-9 空间自相关

---

[1] Goodchild M F. Spatial autocorrelation[M]. Geo Books, 1986.
[2] Anselin L. Local indicators of spatial association—LISA[J]. Geographical analysis, 1995, 27(2): 93-115.

2. 全局莫兰指数

全局莫兰指数（Global Moran's I）对整个数据集输出一个统计值，用于衡量整个数据集的空间自相关强弱。全局莫兰指数的计算公式如下。

$$I = \frac{n}{S_0} \times \frac{\sum_{i=1}^{n}\sum_{j=1}^{n} w_{ij}(x_i - \bar{x})(x_j - \bar{x})}{\sum_{i=1}^{n}(x_i - \bar{x})^2} \tag{14.2}$$

其中，$S_0 = \sum_{i=1}^{n}\sum_{j=1}^{n} w_{ij}$，$w_{ij}$为$i$与$j$要素之间的空间关系权重。如何理解这一公式呢？重点要关注的是分子$\sum_{i=1}^{n}\sum_{j=1}^{n} w_{ij}(x_i - \bar{x})(x_j - \bar{x})$这一项，其中，$w_{ij}$用于判断地理要素是否接近，$(x_i - \bar{x})(x_j - \bar{x})$则用于判断地理要素属性值的差异。

在前面教室的场景中，考虑下面四种情况。

（1）两个学霸i与j离得近时，w_{ij}较大，且$(x_i - \bar{x}) > 0, (x_j - \bar{x}) > 0$，得到$w_{ij}(x_i - \bar{x})(x_j - \bar{x}) > 0$，对$I$的值大小贡献为正。

（2）两个学渣i与j离得近时，w_{ij}较大，且$(x_i - \bar{x}) < 0, (x_j - \bar{x}) < 0$，得到$w_{ij}(x_i - \bar{x})(x_j - \bar{x}) > 0$，对$I$的值大小贡献为正。

（3）学霸i与学渣j离得近时，w_{ij}较大，且$(x_i - \bar{x}) > 0, (x_j - \bar{x}) < 0$，得到$w_{ij}(x_i - \bar{x})(x_j - \bar{x}) < 0$，对$I$的值大小贡献为负。

（4）当同学之间离得较远时，w_{ij}较小，对I的值大小贡献也较小。

综合上面的几种情况，当空间中数据的属性存在高值聚集和低值聚集时，会提高I值，而当数据中存在高值与低值离得近时，则会降低I值。这一特性也使得全局莫兰指数可以用来描述所有空间单元在整个区域上与周边地区的平均关联程度。

在计算出全局莫兰指数I后，应该如何判断这个指数相对来说是偏高还是偏低呢？在统计学中，经常使用假设检验来判断样本与总体之间是否存在显著的差异。

如果用假设检验来判断I是否具有显著性，则首先假设空间数据为随机分布，可以计算得到随机分布情况下I的均值$E(I)$与方差$V(I)$：

$$E(I) = -\frac{1}{n-1} \tag{14.3}$$

$$V(I) = E(I^2) - [E(I)]^2 \tag{14.4}$$

其中，n为总地理要素数量，对莫兰指数标准化得到Z分数（Z-score），Z分数能够真实地反映莫兰指数距离平均值的相对标准距离，计算方法如下。

$$Z_I = \frac{I - E(I)}{\sqrt{V(I)}} \tag{14.5}$$

然后，再由Z分数估算显著性水平P值（P value），P值与Z分数一一对应。P值能够反映在空间数据为随机分布情况下，全局莫兰指数与实际计算得到的*I*值相同，或甚至更加极端的事件发生的概率。如果*P*值小于一定的值（通常取0.05），则表明计算出的*I*值具有显著性，可以比较可信地推翻数据服从随机分布的零假设，如图14-10所示。

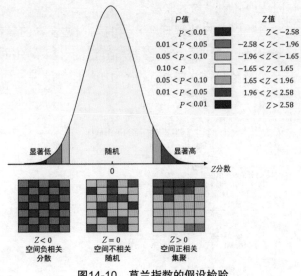

图14-10　莫兰指数的假设检验

3. 局部莫兰指数

局部莫兰指数（Local Moran's I）则对每个地理要素输出一个统计值，用于衡量地理要素与其周围要素的空间自相关性质强弱。局部莫兰指数的计算公式如下。

$$I_i = \frac{x_i - \bar{x}}{S_i^2} \times \sum_{j=1, j \neq i}^{n} w_{ij}(x_j - \bar{x}) \tag{14.6}$$

其中，$S_i^2 = \dfrac{\sum\limits_{j=1, j \neq i}^{n} (x_j - \bar{x})^2}{n-1}$。理解这一公式也很容易，其中的分子 $x_i - \bar{x}$ 代表的是自己的成绩，即地理要素的属性值（Donatns），而 $\sum\limits_{j=1, j \neq i}^{n} w_{ij}(x_j - \bar{x})$ 项代表的则是周边同学成绩，也叫作空间滞后性（Spatiallag）。同样考虑下面的四种情况。

（1）学霸的周围都是学渣时：$x_i - \bar{x} > 0$，而周围同学 $\sum\limits_{j=1, j \neq i}^{n} w_{ij}(x_j - \bar{x}) < 0$，局部莫兰指数 $I_i < 0$。

（2）学霸的周围都是学霸时：$x_i - \bar{x} > 0$，而周围同学 $\sum\limits_{j=1, j \neq i}^{n} w_{ij}(x_j - \bar{x}) > 0$，局部莫兰指数 $I_i > 0$。

（3）学渣的周围都是学渣时：$x_i - \bar{x} < 0$，而周围同学 $\sum\limits_{j=1, j \neq i}^{n} w_{ij}(x_j - \bar{x}) < 0$，局部莫兰指数 $I_i > 0$。

（4）学渣的周围都是学霸时：$x_i - \bar{x} < 0$，而周围同学 $\sum\limits_{j=1, j \neq i}^{n} w_{ij}(x_j - \bar{x}) > 0$，局部莫兰指

数$I_i < 0$。

综合上面的几种情况，当地理要素的属性与周围的地理要素都高于均值或都低于均值时，$I_i > 0$；反之如果一方大于均值，一方低于均值，则$I_i < 0$。因此，局部莫兰指数可以用来描述单个空间单元与周边地区的平均关联程度。

在使用局部莫兰指数分析时，对比地理要素自身与周边要素的属性值，也可以将地理要素分为高值聚集（High-High，HH），低值被高值包围（Low-High，LH），低值聚集（Low-Low，LL）与高值被低值包围（High-Low，HL）四种情况，如图14-11所示。

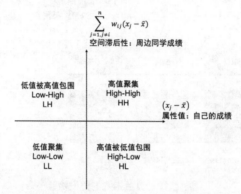

图14-11　局部莫兰指数识别的高低值关系

同时，与前面的全局莫兰指数原理相同，也可以同样对局部莫兰指数进行标准化计算Z分数与显著性水平P值，进而判断空间上显著存在HH、LH、LL、HL四种情况的区域。

14.3.2　热点分析

与空间自相关相似的还有一个概念叫做热点分析。热点分析所解决的问题是衡量教室中是否存在学霸扎堆（高值聚集，也叫热点）、学渣扎堆（低值聚集，也叫冷点）、学霸学渣随机分布（不存在聚集）。与空间自相关的区别是，空间自相关衡量的是数据分布是趋近于分散还是集中，而热点分析则衡量的是数据倾向于存在高值聚集还是低值聚集，如图14-12所示。

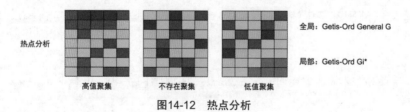

图14-12　热点分析

热点分析同样也有全局G指数（Getis-Ord General G）与局部G指数（Getis-Ord Gi*）分别衡量全局与局部的热点冷点聚集情况。

1. 全局G指数

全局G指数与全局莫兰指数相似，对整个数据集输出一个统计值，用于衡量整个数据集中更倾向于存在高值聚集还是低值聚集。全局G指数的计算公式如下。

$$G = \frac{\sum\limits_{i=1}^{n}\sum\limits_{j=1}^{n} w_{ij} x_i x_j}{\sum\limits_{i=1}^{n}\sum\limits_{j=1}^{n} x_i x_j}, \forall i \neq j \tag{14.7}$$

假设一个班级内大家的考试分数不变，当座位发生变化时，分子部分 $\sum\limits_{i=1}^{n}\sum\limits_{j=1}^{n} x_i x_j$ 不会发生变化。而当座位排列为学霸聚集时，w_{ij}、x_i、x_j 三者的值均较大，相对随机分布的情况能够大幅提高G值。当学渣聚集时，w_{ij} 较大，$x_i x_j$ 较小，相对随机分布的情况对G值的大小贡献较小，使得G值整体上降低。需要注意的是，如果数据集中存在高值和低值同时聚集时，会彼此相互抵消，导致G值与随机分布的情况差异不大，热点分析的结果不显著。因此，热点分析只能在高值或者低值有其中一方发生聚类的时候使用。

判断G指数的显著性同样也需要将G值标准化为Z分数，再用来估算显著性水平p值，原理与前面的全局莫兰指数相同，公式如下。

$$Z_G = \frac{G - E(G)}{\sqrt{V(G)}} \tag{14.8}$$

$$E(G) = \frac{\sum\limits_{i=1}^{n}\sum\limits_{j=1}^{n} w_{ij}}{n(n-1)}, \forall i \neq j \tag{14.9}$$

$$V(G) = E(G^2) - \left[E(G)\right]^2 \tag{14.10}$$

最后，通过p值可以确定数据集整体倾向于存在高值聚集还是低值聚集，如图14-13所示。

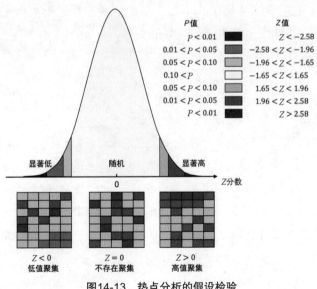

图14-13 热点分析的假设检验

2. 局部G指数

局部G指数则用来描述单个地理要素与周边地区的高值或低值的聚类程度，其计算公式如下：

$$G_i^* = \frac{\sum_{j=1}^{n} w_{ij}(x_j - \overline{x})}{S\sqrt{\dfrac{n\sum_{j=1}^{n} w_{ij}^2 - \left(\sum_{j=1}^{n} w_{ij}\right)^2}{n-1}}}, \ \forall i \neq j \tag{14.11}$$

其中，$S = \sqrt{\dfrac{\sum_{j=1}^{n} x_j^2}{n} - (\overline{x})^2}$。理解该公式也主要关注分子部分 $\sum_{j=1}^{n} w_{ij}(x_j - \overline{x})$，当周围要素的属性比整体均值小时，分子为负，表示低值聚集。反之，当周围要素的属性比整体均值大时，分子为正，表示高值聚集。

同样对局部G指数进行标准化计算Z分数与显著性水平P值，可以进一步判断空间上存在的显著高值聚集区域与低值聚集区域。如果Z分数大于0，P值显著，则为热点；如果Z分数小于0，P值显著，则为冷点。

相比局部莫兰指数，局部G指数只计算Z值与P值，能够判断高值聚集的热点与低值聚集的冷点这两种情况；而局部莫兰指数则可以判断HH、LH、LL、HL四种情况。

14.3.3　Python 空间自相关与热点分析

Python的PySAL中，子模块esda提供了莫兰指数与G指数的算法，同时子模块splot也提供了对莫兰指数结果快速绘制可视化的功能。在本节中，取投影坐标系下的共享单车衔接需求数据为研究对象，复制一份数据赋值给data变量。

```
1. In [14-12]:
2. data = data_count_2416.copy()
```

1. 空间自相关

引入esda包，并应用自带的方法计算全局莫兰指数。在计算莫兰指数前，需要用14.3.2节的方法获取空间关系权重，然后将空间权重与地理要素的属性值一起输入莫兰指数工具中。工具会产生一个空间自相关的分析结果对象（Local Indicators of Spatial Association，LISA），赋值给lisa_moran变量。从lisa_moran变量中可以分别获取I（全局莫兰指数）、z_norm（全局莫兰指数的Z得分）与p_sim（空间自相关的显著性），代码如下。

```
1. In [14-13]:
2. import esda
3. #获取空间关系权重
4. wq = libpysal.weights.KNN.from_dataframe(data,k=10)
```

```
5. #每个地理要素自身的属性值
6. weight = data['count']
7. #应用方法
8. lisa_moran = esda.moran.Moran(weight,wq)
9. #得到结果
10. lisa_moran.I,lisa_moran.z_norm,lisa_moran.p_sim
11. Out [14-13]:
12. (0.4478528485202218, 11.160701607129226, 0.001)
```

结果显示局部莫兰指数为0.45，*P*值小于0.001，空间显著正相关。接下来，可以用 PySAL的子模块splot可视化全局莫兰指数的分析结果。

```
1. In [14-14]:
2. import matplotlib.pyplot as plt
3. #绘制空间自相关的信息
4. from splot.esda import plot_moran
5. fig,ax = plot_moran(lisa_moran, zstandard=True)
6. #设置图表标题
7. ax[0].set_ylabel('概率密度')
8. ax[0].set_title('参考分布')
9. ax[1].set_xlabel('Z分数(Donatns)')
10. ax[1].set_ylabel('空间滞后性(Spatial Lag)')
11. ax[1].set_title('莫兰指数散点图')
12. #设置图表大小
13. fig.set_size_inches(8,4)
14. fig.set_dpi(300)
15. plt.show()
```

输出结果如图14-14所示。图14-14（a）中，splot自动对该空间数据集进行多次实验，计算全局莫兰指数并绘制其概率密度分布情况，与实测的全局莫兰指数比较。图14-14（b）中，splot对其中的每个地理要素的属性标准化为*Z*分数作为横坐标，计算空间滞后性作为纵坐标，绘制成为散点图，并用线性回归拟合。

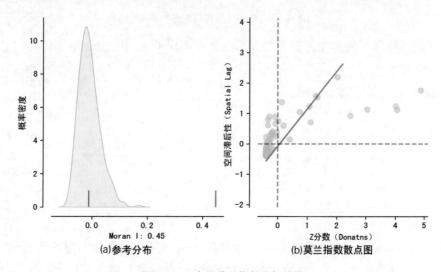

图14-14 全局莫兰指数分析结果

再用esda包进行局部空间自相关分析，将结果存储为lisa_moran_local变量。需要注意的是，该方法需要每一个地理要素至少有一个邻居，如果空间关系权重定义方法选择时产生的结果使得数据在空间上存在孤立的要素，方法则无法运行。方法产生的结果会为空间数据的每一个要素生成Is（局部莫兰指数）、z_sim（局部莫兰指数的Z得分）、p_sim（显著性）以及q（类型，1为HH，2为LH，3为LL，4为HL）。代码如下。

```
1. In [14-15]:
2. #应用方法
3. lisa_moran_local = esda.moran.Moran_Local(weight,wq)
4. #得到每个矢量要素的结果
5. data['Is'] = lisa_moran_local.Is
6. data['z'] = lisa_moran_local.z_sim
7. data['p'] = lisa_moran_local.p_sim
8. data['q'] = lisa_moran_local.q
9. data
```

输出结果如图14-15所示。

	LONCOL	LATCOL	count	geometry	Is	z	p	q
0	1616	1973	1	POLYGON ((40640065.194 3461833.246, 40640529.2...	0.152624	1.253329	0.019	3
1	1616	1975	1	POLYGON ((40640051.899 3462830.513, 40640515.9...	0.139100	1.139633	0.115	3
2	1616	1977	1	POLYGON ((40640038.600 3463827.781, 40640502.6...	0.147055	1.206513	0.052	3
3	1617	1969	1	POLYGON ((40640555.955 3459844.910, 40641020.1...	0.161375	1.326896	0.003	3
4	1617	1970	1	POLYGON ((40640549.289 3460343.543, 40641013.4...	0.161375	1.326896	0.003	3
...	...	...	...	...	...	...	...	...
87	1627	1969	1	POLYGON ((40645197.772 3459907.985, 40645661.9...	0.161375	1.313252	0.006	3
88	1627	1977	1	POLYGON ((40645142.658 3463897.096, 40645606.6...	0.135917	1.105116	0.114	3
89	1628	1973	1	POLYGON ((40645634.319 3461908.960, 40646098.4...	0.140691	1.144141	0.087	3
90	1628	1977	1	POLYGON ((40645606.666 3463903.520, 40646070.6...	0.135917	1.105116	0.114	3
91	1628	1979	1	POLYGON ((40645592.834 3464900.802, 40646056.7...	0.149442	1.215688	0.035	3

92 rows × 8 columns

图14-15 局部空间自相关分析结果

splot模块也提供了局部空间自相关分析结果可视化的相应方法。

```
1. In [14-16]:
2. import matplotlib.pyplot as plt
3. fig = plt.figure(1,(5,5),dpi = 300)
4. ax = plt.subplot(111)
5. #可视化局部空间自相关的分析结果
6. moran_scatterplot(lisa_moran_local, p=0.05,ax = ax)
7. ax.set_xlabel('z分数( Donatns )')
8. ax.set_ylabel('空间滞后性( Spatial Lag )')
9. plt.title('局部莫兰指数散点图')
10. plt.show()
```

结果如图14-16所示，与图14-14（b）相同。splot通过对Z分数与空间滞后性的大小将整个平面划分为4个象限，并标注出了其中结果显著的4种类型要素。其中，红色点为HH，蓝色点为LH，黄色点为LL，HL点则在分析结果中不存在。

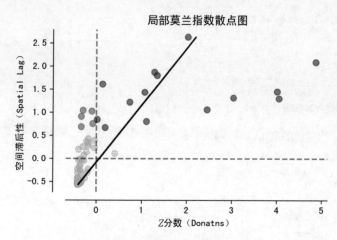

图14-16 局部空间自相关分析结果

再绘制分类结果的空间分布情况。

```
1. In [14-17]:
2. import matplotlib.pyplot as plt
3. fig = plt.figure(1,(5,5),dpi = 300)
4. ax = plt.subplot(111)
5. #绘制局部莫兰指数的分类结果
6. from splot.esda import lisa_cluster
7. lisa_cluster(lisa_moran_local, data, p=0.05,ax = ax)
8. plt.show()
```

结果如图14-17所示。显著的热点HH集中于数据集的中间核心区域，低值被高值包围的LH则在高值聚集区边缘，显著冷点LL则在数据集边缘区域零散存在。

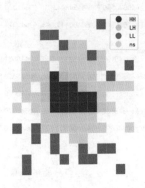

图14-17 局部空间自相关分析的四种类型地理要素

2. 热点分析

同样使用esda包中的热点分析工具对数据集进行热点分析，代码如下。

```
1. In [14-18]:
```

```
2. data = data_count_2416.copy()
3. #全局G指数
4. lisa_G = esda.getisord.G(weight,wq)
5. #得到结果
6. lisa_G.G,lisa_G.p_sim
7. Out [14-18]:
8. (0.4135468206399256, 0.001)
```

结果表明，全局G指数为0.41，P值小于0.001，存在显著的热点聚集。

再计算每个样本的局部G指数，并通过Z分数与P值标记显著热点与显著冷点，代码如下。

```
1. In [14-19]:
2. #局部G指数
3. lisa_G_local = esda.getisord.G_Local(weight,wq)
4. #获得每个地理要素的G
5. data['Gs'] = lisa_G_local.Gs
6. data['z'] = lisa_G_local.z_sim
7. data['p'] = lisa_G_local.p_sim
8. #标记显著热点
9. data.loc[(data['p']<0.05)&(data['z']>0),'hotspot'] = 1
10. #标记显著冷点
11. data.loc[(data['p']<0.05)&(data['z']<0),'hotspot'] = 0
12. data
```

输出结果如图14-18所示。

	LONCOL	LATCOL	count	geometry	Gs	z	p	hotspot
0	1616	1973	1	POLYGON ((40640065.194 3461833.246, 40640529.2...	0.001471	-1.257558	0.020	0.0
1	1616	1975	1	POLYGON ((40640051.899 3462830.513, 40640515.9...	0.002304	-1.179102	0.081	NaN
2	1616	1977	1	POLYGON ((40640038.600 3463827.781, 40640502.6...	0.001814	-1.243874	0.049	0.0
3	1617	1969	1	POLYGON ((40640555.955 3459844.910, 40641020.1...	0.000931	-1.294556	0.002	0.0
4	1617	1970	1	POLYGON ((40640549.289 3460343.543, 40641013.4...	0.000931	-1.363898	0.003	0.0
...	...	...	...	...	...	...	...	...
87	1627	1969	1	POLYGON ((40645197.772 3459907.985, 40645661.9...	0.000931	-1.385569	0.004	0.0
88	1627	1977	1	POLYGON ((40645142.658 3463897.096, 40645606.6...	0.002500	-1.145947	0.115	NaN
89	1628	1973	1	POLYGON ((40645634.319 3461908.960, 40646098.4...	0.002206	-1.169192	0.082	NaN
90	1628	1977	1	POLYGON ((40645606.666 3463903.520, 40646070.6...	0.002500	-1.122294	0.105	NaN
91	1628	1979	1	POLYGON ((40645592.834 3464900.802, 40646056.7...	0.001667	-1.238933	0.041	0.0

92 rows × 8 columns

图14-18　热点分析的结果

splot工具中目前并未支持热点分析的结果可视化分析。因此，这里用GeoDataFrame自带的绘图方法，以不同颜色绘制热点分析的结果。

```
1. In [14-20]:
2. import matplotlib.pyplot as plt
3. fig = plt.figure(1,(5,5),dpi = 300)
4. ax = plt.subplot(111)
```

```
5.  #绘制所有地理要素
6.  data.plot(ax = ax,facecolor = (0.8,0.8,0.8),edgecolor = (1,1,1))
7.  #绘制冷点
8.  data[data['hotspot'] == 0].plot(ax = ax,facecolor = '#0072a9',edgecolor = (1,1,1))
9.  #绘制热点
10. data[data['hotspot'] == 1].plot(ax = ax,facecolor = '#e5001f',edgecolor = (1,1,1))
11. plt.axis('off')
12. plt.show()
```

输出结果如图14-19所示。

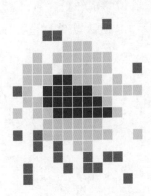

图14-19　热点分析的冷热点空间分布

对比热点分析与空间自相关的结果，可以发现它们之间差异不大，热点分析的热点包括空间自相关中的HH与LH点，冷点则与LL点相似。

14.4　地理加权回归

在地理学第一定律中，描述的实际上是空间的相关性。而14.3节中的空间自相关也提供了量化空间相关性的强大工具。但空间统计中有别于经典统计学之处还有另一个重要特征：空间异质性。

晏子说："婴闻之，橘生淮南则为橘，生于淮北则为枳，叶徒相似，其实味不同。所以然者何？水土异也。今民生长于齐不盗，入楚则盗，得无楚之水土使民善盗耶？"——《晏子春秋·内篇·杂下》。这句话实际上是晏子对空间异质性的表述。在空间统计中，因为地理位置发生变化，而导致地理要素的属性出现差异，这就是空间异质性。而地理加权回归（Geographically Weighted Regression，GWR）就是量化空间异质性的重要工具。

14.4.1　线性回归与最小二乘法

地理加权回归由传统的多元线性回归（Linear Regression，LR）演变而来，线性回归是最为人熟知的建模技术之一。多元线性回归根据给定的多个自变量 x_i 来预测因变量 y 的值，公式如下。

$$y_i = \beta_0 + \beta_1 x_{i1} + \beta_2 x_{i2} + \cdots + \varepsilon = \beta_0 + \sum_{k=1}^{p} \beta_i x_{ik} + \varepsilon \qquad (14.12)$$

其中，β_0为截距，β_i为每个自变量的系数，ε则为随机误差项。

多元线性回归的常用解法是最小二乘法（Ordinary Least Squares，OLS），它的思路是通过最小化误差的平方和寻找数据的最佳函数匹配。

以一元线性回归为例，将x作为横坐标，y作为横坐标，则可以绘制如图14-20所示的数据散点分布。线性回归的公式为$y=\beta_0+\beta_1 x$的直线，则β_0为回归直线在y轴上的截距，β_1为回归直线的斜率，而最小二乘法就是使散点图上的所有观测值到回归直线距离的平方和最小。

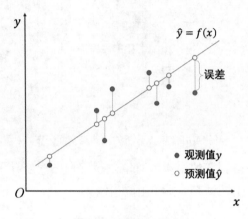

图14-20　最小二乘法

在多元线性回归下，令$\boldsymbol{\beta} = \left(\beta_0, \beta_1, \beta_2, \cdots, \beta_p\right)^{\mathrm{T}}$，$\boldsymbol{x}_i = \left(1, x_{i1}, x_{i2}, \cdots, x_{ip}\right)^{\mathrm{T}}$，最小二乘法即是找到合适的参数$\boldsymbol{\beta}$，使得函数$f(\boldsymbol{x}_i, \boldsymbol{\beta})$估计的误差最小。其目标函数为：

$$\min L\left(\boldsymbol{\beta}\right) = \sum_{i=1}^{n} \left(f\left(\boldsymbol{x}_i, \boldsymbol{\beta}\right) - y_i\right)^2 \qquad (14.13)$$

如果用矩阵进行表示，则可以转换为：

$$\min L\left(\boldsymbol{\beta}\right) = \left(\boldsymbol{X}\boldsymbol{\beta} - \boldsymbol{y}\right)^{\mathrm{T}}\left(\boldsymbol{X}\boldsymbol{\beta} - \boldsymbol{y}\right) \qquad (14.14)$$

其中：

$$\boldsymbol{X} = \begin{pmatrix} 1 & x_{11} & \cdots & x_{1p} \\ 1 & x_{21} & \cdots & x_{2p} \\ \vdots & \vdots & \ddots & \vdots \\ 1 & x_{n1} & \cdots & x_{np} \end{pmatrix} \qquad (14.15)$$

$$y = \begin{pmatrix} y_1 \\ y_2 \\ \vdots \\ y_n \end{pmatrix} \tag{14.16}$$

求解这一目标函数，找到最合适的参数$\boldsymbol{\beta}$，则需要对目标函数求偏导数并令其为0：

$$\frac{\partial}{\partial \boldsymbol{\beta}} L(\boldsymbol{\beta}) = 2 \boldsymbol{X}^{\mathrm{T}} (\boldsymbol{X}\boldsymbol{\beta} - \boldsymbol{y}) = 0 \tag{14.17}$$

求得：

$$\widehat{\boldsymbol{\beta}} = (\boldsymbol{X}^{\mathrm{T}}\boldsymbol{X})^{-1} \boldsymbol{X}^{\mathrm{T}} \boldsymbol{y} \tag{14.18}$$

以上就是普通最小二乘法得到的全局参数估计向量。

14.4.2　地理加权回归

1. 地理加权回归模型的建立

多元线性回归中，回归系数估计值β_i对所有样本都一致，取的是所有样本的平均值。在空间统计中，普通的多元线性回归所得到的系数没有把样本之间的空间关系考虑进去，因此也不能反映回归参数的真实空间特征。

地理加权回归的出现就是为了解决这一问题，它的形式与多元线性回归类似，不同之处在于对同一个自变量的回归系数β_i不再是固定的一个值，而是随着地理位置的不同而发生改变。回归方程的形式如下。

$$y_i = \beta_{i0} + \sum_{k=1}^{p} \beta_{ik} x_{ik} + \varepsilon_i \tag{14.19}$$

其中，p为自变量的数量，β_{ik}为地理要素i对第k个自变量的回归系数，这一系数是关于样本所在的地理位置的函数。如果对所有样本有$\beta_{1k} = \beta_{2k} = \cdots = \beta_{nk}$，即所有样本对同一个自变量有相同的系数$\beta_{ik}$，则这一回归方程就退变为普通的线性回归。通过对不同地理位置的不同自变量赋予不同系数，地理加权回归就能够将地理要素的空间分布信息加入线性回归模型中，而通过观察β_{ik}值的大小也可以得到每个自变量在不同地理位置对因变量产生的影响大小。

2. 空间关系权重的加入

确定了回归方程的形式后，还有两个问题需要解决：①GWR模型中，同一个自变量的回归系数β_i不再是固定的一个值，而是对所有的地理要素都不同，这也就不能再使用最小二乘法进行参数估计；②如何将地理要素间的空间关系权重w_{ij}引入，让回归系数β_i的参数选择依据空间关系权重w_{ij}而定？

要解决这两个问题，必须引入加权最小二乘法进行参数估计。在普通最小二乘法得到的全局参数估计向量（式（14.18））的基础上加入空间关系权重矩阵：

$$\hat{\beta}_i = \left(X^{\mathrm{T}} W_i X \right)^{-1} X^{\mathrm{T}} W_i y \tag{14.20}$$

其中，$W_i = \begin{pmatrix} w_{i1} & & & \\ & w_{i2} & & \\ & & \ddots & \\ & & & w_{in} \end{pmatrix}$ 为地理要素 i 对其他地理要素的空间关系权重所构成的对角矩阵。

地理加权回归中，空间关系权重一般会选择核函数（图14-3）。前面介绍过，地理要素之间的距离增加时，核函数表现为连续单调递减，同时相比反距离，也能够避免在接近地理要素时空间关系权重无限大的缺点。而在定义核函数时，带宽是非常关键的一个参数，直接影响每个地理要素点的权重影响范围大小。在地理加权回归中，核函数带宽的选取对分析结果的影响非常大。带宽大时，地理加权回归的结果在整个平面上相对更加平滑，带宽小时则更加凹凸（原理与图3-39相似）。

在GWR中，带宽的选取方法则通常需要结合模型的拟合情况，最小化拟合优度指标加以选取。常用的方法有交叉验证（Cross-Validation，CV），该方法以模型的预测精度作为标准，以模型取得最佳预测精度时的带宽作为标准。另一种方法则为最小信息准则（Akaike Information Criterion，AIC），该方法则权衡考虑模型的预测精度与模型的复杂性。

3. 多尺度地理加权回归模型

对于普通的GWR模型，所有自变量 x_i 的带宽都一致，意味着所有的自变量的空间关系权重都使用同一个核函数模型，在地理空间上有着同样的影响。而现实中不同自变量的空间影响可能不同。如果用不同类型的POI数量对共享单车的需求量进行地理加权回归，可能会出现某种类型的POI会大幅影响单车的需求，吸引远端的单车出行，而某种类型的POI则可能对单车影响较小，也就是说，这两种POI所对应的自变量产生的空间影响不同，应该选用不同带宽的核函数模型。

多尺度地理加权回归（Multiscale Geographically Weighted Regression，MGWR）就是基于这一理论而提出。该方法会对每一个自变量推断各自的带宽，对多个自变量生成一个带宽向量。通过模型所得到的带宽大小，可以推断各自变量在空间上的影响范围大小。

线性回归（LR）、地理加权回归（GWR）、多尺度地理加权回归（MGWR）三者的比较如图14-21所示。LR是对自变量简单地进行线性求和回归；GWR在LR的基础上引入空间关系权重模型，使得回归系数能够体现空间关系；而MGWR则在GWR的基础上对不同的自变量考虑不同的空间关系权重模型。

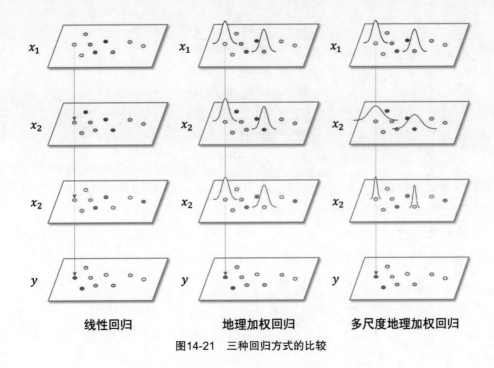

x_1 x_1 x_1

x_2 x_2 x_2

x_2 x_2 x_2

y y y

线性回归　　　　　地理加权回归　　　　多尺度地理加权回归

图14-21　三种回归方式的比较

14.4.3　Python 地理加权回归

PySAL中的子库mgwr提供了地理加权回归的功能，这个库中主要实现GWR与MGWR的相关方法，同时也提供模型中核函数带宽的选择方法。在本节中，将以共享单车的停车需求作为因变量，以各类POI的数量作为自变量，使用mgwr包实现地理加权回归与多尺度地理加权回归，并对比两者的分析结果。

1. 数据整理

在使用mgwr进行地理加权回归前，需要将数据整理集计为模型可接受的输入形式。首先读取共享单车停车数据并提取其中早上8时的全市停车分布情况，代码如下。

```
1. In [14-21]:
2. #读取共享单车停车数据
3. bicycle_parking = pd.read_csv(r'data/bicycle_parking.csv')
4. #指定一个时间点
5. t = '2018-09-01 08:00:00'
6. #提取这个时间点在停车的记录
7. bicycle_parking = bicycle_parking[(bicycle_parking['stime']<=t)&(bicycle_parking['etime']>=t)]
8. #只保留经纬度信息
9. bicycle_parking = bicycle_parking[['slon','slat']]
10. bicycle_parking.columns = ['lon','lat']
11. bicycle_parking.head(5)
```

输出结果如图14-22所示。每一行数据为一个停车需求点。

	lon	lat
2	121.478864	31.210943
7	121.506383	31.233793
10	121.520447	31.192164
27	121.582154	31.132554
30	121.516492	31.188203

图14-22 共享单车停车需求分布

在地理加权回归时，可以用栅格或矢量图形作为最小的空间分析单元。但如果分析的地理空间范围较大，以栅格为研究的最小分析单元可能会导致分析的地理要素过多，在算法迭代拟合时需要的计算量过大。本节中，以上海的交通中区作为空间分析单元，将数据集计至交通中区上。首先读取交通中区的矢量图形数据。

```
1. In [14-22]:
2. #读取上海交通中区数据
3. TAZ = gpd.read_file(r'data/TAZ_shanghai.json')
4. TAZ.head(5)
```

输出结果如图14-23所示。

	ID	geometry
0	1	POLYGON ((121.48898 31.23816, 121.48919 31.237...
1	2	POLYGON ((121.48134 31.23666, 121.48214 31.233...
2	3	POLYGON ((121.47102 31.23486, 121.47172 31.233...
3	4	POLYGON ((121.47985 31.22951, 121.48004 31.229...
4	5	POLYGON ((121.48047 31.22116, 121.48067 31.221...

图14-23 交通中区的GeoDataFrame数据

绘制交通中区数据：

```
1. In [14-23]:
2. TAZ.plot()
```

输出结果如图14-24所示。

接下来，需要将停车需求数据GPS点集计到每个交通中区的矢量图形上。在这一步中，当停车需求的数据量较大时，也会产生较大的计算量。TransBigData包中对点匹配面的需求也提供了快速简化的dataagg匹配方法，其原理是先将数据点栅格化，匹配至栅格上，再将栅格对应至矢量图形上。这种匹配方法会损失一定的精度，但可以设置其中的accuracy参数控制栅格的大小以使得匹配更加精确。dataagg匹配方法会输出两个结果，一个为矢量图形所对应的点数据集计的数据量，另一个则为每个数据

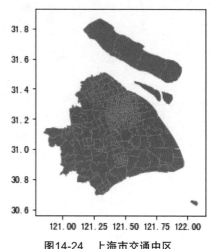

图14-24 上海市交通中区

点所对应的矢量图形信息。这里需要的是前者,匹配的代码如下。

```
1. In [14-24]:
2. #用TransBigData集计每个交通中区的停车需求量
3. data,_ = tbd.dataagg(bicycle_parking, TAZ, col=['lon', 'lat'], accuracy=500)
4. #重命名列
5. data = data[['ID','count','geometry']].rename(columns = {'count':'停车需求'})
6. data.head(5)
```

输出结果如图14-25所示。

	ID	停车需求	geometry
0	1	453	POLYGON ((121.48898 31.23816, 121.48919 31.237...
1	2	803	POLYGON ((121.48134 31.23666, 121.48214 31.233...
2	3	685	POLYGON ((121.47102 31.23486, 121.47172 31.233...
3	4	966	POLYGON ((121.47985 31.22951, 121.48004 31.229...
4	5	1556	POLYGON ((121.48047 31.22116, 121.48067 31.221...

图14-25 每个交通中区的停车需求集计结果

接下来再读取各类POI数据,本例中所用到的数据为餐厅、公司、购物、交通设施、教育与休闲娱乐的POI数据。读取代码如下。

```
1. In [14-25]:
2. #读取各类POI数据
3. POI_restaurant = pd.read_csv(r'data/POI餐厅.csv')
4. POI_company = pd.read_csv(r'data/POI公司.csv')
5. POI_shopping = pd.read_csv(r'data/POI购物.csv')
6. POI_traffic = pd.read_csv(r'data/POI交通设施.csv')
7. POI_education = pd.read_csv(r'data/POI教育.csv')
8. POI_entertain = pd.read_csv(r'data/POI休闲娱乐.csv')
9. POI_entertain.head(5)
```

输出结果如图14-26所示。

	name	lon	lat
0	南新村综合服务中心	120.870382	31.109252
1	沙港村社区活动中心	120.876185	31.121761
2	金荷园	120.907238	31.048617
3	康乐中心	120.909646	31.063650
4	傲野旅行淀山湖基地	120.905577	31.090346

图14-26 POI数据示例

同样,利用TransBigData包将POI对应至交通中区,并集计每个交通中区所包含的各类POI数量。最后,将每类POI数量各自成为一列,添加到交通中区的信息表上,以便后续输入地理加权回归算法中,代码如下。

```
1. In [14-26]:
2. #定义对POI进行集计的函数
```

```
3.  def POI_sjoin_grid(POI,name):
4.      data,_ = tbd.dataagg(POI, TAZ, col=['lon', 'lat'], accuracy=500)
5.      data = data[['ID','count']].rename(columns = {'count':name})
6.      return data
7.  #集计各类POI数据，并在共享单车栅格集计表上连接POI数量
8.  ls = [POI_sjoin_grid(POI_restaurant,'餐厅'),
9.  POI_sjoin_grid(POI_company,'公司'),
10. POI_sjoin_grid(POI_shopping,'购物'),
11. POI_sjoin_grid(POI_traffic,'交通设施'),
12. POI_sjoin_grid(POI_education,'教育'),
13. POI_sjoin_grid(POI_entertain,'休闲娱乐')]
14. for poi in ls:
15.     data = pd.merge(data,poi,on = ['ID'],how = 'left')
16. data = data.fillna(0)
17. #剔除六种POI的数量均为0的区域
18. data = data[data[['餐厅','公司','购物','交通设施','教育','休闲娱乐']].sum(axis = 1)!=0]
19. data.head(5)
```

输出结果如图14-27所示。

	ID	停车需求	geometry	餐厅	公司	购物	交通设施	教育	休闲娱乐
0	1	453	POLYGON ((121.48898 31.23816, 121.48919 31.237...	252.0	340.0	468.0	213	12.0	80.0
1	2	803	POLYGON ((121.48134 31.23666, 121.48214 31.233...	391.0	612.0	868.0	408	39.0	201.0
2	3	685	POLYGON ((121.47102 31.23486, 121.47172 31.233...	128.0	68.0	373.0	196	6.0	76.0
3	4	966	POLYGON ((121.47985 31.22951, 121.48004 31.229...	197.0	247.0	356.0	183	11.0	42.0
4	5	1556	POLYGON ((121.48047 31.22116, 121.48067 31.221...	138.0	312.0	293.0	220	10.0	61.0

图14-27　停车需求与各类POI的集计结果

将停车需求量作为因变量，各类POI的数量作为自变量，同时将两者标准化。提取交通中区质心处的经纬度坐标，准备输入模型，代码如下。

```
1.  In [14-27]:
2.  #因变量
3.  g_y = data[['停车需求']].values
4.  #自变量
5.  g_X = data[['餐厅','公司','购物','交通设施','教育','休闲娱乐']].values
6.  #因变量与自变量将标准化
7.  g_X = (g_X - g_X.mean(axis=0)) / g_X.std(axis=0)
8.  g_y = (g_y - g_y.mean(axis=0)) / g_y.std(axis=0)
9.  #提取经纬度坐标
10. x = data['geometry'].centroid.x
11. y = data['geometry'].centroid.y
12. g_coords = list(zip(x,y))
```

2. GWR的实现

接下来在数据上应用mgwr包提供的地理加权回归模型，首先导入模型与带宽选择方法。

```
1.  In [14-28]:
```

```
2. #导入模型
3. from mgwr.gwr import GWR, MGWR
4. #导入带宽选择方法
5. from mgwr.sel_bw import Sel_BW
```

在使用模型之前，需要使用带宽选择器对数据进行带宽估计。带宽选择器中可以选择常用的几种带宽选择方法，代码如下。

```
1. In [14-29]:
2. #带宽选择器
3. gwr_selector = Sel_BW(g_coords, g_y, g_X)
4. #估计带宽
5. gwr_bw = gwr_selector.search(bw_min=2)
6. print(gwr_bw)
7.
8. Out [14-29]:
9. 75.0
```

将地理要素的坐标、自变量、因变量与带宽一起输入到GWR模型中进行拟合，并让程序输出模型拟合结果，代码如下。

```
1. In [14-30]:
2. #应用GWR模型
3. gwr_results = GWR(g_coords, g_y, g_X, gwr_bw).fit()
4. gwr_results.summary()
```

输出结果如图14-28所示，表格中输出了模型的拟合结果与各种评价参数。

```
Geographically Weighted Regression (GWR) Results
---------------------------------------------------------------------------
Spatial kernel:                                       Adaptive bisquare
Bandwidth used:                                                  75.000

Diagnostic information
---------------------------------------------------------------------------
Residual sum of squares:                                        72.279
Effective number of parameters (trace(S)):                     107.540
Degree of freedom (n - trace(S)):                              337.460
Sigma estimate:                                                  0.463
Log-likelihood:                                               -227.024
AIC:                                                           671.128
AICc:                                                          742.013
BIC:                                                          1115.935
R2:                                                              0.838
Adjusted R2:                                                     0.786
Adj. alpha (95%):                                                0.003
Adj. critical t value (95%):                                     2.959

Summary Statistics For GWR Parameter Estimates
---------------------------------------------------------------------------
Variable              Mean         STD         Min      Median         Max
--------------------------------------------------------------------------
X0                   0.243       0.479      -0.765       0.360       0.951
X1                   0.088       0.519      -1.128      -0.005       1.455
X2                   0.605       0.321      -0.111       0.614       1.594
X3                  -0.085       0.378      -1.037      -0.086       0.816
X4                   0.126       0.603      -1.104       0.134       1.295
X5                   0.133       0.286      -0.928       0.095       1.016
X6                   0.181       0.526      -0.762       0.105       1.501
===========================================================================
```

图14-28 地理加权回归模型的结果

其中，模型的诊断信息（Diagnostic information）展示了模型的各类拟合优度指标。

Log-likelihood（似然值）用于衡量模型的数据描述能力，其值越大，则表示参数的估计值在观察结果中出现的概率越大。AIC（赤池信息准则）与BIC（贝叶斯信息准则）相似，用于在模型复杂度与模型对数据集描述能力（即似然函数）之间寻求最佳平衡。前面这几个参数的大小与模型中参数的数量有关，常用于同一场景下不同模型的择优，不同场景下的模型复杂度不同、参数不同则无法比较。

R2（R方）指拟合优度，代表回归模型对观测值的拟合程度。AdjustR2（调整R方）则在R方基础上考虑模型的复杂性，将模型自变量数量加入，对R方进行调整。如果R方在增加一个新的自变量时没有显著增加，那么调整R方值会减少。R方与调整R方的值越接近1，则说明回归直线对观测值的拟合程度越好。在本例中，R方为0.838，调整R方为0.786，表明模型的拟合优度较高，能够找到变量之间的关系。

模型参数估计统计结果摘要表（Summary Statistics For GWR Parameter Estimates）中则展示了各自变量的系数描述统计结果。由于地理加权回归中，每一个自变量的系数在不同地理空间位置处存在差异，在结果中只能给出各系数的最大值、最小值、均值、中位数、标准差等结果，从中可以大致了解各自变量对因变量的影响。

我们可以进一步将系数赋值给相应的地理要素，并以颜色深浅代表系数的数值大小，将结果可视化出来。首先获取每个自变量在地理要素处的系数大小，代码如下。

```
1. In [14-31]:
2. #将GWR模型参数赋值给GeoDataFrame，准备进行可视化
3. data_gwr = data.copy()
4. data_gwr['gwr_截距'] = gwr_results.params[:,0]
5. data_gwr['gwr_餐厅'] = gwr_results.params[:,1]
6. data_gwr['gwr_公司'] = gwr_results.params[:,2]
7. data_gwr['gwr_购物'] = gwr_results.params[:,3]
8. data_gwr['gwr_交通设施'] = gwr_results.params[:,4]
9. data_gwr['gwr_教育'] = gwr_results.params[:,5]
10. data_gwr['gwr_休闲娱乐'] = gwr_results.params[:,6]
```

然后，对系数大小映射至颜色进行可视化，代码如下。

```
1. In [14-32]:
2. #读取上海行政区划边界
3. shanghai_admin = gpd.read_file(r'data/上海市.json')
4. #获取研究区域范围边界，以便绘制地图底图
5. bounds = shanghai_admin.unary_union.bounds
6. import matplotlib.pyplot as plt
7. #设置中文字体
8. plt.rcParams['font.sans-serif']=['SimHei']
9. plt.rcParams['font.serif'] = ['SimHei']
10. plt.rcParams['axes.unicode_minus']=False
11. #创建多个ax用于绘制
12. fig, axes = plt.subplots(nrows=3, ncols=3, figsize=(9,10),dpi = 300)
13. axes = axes.flatten()
14. #可视化的变量名称
```

```
15.  names = ['gwr_截距','gwr_餐厅','gwr_公司','gwr_购物','gwr_交通设施','gwr_教
育','gwr_休闲娱乐']
16.  #设定colorbar最大值
17.  vmax = 1
18.  #准备cax用于绘制colorbar
19.  cax = fig.add_axes([0.92, 0.14, 0.03, 0.75])
20.  for i in range(7):
21.      ax = axes[i]
22.      data_gwr.plot(names[i],ax = ax,vmin = -vmax,vmax = vmax,cmap = 'seismic',
cax= cax,legend = True)
23.      #设置标题
24.      ax.set_title(names[i])
25.      ax.set_axis_off()
26.  #最后两个ax设置为空
27.  ax = axes[7]
28.  ax.set_axis_off()
29.  ax = axes[8]
30.  ax.set_axis_off()
31.  plt.show()
```

输出结果如图14-29所示。

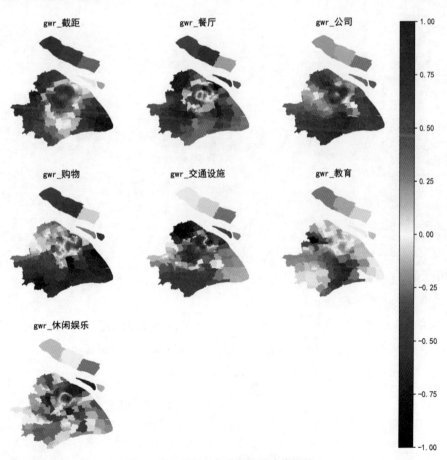

图14-29 地理加权回归的因变量系数

在可视化时，程序设定了系数为正时颜色为红色，表明该类POI会对停车需求造成正向的影响，系数为负时则颜色为蓝色，对停车需求造成负向的影响。

截距可以理解为共享单车在各自区域内暂不考虑POI时的需求量级大小，可以看到停车需求在市中心更多，而郊区更少，与数据的整体分布情况相似。

各类POI在地理加权回归中拟合的系数分布也有明显的差异。例如，餐厅类POI在市中心的核心区域和城市外围区域会带来停车需求的增加，而中心城区边缘地区则带来的需求增加效果不明显，甚至会减少需求。相比之下，公司类POI在全市范围内都会对停车需求带来明显的增加。

我们可以通过上面类似的分析思路，描述各类POI对共享单车停车需求所可能带来的影响，依据城市中不同地区的建成环境属性，分析结果能够提供单车停放空间的规划设计建议。

3. MGWR的实现

接下来，再使用多尺度地理加权回归模型对同样的数据集进行拟合。首先需要使用带宽选择器，对每一个自变量估计带宽。再将估计出的带宽作为参数输入到模型之中进行拟合，代码如下。

```
1. In [14-33]:
2. #带宽选择器
3. mgwr_selector = Sel_BW(g_coords, g_y, g_X, multi=True)
4. #估计带宽
5. mgwr_bw = mgwr_selector.search(multi_bw_min=[2])
6. print(mgwr_bw)
7.
8. Out [14-33]:
9. [ 17. 443.  35. 209.  79.  65. 109.]
10.
11. In [14-34]:
12. #应用MGWR模型
13. mgwr_results = MGWR(g_coords, g_y, g_X, mgwr_selector).fit()
14. mgwr_results.summary()
```

输出结果如图14-30所示。相比前面GWR的结果，MGWR的结果中增加了对各变量带宽大小与t检验结果和置信度。

与GWR模型的拟合结果对比（图14-28），MGWR模型的AIC、BIC值更小，似然值、R方、调整R方更高，表明MGWR模型在拟合效果上比GWR模型更优。

我们对模型的系数以同样的方法进行可视化，代码如下。

```
Multi-Scale Geographically Weighted Regression (MGWR) Results
---------------------------------------------------------------------------
Spatial kernel:                                       Adaptive bisquare
Criterion for optimal bandwidth:                                   AICc
Score of Change (SOC) type:                                 Smoothing f
Termination criterion for MGWR:                                   1e-05

MGWR bandwidths
---------------------------------------------------------------------------
Variable        Bandwidth      ENP_j   Adj t-val(95%)   Adj alpha(95%)
X0                 17.000     69.812            3.407            0.001
X1                443.000      1.057            1.989            0.047
X2                 35.000     26.519            3.126            0.002
X3                209.000      3.257            2.433            0.015
X4                 79.000      9.981            2.821            0.005
X5                 65.000     13.013            2.906            0.004
X6                109.000      6.229            2.663            0.008

Diagnostic information
---------------------------------------------------------------------------
Residual sum of squares:                                        44.864
Effective number of parameters (trace(S)):                     129.867
Degree of freedom (n - trace(S)):                              315.133
Sigma estimate:                                                  0.377
Log-likelihood:                                               -120.914
AIC:                                                           503.561
AICc:                                                          613.782
BIC:                                                          1039.863
R2                                                               0.899
Adjusted R2                                                      0.858

Summary Statistics For MGWR Parameter Estimates
---------------------------------------------------------------------------
Variable            Mean        STD        Min     Median        Max
--------------------------------------------------------------------
X0                 0.223      0.655     -1.215      0.427      1.607
X1                -0.140      0.002     -0.147     -0.139     -0.137
X2                 0.436      0.279     -0.158      0.432      1.171
X3                 0.200      0.078      0.043      0.208      0.333
X4                 0.598      0.281     -0.017      0.617      1.096
X5                 0.124      0.142     -0.161      0.100      0.420
X6                -0.074      0.149     -0.359     -0.053      0.265
===========================================================================
```

图14-30 多尺度地理加权回归结果

```
1.  In [14-35]:
2.  # 将MGWR模型参数赋值给GeoDataFrame，准备进行可视化
3.  data_mgwr = data.copy()
4.  data_mgwr['mgwr_截距'] = mgwr_results.params[:,0]
5.  data_mgwr['mgwr_餐厅'] = mgwr_results.params[:,1]
6.  data_mgwr['mgwr_公司'] = mgwr_results.params[:,2]
7.  data_mgwr['mgwr_购物'] = mgwr_results.params[:,3]
8.  data_mgwr['mgwr_交通设施'] = mgwr_results.params[:,4]
9.  data_mgwr['mgwr_教育'] = mgwr_results.params[:,5]
10. data_mgwr['mgwr_休闲娱乐'] = mgwr_results.params[:,6]
11. import matplotlib.pyplot as plt
12. # 创建多个ax用于绘制
13. fig, axes = plt.subplots(nrows=3, ncols=3, figsize=(9,10),dpi = 300)
14. axes = axes.flatten()
15. # 可视化的变量名称
16. names = ['mgwr_截距','mgwr_餐厅','mgwr_公司','mgwr_购物','mgwr_交通设施','mgwr_
    教育','mgwr_休闲娱乐']
17. # 设定colorbar最大值
18. vmax = 1
19. # 准备cax用于绘制colorbar
20. cax = fig.add_axes([0.92, 0.14, 0.03, 0.75])
21. for i in range(7):
```

```
22.    ax = axes[i]
23.    data_mgwr.plot(names[i],ax = ax,vmin = -vmax,vmax = vmax,cmap = 'seismic',
       cax= cax,legend = True)
24.    #设置标题
25.    ax.set_title(names[i]+' 带宽：'+str(mgwr_bw[i]))
26.    ax.set_axis_off()
27. #最后两个ax设置为空
28. ax = axes[7]
29. ax.set_axis_off()
30. ax = axes[8]
31. ax.set_axis_off()
32. plt.show()
```

输出结果如图14-31所示。

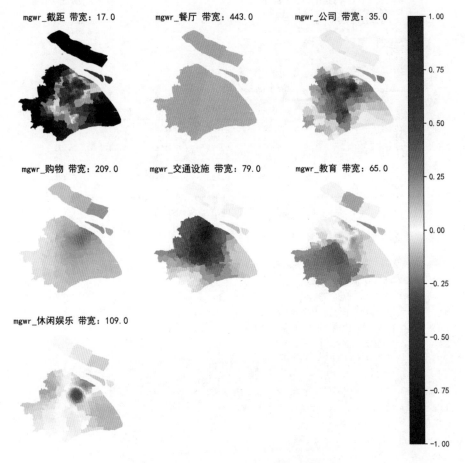

图14-31　多尺度地理加权回归的因变量系数

从图中可以很明显地看出结果与地理加权回归的差异。结果中，截距在城市中不同区域的差异更加明显，说明MGWR模型认为停车需求量级大小受到地理区位的影响更大，POI带来的影响更小一些。

餐厅类POI带宽最大，而且系数在全市所有地区都处于同一水平，这一结果与GWR存在很大差异。MGWR模型认为餐厅类POI的数量大小基本不会影响停车需求。

观察公司、交通设施、教育、购物POI的系数在空间上的分布，在全市绝大部分地区这四类POI均能够显著增加停车需求，这也与我们对共享单车服务的认知接近。其中，公司的带宽最小，表明公司POI的数量增加会提高周边小范围地区的停车需求；交通设施系数值较高，带宽也更高，表明交通设施的数量增加会显著增加大范围区域内的共享单车的停车需求，究其原因则可能是共享单车能够为地铁站公交站等设施提供衔接，这类设施越多，则其周边的单车停放需求越大。

而对休闲娱乐类POI，则会发现它在市中心区域的系数为负。表明这类POI数量增加会减少单车停放需求，其原因有待考究。

总体上看，对比GWR与MGWR模型的结果，在这一场景中，MGWR有更好的表现，模型的可解释性也更好。但MGWR模型的迭代收敛过程也更长，难以应用于地理要素过多的场景中。

14.5 本章习题

1. 为什么要定义空间关系权重？空间关系权重与空间自相关、热点分析、地理加权回归分别有什么关系？

2. 空间自相关与热点分析有什么区别？

3. GWR与MGWR有什么区别？

4. MGWR的结果中，各变量的系数与带宽的含义是什么？

第15章
复杂网络与社区发现

网络分析，又称为图论（Graphtheory），是分析交通时空大数据的重要手段之一。在网络分析中，将事物抽象为由节点与边构成的网络（又称为图、Network或Graph），借助网络分析学科中的方法分析网络的特征，以网络特征来代表现实事物的特征。而在交通领域中，许多事物都可以抽象为网络进行网络分析。

例如，人的每一次出行可以看成是从起点到终点的一个过程，将起点与终点视为节点，出行过程视为边，将起终点联系起来。如果将城市中所有人的出行都抽象为起点与终点之间的联系，则可以构建出一个抽象的网络，通过对这个网络的分析，可以得到整个城市的空间联系结构、群体的宏观出行特征等信息。

本章中将学习网络分析的基础知识，并重点介绍社区发现算法及其在交通领域中的应用。

15.1　什么是复杂网络

15.1.1　网络的基本概念

什么是网络？网络是描述一组对象的结构，其中某些对象在某种意义上是"相关的"，每个对象是网络中的节点（Node，Vertex），每个节点之间的关系为边（Edge，Link）。将节点记为V，将边记为E，则可以将网络表示为$G=(V, E)$。

对于网络，有以下一些概念需要了解。

有向图与无向图：如果给图的每条边规定一个方向，那么得到的图称为有向图。在有向图中，与一个节点相关联的边有出边和入边之分。相反，边没有方向的图称为无向图。

简单图：在无向图中，如果有某两个节点之间的无向边的数量多于1条；在有向图中，如果同一对起终点之间的有向边数量多于1条，则称这些边为平行边，平行边的条数称为重数。含有平行边的图称为多重图，既不包含平行边也不包含环（某条边的起终点相同，则称之为环）的图称为简单图。

完全图：一个图中，任意两个点之间都有边相连的简单图则为完全图。

子图：指节点集和边集分别是某一图的节点集的子集和边集的子集的图。

社区：社区是一个子图，由原网络中一部分节点的集合构成，社区内部节点之间的连接边密度较高，不同社区节点之间的连接边密度相对较低（如图15-1所示）。

图15-1　无向图、有向图、完全图与社区

介数：介数分为点介数和边介数。点介数为网络中经过某个节点的最短路径的数目占网络中所有最短路径数的比例。边介数为网络中经过某条边的最短路径的数目占网络中所有最短路径数的比例。

度：网络中某个节点的度为与该点相连的边的数目。由于在有些网络中边具有方向性，因此节点度在有向图中又分为入度和出度。节点的入度即为以该点为终点的边的数目，节点的出度即为以该点为起点的边的数目。

15.1.2　复杂网络的特性

如果将现实生活中存在的事物（如交通系统）抽象成网络，则会发现这些网络通常呈现出高度复杂性，这便是复杂网络学科所研究的对象。钱学森给出了复杂网络的一个较严格的定义：具有自组织、自相似、吸引子、小世界、无标度中部分或全部性质的网络称为复杂网络。这些性质分别代表什么呢？下面逐一进行介绍。

自组织：组织是指系统内的有序结构或这种有序结构的形成过程。从组织的进化形式来看，可以分为两类：他组织和自组织。如果一个系统靠外部指令而形成组织，就是他组织；如果不存在外部指令，系统按照相互默契的某种规则，各尽其责而又协调地自动地形成有序结构，就是自组织。自组织是指一个系统在内在机制的驱动下，自行从简单向复杂、从粗糙向细致方向发展，不断地提高自身的复杂度和精细度的过程。在交通系统中，每一个个体都以各自的某种行为模式准则行动，而这些个体互相之间行为的叠加则形成了存在某些特征（如出行的潮汐特征、早晚高峰特征）的复杂系统，这便是自组织性。

自相似：如果一个几何形状可以分成数个部分，且每一部分都与整体缩小后的形状相似，则这一几何形状具有自相似的性质，在数学上则称之为分形特征（Fractal）。同样，一个网络也可能会存在这种特征。例如，在交通系统中，一个城市的出行可能呈现出核心区出行联系紧密，而周边联系稀疏的特征；如果将城市放大，观察城市中的某一个小区域，也可能会呈现出相似的特征。这种网络结构通常可以表现为多个层次的模块化社区结构。

吸引子：一个系统有朝某个稳态发展的趋势，这个稳态就叫作吸引子。例如一个钟摆系统，它有一个平庸吸引子，这个吸引子使钟摆系统向停止晃动的稳态发展。对交通系统来说，整个系统通常会往某一种平衡状态发展，例如，一个城市的居民日常出行趋于平衡的常态下，假设突然有一条路修路无法通行或者有一条新的道路开通（网络中的拓扑结构发生改变），居民的出行就会发生相应的调整，当时间足够长时，又会构成一种新的平衡状态。

小世界：大多数网络尽管规模很大，但是任意两个节点间却有一条相当短的路径。例如，在社会网络中，人与人相互认识的关系很少，但是却可以找到很远的无关系的其他人，地球变得越来越小，变成一个地球村，变成一个小世界。

无标度：无标度则表示网络中的节点存在严重的异质性，其各节点之间的连接状况具有严重的不均匀分布性：网络中少数的重要节点拥有极其多的连接，而大多数节点只有很少量的连接。例如，交通系统中少数的关键节点通常会产生很强的交通吸引，如重要的枢纽、地标、核心商业区等，而绝大部分其他节点则吸引力较小，如果将这些交通联系抽象为网络，则具备有无标度属性。

在交通领域中，将实际的事物抽象成为网络时，这些网络通常会具备复杂网络的各种特性。也因此，复杂网络学科的很多分析方法在交通领域中存在很多潜在应用。

15.2 社区发现的原理与实现

15.2.1 复杂网络中的社区

正如人际交往过程中的物以类聚、人以群分一样，复杂网络中的节点也具有集聚特性，聚集在一起的节点即形成了社区。所谓社区是由网络中一些节点的集合构成，社区内部节点之间的连接边密度较高，不同社区节点之间的连接边密度相对较低。复杂网络中，通常会存在三种类型的社区结构（图15-2），这三种结构可能在一个网络中同时存在。

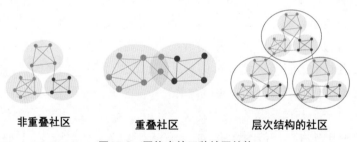

| 非重叠社区 | 重叠社区 | 层次结构的社区 |

图15-2 网络中的三种社区结构

非重叠社区结构：非重叠社区结构即网络中的每个节点只能属于一个社区，社区与社区之间没有交集。这是一种相对理想的网络社区结构，简单且易于理解。

重叠社区结构：重叠社区结构中，一个节点可能同时归属于多个社区，与数学中两个集合的相交关系相似。例如，以人际关系网络为例，一个人同时属于家庭成员，也属于公司职员，也属于健身俱乐部会员，每个人可能同时属于多个社区。

层次社区结构：在层次社区结构中，网络存在多种不同层次的社区分布，许多大的社区包含较小的社区，而这些较小的社区又包含更小的社区。例如，社交网络中，具有血缘关系的亲戚们构成了家族关系（大社区），在家族关系中，则由一个一个的家庭组成（小社区）。

如何从网络中提取社区呢？社区发现是网络分析学科中的一个重要分支。借助社区发现算法可以将网络分解为不同的社区，进而研究其中的空间结构关系。社区发现算法可以划分为非重叠社区划分和重叠社区划分两大类型。非重叠社区是指所划分的社区是非重叠的，即每个节点只属于一个社区；而在重叠社区中，一个节点可以分属几个社区。社区发现的常用方法如图15-3所示。

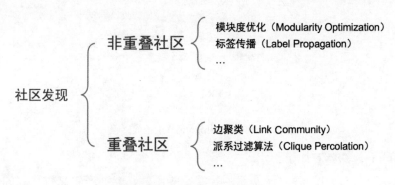

图15-3　社区发现的常用方法

15.2.2　非重叠社区划分算法

非重叠社区划分算法包括基于模块度优化的算法、基于谱分析的算法、基于信息论的算法、基于标号传递的算法等。

1. 基于模块度优化的社区发现算法

采用模块度（Modularity）作为衡量社区划分结果好坏的度量指标的算法，被称为基于模块度优化的社区发现算法。模块度是一个$-1\sim1$的度量值，用于比较划分社区结果的内部联系紧密程度与社区之间联系紧密程度。

模块度的数学表达形式为：

$$M = \frac{1}{2m}\sum_{i,j}\left[w_{ij} - \frac{k_i k_j}{2m}\right]\delta\left(c_i, c_j\right), m = \frac{1}{2}\sum_{ij}w_{ij} \tag{15.1}$$

其中，M为模块度，w_{ij}为节点v_i和v_j之间的权重，k_i是与节点v_i连接的边的权重之和，c_i是节点i所分配到的社区；当$u=v$时$\delta(u,v)=1$，其他情况为$\delta(u,v)=0$。

Fast unfolding算法就是一种基于模块度优化的算法。算法迭代有以下两个步骤，直到模块度不再增加（图15-4）。

● 模块度最优：将联系紧密的节点合并，直到无法通过合并节点提高模块度。
● 社区集计：将已合并的节点合并为社区，并将社区视为节点，重新计算节点之间边的权重。

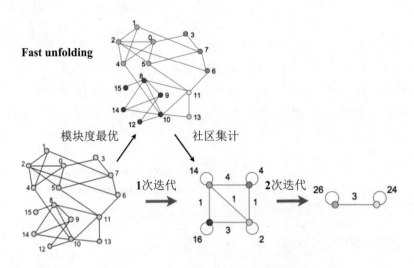

图15-4　Fast unfolding算法迭代过程

Fast unfolding算法具有如下优点。

● 该算法的节点合并次序对模块度的计算影响不大，能够产生比较稳定的结果。

● 在每次迭代过程中，算法将前一次迭代的社区合并为更大的社区，这一迭代过程可以得到一个层次化的城市结构。

● 算法计算复杂度小，计算速度较快，适合大型网络的分析。

2. 基于标签传播的社区发现算法

标签传播算法（LPA）的基本思想是：通过节点之间的相似度，将标签传播下去，以已被赋予标签的节点为源头，通过相似度向其他没有赋予标签的节点传播标签，相似度越大越容易传播，反之则越难以传播。标签传播算法的处理过程中，在初始化阶段，为网络中的每个节点随机分配唯一的标签；算法进行过程中，循环更新节点的标签，节点选择邻居节点中使用频率最高的标签来更新自己的标签；如果存在多个相同最高频率的标签，则随机选择其一；算法终止条件是每个节点的标签不再变化；算法结束后，拥有相同标签的节点构成一个社区，标签种类的数量表示社区数量。

标签传播算法的特点是算法时间复杂度较低，实现比较简单，能够高效地划分大规模网络。但是在低密度网络中，标签传播算法不能得到理想的社区划分结果。

15.2.3　重叠社区划分算法

在现实世界中，经常出现某些节点同时具有多个社区特点的情况。为此，具有重叠社区的划分具有了重要意义，成为近年来新的研究热点。重叠社区划分算法包括基于团渗透改进的重叠社区发现算法、基于局部社区发现算法、基于边聚类的算法等。

基于边聚类的重叠社团发现

非重叠社团的社区发现算法本质上是对网络中的节点进行聚类，使网络中节点属于少数的类簇，各类簇则为社区。而边聚类的重叠社团发现算法的核心思想则是对网络中的边聚类，从而达到发现边社区的目的。

以社交网络为例，网络中的节点为个体，而个体之间的关系则为边。在社交网络中，每个个体可以属于多个集体（家庭、学校、公司等），重叠社区发现的任务即是识别这些集体中包含哪些个体。边聚类的算法认为，个体虽然可以从属于多个社区，但个体之间的关系则必须从属于某个特定的社区。例如，亲属关系必须从属于家庭集体内，同学关系必须属于学校集体内。因此，边聚类算法的思路是将原本复杂网络的顶点图转换成边图（Line Graph），对边图应用非重叠社区发现算法，再将边图转换回顶点图，即可得到重叠社区。

经典的边聚类算法是由Ahn等提出，使用Jaccard相似度计算方法来衡量边之间的相似性，以获得边的相似度矩阵；在此基础上，用层次聚类对通过Jaccard计算得到相似度矩阵进行聚类；最终，再使用分割密度评价指标来确定最佳划分层次。

Jaccard相似度（Jaccard Similarity Coefficient）用以比较有限样本集之间的相似性和差异性，Jaccard相似度越大，样本相似度越高。

对于一个无向、无权重的网络，将节点i及与其邻接的点表示为$n_+(i)$。边e_{ik}与e_{jk}的Jaccard相似度定义为：

$$S(e_{ik}, e_{jk}) = \frac{|n_+(i) \cap n_+(j)|}{|n_+(i) \cup n_+(j)|} \qquad (15.2)$$

对有权重、有向网络则引入Tanimoto系数(Tanimoto Coefficient)以计算带有权重有向的边之间的相似度。Tanimoto系数由Jaccard系数扩展而来。给定向量$\boldsymbol{a}_i = \widetilde{A_{i1}}, \cdots, \widetilde{A_{iN}}$，其中：

$$\widetilde{A_{ij}} = \frac{1}{k_i} \sum_{i' \in n(i)} w_{ii'} \delta_{ij} + w_{ij} \qquad (15.3)$$

式中，w_{ij}为边e_{ij}，$n(i) = \{j \mid w_{ij} > 0\}$为节点$i$的所有邻接节点，$k_i = |n(i)|$；当$i=j$时$\delta_{ij}=1$，其他情况$\delta_{ij}=0$，则边$e_{ik}$与$e_{jk}$的Tanimoto相似度与Jaccard相似度类似，数学表达式为：

$$S(e_{ik}, e_{jk}) = \frac{\boldsymbol{a}_i \cdot \boldsymbol{a}_j}{|\boldsymbol{a}_i|^2 + |\boldsymbol{a}_j|^2 - \boldsymbol{a}_i \cdot \boldsymbol{a}_j} \qquad (15.4)$$

为了决定最佳聚类簇数，该方法引入分割密度（Partition Density）指标，该指标主要衡量社区内部的联系强度，以分割密度取得最大值时作为重叠社区的最优划分。对于一个有M条边与N个节点的网络，$P = \{P_1, \cdots, P_c\}$表示将所有边切分为c个子集。P_c子集中的边数量为$m_c = |P_c|$，这些边所连接的节点数量为$n_c = \left| \bigcup_{e_{ij} \in P_c} \{i, j\} \right|$，其中在所有节点均连通的状态下有$\sum_c m_c = M$，而$\sum_c n_c \geqslant N$。则对于无向图，单个社区$P_c$内，最大的边数量为$\dfrac{n_c(n_c-1)}{2}$，

最少边数量为（n_c-1）。分割密度D_c表示的是用最大和最小可能的边数量标准化实际的边数量后的值（如果$n_c=2$则$D_c=0$），其数学表达如下：

$$D_c = \frac{m_c-(n_c-1)}{\dfrac{n_c(n_c-1)}{2}-(n_c-1)} \qquad (15.5)$$

而对整个重叠社区划分的分割密度D，则为所有子集的D_c以其中边数量为权重计算得的平均值：

$$D = \frac{2}{M}\sum_c m_c \frac{m_c-(n_c-1)}{(n_c-2)(n_c-1)} \qquad (15.6)$$

通过前面章节所介绍的层次聚类方法，计算不同类别数据点间的相似度来创建一棵有层次的嵌套聚类树。在聚类树中，不同类别的原始数据点是树的最低层，树的顶层是一个聚类的根节点。创建聚类树有自下而上合并和自上而下分裂两种方法。

以自下而上合并的层次聚类为例。对所有边两两之间计算相似度后，即可得到相似度矩阵。用single-linkage方法度量类簇之间的距离，即类间距离等于两类对象之间的最小距离。以相似度矩阵为基础，将边合并成簇。每进行一次合并，算法计算一次该社区划分状态下的分割密度D。自下而上合并直至所有边合并成为同一个社区，在合并的过程中可以得到分割密度的变化情况，其中，分割密度D取得最大值时，即为社区的最优划分结果。

15.3 实例：基于社区发现的共享单车市场导向分区

15.3.1 课题思路

近年来，共享单车的实际运营中，暴露出了一些问题，如部分地区无车可用、部分地区又存在过度投放进而导致乱停乱放、占用人行道、影响公共环境等。这些问题出现的主要原因是共享单车的供给与需求不平衡，而这种供需不平衡又同时发生在时间与空间两个维度（图15-5）。

图15-5 共享单车的供需不平衡

如何解决这种供需不平衡的问题？根据共享单车骑行的实际需求，调整共享单车的运营策略与系统布局是解决这一问题的思路之一，符合实际需求共享单车需求的系统一方面能够高效运转，容易被公众所接受，另一方面也能最大限度地减少单车调度所需的工作量。

市场导向分区就是优化共享单车系统布局的手段之一。其思路是根据共享单车的实际出行需求，对整个运营区域划分为若干个联系紧密的运营区域，在不同运营区域内实施差异化的运营策略（图15-6）。从共享单车的使用特征上看，这些运营区域内部的单车需求强，出行多，相比之下，跨区的出行则较少。

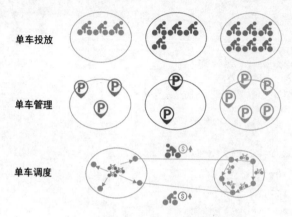

图15-6 共享单车的分区运营思路

在单车投放方面，单车在这些运营区域内投放时，可以计算出每个区域可能需要的单车数量，也可以保证这些单车投放后不会大规模流失到其他的区域。

在单车管理方面，可以识别出这些区域内停车需求的热点，一方面可以提供相应的停车基础设施，另一方面也可以对在不同区域内用差异化的停车管理措施，如实施电子栅栏、动态定价等。

在单车调度方面，不同的运营分区可能存在不同的单车需求模式。例如，郊区的地铁站周边可能只有少数一两个重点区域吸引周边单车集中，而在市中心单车则在多个重点区域之间形成内循环，这些不同的运营区域内应该有不同的单车调度策略。另一方面，也可为跨区出行进行动态定价额外收费，确保不会大规模地影响单车出行需求的同时避免单车流失，减少单车调度所需的工作量。

那么，如何从实际的共享单车出行需求中获取特征，从而进行市场导向的分区呢？网络分析中的社区发现就提供了很好的工具。

在这一节中，将以共享单车数据为例，从共享单车订单出行数据中构建联系网络，在网络上应用非重叠社区发现方法，识别共享单车需求联系紧密的社区（图15-7）。本节的内容也将大量应用TransBigData，将其融合到整个共享单车数据社区发现的分析过程中。

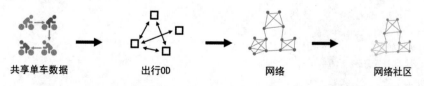

图15-7 共享单车社区发现思路

15.3.2　数据预处理

在社区发现之前，首先需要对数据进行预处理。从共享单车订单中提取出行OD并剔除异常出行，并以清洗好的数据作为研究对象。

首先导入必要的包：

```
38. In [15-1]:
39. import pandas as pd
40. import numpy as np
41. import geopandas as gpd
42. import transbigdata as tbd
```

读取共享单车数据：

```
43. In [15-2]:
44. #读取共享单车数据
45. bikedata = pd.read_csv(r'data/data0901.csv')
46. bikedata.head(5)
```

输出结果如图15-8所示。

	BIKE_ID	DATA_TIME	LOCK_STATUS	LONGITUDE	LATITUDE
0	713ED7B044393233E0533C0BA8C09291	2018-09-01 0:00:49	0	121.531489	31.263296
1	713ED78FC0813233E0533C0BA8C09291	2018-09-01 0:00:49	0	121.363938	31.212551
2	7169493311DD0D74E0533E0BA8C01BB4	2018-09-01 0:00:12	1	121.488291	31.264857
3	713ED795F1033233E0533C0BA8C09291	2018-09-01 0:00:06	1	121.345189	31.135745
4	713ED7AF8E213233E0533C0BA8C09291	2018-09-01 0:00:49	0	121.364748	31.258107

图15-8　共享单车数据

读取研究区域的边界，并用tbd.clean_outofshape方法剔除研究区域以外的数据。

```
47. In [15-3]:
48. #读取上海行政区划边界
49. shanghai_admin = gpd.read_file(r'data/上海市.json')
50. #剔除研究范围外的数据
51. bikedata = tbd.clean_outofshape(bikedata, shanghai_admin, col=['LONGITUDE', 'LATITUDE'], accuracy=500)
```

用tbd.bikedata_to_od方法从单车数据中识别出行OD信息：

```
52. In [15-4]:
53. #识别单车出行OD
54. move_data,stop_data = tbd.bikedata_to_od(bikedata,col = ['BIKE_ID','DATA_TIME','LONGITUDE','LATITUDE','LOCK_STATUS'])
55. move_data.head(5)
```

输出结果如图15-9所示。

	BIKE_ID	stime	slon	slat	etime	elon	elat
1276299	713ED78F8DC33233E0533C0BA8C09291	2018-09-01 22:51:57	121.468757	31.219333	2018-09-01 23:14:07	121.469877	31.213188
2481943	713ED78F8DC33233E0533C0BA8C09291	2018-09-01 23:36:18	121.469877	31.213188	2018-09-01 23:46:57	121.482484	31.213695
1605067	713ED78F8DC33233E0533C0BA8C09291	2018-09-01 3:58:11	121.491934	31.209161	2018-09-01 4:16:06	121.477064	31.222232
1429190	713ED78F8DC33233E0533C0BA8C09291	2018-09-01 6:24:47	121.475234	31.222595	2018-09-01 6:34:00	121.478864	31.210943
601889	713ED78F8DC33233E0533C0BA8C09291	2018-09-01 8:48:47	121.475279	31.210757	2018-09-01 9:04:39	121.465466	31.221153

图15-9　单车出行OD信息

基于前面章节分析的内容，我们需要剔除过长与过短的共享单车出行。用tbd.getdistance获取起终点之间的直线距离，并筛选删除直线距离小于100m与大于10kg的出行。

```
56. In [15-5]:
57. #计算骑行直线距离
58. move_data['distance'] = tbd.getdistance(move_data['slon'],move_data
    ['slat'],move_data['elon'],move_data['elat'])
59. #清洗骑行数据，删除过长与过短的出行
60. move_data = move_data[(move_data['distance']>100)&(move_data['distance']<10000)]
```

接下来，以500m×500m的栅格为最小分析单元，用tbd.area_to_params方法获取栅格划分参数，再将参数输入tbd.odagg_grid方法，对OD进行栅格集计。

```
1. In [15-6]:
2. # 获取栅格划分参数
3. bounds = (120.85, 30.67, 122.24, 31.87)
4. params = tbd.area_to_params(bounds,accuracy = 500)
5. #集计OD
6. od_gdf = tbd.odagg_grid(move_data, params, col=['slon', 'slat', 'elon', 'elat'])
7. od_gdf.head(5)
```

输出结果如图15-10所示。

	SLONCOL	SLATCOL	ELONCOL	ELATCOL	count	SHBLON	SHBLAT	EHBLON	EHBLAT	geometry
0	7	101	7	103	1	120.886826	31.124157	120.886826	31.133150	LINESTRING (120.88683 31.12416, 120.88683 31.1...
154216	115	103	115	105	1	121.454997	31.133150	121.454997	31.142144	LINESTRING (121.45500 31.13315, 121.45500 31.1...
154220	115	104	113	107	1	121.454997	31.137647	121.444475	31.151137	LINESTRING (121.45500 31.13765, 121.44448 31.1...
154221	115	104	114	103	1	121.454997	31.137647	121.449736	31.133150	LINESTRING (121.45500 31.13765, 121.44974 31.1...
154223	115	104	115	106	1	121.454997	31.137647	121.454997	31.146640	LINESTRING (121.45500 31.13765, 121.45500 31.1...

图15-10　共享单车OD的栅格集计结果

对OD集计的结果在地图上可视化，用tbd.plot_map加载地图底图，并用tbd.plotscale添加比例尺与指北针：

```
1.  In [15-7]:
2.  #创建图框
3.  import matplotlib.pyplot as plt
4.  import plot_map
5.  fig =plt.figure(1,(8,8),dpi=300)
6.  ax =plt.subplot(111)
7.  plt.sca(ax)
8.  #添加地图底图
9.  tbd.plot_map(plt,bounds,zoom = 11,style = 11)
10. #绘制colorbar
11. cax = plt.axes([0.05, 0.33, 0.02, 0.3])
12. plt.title('Data count')
13. plt.sca(ax)
14. #绘制OD
15. od_gdf.plot(ax = ax,column = 'count',cmap = 'Blues',linewidth = 0.5,vmax=50,
    cax = cax,legend = True)
16. #添加比例尺和指北针
17. tbd.plotscale(ax,bounds = bounds,textsize = 10,compasssize = 1,accuracy=2000,
    rect = [0.06,0.03],zorder = 10)
18. plt.axis('off')
19. plt.xlim(bounds[0]+0.2,bounds[2]-0.4)
20. plt.ylim(bounds[1]+0.2,bounds[3]-0.4)
21. plt.show()
```

输出结果如图15-11所示。

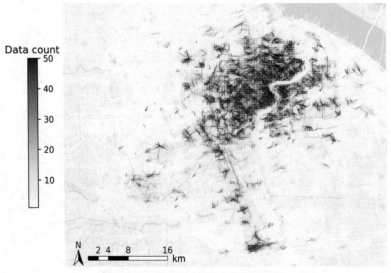

图15-11　共享单车的OD分布可视化

15.3.3　网络构建

使用igraph包构建网络。在Python中，igraph与networkx功能类似，都提供了网络分析的功能，仅在部分算法的支持上有所区别。安装igraph时需要注意其安装的代码为：

```
89. pip install python-igraph
```

构建网络时，需要向igraph提供网络的节点与边的信息。以OD数据中出现过的每个栅格作为节点，构建节点的信息时，需要为节点创建从0开始的数字编号，代码如下。

```
90. In [15-8]:
91. #把起终点的经纬度栅格编号变为一个字段
92. od_gdf['S'] = od_gdf['SLONCOL'].astype(str) + ',' + od_gdf['SLATCOL'].astype(str)
93. od_gdf['E'] = od_gdf['ELONCOL'].astype(str) + ',' + od_gdf['ELATCOL'].astype(str)
94. #提取节点集合
95. node = set(od_gdf['S'])|set(od_gdf['E'])
96. #把节点集合变成DataFrame
97. node = pd.DataFrame(node)
98. #重新编号节点
99. node['id'] = range(len(node))
100. node
```

输出结果如图15-12所示。我们将每个栅格的经度栅格编号和纬度栅格编号合并到一列中，并为每个节点赋予了新的编号ID。

	0	id
0	114,32	0
1	139,119	1
2	127,60	2
3	116,162	3
4	133,157	4
...	...	...
15473	182,54	15473
15474	190,44	15474
15475	64,165	15475
15476	144,131	15476
15477	100,83	15477

15478 rows × 2 columns

图15-12　构建的节点信息

将新的编号连接到OD信息表上，以提取新ID之间的出行量构成边，代码如下。

```
101. In [15-9]:
102. #把新编号连接到OD数据上
103. node.columns = ['S','S_id']
104. od_gdf = pd.merge(od_gdf,node,on = ['S'])
105. node.columns = ['E','E_id']
106. od_gdf = pd.merge(od_gdf,node,on = ['E'])
107. #提取边信息
108. edge = od_gdf[['S_id','E_id','count']]
109. edge
```

输出结果如图15-13所示。

	S_id	E_id	count
0	11621	13423	1
1	8531	40	1
2	1060	40	4
3	40	40	2
4	2375	40	1
...	...	...	...
272075	10083	3911	3
272076	3028	1816	3
272077	14944	4445	3
272078	1208	7	3
272079	14239	8934	3

272080 rows × 3 columns

图15-13　构建的边信息

导入igraph包，创建网络，添加节点，并将边数据输入网络。同时，为每一条边添加相应的权重。

```
110. In [15-10]:
111. import igraph
112. #创建网络
113. g = igraph.Graph()
114. #在网络中添加节点
115. g.add_vertices(len(node))
116. #在网络中添加边
117. g.add_edges(edge[['S_id','E_id']].values)
118. #提取边的权重
119. edge_weights = edge[['count']].values
120. #给边添加权重
121. for i in range(len(edge_weights)):
122.     g.es[i]['weight'] = edge_weights[i]
```

至此，我们成功地将共享单车的出行需求数据转换为节点与边信息输入并构建网络。

15.3.4　社区发现与结果整理

下一步，在构建好的网络上应用社区发现算法。其中，使用igraph包自带的g.community_multilevel方法实现Fastunfolding社区发现算法。前面介绍过，Fastunfolding算法将社区逐层迭代合并直至模块度最优，而在g.community_multilevel方法中可以设定return_levels返回迭代的中间结果。这里设定return_levels为False，只返回最终结果进行分析。

```
123. In [15-11]:
124. #社区发现
125. g_clustered = g.community_multilevel(weights = edge_weights, return_levels=
     False)
```

社区发现的结果存储在g_clustered变量中，可以用内置方法直接计算模块度：

```
126. In [15-12]:
127. #模块度
128. g_clustered.modularity
129.
130. Out [15-12]:
131. 0.8442684463133283
```

一般来说，模块度在0.5以上已经属于较高值。而这一结果的模块度达到0.84，表明网络的社区结构非常明显，社区划分结果也能够很好地划分网络。接下来，将社区划分结果赋值到节点信息表上，为后面的可视化做准备。代码如下。

```
132. In [15-13]:
133. #将结果赋值到节点上
134. node['group'] = g_clustered.membership
135. #重命名列
136. node.columns = ['grid','node_id','group']
137. node
```

输出结果如图15-14所示。

	grid	node_id	group
0	114,32	0	0
1	139,119	1	1
2	127,60	2	2
3	116,162	3	3
4	133,157	4	4
...	...	...	...
15473	182,54	15473	11
15474	190,44	15474	11
15475	64,165	15475	15
15476	144,131	15476	28
15477	100,83	15477	10

15478 rows × 3 columns

图15-14　社区划分结果

在社区发现的结果中，可能会存在部分社区中只存在少量的节点，无法形成规模较大的社区。这些社区为离群点，在可视化之前应该删去，这里保留包含10个栅格以上的社区。

```
138. In [15-14]:
139. #统计每个社区的栅格数量
```

```
140. group = node['group'].value_counts()
141. #提取大于10个栅格的社区
142. group = group[group>10]
143. #只保留这些社区的栅格
144. node = node[node['group'].apply(lambda r:r in group.index)]
```

将栅格编号复原，再用**tbd.grid_to_polygon**方法从栅格编号生成栅格的地理几何图形。

```
1. In [15-15]:
2. #切分获取栅格编号
3. node['LONCOL'] = node['grid'].apply(lambda r:r.split(',')[0]).astype(int)
4. node['LATCOL'] = node['grid'].apply(lambda r:r.split(',')[1]).astype(int)
5. #生成栅格地理图形
6. node['geometry'] = tbd.grid_to_polygon([node['LONCOL'],node['LATCOL']],params)
7. #转为GeoDataFrame
8. import geopandas as gpd
9. node = gpd.GeoDataFrame(node)
10. node
```

输出结果如图15-15所示。

	grid	node_id	group	LONCOL	LATCOL	geometry
0	114,32	0	0	114	32	POLYGON ((121.44711 30.81164, 121.45237 30.811...
1	139,119	1	1	139	119	POLYGON ((121.57863 31.20285, 121.58389 31.202...
2	127,60	2	2	127	60	POLYGON ((121.51550 30.93755, 121.52076 30.937...
3	116,162	3	3	116	162	POLYGON ((121.45763 31.39620, 121.46289 31.396...
4	133,157	4	4	133	157	POLYGON ((121.54706 31.37372, 121.55232 31.373...
...	...	...	...	...	...	...
15473	182,54	15473	11	182	54	POLYGON ((121.80484 30.91057, 121.81010 30.910...
15474	190,44	15474	11	190	44	POLYGON ((121.84693 30.86560, 121.85219 30.865...
15475	64,165	15475	15	64	165	POLYGON ((121.18406 31.40969, 121.18932 31.409...
15476	144,131	15476	28	144	131	POLYGON ((121.60493 31.25681, 121.61019 31.256...
15477	100,83	15477	10	100	83	POLYGON ((121.37345 31.04097, 121.37871 31.040...

14230 rows × 6 columns

图15-15 生成栅格的地理信息

在这一步中，将每一个节点复原为栅格，标记上节点所属的社区编号，生成了每个栅格的地理信息，并将其转换为GeoDataFrame，可以用如下代码绘制栅格，测试是否生成成功。

```
155. In [15-16]:
156. node.plot('group')
```

输出结果如图15-16所示。

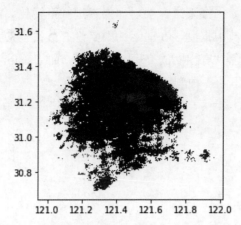

图15-16 带有社区划分信息的栅格（初步可视化）

这里将group字段的分组编号映射到颜色上进行初步可视化，不同分组的颜色不同。从结果的图中可以看到，相同颜色的栅格在地理空间上大多聚集在一起，表明共享单车的空间联系可以将地理空间上接近的区域紧密地联系在一起。

15.3.5 结果的可视化

前面的结果可视化的效果并不明显，我们并不能从图中清晰地看出分区的情况。接下来，可以对分区结果进行一定的调整与可视化。可视化的调整主要有以下思路。

● 比较合适的分区结果应该是每个区域都为空间上连续的区域，在初步的可视化结果中，有不少的栅格在空间上为孤立存在，这些点应该予以剔除。

● 在可视化结果中，可以将同一个组别的栅格合并，为每个分区形成面要素，这样在下一步可视化中就可以绘制出分区的边界。

● 在分区结果中，有些区域的内部可能会存在其他区域的"飞地"，即隶属于本分区，却被其他分区所包围，只能"飞"过其他分区的属地，才能到达自己的飞地。

这种分区在共享单车的实际运营中也是难以管理的，应该避免这种情况的出现。

解决上述问题，可以使用TransBigData所提供的两个GIS处理方法：tbd.merge_polygon和tbd.polyon_exterior。其中，tbd.merge_polygon能够将同一个组别的面要素进行合并，而tbd.polyon_exterior则可以对多边形取外边界后再构成新的多边形，以此剔除飞地。同时，也可以设定最小面积，对小于此面积的面要素进行剔除，代码如下。

```
157. In [15-17]:
158. #以group字段为分组，将同一组别的面要素合并
159. node_community = tbd.merge_polygon(node,'group')
160. #输入多边形GeoDataFrame数据，对多边形取外边界构成新多边形
161. #设定最小面积minarea，小于该面积的面全部剔除，避免大量离群点出现。这里面要素的坐标系为
     #经纬度坐标系，设定的minarea参数为经纬度距离下计算的面积，如果用投影坐标系则可以输入
     #实际面积，效果会更好
161. node_community = tbd.polyon_exterior(node_community,minarea = 0.000100)
```

处理好社区的面要素后，接下来需要对面要素进行可视化。我们希望对不同的面赋予不同的颜色。在可视化章节中提到，在显示的要素没有数值上的大小区别时，颜色的选择上需要保持它们各自的颜色具有相同的亮度与饱和度。而用seaborn的调色盘方法即可快速地生成同一亮度与饱和度下的多种颜色。

```
163. In [15-18]:
164. #生成调色盘
165. import seaborn as sns
166. ## l: 亮度
167. ## s: 饱和度
168. cmap = sns.hls_palette(n_colors=len(node_community), l=.7, s=0.8)
169. sns.palplot(cmap)
```

输出结果如图15-17所示。

图15-17　同一亮度与饱和度下的多种颜色

接下来，对社区结果进行可视化。

```
1. In [15-19]:
2. #创建图框
3. import matplotlib.pyplot as plt
4. import plot_map
5. fig =plt.figure(1,(8,8),dpi=300)
6. ax =plt.subplot(111)
7. plt.sca(ax)
8. #添加地图底图
9. #tbd.plot_map(plt,bounds,zoom = 10,style = 11)
10. #设定colormap
11. from matplotlib.colors import ListedColormap
12. #打乱社区的排列顺序
13. node_community = node_community.sample(frac=1)
14. #绘制社区
15. node_community.plot(cmap = ListedColormap(cmap),ax = ax,edgecolor = '#333',
    alpha = 0.8)
16. #添加比例尺和指北针
17. |tbd.plotscale(ax,bounds = bounds,textsize = 10,compasssize = 1,textcolor = 'k',
    accuracy = 2000,rect = [0.13,0.05],zorder = 10)
18. plt.axis('off')
19. plt.xlim(bounds[0]+0.1,bounds[2]-0.35)
20. plt.ylim(bounds[1],bounds[3]-0.35)
21. plt.show()
```

输出结果如图15-18所示。

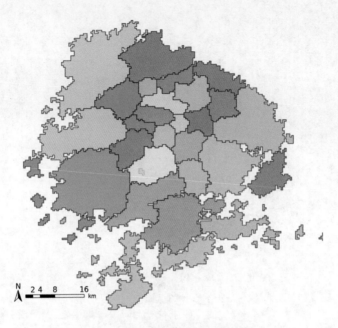

图15-18 社区发现结果的可视化

进一步将社区边界与行政区划边界在同一张图上进行比较，代码如下。

```
101. In [15-20]:
102. import matplotlib.pyplot as plt
103. import plot_map
104. fig =plt.figure(1,(8,8),dpi=300)
105. ax =plt.subplot(111)
106. plt.sca(ax)
107. #绘制行政区划边界
108. shanghai_admin.plot(ax = ax,facecolor = (0,0,0,0),edgecolor = (1,0,0,0.5),
     lw = 1)
109. #绘制社区边界
110. node_community.plot(ax = ax,color = (0,0,0,0),edgecolor = (0,0,0,0.5),lw = 1)
111. #添加比例尺和指北针
112. tbd.plotscale(ax,bounds = bounds,textsize = 10,compasssize = 1,textcolor = 'k',
     accuracy = 2000,rect = [0.06,0.03],zorder = 10)
113. plt.axis('off')
114. plt.xlim(bounds[0],bounds[2])
115. plt.ylim(bounds[1],bounds[3])
116. plt.show()
```

输出结果如图15-19所示。

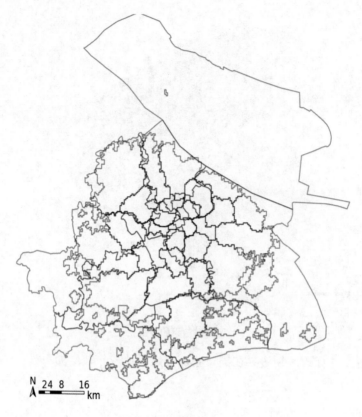

图15-19　社区边界与行政区划边界的比较（红色为行政区划，黑色为社区边界）

至此，我们就已经成功地可视化出共享单车社区，并绘制出每一个社区的边界。在用社区发现模型进行分区时，并没有往模型中输入任何地理空间信息，模型对研究区域的分割也仅依靠共享单车出行需求所构成的网络联系。

通过对比社区与行政区划边界可看出，在一些区域社区的与行政区划边界比较吻合；在市中心的一些区域，一个社区则可能横跨多个行政区划；在郊区范围，一个行政区划内则可能被划分为多个社区。这一结果一方面表明从宏观层面看，共享单车的骑行需求可能与行政区划的划定存在一定的关系，但又不完全吻合。如果按照行政区划去划定共享单车的运营分区，则可能会与单车实际的骑行需求相违背。

 ## 15.4　本章习题

1. 复杂网络如何应用于交通需求分析？

2. 复杂网络具有哪些特性？

3. 复杂网络中的社区结构有哪些类型？

4. 用共享单车出行需求进行社区发现的结果中，每个社区代表什么含义？